Caro lettore,

il libro che hai tra le mani non è come tutti gli altri. È stato infatti prodotto attraverso un sistema di *print on demand*. Ciò significa che la tua copia è stata confezionata appositamente per te, in seguito al tuo ordine. Non è una copia stampata tra mille altre e lasciata lì in attesa che qualcuno l'acquistasse; è *tua*. Ti chiediamo dunque scusa se per averla hai dovuto sopportare qualche piccolo disagio, se hai dovuto affrontare spese di spedizione o tempi di attesa più lunghi del previsto; in compenso, questo sistema di stampa e distribuzione ti ha permesso di poter acquistare un libro – il tuo libro – che altri editori, legati ai sistemi tradizionali, avrebbero considerato inutile ristampare. Noi, al contrario, così facendo ti offriamo la possibilità di leggerlo.

Nel salutarti ti ringraziamo di avere scelto le Edizioni Trabant e ci auguriamo di rivederti sulle pagine di un altro volume.
Buona lettura.

le Edizioni Trabant

Pillole per la memoria – 26

Isbn 978-88-96576-75-5

Prima edizione: 2016
Seconda edizione: 2021
Edizioni Trabant – Brindisi
www.edizionitrabant.it
redazione@edizionitrabant.it

La presente opera è di pubblico dominio.
La veste grafica, le immagini, gli apparati di prefazione e note del curatore, ove non diversamente specificato, sono © 2016 Edizioni Trabant - tutti i diritti riservati.

Raffaele De Cesare

La fine di un regno

II

Edizioni
Trabant

Edizione di riferimento: Città di Castello, 1900.

PARTE II

REGNO DI FRANCESCO II

CAPITOLO I

SOMMARIO: Francesco II sale al trono – Proclama reale e ordine del giorno all'armata di terra e di mare – Le prime nomine – Gli speranzosi nel nuovo Re – Il ministero Filangieri – Il trasporto funebre di Ferdinando – I funerali in Napoli e in Sicilia – Un epigramma – Il principe di Satriano e le sue idee politiche – Prime riforme – La rivolta del Collegio medico – L'insurrezione degli Svizzeri – Lo sgomento della famiglia reale – Gli Svizzeri a Capodimonte – Maria Sofia dà prova di coraggio – L'eccidio al campo di Marte – Le cause dell'insurrezione – Un po' di storia inedita – La famiglia reale dopo la morte di Ferdinando II – La Regina madre – Le sue gelosie e le sue irrequietezze – Aneddoti – Abitudini di Maria Teresa e suo difetto di pronunzia – Maria Sofia regina – La cospirazione per il conte di Trani – Filangieri ne parla al Re – Incidente fra Maria Teresa e Filangieri – Francesco II e Maria Sofia – Gli "strateghi" – Un aneddoto – Francesco II e il suo misticismo.

Il giorno stesso della morte di Ferdinando II, 22 maggio 1859, il duca di Calabria salì al trono, col nome di Francesco II, e l'annunziò ai popoli delle Due Sicilie un proclama magniloquente e quasi mistico, redatto, si disse, dal Murena il quale aveva fama di scrittore purgato. Altri asserì con più fondamento che l'avesse scritto Ferdinando Troja, e il ministro delle finanze lo avesse ritoccato; ma è da credere che furono entrambi a metterlo insieme, come entrambi lo portarono a firmare al giovane Re, che lo trovò *molto bello*.

Fu detto pure che Francesco II ne avesse scritto, di suo pugno, un altro che cominciava con queste parole: "*Essendo cessate le speciali condizioni, per le quali l'Augusta e Santa Memoria del nostro Augusto*

Genitore si vide costretto di sospendere gli effetti della Costituzione, da Lui liberamente largita, riconvochiamo i collegi elettorali pel giorno...." Presentato però questo proclama nel Consiglio dei ministri, che si convocò dopo la morte del Re, e al quale sarebbe intervenuto anche Alessandro Nunziante, questi sarebbe stato il primo a giudicarlo *offensivo alla memoria del Re defunto*, e con lui furono d'accordo il Troja e il Murena. Prevalse quindi il partito di respingerlo, e Francesco firmò invece il proclama del Troja e del Murena, scrivendovi in calce: "*Quantunque io non mi persuada della forma del programma, che vuole sostituirsi a quello da me scritto, cedo malvolentieri alla proposta de' miei ministri, sol perchè debba ritenersi maggiore della mia la loro esperienza negli affari di Stato*". Il proclama sarebbe stato poi da lui affidato ad un ministro estero, che si disse il Bermudez "*a memoria delle sue proprie convinzioni*". Tutto ciò fu asserito e alcuni autorevoli personaggi mostrano di crederlo, ma non è storicamente accertato e non è verosimile, tenuto conto delle condizioni generali della politica e dell'indole irresoluta e timida del nuovo Re. Se quel proclama fosse stato affidato al Bermudez, questi di certo non avrebbe per tanti anni resistito alla tentazione di farlo noto, tanto egli era incorreggibilmente vanitoso.

Nel proclama ufficiale Francesco implorava la misericordia divina per compiere i suoi doveri, "*tanto più gravi e difficili, in quanto che succediamo ad un Grande e Pio Monarca, le cui eroiche virtù ed i pregi sublimi non saranno mai celebrati abbastanza*". Imponeva a tutte le autorità di rimanere in carica; e la Real Maggiordomia e Sopraintendenza di Casa Reale emanava un curioso ordine per il lutto della Corte, obbligatorio per sei mesi.

Il dì seguente, nell'ordine del giorno all'armata di terra e di mare, Francesco faceva noti ai soldati ed alla flotta gli ultimi addii del suo augusto genitore, con invito a voler "*insieme con noi innalzare all'Onnipotente Iddio preghiere per la Grande anima di quel Santo*

Monarca, che, sin negli ultimi istanti di sua vita, sen sovveniva, e Iddio pregava pel paese e per l'armata tutta". Questo secondo documento intiepidì le speranze dei liberali, che si facevano molte illusioni circa gl'intendimenti del nuovo Re. L'ordine del giorno fu datato da Capodimonte, poichè la mattina del 23 maggio la famiglia reale lasciò Caserta, e non potendo prendere stanza alla Reggia di Napoli, dove doveva farsi l'esposizione della salma di Ferdinando II, andò tutta, in carrozze chiuse, in quella villa.

Fin dal primo giorno del nuovo regno corse la voce che Francesco II avrebbe cambiato il ministero, sostituendo il Filangieri al Troja, e la voce parve confermata dal fatto che il 3 giugno, Filangieri fu nominato consigliere di Stato, e con lui, il principe di Cassaro e il duca di Serracapriola, con queste significanti parole: *"Ci riserbiamo di avvalerci, sempre che lo stimeremo opportuno, de' loro lumi e della loro esperienza"*.

Gli speranzosi nel nuovo Re magnificavano le cose, che si sarebbero vedute; affermavano che il proclama ai sudditi e l'ordine del giorno all'esercito rivelavano un'eccessiva pietà filiale, ma che Francesco, ascoltando i consigli di suo zio, il conte di Siracusa, e gli impulsi del suo animo, avrebbe cambiato il ministero, iniziate le riforme, data l'amnistia ai condannati politici e agli esuli; e i più esaltati aggiungevano che avrebbe fatta un'alleanza offensiva e difensiva col Piemonte, per compiere l'impresa nazionale, e largita la Costituzione.

Alla battaglia di Montebello era seguita, dopo undici giorni, quella di Palestro e poi, il 4 giugno, la gran battaglia di Magenta, la quale liberò la Lombardia dall'occupazione austriaca. Si asseriva con insistenza che la Francia e l'Inghilterra avrebbero ristabilite le relazioni diplomatiche col nuovo Re; si dava per certo che Napoleone e Vittorio Emanuele gli avrebbero proposto di unirsi a loro per compiere l'impresa della indipendenza nazionale. Ma invece i primi atti del nuovo Re furono soltanto questi: tolse le doppie direzioni a Scorza e a Bianchini; sostituì a Scorza il magistrato Gallotti, nel ministero della giustizia; al Bianchini, nella polizia, l'altro magistrato Francescantonio Casella; tolse al Murena la direzione dei lavori pubblici per darla all'intendente di Bari, Mandarini. E fu solo, dopo l'imponente dimostrazione per la battaglia di Magenta, che Francesco si ricordò delle parole del padre e nominò il generale Carlo Filangieri primo ministro e ministro della guerra.

La dimostrazione per Magenta fu il primo risveglio delle forze liberali e fece paurosa impressione in Corte. L'incaricato di affari e il console generale di Sardegna avevano illuminati i palazzi della Legazione e del Consolato, alla Riviera di Chiaja; e la Legazione di Francia, al Chiatamone, aveva fatto altrettanto. I liberali, in gran parte studenti, ne presero occasione per affermarsi e affermare ad un tempo le loro simpatie alla causa nazionale, al conte di Siracusa, il cui palazzo era a breve distanza dalla Legazione sarda e al governo francese. La dimostrazione ebbe luogo la sera del 7 giugno e raccolse da due a tremila persone. I dimostranti vennero alle mani con la polizia; Niccola Caccavone ebbe ferita lievemente una mano e Teodoro Cottrau perdè le scarpe e la voce. In Corte furono vivacissime le invettive contro Gropello, creduto promotore della cosa, perchè egli aveva, non solo illuminata la facciata del palazzo, ma esposto tra i candelabri un enorme mazzo tricolore, dono di alcune signore napoletane; ma a lui non venne fatta la più lontana allusione per quanto era avvenuto.

Non si trattò di sostanziale mutamento nell'indirizzo del governo; il Filangieri non scelse lui i suoi compagni, nè alcun uomo di notevole importanza entrò nel modificato ministero. De Liguoro alle finanze, Rosica all'interno e Ajossa ai lavori pubblici, furono i nuovi direttori. Troja divenne consigliere di Stato, cioè ministro senza portafoglio; Murena passò alla Corte Suprema e Bianchini fu consultore. Del vecchio ministero rimasero Carrascosa, nella stessa sua perpetua qualità di ministro *in partibus*, e Carafa, al quale gli avvenimenti italiani e la morte di Ferdinando II avevano fatto perdere la bussola. Questo ministero, messo insieme a un po' per volta, quasi faticosamente, rivelava le incertezze del principe e la varia natura delle influenze, alle quali soggiaceva; spezzava la vecchia compagine e non ne creava una nuova, anzi alimentava l'inquietudine e le diffidenze della Corte e degli zelanti. Francesco, come tutte le nature deboli, credeva di accomodar tutto, giuocando di equilibrio; e univa il Casella e il Rosica, miti e sapienti magistrati, e il De Liguoro, intelligente funzionario del ministero delle finanze, allo zelante e ignorante Ajossa, che nulla sapeva di lavori pubblici, per acchetare la Regina vedova e tutto quel vecchio mondo ferdinandèo, che si agitava e seguiva con animo mal disposto le prime novità, brontolando contro il giovane Re, esagerando e malignando. Rosica era abruzzese, e il giorno stesso che andò al ministero fu trovato scritto sopra una porta interna questo curioso e arguto bisticcio: *Quello che non rose il tempo, e non rosero i sorci, Achille.... rosica!* Egli era stato intendente di Basilicata, vi aveva fatto mite governo e salvata parecchia gente dopo l'impresa di Sapri. Ajossa, non sapendo una parola di francese, prese con sè un interprete, certo De Lauzières, fratello del noto giornalista. Francescantonio Casella era stato fra gli intimi di Carlo Troja sino agli ultimi giorni, anzi ne diresse il modesto mortorio. Suo primo atto, andando al governo, fu il decreto, col quale veniva condonato il rimanente della pena ai condannati politici per i fatti del 1848 e 1849, e poi l'altro per il rimpatrio di alcuni liberali, che erano a domicilio forzoso, e finalmente quello assai più significante, in data 16 giugno, col quale erano abolite le liste degli attendibili. Se ne può immaginare l'impressione! Casella e Filangieri furono fatti segno di grandi dimostrazioni di simpatia da parte dei liberali, mentre i vecchi elementi di Corte non ebbero più freno nelle loro malignazioni e sospetti, battezzando il Filangieri, il Casella e il Rosica per traditori, che portavano in rovina lo Stato e la dinastia. Solo fidavano nell'Ajossa, il quale in quei primi giorni non aveva voce in capitolo.

L'avvento di Francesco II al trono non fu, nei primi tempi, salutato con feste e tripudii. Il lutto ufficiale lo impediva: lutto così rigoroso, che solo dopo i due primi mesi, si permise alle signore della Corte di portare ornamenti di diamanti e perle, ma espressamente erano loro vietate le pietre preziose di colore. E ci fu anche il lutto consigliato dalla paura, la quale mosse tanta gente a vestirsi suo malgrado di nero; anzi, in quei primi mesi di estate, furono addirittura aboliti i *gilets* bianchi. Quelli che li portavano, erano tenuti d'occhio dalla polizia, ammoniti o addirittura minacciati.

È inutile riferire i particolari sull'esposizione e la tumulazione della salma di Ferdinando II: si leggono nel *Giornale Ufficiale*, insolitamente loquace in quei giorni. Il cadavere, compiuta l'imbalsamazione, fu vestito colla divisa di capitano generale dell'esercito e collocato in una cassa aperta; fu poi disceso, la mattina del 28, per una scala segreta e collocato in un carro militare, che uscì dal portone a sinistra della Reggia. Da Caserta a Napoli il trasporto si compì per ferrovia, senza pompa. Nella Reggia di Napoli restò esposto negli ultimi tre giorni di maggio, coperto da un velo bianco e sollevato tanto alto, che se ne vedevano appena i piedi. Le guardie del Corpo e gli ufficiali degli usseri, in grande uniforme, montavano la guardia. I gentiluomini, ogni ora, secondo il cerimoniale della Corte di Spagna, facevano mostra di andare a prendere gli ordini dal morto Re, ed invariabilmente ripetevano: *Il Re non risponde*. Nei primi due giorni, il pubblico fu ammesso a vederlo, dalle 10 della mattina alle 6 della sera; nell'ultimo, dalle 8 a mezzogiorno. Il concorso fu immenso. Nella sala d'Ercole si riversò tutta Napoli, e le provincie vicine dettero largo contributo di curiosi. Nel pomeriggio del 31, il cadavere fu trasportato con grande pompa a Santa Chiara e sepolto nelle tombe reali,

Capitolo I

dopo una magniloquente orazione di monsignor Salzano e un memorabile accompagnamento.

Il 3 giugno si riaprirono i teatri, e si aprì la serie dei funerali, in Napoli e nelle provincie. Non vi fu Accademia o pubblico istituto, seminario o confraternita, Ordine cavalleresco o capitolo collegiale, che non si credesse in dovere di celebrar suffragi all'anima del morto Re. Fu una gara in tutto il Regno e, naturalmente, si distinsero le città di Napoli e Palermo. Ogni esequie era chiusa dal così detto elogio funebre. Elogi, che non si sarebbero fatti di Carlo V o di Luigi XIV o di Napoleone, vennero con gran sicumera tributati a Ferdinando II. Fra i più eloquenti oratori ricordo don Antonio Radente, che parlò in Sant'Antonio Abate; don Domenico Scotto Pagliara, il quale, col Quaranta, col Quattromani e col Barbati, fu l'epigrafista latino di occasione; monsignor Musto, don Antonio Cerbone, il canonico Frungillo, che parlò nel duomo; il padre Cerchi, che a San Giacomo, nel funerale fatto celebrare dai ministri, recitò un'orazione sul tema: *Nullus illi similis in legislatoribus*; e l'abate don Giustino Quadrari, che, nel funerale dell'Università, al Gesù Vecchio, parlò sul tema: *Viginti autem et novem annis regnavit, et fecit rectum coram Domino*; e basti ciò a provare a qual colmo di esagerazione può pervenire un falso misticismo, pervertito dalla rettorica. Ma vinse tutti gli altri il funerale fatto celebrare dal municipio di Napoli nella chiesa di San Lorenzo, parata a lutto e avente nel mezzo una tomba di stile greco-egizio su alto basamento. Da un lato c'era Partenope piangente e dall'altro il Genio borbonico. Pontificò Salzano; parlò il canonico Scherillo e Quattromani ridettò altre iperboliche epigrafi. Si era alla metà di luglio e ancora si celebravano esequie per Ferdinando II, in tutto il Regno, compresa la Sicilia. A Catania, il Decurionato ne fece celebrare uno in duomo, e un altro se ne celebrò nella chiesa collegiata, dove l'elogio fu letto dal canonico Giuseppe Coco-Zanghi. Questo canonico divenne poi notissimo, perchè in un periodico Catanese, *La Campana*, pubblicò un articolo per dimostrare, che le tre *A* del nome di Sant'*Agata* contengono un grande mistero, essendo quelle pronunziate dal profeta Daniele, quando, nella fossa, disse: "*A, A, A, Domine, nescio loqui*". E concludeva, che le tre *A* di Agata avrebbero fatta uscire illesa la vergine dalla fornace, ora mutata in chiesa della Carcarella, in Catania. Di questa stranezza filologica molti risero, ma il Coco, morto, ebbe il suo busto in bronzo nel giardino Bellini, tra gl'illustri catanesi. Su tal busto, don Salvatore Bruno, ex canonico della cattedrale, professore di greco nell'Università e arguto spirito, fece il seguente epigramma:

> Tu, sacristanu fausu
> Chi ffai chiantatu ccá?
> Dimmi: chi tti nei misiru
> Forsi pri li tri *A?*

A Palermo pronunciò l'elogio funebre nella cappella Palatina il padre Cumbo, rettore dell'Università, e in San Domenico, nel solenne funerale, fatto celebrare dal Senato, parlò il padre Romano, gesuita, ma in Sicilia si ebbe più misura.

A Roma, per cura del cardinale Girolamo d'Andrea, fu celebrato un solenne ufficio funebre in Sant'Andrea della Valle, con iscrizioni storiche. V'intervennero il sacro collegio, la prelatura, l'anticamera nobile del pontefice e il personale delle legazioni di Napoli, d'Austria, di Spagna e di Toscana.

Dopo il suo ritorno da Palermo, il generale Carlo Filangieri aveva vissuta a Napoli una vita affatto privata. Frequentò assai poco la Corte, non nascondendo il suo malumore contro Ferdinando II e contro il Cassisi per le cose di Sicilia. Egli era devoto ai Borboni per giuramento di soldato, non per comunanza di vedute, aveva volontà propria e uno spirito affatto moderno. Religioso senza bigottismo e forse volterriano in gioventù, egli rideva delle superstizioni di Ferdinando II, perchè capiva che, costruendo chiese, sciogliendo voti e coprendosi di amuleti, non si puntellava un trono pericolante. Assunto al governo, credeva di poter rinnovare tutta la compagine dello Stato, ma per riuscire gli mancavano due condizioni essenziali: la fiducia del principe e compagni di governo, capaci d'intenderlo e di secondarlo lealmente. Questi compagni, tranne il Casella e il Rosica, non erano di sua fiducia; non poteva tollerare Ajossa, ma gli fu giuocoforza tollerarlo. Parecchi, tra i quali l'Ischitella, gli fecero più tardi rimprovero di aver accettato il governo in quelle condizioni.[1] Nonostante, avrebbe forse superato tutte queste difficoltà, se avesse avuto vent'anni di meno, ma nè lui, nè altri poteva superarle nelle condizioni che ho descritte, e fu vittima del suo ideale, quello di conciliare le esigenze dei nuovi tempi con la dinastia dei Borboni.

Filangieri si mise all'opera con molta fede e buona volontà. Come primo atto mandò via il Cassisi da ministro di Sicilia a Napoli e lo sostituì con Paolo Cumbo, a lui devoto; tolse allo Spaccaforno la direzione dell'interno e lo sostituì con don Michele Celesti, al quale era rimasto affezionato; nè ci volle poco per indurre il Re a consentire ai decreti su riferiti, e particolarmente a quello circa gli *attendibili*. Alcune sue ordinanze, per l'umile argomento cui si riferivano, provocarono commenti umoristici; ma altre furono consigliate, come quelle intese a rendere meno orribili le prigioni, *da doveri di cristiana carità*.

Non era quanto si aspettava, ma il presidente dei ministri non aveva le mani libere, nè poteva fare assegnamento sull'iniziativa, o almeno

---

[1] *Mémoires et souvenirs de ma vie.* - Paris, 15 mars 1864.

sopra un intelligente concorso dei suoi compagni di governo, nè credeva prudente allarmare troppo il timido Re e la Corte sospettosa, la quale non aveva fiducia in lui e lo rivelava senza mistero.

Rivolse le sue cure all'esercito, rimasto con lo stesso ordinamento datogli da lui nei primi anni di Ferdinando II. Aspirava a farne un esercito di combattimento, all'altezza delle milizie moderne, non un istrumento di regno, come aveva fatto il defunto Re. Capiva quanto fosse necessario rilevare politicamente il Regno di fronte all'estero, tornare in buoni rapporti con la Francia e l'Inghilterra, soprattutto con la Francia, ed entrare in accordi col Piemonte, nell'interesse dei due maggiori Stati d'Italia e delle due Monarchie, strettamente imparentate. I tempi erano grossi e occorrevano decisioni pronte e radicali.

Quando venne ricevuto dal nuovo Re il barone Hübner, per presentargli le congratulazioni dell'imperatore d'Austria, Filangieri non era ancora ministro. Quel ricevimento ebbe luogo il 4 giugno e destò nuove inquietudini nei liberali, perchè si diffuse la voce che l'Hübner fosse venuto per negoziare una lega fra Napoli e Vienna. Ma risorsero le speranze, quando giunsero, quasi contemporaneamente, il conte di Salmour e il barone Brenier, che Napoleone III tornava ad accreditare presso la Corte di Napoli, dandogli per segretario quel barone Aymè, mezzo napoletano e mezzo francese, che doveva, più tardi, avere una parte in quei tenebrosi intrighi di Corte, che precedettero l'Atto Sovrano del 25 giugno, e soprattutto quando Filangieri consigliò il Re a mandare uno dei suoi gentiluomini a rallegrarsi con Napoleone III e con Vittorio Emanuele della vittoria di Solferino. Il Re scelse per tale missione il duca di Bovino, genero del Filangieri, come colui, il quale dava maggiori garanzie di essere meno liberale. Ma questa nomina, tutta d'iniziativa del Re, ebbe tale successo d'ilarità, che il Filangieri scongiurò il Sovrano di scegliere altri, e fu scelto il principe d'Ottajano.

Capitolo I

Nel 1859, il Collegio medico contava più di 300 alunni, distinti in quattro corsi: dei fisici, degli antepratici, dei pratici e dei chirurgi. N'era rettore il canonico Caruso, calabrese, la cui devozione a Ferdinando II e al ministro Murena toccava il fanatismo. Alto, bruno, robusto, peloso come un orso, era allora nel vigore degli anni. Gli occhi neri e le folte sopracciglia gli davano un aspetto quasi truce. Rozzo e privo di cultura, era amministratore del giornale *La Verità*, che dirigeva il prete Scioscia di Pescopagano, e aveva diretto il ricovero di mendicità nella badia del Morrone, lasciandovi pessima fama. Quando egli fu chiamato a capo del collegio medico, la disciplina di questo lasciava molto a desiderare. Frequenti le fughe notturne dei collegiali, le serenate nel fondo dei pozzi e altre cosette galanti. Caruso, per ristabilir la disciplina cominciò a pretendere che studenti e professori gli baciassero la mano, e tutti gliela baciavano, perchè in poco tempo egli era divenuto lo spavento degli uni e degli altri. Quattro soli professori non si piegarono mai a quest'atto servile e furono: il Manfrè, medico del principe don Luigi e nemico implacabile del rettore, il De Renzis, don Salvatore de Renzi e il Perrone, al quale il Caruso fece un giorno una solenne ramanzina alla presenza dei suoi alunni. Caruso spingeva il rigorismo ai peggiori eccessi. Egli non solo vigilava le azioni, ma si studiava d'intuire i pensieri dei giovani, e guai se li scopriva men che ortodossi, in religione e in politica. I prefetti, poveri e piccoli preti di provincia, pagati a sei ducati il mese, gli riferivano tutto, e le punizioni che andavano dai rimproveri al piatto capovolto, dal carcere lieve al penale e dall'espulsione alla consegna alla polizia, fioccavano senza pietà. La sorveglianza, che egli esercitava e faceva esercitare sugli alunni, era divenuta insopportabile. Compariva all'improvviso nelle camerate, e se trovava da ridire su qualche cosa, non risparmiava ingiurie e schiaffi, e spesso incolpava gli alunni di mancanze immaginarie.

Morto Ferdinando II e caduto il Murena, gli alunni deliberarono di ricorrere al nuovo Re e inviarono parecchie suppliche a lui e al direttore Scorza. Si disse che l'alunno Tommaso de Amicis di Alfedena, venuto poi in fama nella professione sua, scrivesse il ricorso al Re; l'alunno Francesco Colucci di Bari, che fu più tardi garibaldino e giornalista, ne scrisse un altro allo stesso Scorza, ma non se ne vide effetto. E fu allora che si deliberò d'insorgere. I tempi erano un po' mutati, e le notizie della guerra d'Italia accendevano le teste. L'insurrezione fu organizzata dagli antepratici e dai fisici che si misero, durante la messa, in relazione con le altre camerate, mercè forti mance ai servi, e fu diretta, oltre che dal De Amicis e dal Colucci, dagli alunni Fedele Ranieri, calabrese, Alfonso Guarino, napoletano, Pietro de Caro di Benevento, Enrico de Renzi, figliuolo del professore, e Giovanni Antonelli: erano anche nella cospirazione gli alunni Di Monte, Ursini, Ria, Fiorito e Lobello. Doveva aver luogo la sera della festa di San Luigi, che ricorre il 21 giugno: festa, per la quale il rettore aveva domandata ad ogni giovane una piastra di contributo, volendo celebrarla più solennemente che negli altri anni, ma a quella tassa gli alunni si erano rifiutati. La resistenza insolita aveva reso furioso il Caruso e moltiplicate le punizioni.

Venne dunque la sera del 21 giugno. A un'ora di notte, si vide una fiammella alla seconda finestra della camerata degli antepratici messa fuori dall'Ursini. Era il segnale convenuto, cui rispose altra fiammella dall'ultima finestra della camerata dei fisici, al secondo piano. Si era stabilito di gridare: *abbasso Caruso, fuori Caruso*, e cacciarlo dal refettorio: il resto veniva da sè. A due ore di notte, l'ora della cena, scesero tranquillamente gli alunni in refettorio, meno i chirurgi, timorosi di compromettere la laurea medica. I più esaltati portavano di nascosto i ferri anatomici. Recitato il *benedicite*, mentre l'alunno di turno, salito sul piccolo pergamo, cominciava a leggere un trattato di anatomia (quella sera la lettura era sul *terzo paio di nervi*), dai banchi dei pratici, addossati al muro, a sinistra della grande porta, si udì il primo grido: *abbasso Caruso*. Il rettore corse verso il luogo, donde era partita la voce, ma alle sue spalle le grida si moltiplicarono e il fracasso divenne infernale: trecento gole urlavano e trecento braccia battevano con forza i coltelli sui vassoi in segno di minaccia.

Caruso, da principio, non ebbe paura, anzi credè poter domare la tempesta. Difatti non si mosse. Le grida si udivano dalla strada Costantinopoli e da Forìa, e la notizia di una rivolta al Collegio medico si diffuse, in breve, nel vicinato. Il Caruso, pallido e ansante, visto che non riusciva a ristabilire l'ordine, decise ritirarsi, ma prima si arrestò sui gradini della porta piccola e di là, con lo sguardo fisso sui dimostranti, con le mani nelle ampie tasche della zimarra, ruppe in parole di minaccia, ordinando al lettore con tutta la sua voce di riprendere la lettura. Fu la più imprudente delle provocazioni, perchè i giovani, perduta la testa, cominciarono a scaraventare contro di lui piatti, bicchieri, bottiglie e quanto era sopra le tavole. Quella sera si servivano a cena le triglie fritte, e anche queste volarono contro il rettore. Non c'era tempo da perdere. Il prefetto Guadagno, inviso anche lui, aprì la porta, ne cacciò fuori il Caruso e ne prese il posto, mentre questi mandò ad avvisare la polizia.

Uscito il rettore dal refettorio, continuò il baccano. Vennero svelte le lunghe e massicce panche di quercia e i ferri dei lumi; e armati di panche e di ferri, i giovani corsero al corridoio del secondo piano, che precedeva l'appartamento del rettore. Egli vi si era asserragliato; la porta, ben solida, resisteva agli urti dei pali e delle panche, adoperate come leve. Alcuni scesero in porteria e sbarrarono l'ingresso. Erano le 11, e ancora gli alunni, schiamazzando, cingevano d'assedio l'appartamento del rettore, cercando di romperne la porta, quando, con le lagrime agli occhi, giunse il vicerettore, un buon vecchio cui tutti volevano bene e, a mani giunte, li pregò di consegnargli le chiavi della porteria, perchè un battaglione di Svizzeri aveva circondato il collegio e gli zappatori stavano per sfondarne la porta. Era vero e si udivano già i primi colpi. Consegnate le chiavi, i giovani tornarono nelle rispettive camerate. Entrarono gli Svizzeri, ma in atteggiamento benigno. In porteria s'insediò il commissario del quartiere, Capasso, che arrestò venticinque alunni e li chiuse nel vicino carcere di Sant'Amelio, affidato alla custodia del padre Cutinelli e del padre Planes, gesuiti. Furono tra gli arrestati gli alunni Ursini, Di Monte, Ria, Fiorito, Lobello, Antonelli, Pugliatti, Severino, Rossi, Zanello, Sollazzo, Libroia, Nicoletti, De Lellis e Casciuolo.

La mattina il Collegio era occupato militarmente. Dopo la messa, i giovani furono chiamati nella sala dell'accademia, una gran sala, coi banchi disposti ad anfiteatro e destinata alle lezioni d'anatomia. Vi trovarono il generale Lanza in grande uniforme e il direttore Scorza, che raccomandarono la calma. Lanza parlò in gergo, com'egli soleva, e fu bonario. Caruso assisteva, ma non disse verbo. Aveva la mano fasciata da una benda nera, poichè s'era fatto salassare dalla paura.

Dopo pochi giorni, assunse le funzioni di rettore il sacerdote Scacchi, che era stato vicerettore ed allora dirigeva il conservatorio di San Pietro a Maiella; fu poi nominato rettore il canonico Lamberti, parroco di Sant'Anna di Palazzo, che vi restò sino alla rivoluzione, quando quell'ufficio fu secolarizzato e venne conferito a Cammillo de Meis, reduce dall'esilio. De Meis fu l'ultimo rettore del Collegio medico, travolto anch'esso nelle rovine dei vecchi ordini. Vivaio di medici e di chirurgi valorosi, non di ciarlatani, più o meno fortunati, il Collegio medico era a Napoli popolare. Anche oggi si ricordano quei giovani, vestiti di bleu in inverno e di verde bottiglia in estate, col cappello a punta, tutto nero e i gigli borbonici ricamati sull'alto bavero dell'uniforme. La prigionia dei giovani non durò più di tre mesi e non vi fu processo. Durante la prigionia furono consigliati di fare una supplica al Re, perchè alla direzione del Collegio fossero posti i gesuiti, ma non vollero, benchè loro si promettesse la grazia sovrana.

Ma assai più grave di questo baccano incruento di giovani medici, ribelli al rettore, fu l'insurrezione militare che scoppiò a due settimane di distanza. Parlo di quella dei soldati Svizzeri, che ebbe un epilogo così sanguinoso e conseguenze politiche tanto gravi.

La rivolta fu ampiamente narrata dal *Giornale Ufficiale*. Io aggiungerò che lo spavento dei cittadini fu in quella notte addirittura indescrivibile. Gli Svizzeri furono sempre riguardati dai napoletani con terrore, soprattutto dopo il 15 maggio. Vederli in sommossa attraversare Napoli di notte dal Carmine a Capodimonte, a passo di carica, a suon di tamburo, armati di tutto punto e con le bandiere conquistate nei loro quartieri; e udire i frequenti colpi di fucile e le grida di gioia selvaggia e di vendetta, ad un tempo, contro i loro ufficiali, era tale uno spettacolo, da giustificarne la paura. Sarà bene narrare con la maggiore precisione come andarono le cose.

I reggimenti svizzeri, di guarnigione a Napoli, erano tre, poichè il primo era a Palermo. Di quei tre reggimenti, il quarto, reclutato nel cantone di Berna, aveva l'orso cantonale sulla bandiera. I primi malumori si erano manifestati in questo reggimento, al pervenire delle notizie di ciò che si discuteva nell'assemblea federale a proposito degli assoldamenti. E quando, dopo il voto di quell'assemblea, venne ordinato al comandante del quarto reggimento di far togliere dalla bandiera lo stemma cantonale e questi, alla sua volta, comunicò l'ordine al sarto, che vi si oppose, la diffusione della notizia sollevò così vivaci proteste e tali impeti d'ira, che gli ufficiali stimarono prudente consiglio impedire l'uscita dei soldati, in quella sera. Difatti, un gruppo di soldati del terzo reggimento, andato al quartiere del Carmine, dove alloggiava il quarto, non vi potè penetrare, e fu così che quest'ultimo reggimento non partecipò alla sommossa, la quale venne compiuta quasi interamente dal terzo, e per una circostanza particolare. Questo reggimento, decimato in modo inverosimile nei combattimenti di Catania dieci anni prima, anzi ridotto a soli 300 uomini, era stato via

via ricostituito con elementi fatti venire di fresco dalla Svizzera. E questi, serbando più vive e più fresche le impressioni del proprio paese, si sentivano feriti più dei loro compagni dalle nuove disposizioni, le quali negavano loro la cittadinanza e lo stemma cantonale, finchè erano al servizio di potenze straniere.

Le autorità furono colte alla sprovvista. Il direttore di polizia, Casella, assicurava ingenuamente di non aver nulla preinteso della rivolta. A tutelare l'ordine e a prender le necessarie precauzioni, di fronte ad eventuali gravi conseguenze, il generale Filangieri, accompagnato dal generale Lanza, dal maresciallo Garofalo, direttore del ministero della guerra e dal colonnello Buonopane, girava per i luoghi più esposti e per i quartieri delle milizie, impartendo ordini ed istruzioni, e vegliò la notte.

La nuova della sommossa pervenne confusamente a Capodimonte, ma non s'immaginava che gl'insorti si sarebbero, come avvenne, diretti proprio là, risoluti a chiedere al Re che fosse loro mantenuta la nazionalità propria, o che il governo li licenziasse, accordando loro la paga degli altri sei mesi, ne' quali doveva durare la capitolazione. Scarsa truppa custodiva Capodimonte. Udendo avvicinarsi forze armate a passo di carica, si credette da principio che fossero reggimenti mandati a maggior tutela della famiglia reale. Ma, conosciuta la verità, si diè l'allarme e si chiusero i cancelli del parco. Era circa la mezzanotte. Il retroammiraglio Del Re, che comandava il debole presidio, lo dispose a resistenza. Francesco mostravasi inquieto; paurosi gli altri principi; presente a sè stessa soltanto la Regina, la quale, udendo appressarsi il tamburo, uscì sulla terrazza della sua camera da letto per vedere lo spettacolo. La Regina madre, cui avevano detto trattarsi di una rivolta militare, consigliò di chiamar subito gli Svizzeri a difesa, ma quando udì che questi erano gl'insorti, corse presso i figliuoli piccini, che fece svegliare e vestire, per tenerli pronti ad una fuga.

Nulla si sapeva di preciso, anzi si temeva che fossero insorti tutti e tre i reggimenti e si avviassero a Capodimonte, per far prigioniera la famiglia reale. Il Del Re, il duca di Sangro e il colonnello Schumacker uscirono incontro ai rivoltosi presso il cancello principale, per sapere che volessero. Non vi erano ufficiali, nè capi, e perciò non fu possibile parlamentare, nè senza fatica si riuscì a capire qualche cosa. Erano poco meno di un migliaio, armati ed eccitati in sommo grado. Parvero calmarsi, quando fu loro assicurato che il Re, favorevolmente disposto verso di loro, avrebbe riflettuto sulle loro domande, e che intanto ne avessero attese le risoluzioni al campo di Marte.

Gl'insorti si avviarono allora verso Capodichino, tirando colpi di fucile in aria. Bivaccarono sul campo e vi rimasero sino alla mattina. Nella notte, il ministero dispose che i battaglioni di cacciatori, rimasti fedeli, sotto il comando del generale Nunziante, andassero al campo di Marte e imponessero il disarmo ai ribelli. Ma, quando questi videro avvicinarsi i loro compagni armati e con una batteria di cannoni, ritenendo che andassero per massacrarli, ed esasperati perchè non si erano uniti a loro nella rivolta, cominciarono a far fuoco, obbligando così il Nunziante ad ordinare una scarica di fucili e una di mitraglia, per cui s'ebbe a deplorare quella carneficina, che produsse in Napoli incancellabile impressione di spavento e per la quale fu censurato aspramente il Nunziante, che si disse aver agito per troppo zelo verso il Re, dal quale era stato nominato pochi giorni prima aiutante generale, e sua moglie, dama di Corte. Dello zelo inopportuno vi fu, perchè gl'insorti, dopo i primi colpi si sbandarono per le campagne, e il Nunziante continuò, ciononostante, a comandare il fuoco, tanto che, mentre nel 13° battaglione cacciatori non vi furono che due feriti, degli Svizzeri insorti, 20 rimasero morti, 75 furono feriti, 262 fatti prigionieri. Nella notte seguente fu eseguito il trasporto dei morti e dei feriti, argomento di pietà del popolo napoletano. Filangieri affidò al Nunziante quella triste missione, perchè essendo stato egli l'organizzatore dei cacciatori, compresi gli Svizzeri, ne aveva tutta la fiducia.

Così la rivolta fu domata, e il Re, per consiglio di Filangieri, sciolse tutti e quattro quei reggimenti mercenarii. Fino ad oggi erano quasi ignote le vere cause di quella sommossa, che tanto gli zelanti, quanto i liberali di Napoli attribuirono all'opera del Piemonte, e gli emigrati napoletani all'opera dei liberali di Napoli. E poichè nel partito legittimista è sempre radicata l'opinione che vi avesse avuto mano il Piemonte, io ho voluto, con recenti e minuziose indagini, chiarire questo punto del breve regno di Francesco II.

Innanzitutto, bisogna ricordare che le capitolazioni fra il governo di Napoli e il governo svizzero erano scadute fin dal 1855; e non essendo riuscito a Ferdinando II di rinnovarle, aveva preferito accordarsi, per altri cinque anni, coi comandanti dei quattro reggimenti e del battaglione di artiglieria. Il governo federale lasciò correre, ma a una sola condizione, che non si chiamassero più *reggimenti svizzeri*, e difatti, da quell'anno si chiamarono ufficialmente *reggimenti esteri*. Alla fine del 1859 scadeva dunque il quinquennio, e fra il governo napoletano e il governo federale, fin dal gennaio di quell'anno, cominciarono le trattative, per tornare alle vecchie capitolazioni, o almeno per ottenere che continuasse l'accordo intervenuto con i comandanti dei reggimenti. Le trattative, per conto del governo napoletano, erano condotte dal Canofari: trattative laboriose, le quali non lasciavano sperare alcun esito favorevole, sia per effetto dei nuovi tempi, sia perchè nella Dieta il partito radicale era in prevalenza, e sia infine per le accuse mosse dall'Europa liberale al governo svizzero, in seguito ai fatti del 15 maggio in Napoli ed alle giornate di Messina e Catania.

Bisogna ricordare anche che, oltre al Re di Napoli, il Papa aveva al suo soldo due reggimenti svizzeri, i quali si erano battuti con valore a Vicenza nel 1848. Mutato l'animo del pontefice, quei reggimenti non si erano mostrati molto disposti a seguire gli ordini del generale Zucchi, che principalmente con loro voleva ristabilire l'ordine. In seguito a questa resistenza, i comandanti, fra i quali era il Latour, furono destituiti e i reggimenti svizzeri sciolti, rimanendo al soldo del pontefice pochi ufficiali, fra i quali ricordo il Kolbermatter, che fu poi ministro della guerra del Papa, il De Courten e il De Goddy. Furono questi e pochi altri, che più tardi ricomposero un nuovo reggimento svizzero, il quale domò l'insorta Perugia fra le stragi e i saccheggi, quattro giorni dopo la battaglia di Solferino, quando cioè in tutta Europa le idee liberali erano prevalenti nei governi e nella stampa. Quei fatti, per la natura loro e per i gridi di protesta che sollevarono dovunque ne giunse l'eco, eccitarono nella stessa Svizzera uno sdegno così forte contro gli assoldamenti, che la quistione venne agitata di nuovo nella Dieta federale, e fu deliberato che i reggimenti svizzeri stipendiati da Stati esteri, che poi erano Napoli e Roma, perdessero la cittadinanza d'origine, nel tempo che erano sotto le armi, e fosse loro proibito di portare sulla bandiera del proprio reggimento lo stemma cantonale. Il partito radicale ben sapeva che gli Svizzeri non si sarebbero rassegnati a tali condizioni, e desideroso com'era di lavare le macchie di Napoli e di Sicilia, e quella più recente di Perugia, voleva farla finita con le capitolazioni, le quali erano causa di continue accuse e polemiche e costituivano veramente una vergogna per la Repubblica.

Ministro di Sardegna a Berna era il signor Jockeau, ed è verosimile che egli ne riferisse al suo governo; ma nella sua corrispondenza del tempo, anche in quella più riservata, secondo recenti indagini eseguite nell'archivio del ministero degli esteri, non se ne trova traccia. Il governo piemontese e meno ancora gli esuli napoletani non vi ebbero mano in nessun modo, ed in prova di questa affermazione posso citare due autorevoli testimonianze: quella di Silvio Spaventa, il quale conservò sino agli ultimi giorni di sua vita tenace memoria di tutti gli avvenimenti di allora, e che vivendo in quei giorni a Torino, era in grado, per l'autorità sua fra gli emigrati, di conoscer bene le cose; e quella di Gaspare Finali, intimo del Farini, che aveva alla sua volta tanta intimità con Cavour. Anzi, secondo loro, non solo il governo del Piemonte non vi ebbe parte, ma la notizia della rivolta degli Svizzeri riuscì una sorpresa a Torino per tutti, compreso il ministero.

La spiegazione, storicamente esatta da me data, dissipa la favola che Cavour agisse sul governo federale; favola, che il Canofari accreditava per dare una ragione plausibile dei suoi insuccessi, e Francesco II mostrava di credere per un altro verso, quando nelle istruzioni mandate al suo ministro, aggiungeva di suo pugno: "*i soldati svizzeri sono sedotti dall'oro del Piemonte*" e gli raccomandava che facesse notare questa circostanza al governo federale. E ugualmente inattendibile si rivela l'altra diceria, che la decisione del governo svizzero si dovesse al lavoro di una commissione di emigrati, formata da Scialoja, da Leopardi e da Antonino Plutino, i quali avrebbero agito per mezzo del ministro piemontese a Berna. Quello, invece, che il partito radicale svizzero aveva preveduto, avvenne. Gli Svizzeri al servizio del Re di Napoli non vollero rassegnarsi a divenire estranei al proprio paese e insorsero.

La perdita dei reggimenti svizzeri fu la maggiore scossa all'edificio, che cominciava a screpolarsi e segnò il primo vero malanno per la dinastia. Invano si tentò ripararvi più tardi, quando Filangieri non c'era più, facendo venire soldati bavaresi ed austriaci, prima incorporandoli nei reggimenti indigeni e poi formandone un reggimento a parte, che fu il 13° cacciatori. Quei bavaresi ed austriaci, condotti dai vapori del Lloyd, sbarcavano a Molfetta e io li ricordo bene. Erano bei giovani, pieni di salute, i quali venivano a servire una causa, che non capivano e mormoravano a bassa voce: *fife Caripalde*.

Gli sdegni della Regina madre e del vecchio partito di Corte per le due sommosse, in quarantacinque giorni, furono, assai aspri. Filangieri era particolarmente preso di mira. Anche il Re ne restò impressionato. Non si ebbe più ritegno a parlare di *tradimento*, la fatale parola, che doveva accompagnare il breve regno di Francesco II, dal principio alla fine!

Nella famiglia reale e in tutta la Corte, dopo la morte di Ferdinando II, si cominciò a vivere più liberamente. Il conte di Trani, il conte di Caserta e persino il conte di Girgenti dicevano di voler fare, appena finito il lutto stretto, viaggi all'estero, dove non erano stati mai, e di voler abitare ville e quartieri indipendenti: tutte cose che non avrebbero neppur sognate, vivo il padre. Si facevano fotografare in divisa militare, o da cacciatori con relativi cani e carniere, non escluso don Pasqualino, conte di Bari, che aveva sette anni, e distribuivano largamente le loro fotografie. In esse il conte di Trani vestiva la divisa di ufficiale di marina, il conte di Caserta da ufficiale di artiglieria, il conte di Girgenti da ufficiale dei cacciatori, e il conte di Bari da soldato di linea, con l'immenso cappellone peloso e in posizione di presentare le armi. Bei giovanotti, vigorosi e pieni di vita. Il conte di Girgenti aveva piglio più furbo e somigliava tutto suo padre. Del resto i figliuoli di Ferdinando II, comprese le femmine, avevano marcato tipo borbonico, tranne il conte di Trani che somigliava sua madre. Col fratello, divenuto Re, non si mostravano diversi di quel che si erano sempre mostrati con lui, cioè familiarissimi. Francesco non era per essi il Sovrano, ma *Lasa*. Gli davano del *tu*, come per lo innanzi e non sempre temperavano il tono di familiarità, piuttosto volgaruccio, al quale erano abituati, del che il Re s'avea un po' a male. Questi poi in privato li chiamava per nome, ma in presenza di estranei non li indicava che per titolo. E così diceva: *mio fratello Trani, mio fratello Caserta,* e ai piccoli dava il *don,* come facevano tutti in Corte. Il dolore non si leggeva sul volto dei figliuoli e dei fratelli del morto

Re. Il conte di Siracusa era andato ad abitare a Capodimonte; secondo alcuni per stare più vicino al nipote e, secondo altri, per intrighi amorosi o per far dispetto alla Regina madre, che lo detestava. Gli astri, che avevano più brillato intorno al magno pianeta sparito dall'orizzonte il 22 maggio, cominciavano ad oscurarsi. Unica, veramente inconsolabile, era l'ex regina Maria Teresa, la quale sentiva di aver tutto perduto. Esercitando un vero dominio sull'animo del marito, essa regnava e governava, pur non avendone l'apparenza, e ben si può dire che non si movesse foglia in Corte senza che ella lo volesse, nessuna volontà essendovi superiore alla sua. L'indole di Maria Teresa aveva qualche cosa di enimmatico, parendo che in lei non prevalessero che la gelosia e la parsimonia. Era gelosa del marito sino alla puerilità; gelosa dell'affetto che il marito aveva per i figli; gelosa delle sue dame e delle sue cameriste, tanto che di cameriste finì per non averne nessuna. Una delle ultime fu donna Emilia Paisler. Un giorno di estate, donna Emilia, dovendo uscire, indossò un vestito nuovo e mise un cappello di paglia, molto grazioso. Il Re, trovandosi a passare, si fermò a guardarla e le disse con familiarità napoletana che quella paglia le stava proprio bene. L'udì la Regina e non aprì bocca; ma da quel momento non chiamò più, nè volle più avere accanto a sè la Paisler. Le cameriste e le donne di camera evitavano il Re, per non incorrere nello sdegno della Regina.

Alcuni anni prima aveva fatto di peggio. Una delle cameriste di Maria Cristina, donna Guglielmina de Palma, era divenuta camerista di Maria Teresa, la quale si era affezionata a lei, donnina di molto tatto e di fine intelligenza. Le cameriste non erano donne di camera, ma dame intime di compagnia e dovevano essere signorine o vedove, e appartenere a famiglie borghesi, ma di buon casato. Le vedove si chiamavano, con nome spagnolo, *azafatte*. La De Palma fu chiesta in moglie nel 1843 da Francesco König, controllore di casa reale e figliuolo del fido corriere di gabinetto di Maria Carolina. Ella ne diè rispettosamente partecipazione alla Regina, e questa ne fu così indispettita, che non osando opporvisi, nè in altro modo sfogare il suo dispetto, investì la signorina De Palma e fortemente la graffiò o, come si dice a Napoli, la *scippò* tutta. Tre anni dopo la De Palma restò vedova con una figliuola e seguitò ad abitare in Corte, ma la Regina non la richiamò più. Solo il Re fu sempre cortese con lei, anzi da monsignor De Simone la fece interrogare se avesse voluto divenire *azafatta* della futura duchessa di Calabria, ma Maria Teresa non volle.[2]

Pur abituata alla vita di Corte, Maria Teresa aveva veramente abitudini parsimoniose e non da Regina. Si compiaceva mostrarsi sgarbata con le dame dell'aristocrazia. La signora König-Scalera mi raccontava, che spesso alle nobili signore, le quali andavano a farle visita, la Regina lasciava fare anticamere di mezze giornate e poi le faceva licenziare dalla camerista, con queste parole: "*Dite che le ringrazio, e che tornino domani*". Quante principesse, duchesse e marchese scendevano le scale della Reggia, fuori della grazia di Dio.... ma tornavano il dì seguente! La Regina le riceveva freddamente, scambiando il minor numero possibile di parole nel suo accento tra il dialettale napoletano e il tedesco, ch'era così duro e così brutto. A sentire, Maria Cristina, al contrario, fu piena di riguardi per tutti, per le sue cameriste e per le dame e voleva gran bene alla De Palma, nelle cui braccia morì, e che chiamava affettuosamente *Guillaumine*. Mentre Maria Cristina si era rassegnata a certe strane esigenze della Corte di Napoli, Maria Teresa non subì nulla che a lei non facesse comodo. La principessa di Bisignano, moglie del maggiordomo maggiore, avendo la chiave della camera della Regina, usava largamente del diritto di entrare senza farsi annunziare. Maria Cristina non vi si oppose mai; Maria Teresa le tolse la chiave.

[2] L'unica figliuola di donna Guglielmina König de Palma sposò il mio amico Erminio Scalera, e a lei, ch'è donna colta e intelligente, devo parecchie di queste notizie intime della Corte.

Vestita con borghese semplicità, abborrente dagli spettacoli, dalle feste e da tutto ciò ch'era vita clamorosa di Corte, ella non aveva *charme* punto punto. Occhi chiari, fronte spaziosa, bocca larga, capelli senz'acconciatura, sguardo freddo, c'era qualche cosa di duro in tutta la piccola persona. Molte sere, sul punto di andare al teatro, diceva di non sentirsi bene, o addirittura di aver mutato pensiero, e al teatro non andava naturalmente neppure il Re. Quindi contrordini alle scuderie e controavvisi al teatro, dove, fin dalla mattina, si era disposto il servizio speciale per i Sovrani. Preferiva la vita di famiglia e la compagnia del marito a tutto. Non pronunziava l'erre, per cui chiamava suo marito *Fevdinando*; e il suo intercalare, udita una notizia, era: "*la divò a Fevdinando*". Conosceva tutti gli alti funzionari e alcuni prediligeva, ed erano i più zelanti. Alle volte, quando il Re stando a Caserta o a Gaeta, si occupava degli affari di Stato con ministri o direttori, intendenti o vescovi, la Regina vi assisteva e spesso interloquiva; ed altre volte origliava da una stanza vicina. Nulla le sfuggiva, dai particolari più intimi di Corte, agli affari più gravi dello Stato. Era dai liberali detestata più del Re e suscitava in loro maggiori antipatie, che non ne suscitasse il marito. Essa aveva una volontà decisa ed era religiosa fino all'ostentazione. Udiva la messa tutte le mattine, assisteva alla benedizione tutte le sere, diceva il rosario col Re e coi figliuoli, si confessava non meno di una volta al mese e distribuiva parecchie elemosine. Non invano si ricorreva qualche volta a lei, ma non era agevole il ricorrervi.

S'immagini quali sentimenti si dovessero agitare in una donna così fatta, che non poteva sentir amore per il figliastro, divenuto Re e che lei seguitò a chiamare familiarmente *Franceschino*. Non sembrava umano che quella donna, per quanto religiosa, si rassegnasse a perdere tutto il suo potere e a vedere, al suo posto, una giovanotta di diciotto anni, la quale, da meno di quattro mesi, era venuta nel Regno, ignara di tutto, anche della lingua e con tendenze così oppo-

Capitolo I

ste alle sue: una giovanotta, che lei aveva trattata dal primo momento, come un'educanda e della quale unica distrazione erano i suoi pappagalli, i suoi cani e i suoi cavalli, o il passar molte ore del giorno nelle scuderie o al maneggio, ovvero il far lunghe passeggiate a cavallo, in costume di amazzone, nel bosco di Capodimonte, accompagnata da uno o due maggiordomi; una giovanotta che cambiava abiti più volte al giorno e si faceva fotografare a cavallo, in carrozza, in piedi, da Regina con la corona, o più spesso di profilo, ed anche in grande abito scollato e diamanti sulla testa, sola, o in compagnia del marito e dei cognati in grande uniforme. V'ha anche di più, Maria Teresa aveva voluto che accanto alla giovane duchessa di Calabria fosse posta una donna di sua fiducia, la quale venisse abituandola a quell'ambiente di Corte, in cui non doveva esistere che una volontà sola, quella della Regina. Aveva creduto di trovare questa donna nella Rizzo, marsigliese di origine e vedova con parecchi figliuoli di un credenziere di Corte, morto cadendo da una scala a chiocciola della Reggia di Napoli. La Rizzo era presso i quarant'anni: non bella, ma piacente e vivacissima e furba assai più che non convenisse. Maria Teresa, per non farla montare in superbia, non aveva voluto che fosse nominata *azafatta*, ma avesse l'ufficio più umile di donna di camera. Tutte queste cautele di Maria Teresa non dovevano però riuscire a nulla. Chi poteva immaginare una successione così fulminea? Francesco aveva sempre avuti per la matrigna i maggiori riguardi e la chiamava *mammà* e le ubbidiva in tutto, forse in cuor suo non amandola. Morto il padre, non so se intendesse quanto sarebbe stato minore il dolore della Regina, se egli, Francesco, non fosse esistito o non avesse preso moglie; ovvero, morto il padre, avesse abdicato a favore di suo fratello, il conte di Trani. Ma invece il giovane Re fu sempre correttissimo verso la matrigna, come apparve anche nell'esecuzione del testamento paterno, e spesso seguì i consigli di lei che non furono mai i più savii.

La giovane Regina, invece, cominciò a rivelar subito una volontà propria, quasi non le paresse vero di scuotere quella specie di compressione, in cui per opera della suocera era vissuta a Bari e a Caserta. Nessuna dimostrazione di vero affetto la Regina fece mai alla duchessa di Calabria in quei quattro mesi; nè era umano che nutrisse affetto per lei, futura Regina e tedesca, perchè altra caratteristica dell'indole di Maria Teresa fu quella di non mostrare affetto o premura per i suoi parenti di Austria, e la venuta di sua sorella Maria e del fratello Guglielmo, nell'occasione delle nozze, fu piuttosto cagione di noia che di compiacenza per lei.

Non è dunque a maravigliare, se, data una situazione come questa, venisse fuori la voce di una congiura da parte della Regina madre, per sbalzare dal trono Francesco e sostituirgli il figliuolo di lei, il conte di Trani. Persone intime di Corte negarono il concorso suo nella cospirazione, ma altri l'affermarono in maniera assoluta. A Foggia venne arrestato il celebre birro Merenda, e a Foggia si gridò pure: *Viva Luigi I*. Della cospirazione si parlava molto in Puglia e io lo ricordo bene, e si diceva che era il partito della Regina madre che cospirava, aiutato dalla camarilla, da monsignor Gallo, da qualche generale e da alcuni vescovi, tra i più fedeli alla memoria di Ferdinando II. Si citavano fra questi, monsignor Pedicini di Bari, monsignor Matarozzi di Bitonto, monsignor Longobardi di Andria, monsignor Apuzzo di Sorrento, monsignor Iannuzzi di Lucera, col padre Paradiso, rettore di quel collegio dei gesuiti e con un monaco di San Giovanni di Dio, andato da Foggia a Lucera, e con monsignor d'Avanzo di Castellaneta. Si disse pure che il centro della cospirazione fosse la Puglia, dove i ricordi del viaggio e dei principi erano più vivi e i vescovi più devoti; e della Puglia si aggiunse essere stata scelta come punto principale la provincia di Foggia, soprattutto perchè nativo di Foggia era il padre Borrelli. Le apparenze della verosimiglianza erano anche troppe. Forse non tutte queste voci avevano fondamento, e forse qualche vescovo, di quelli che ho citati, vi era estraneo; ma certo è, che il ministero raccolse le prove della congiura non solo nelle Puglie, ma in altre provincie del Regno, e Filangieri presentò quelle prove al Re, il quale senza neppur posarvi gli occhi sopra, buttò le carte in un camino, dicendo al primo ministro: "*È la moglie di mio padre*". Ed è vero anche che, venuta la cosa a notizia di Maria Teresa, questa se ne dolse col Re e disse, e ripetettero con lei i suoi partigiani, che quei documenti e quei gridi erano opera di pochi facinorosi nemici di lei, per metterla in mala vista col figliastro e crear divisioni nella famiglia. È vero infine che la Regina, la quale odiava Filangieri, incontratolo in quei giorni nella Reggia di Napoli, gli chiuse violentemente l'uscio sulla faccia. Caduto Filangieri, della cospirazione non si parlò più, anzi le relazioni apparenti tra Francesco II e Maria Teresa furono cordiali e divennero cordialissime, quasi affettuose, a Roma.

Una cospirazione per il conte di Trani, quando fosse riuscita, avrebbe rappresentato un ritorno a Ferdinando II, e ciò non pareva possibile. Il conte non era simpatico; non aveva la bonarietà di Francesco, nè la festosità di Alfonso e di Gaetano: taciturno e impenetrabile, somigliava tutto sua madre. Quelli che han conservato affetto alla memoria di Maria Teresa, escludono qualunque cospirazione da parte di lei; assicurano ch'essa amava il figliastro, nè era capace di tradirlo e narrano che, quando Francesco II si ammalò di vaiuolo al Quirinale, durante la dimora in Roma, mentre, temendo il contagio, nessuno di famiglia lo avvicinava, Maria Teresa, per assisterlo, contrasse lo stesso morbo. Ma ciò non toglie che sia verissimo quanto ho narrato circa i fatti di Foggia, l'incidente tra il Re e Filangieri e tra Filangieri e Maria Teresa, essendovi prove inconfutabili, le quali furono anche avvalorate dalle istruzioni date da Cavour al conte di Salmour, che giunse a Napoli pochi giorni dopo: istruzioni che contenevano anche quella di ottenere dal Re, che la regina Maria Teresa fosse allontanata dalla capitale.

Finchè visse Ferdinando II, i legami della famiglia reale furono strettissimi: morto lui, tutto rallentò e rallentarono anche quei vincoli. Persino la Rizzo mutò contegno, il che irritava singolarmente Maria Teresa. Donna Nina largamente secondava Maria Sofia nei suoi gusti bizzarri, e soprattutto nello strano desiderio di rinnovare troppo spesso le sue gioie. Fu anche osservato e lo si affermò, non senza malizia che, divenuta Regina, Maria Sofia si mostrasse più affettuosa col Re. Avevano comune a Capodimonte quel ricco letto dove avevano dormito Francesco I e Isabella, e sul quale si vedono ancora le iniziali *F. I.* A Napoli, dove andarono dopo la sommossa degli Svizzeri, presero stanza nell'appartamento sulla darsena, al piano della splendida terrazza e dormivano anche insieme, come insieme uscivano quasi ogni giorno in vettura.

Qualcuno aveva notato che una vera intimità coniugale era cominciata fra i giovani sposi a Caserta, circa un mese dopo il ritorno da Bari, quando fu veduto il padre Borrelli avere lunghi e intimi colloquii con la Rizzo e poi col principe ereditario. La Rizzo aveva, come si è già detto, confidato al padre Borrelli che il matrimonio non fosse stato consumato, perchè Francesco si decideva di andare a letto, quando la moglie era stata già vinta dal sonno, e dal suo levarsi di buon'ora e con ogni cura, per non svegliarla. Il Re era pieno bensì di deferenza con *Marie*, regalandole *bombons* e fiori, ma aveva un'invincibile timidità di accostarsi a lei, e al più si limitava a baciarle e ribaciarle la fronte o la mano. Questi imbarazzi e questi timori furono vinti dal padre Borrelli, ed è ben verosimile, perchè l'ascendente che questi aveva su Francesco II, era immenso, nè lo stesso Borrelli, uomo incapace di mentire, dubitò di confessarlo in Roma a persona di sua fiducia. Certo il contegno di Maria Sofia verso Francesco apparve mutato sul finire di aprile; divenuta Regina, fu più affettuosa, più espansiva e gaia addirittura. Le prime tristezze non tornarono più, ma cominciarono le prime innocenti stravaganze. Per esempio, stando a tavola, ella diceva talvolta al Re: "*Francois, est-ce que tu permettes que vienne Lyonne?*" E lui, che non sapeva negarle nulla, e le voleva bene e gliene volle finchè visse, rispondeva: "*Oui, ma chère*"; e allora ella ordinava che venisse *Lyonne*, che era una magnifica cagna di Terranova, seguita da tre o quattro cagnolini i quali si cacciavano nelle gambe dei commensali, con poco gusto di questi; abitudine, che Maria Sofia serbò anche a Roma e a Parigi, e che formava una delle sue favorite distrazioni. Stando a Napoli, non adoperò mai quell'ascensore a mano, chiamato *'a macchina*, che Ferdinando II aveva fatto costruire. Dei tre fratelli poi del defunto Re, nessuno aveva autorità sul nipote, che, dal canto suo, diffidava di loro, soprattutto dello zio Luigi, il quale andava di rado a vederlo, come di rado vi andava il conte di Siracusa. Solo il conte di Trapani, *don Franceschino*, più noto sotto il nome di don *Cicco Paolo* (si chiamava Francesco di Paola), che abitava nel palazzo reale, mostravasi affettuoso e premuroso con Francesco, e questi con lui. Egli era il più giovane dei fratelli di Ferdinando II, e il più ricercato nel vestire. Aveva anche lui la passione di farsi fotografare da cacciatore o da ufficiale di marina, e null'altro di particolare. Considerata nel suo insieme, la famiglia reale presentava l'immagine di una famiglia senza capo e senza guida, dove ciascuno tirava a fare quel che voleva, e dove l'autorità del nuovo Re era più formale che reale.

Bisogna cercare, veramente, in questa situazione di famiglia le vere e intime cause dei dubbii, delle perplessità, delle paure e delle contraddizioni, che distinsero il breve regno di Francesco II nelle sue varie fasi, cioè nei quattro mesi che governò Filangieri, nell'interregno di Carrascosa, nella nomina del principe di Cassaro e infine nell'Atto Sovrano del 25 giugno: quindici mesi addirittura straordinarii per errori, debolezze e perplessità, da una parte; egoismi e viltà, dall'altra. Ma io non scrivo la storia politica di quel tempo, e solo ne raccolgo alcune memorie intime, cercando di star lontano dalla politica il più che posso, sebbene il breve regno di Francesco II sia stato politico, dal principio alla fine. Solo Filangieri ebbe l'intuito della situazione, ma egli non era libero, come non libero era il Sovrano; non concordi i suoi consiglieri intimi, non tutti sinceri, nè i sinceri erano i più illuminati. Francesco inclinava a governare come suo padre, ma capiva che i tempi non erano gli stessi, e si lasciava guidare, un po' dai ministri, i quali andarono in quindici mesi da Ferdinando Troja a Liborio Romano, e più, da un piccolo gruppo di Corte, che il generale Filangieri chiamava per celia *gli strateghi*, e che erano Latour, Nunziante, Del Re, Sangro e Ferrari; e poi, a intervalli, dalla matrigna, dal confessore e dal padre Borrelli, i quali ne paralizzavano la debole volontà, alimentando sospetti contro questi e contro quelli, e rendendo più invincibili le naturali perplessità sue. Il più sincero era di certo il padre Borrelli, e il più intelligente l'ammiraglio Del Re, che aveva faccia bonaria e distinta, e pareva un inglese quando vestiva la sua bella divisa. Essendo egli un uomo di studi, la sua influenza sul Re, al quale restò fedelissimo, fu molto limitata e non mai funesta. Al giovane Re non difettava un certo acume, ma il suo spirito era fatalistico e timido; e questa timidezza o fatalismo, uniti a un senso di misticismo trasfusogli nel sangue dalla madre e degenerato in napoletana bigotteria, che si manifestava nella paura puerile di peccare e in una certa noncuranza per le vanità del mondo, spiegano la sua sincera e quasi non umana rassegnazione alla perdita del trono, e l'indulgenza verso tutti coloro che lo avevano abbandonato o mal servito.

Riferirò un aneddoto. In uno dei primi giorni del suo regno, si trovò in conferenza col De Liguoro, direttore del ministero delle finanze, il quale gli faceva alcune proposte. Erano seduti entrambi innanzi ad una tavola, la quale, ad un tratto, cominciò a vacillare. Il De Liguoro girava gli occhi intorno, per vedere donde venisse il movimento. Accortosene il Re, gli disse: "*Bada che sono io che mi agito e fo' agitare la tavola: questo è cattivo segno, perchè vuol dire che avrò poca vita"*. E rispondendogli il De Liguoro che tali pensieri dovevano essere allontanati, perchè la vita dei Sovrani appartiene ai popoli che governano, Francesco rispose: *"Caro signore; io non tengo nè alla vita nè al regno, perchè io penso a ciò che sta scritto: dominus dedit, dominus abstulit, e dico· Dio dà, Dio toglie"*. Alcune volte, portandosi le mani alla testa, fu udito esclamare, come Luigi l'infingardo: *"Dio, Dio! Com'è pesante questa corona!"* e altre volte: *"Come sono noiosi questi onori!"*. Egli veramente non trovava conforto che in discorsi ascetici, e spesso parlava di sua madre e si chiudeva nella camera dove la pia donna morì, per pregare innanzi alla immagine di lei. Quella camera era rimasta tal quale, per volontà di Ferdinando II, il quale ne aveva data la chiave al figlio. Francesco, benchè giovanissimo, quasi non aveva bisogni fisici; poteva stare una giornata intera senza prender cibo; mangiava consuetamente poco, quasi senza gusto; non amava la caccia, come i suoi fratelli, nè di andare a cavallo, come sua moglie, ma non gli era possibile non sentir la messa ogni giorno, non confessarsi una volta al mese, non recitare il rosario tutte le sere e non conversare sopra argomenti sacri col padre Borrelli, con monsignor Gallo, con monsignor Salzano e con quanti ecclesiastici frequentavano la Corte. Amava sua moglie, ma si è visto come si conducesse con lei. Se scriverò le memorie della Corte di Napoli a Roma, il carattere di Francesco II, sotto questo rapporto, ne uscirà più completo. Ho messo insieme aneddoti e confessioni, e una serie di biglietti amorosi del Re ad una bella signora, che assai amò, ma platonicamente: un platonismo, che per quanto non sembri verosimile, fu vero.

Quest'indole mistica e fatalistica e le tante ambizioni, volgarità e cupidigie che si agitavano intorno a lui, dovevano creare nella Corte un disquilibrio molto profondo, il quale rallentava i legami più stretti, quelli del sangue, e scompigliava i gerarchici, nel tempo stesso che, nel resto d'Italia, si maturavano i nuovi destini e i napoletani non prendevano sul serio il nuovo Re e ridevano delle sue ingenuità, stranamente esagerandole, quasi per riprender fiato dalla paura, che per tanti anni avevano avuta del padre di lui.

CAPITOLO II

SOMMARIO: Le prime feste per il nuovo Sovrano – Francesco II e Maria Sofia al duomo – La cerimonia religiosa – Poesie di circostanza – Il solenne baciamano alla Reggia – Un incidente comico – La gala al San Carlo – La *Danza inaugurale* – Altre gale e le nuove monete – Nuovi lavori in Napoli – Inaugurazione dell'anno scolastico al Gesù Vecchio – Il discorso del padre Ibello – Le nuove cattedre universitarie – Gli studi privati – L'esame di catechismo ai medici – Un epigramma – Il programma politico di Filangieri – La venuta del conte di Salmour – Salmour, Filangieri e Ferdinando Troja – Una risposta caratteristica di Troja – Le intenzioni del Re – Lettera inedita di Salmour a Cavour – I versi di don Geremia Fiore – Francesco II respinge il progetto di Costituzione, presentatogli da Filangieri – Testo del progetto – Filangieri si dimette e si ritira a Pozzopiano – Una lettera di Francesco II – La venuta di Roguet – Lettere di Filangieri e di Brenier – Mutazioni del ministero – Il campo militare ai confini d'Abruzzo e la stazione navale a Giulianova – Il principe di Cassaro succede a Filangieri – Leggerezza stupefacente.

Le prime feste per l'avvenimento al trono di Francesco II cominciarono il 24 luglio, poichè in quel giorno si chiudeva il primo periodo del lutto, e durarono sino al 27. Il nuovo sindaco, principe d'Alessandria, aveva dato incarico agli architetti Leonardo Laghezza, Antonio Francesconi e Carlo Paris, di decorare con trofei e arazzi il lungo percorso, che dalla Reggia conduce al duomo, per Toledo e port'Alba. Fu la parte della città più addobbata, ma trofei ed arazzi ornavano quasi tutte le vie principali. Al largo del Mercatello era stata costruita una grande impalcatura, che costò essa sola seimila ducati e servì assai mediocremente. Restando in piedi per alcuni mesi, diè occasione ad una lite. Napoli era tutta in festa e nelle tre sere vi furono splendide luminarie. La prima e grande cerimonia ufficiale doveva essere la visita dei Sovrani alla cappella di San Gennaro e si compì, con magnificenza, la mattina del 24. Alle dieci, una salva dai forti e dai legni da guerra pavesati a festa, annunciò l'uscita dei Sovrani dalla Reggia, i quali, seguiti da tutta la Corte in gran gala e da dieci paggi con torce accese, s'avviarono in vetture di gran gala al duomo, in mezzo a cordoni di truppa, dietro i quali si stipava una folla plaudente. Le carrozze procedevano quasi al passo e da tutti si ammirava Maria Sofia, che indossava un vestito bizzarro ed era bellissima.

Discesero il Re e la Regina innanzi alla porta maggiore del tempio, sotto un baldacchino sostenuto dagli Eletti della città, e in chiesa furono ricevuti dall'arcivescovo Riario Sforza e dal capitolo metropolitano. L'arcivescovo, deposta la mitra e il pastorale, diè loro a baciare il legno della Croce e porse l'acqua benedetta. Il duomo era decorato riccamente: drappi di seta ornavano il cornicione dell'abside, tendine di merletto cadevano sui finestroni. A *cornu evangelii* sorgeva il trono reale con due sedie, due inginocchiatoi e due cuscini; a *cornu epistolae*, un palchetto per i principi e nella navata, due tribune, una per il corpo diplomatico e l'altra per l'aristocrazia ascritta al libro d'oro. Dirigeva la musica il maestro Parisi e pontificava il Riario Sforza. La sedia e il cuscino del Re erano coperti da un *setino*, che il principe di Bisignano tolse, quando il cardinale col suo forte vocione intonò: *domine salvum fac Regem nostrum Franciscum Secundum et Reginam nostrani Mariam Sophiam*. Detta la messa, venne cantato il *Te Deum*. Dopo la benedizione, Riario Sforza presentò, secondo il costume, mazzetti di fiori ai Sovrani e ai principi ed insieme si recarono alla cappella di San Gennaro. Sebbene la testa del santo fosse esposta sull'altare, il sangue raccolto nelle ampolline si liquefece:

"*avvenimento nuovo,* scriveva il foglio ufficiale, *a memoria d'uomo, da tutti udito con divota compiacenza, ed a ragione riguardato come faustissimo presagio*". Tornarono i Sovrani alla Reggia con lo stesso corteo e di là assistettero allo sfilare delle truppe, che rientravano nei quartieri. Per la circostanza non mancarono i versi. Son da ricordare, nella loro rozza ingenuità, quelli che si leggevano sulla porta principale della chiesa del Gesù, scritti da don Domenico Anzelmi:

> Napoli esulta di ben giusto orgoglio,
> Giubila di letizia senza pari,
> Vedendo il giovin Re salire al soglio,
> Mentre la madre avviasi per gli altari.

Il giorno dopo, ci fu il solenne baciamano secondo le regole della più rigorosa etichetta di Corte. Fu un avvenimento per il mondo ufficiale e per l'aristocrazia, poichè da varii anni baciamani non ve n'erano stati più. Nella sala del trono, sotto il baldacchino, stavano i Sovrani, circondati dai principi, dagli alti dignitari, dai prelati e dalle dame di Corte: il Re, come di consueto, in uniforme di colonnello degli usseri e la Regina col manto e la corona. L'aspetto della sala, affollata di tante persone, che vestivano ricche divise e portavano Ordini cavallereschi d'ogni nazione e incedevano e s'inchinavano con gravità, era imponente davvero. Senonchè, a un tratto, su questa varietà di colori brillanti, cominciò a disegnarsi una lunga striscia nera, che dalla porta lentamente andava svolgendosi fino al trono. Era la magistratura, in toga e cappello alla don Basilio. Alla stranezza del contrasto e più alla comicità dello spettacolo, Maria Sofia scoppiò in una risata giovanilmente schietta, che presto si comunicò a tutti i presenti e particolarmente ai principi. Il riso è epidemico e non c'era verso di frenarlo, nè voltando la faccia, nè facendo mostra di tossire. Fu la nota allegra della cerimonia. In questo primo baciamano, al sindaco ed al Corpo della città di Napoli venne tolto l'antico privilegio di tenere il capo coperto alla presenza dei Sovrani, come narrerò parlando più innanzi dell'ultimo Decurionato.

Alle otto pomeridiane del giorno 26, nell'appartamento della Regina, i Sovrani ricevettero le signore napoletane ammesse al baciamano, e alle nove andarono al San Carlo, dove vi era il grande spettacolo di gala, da lungo tempo preparato. Il teatro con i palchi adorni di rose e l'illuminazione quintuplicata, gremito di personaggi ufficiali in divisa, presentava tale uno spettacolo di magnificenza, che Maria Sofia ne rimase colpita. I Sovrani furono accolti da lungo applauso. Si cantò prima la *Danza inaugurale* di Niccola Sole, messa in musica da Mercadante, e si eseguì poi la *danza nazionale* del Giaquinto con i costumi delle provincie del Regno, dalle quali era rappresentata la *nazione*. La danza nazionale era la tarantella. Cantarono le signore Bendazzi, Fricci e Dory, il tenore Mazzoleni e il celebre Coletti, che riscosse maggiori applausi. Nel ballo si distinsero le ballerine sorelle Osmond e i ballerini Baracani e Walpot. I Sovrani restarono in teatro fino all'ultimo, e n'uscirono fragorosamente applauditi.

L'inno di Niccola Sole fu argomento di acerbe critiche, da parte dei letterati liberali, che non sapevano perdonare al vate lucano l'incomprensibile voltafaccia. Si disse che ve l'avesse costretto la polizia; si disse ch'egli fosse uno degli speranzosi nel nuovo Re e che potesse in lui, meridionalmente, più la vanità che la coerenza. Certo n'ebbe molte amarezze, perchè la *Danza inaugurale* non piacque, nè come musica, nè come poesia; e il poeta se ne accorò tanto, che, ritiratosi nel suo paesello nativo, vi morì, come si è detto, negli ultimi giorni di dicembre, non ancora quarantenne.

Nell'agosto il Re e la Regina andarono a Quisisana, e qui devo riferire uno degli aneddoti più caratteristici, circa la vita intima dei giovani Sovrani. Passarono a Quisisana l'agosto, e vi era con la Corte anche il padre Borrelli. Questi stando a Quisisana, invitò presso di sè il padre Eugenio Ferretti da Oria, intimo suo amico e scolopio egli pure. Avvenne che un giorno il padre Ferretti, uomo di timorata coscienza, stando solo nelle camere del padre Borrelli, sentì rumori e risa nella prossima camera, dalla quale lo separava un uscio chiuso. Vinto dalla curiosità, si mise a spiare, attraverso il buco della serratura, e che vide? Vide il Re, che, indossata una crinolina, rideva e saltellava attorno alla Regina, la quale rideva essa pure a crepapelle. La scena durò un momento, perchè, raccontava il padre Ferretti a un intimo suo, i Sovrani passarono subito in altra camera. Il padre Ferretti rivelava in grande confidenza quel che aveva visto, solo per convincere l'amico della bontà infantile di Francesco II, del quale era idolatra. Nel suo racconto non vi era punta malizia.

Il giorno 8 settembre, i Sovrani andarono a Piedigrotta e la festa riuscì più solenne, ricorrendo in quel giorno l'onomastico della Regina. Il Re passò in rivista le truppe e la sera ci fu gala al San Carlo. Il 4 ottobre, onomastico del Re, si tenne circolo in Corte, e furono decorati tutti coloro che si erano distinti nel viaggio dei Sovrani nelle Puglie, per il matrimonio; e il 15, onomastico della Regina madre, Francesco II ordinò altra gran gala, la illuminazione degli edifici pubblici e salve delle artiglierie. Il 5 ottobre, i Sovrani visitarono l'esposizione di belle arti al Museo e vi ammirarono il *Gladiatore ferito* del conte di Siracusa, il quale n'ebbe dal Re vivi rallegramenti. Nell'agosto erano già venute fuori le prime piastre d'argento, con l'effigie del nuovo Re e la scritta: *Franciscus II Dei gratia Rex*, e la leggenda: *Providentia optimi principis*, in lettere rilevate intorno alla moneta, non incise, come sulle piastre di Ferdinando II. Il nuovo conio riuscì bellissimo e somigliantissima la testa del Re, incisa da Luigi Arnaud che fu nominato poi direttore del reale laboratorio di pietre dure. Egli aveva ottenuta la grazia speciale di poter segnare le sue iniziali, *L-A*, appena visibili, sotto la testa del Re, e quelle due lettere furono dai liberali interpretate per *lega austriaca*. Evidentemente si cominciava a perdere la tramontana.

Il nuovo Re volle occuparsi delle cose di Napoli e trovò nel principe d'Alessandria, uomo di criterio e di discreta attitudine agli uffici pubblici, un cooperatore valido. Oltre alle ordinanze di polizia urbana, che il ministero pubblicò, Francesco II volle che si affrettassero i lavori di Mergellina, della via di Chiaja, della Pace, delle Fosse del grano, ch'erano un monte di macerie, e fosse compiuta la strada della Pietatella. Ordinò inoltre, e il municipio eseguì, due nuovi ponti in ferro a Foria, uno presso la chiesa di San Carlo all'Arena e l'altro presso la parrocchia dei Vergini: entrambi sostituirono i due vecchi ponti, uno in ferro e l'altro in legno, che, in un temporale scoppiato sulla città il 20 settembre 1856, erano stati travolti dalla piena e gettati contro il muro della chiesa di Sant'Antonio Abate, senza il quale ostacolo sarebbero andati a finire addirittura in mare, per l'alveo dell'Arenaccia. E dire che sino al 1842, quando Ferdinando II, come si è visto, fece costruire il primo ponte in ferro sull'asse del vicolo Saponari, trasferito poi sull'asse della via Pontenuovo, a Foria era addirittura interrotta la circolazione durante la piena, e il numero delle disgrazie che si verificavano era grande. Il Re richiamò in vigore le regole dell'Ordine Costantiniano, che prescrivevano doversi portare, non sospesa al collo ma all'occhiello, la croce dell'Ordine, mettendo così fine all'abuso che ne facevano i cavalieri. Aggiunse alla Società reale borbonica un posto per l'incisione, e vi nominò l'Aloysio Juvara e compì un altro atto lodevole, istituendo a Torre del Greco una scuola nautica.

Il 5 novembre, fu inaugurato con maggior pompa il nuovo anno scolastico all'Università. Professori e studenti andarono al Gesù

Vecchio, per assistere alla messa dello Spirito Santo, che doveva precedere la cerimonia. Il parroco, padre Ibello, incuorò i professori ad insegnare una scienza cristiana, *specialmente ora,* egli disse, *che le aberrazioni di malsicure dottrine minacciano di divenire sempre più infeste.* L'allusione era troppo diretta, per non essere compresa da studenti e da maestri. L'Università brillò, in quell'anno, di vita insolita. Vi furono istituite quattro nuove cattedre nella facoltà di giurisprudenza, e parve nuova anche quella di diritto penale, la quale, dopo la morte del Nicolini, era rimasta vacante ed a coprirla fu chiamato l'esimio magistrato Sante Roberti. Le altre cattedre furon quelle di diritto amministrativo, data al Murena; di economia *sociale* (non politica) data al Bianchini, e di diritto internazionale privato, data al Rocco. Murena lesse una prolusione enfatica e zeppa di citazioni, e Bianchini, una serie di lezioni a pochi discepoli, i quali si maravigliavano che il professore *leggesse* sempre le sue lezioni, e non ne improvvisasse mai una. Era il Bianchi uomo di modi gentili, lento e solenne, e anche sulla cattedra cupido di vanità. Egli, citando il celebre economista francese Say, lo chiamava *Sei,* dando luogo a vivaci motteggi da parte della scolaresca. La cattedra del Rocco era la più frequentata, ma non in maniera, che il concorso della studentesca potesse paragonarsi agli affollamenti di oggi, molto babilonici e meno profittevoli.

Fiorentissimi in quell'anno furono, invece, gli studi privati. Quelli più in voga, erano gli studi di diritto di Francesco Pepere, di Enrico Pessina, di Luigi Capuano, di Filippo de Blasio, di Raffaele Fioretti e di Luigi Zumbani. Pepere cominciava le sue lezioni nelle prime ore della mattina, e, d'inverno, la sala non ampia e affollata era debolmente rischiarata da una lucerna. Il suo studio aveva sede in Bonafficciata vecchia, alla Pignasecca, nel palazzo di fronte, che credo portasse allora il numero 30. Pessina insegnava nel seminario dei nobili; De Blasio, al Cavone; Capuano, alla Concezione a Montecalvario. Fra gli studenti di Pepere, di Pessina, di Capuano e di De

Blasio in quell'anno, ricorderò alcuni, che occuparono poi alti posti nell'insegnamento, nella magistratura o nell'amministrazione dello Stato: Guglielmo Capitelli, il compianto Vito Sansonetti, Pietro Marsilio, Enrico Perfumo, Ferdinando Lestingi, Federico Criscuolo, Vincenzo Colmayer, Niccola Cianci, Federico Lanzetta, Alfonso Cammarota, Francesco Girardi, i fratelli Minichini, oltre a due valorosi, che la morte rapì innanzi tempo, Ernesto Faraone e Cesare Boccardi, prete di Molfetta.

Frequentatissimi, nella medicina e nella chirurgia, gli studii privati di Carlo Gallozzi, di Giuseppe Buonomo, di Luigi Amabile, di Tommaso Vernicchi, di Federico Tesorone e di Francesco Prudente. Tesorone insegnava alla salita degl'Incurabili, al numero 40. Egli fu il primo, che facesse venire da Parigi uno scheletro umano di cartapesta, per le sue lezioni molto lodate di anatomia e chirurgia. Carlo Gallozzi, che aveva tra i suoi discepoli Antonelli, Frusci ed Enrico de Renzi, venuti più tardi in celebrità, aveva studio, per la parte teorica, in una casa a Fontana Medina e per la parte operatoria, agl'Incurabili. Godeva fin d'allora onorato nome tra i giovani chirurgi napoletani, e il suo studio privato rimontava al 1852, quando Ferdinando II ne concesse nuovamente la facoltà, che dopo il 1849 era stata tolta a tutti, senza eccezione. Ma ai chirurgi e ai medici, i quali chiedevano il permesso di aprir studio privato, s'imponeva un esame di catechismo molto curioso; anzi vi era una commissione di vigilanza *ad hoc*, preseduta da monsignor Apuzzo. Fra le domande del catechismo, alle quali si doveva rispondere, ricordo queste: *La morte di Gesù fu reale o apparente? Le sacre stimmate di San Francesco d'Assisi erano segni soprannaturali, o piaghe erpetiche? Potrebbe il magnetismo spiegare il miracolo? Come ammettersi la verginità di Maria, dopo il parto? La dottrina di Carus e l'immortalità dell'anima*, e così via via. Rispondere bene a questi quesiti, ragionando e discutendo, in senso perfettamente ortodosso, era condizione per i chirurgi e i medici di ottenere la facoltà dello studio privato, ma con l'obbligo di denunziare alla commissione di vigilanza il nome e l'indirizzo degli studenti ascritti (solo i giovani laureati furono esclusi da questo obbligo); di pagare dieci carlini l'anno e di far lezione con l'uscio aperto.

I professori di diritto e quelli di lettere italiane e latine non subivano alcun esame; ma gli altri obblighi erano comuni. Il padre Cercià, gesuita, aveva studio di diritto canonico; Luigi Palmieri, il padre Balsamo, don Agostino de Carlo e don Felice Toscano, di filosofia; e il Palmieri era così facile di parola, che i suoi uditori gli avevano affibbiato quest'epigramma, che egli parlasse prima di pensare a quel che doveva dire. Tucci e De Angelis avevano la scuola di matematica più frequentata; e, dopo loro, il Cua e Achille Sannia. Bruto Fabricatore e l'abate Lamanna, puristi della vecchia scuola, insegnavano grammatica e lettere, e il Lamanna aveva fra i suoi scolari Diego Colamarino e Rocco Zerbi che chiamava:

Spiritello di fiamma vivida e pura.

Don Giuseppe Lamanna era canonico e filologo, camminava sulle orme del Puoti, accentuandone le esagerazioni puriste e aggiungendovi delle sdolcinature ridicole. Insegnava, per esempio, che una lettera dovesse chiudersi così: *mi vi professo ed accomando*. Il marchese di Caccavone lo avea in uggia e lo flagellò con questo epigramma, ch'è uno dei più arguti, usciti dalla penna mordace di lui:

Al canonico don Giuseppe Lamanna
professore di filosofia.

Il vostro Mezzofante,
Che a possedere è giunto
Venti idiomi e venti,

È come un elefante,
Che non val nulla a fronte
Di un fringuellin, che ai venti
Affida l'ali, canta,
E da un gentile istinto
A rallegrare è spinto
E la pianura e il monte....
O divino ignorante!...

Era molto accreditato l'istituto Borselli, dove insegnavano Tommaso Arabia, Federico Persico, Antonio Galasso, Antonio Vitelli e Francesco Pepere, che vi dava lezioni di diritto di natura. Quasi tutti questi studii, in particolare i giuridici, erano centri di aspirazioni liberali, specie quelli del Pepere, del Pessina e del De Blasio. Nella lezione sull'albinaggio, Pepere citava il progetto, presentato nella Camera del 1848 da Roberto Savarese, esule a Pisa, in virtù del quale al sistema di reciprocanza verso gli stranieri, voluto dall'articolo 9 delle leggi civili, sarebbe stato sostituito il sistema dell'uguaglianza fra i cittadini napoletani e quelli degli altri Stati d'Italia; e di tanto entusiasmo s'infiammava nel pronunziare quel chiaro nome, che i giovani scoppiavano in applausi. Aveva pure buon numero di studenti don Lorenzo Zaccaro, che dettava lezioni di grammatica e di letteratura. Non voglio chiudere questi ricordi, senza rammentare i due bonarii e caratteristici impiegati dell'Università, addetti all'iscrizione agli esami, don Mauro Minervini e don Leopoldo Rossi, molto amati dai giovani.

Il principe di Satriano ebbe l'intuito della situazione politica. Per salvare la dinastia e l'autonomia del Regno, due cose che gli stavano ugualmente a onore, bisognava cambiare strada nella politica estera e nell'interna. Profittando del ristabilimento delle relazioni diplomati-

Capitolo II 51

che con la Francia e coll'Inghilterra, egli stimava che la politica del nuovo Re dovesse avere per base l'amicizia delle potenze occidentali, soprattutto della Francia. Forse anche per i ricordi gloriosi della sua gioventù, Filangieri aveva una fiducia illimitata in Napoleone III. Capiva essere interesse dell'Imperatore che il Regno di Napoli non fosse cancellato dalla carta di Europa, sia diventando un focolare rivoluzionario, sia affrettando un'unità nazionale immatura e che sarebbe riuscita a tutto benefizio del Piemonte. Ma bisognava far subito ragione ai nuovi tempi, non solo volgendo le spalle all'Austria e stringendosi alla Francia, ma mutando sistema all'interno, con uno Statuto bensì, ma alla napoleonica: non Costituzione bozzelliana, di anarchica memoria, com'egli diceva. Questo programma di Filangieri era secondato alla sua volta da Napoleone, il quale, per mezzo del barone Brenier, molto insisteva perchè fosse attuato.

Tale programma acquistò, si può dire, forma concreta, quando giunse il conte di Salmour, inviato dal gabinetto di Torino in missione straordinaria, per condolersi della morte di Ferdinando II e salutare il successore. Dico forma *concreta*, perchè Salmour, il quale era segretario generale del ministero degli esteri e intimo di Cavour, ebbe da lui istruzioni copiose e precise, contenute in una lunga lettera del 27 maggio e che possono condensarsi in queste: procurare l'unione delle due Corti in una stretta comunanza di pensieri e di opere, ed indurre il nuovo principe ad assicurare col Piemonte l'impresa dell'indipendenza nazionale, dichiarando pronta guerra all'Austria e mandando parte dell'esercito sul Po o sull'Adige; stipulare una lega offensiva e difensiva con la reciproca guarentigia dell'integrità dei due Stati; concedere riforme giuste e liberali per far paghi i voti del paese; dichiarare che lo Statuto fondamentale del 1848 era mantenuto in diritto, ma che se ne rimandava l'attuazione a guerra finita; concedere piena amnistia agli esuli e ai prigionieri politici; cercare, a rendere più agevoli i negoziati per l'alleanza, che fosse allontanata dalla Corte l'ex regina Maria Teresa, e penetrando il conte di Siracusa, al fine di mantenerlo saldo nei suoi propositi italiani e liberali. Per tutto il resto prender consiglio dal conte di Gropello.[1]

Dopo Magenta e Solferino le istruzioni divennero più ampie, come si vedrà. Salmour giunse a Napoli pochi giorni dopo la dimostrazione per la battaglia di Magenta. Sia che lo scopo della missione si sapesse prima del suo arrivo o s'indovinasse, certo è che l'annunzio della sua venuta non venne bene appreso in Corte. Fu considerata come un'insidia, che il Piemonte volesse tendere al Re di Napoli, il quale, ricordando l'ultimo consiglio di suo padre, aveva dichiarata la neutralità e intendeva perseverarvi. In Corte erano tutti d'accordo su questo. E però la polizia, temendo dimostrazioni da parte dei liberali all'arrivo dell'agente piemontese, aveva fatto occupare la piazza del Castello e la piazza San Ferdinando da pattuglie di soldati e da numerose guardie di polizia. Il console di Sardegna, Eugenio Fasciotti, aveva fissato per Salmour un appartamento all'albergo d'Inghilterra, alla Riviera, a poca distanza dal Consolato e dalla Legazione sarda. Salmour giunse alle cinque di mattina, ed al Fasciotti, andato a riceverlo a bordo del battello, chiese che vi era di nuovo. "*Tutto di buono*, rispose il console; *per onorare Vostra Eccellenza, il governo ha fatto uscire la truppa sulle piazze*". Salmour, difatti, andando all'albergo, vide i soldati e Fasciotti celiando gli spiegò il motivo per cui vi erano. Dal Gropello fu poi informato minutamente della vera condizione delle cose.

---

[1] La lunga lettera di Cavour a Salmour fu pubblicata nell'ottavo volume della *Storia documentata della diplomazia europea in Italia*, di NICOMEDE BIANCHI, ma n'è sbagliata la data: invece del 27 maggio, vi è scritto 27 *giugno*: errore forse tipografico, ma poco giustificabile, trattandosi di documenti storici. Il 27 giugno Salmour era a Napoli da 15 giorni. Del resto, gli errori di date e di nomi circa le cose napoletane sono tutt'altro che rari in quell'istoria, o meglio zibaldone di documenti importanti, che al Bianchi costò poco di raccogliere, essendo egli direttore degli archivii di Stato. Però, riguardo alla missione Salmour glie ne sfuggì uno importantissimo, che a me è riuscito di trovare negli stessi archivii di Stato.

Capitolo II

Il giorno stesso dell'arrivo di Salmour, Filangieri fu nominato presidente del Consiglio dei ministri. I rapporti di Filangieri coll'inviato sardo divennero, in breve, intimi, come divennero intimi con Brenier e col ministro d'Inghilterra, Elliot. La esistenza del Regno delle Due Sicilie era considerata dalla vecchia Europa come una garanzia di equilibrio e di pace, e dalle potenze occidentali come una necessità per sciogliere la questione italiana, che ogni giorno si veniva più complicando.

Ma da qual via e in qual modo vincere gli scrupoli e i dubbii del Re? Il programma era troppo ardito, o meglio il vaso era troppo grande, e lo spago per misurarlo così corto! Nel Consiglio dei ministri, Filangieri non poteva contare sopra una maggioranza favorevole alle sue idee, nè con quel sistema politico le deliberazioni si prendevano a maggioranza o a minoranza tra i ministri. Al Filangieri aderivano i direttori Rosica, Casella e De Liguoro, ma piuttosto per affetto a lui; gli altri seguivano la vecchia scuola, che metteva capo al Carrascosa e al Troja, il quale, essendo consigliere di Stato, assisteva ai Consigli e vi aveva seguito. Filangieri capiva che era pericoloso portare così decisiva quistione nel Consiglio dei ministri e suggerì al Salmour di vedere il Troja, avendo questi grande autorità sul Sovrano e sui vecchi elementi della Corte: vedere il Troja e penetrarne il pensiero, sia rispetto alle riforme, che all'alleanza e all'ardito disegno, maturatosi in quei giorni e attribuito a Napoleone, di allargare, se mai, i confini del Regno fino a Perugia e ad Ancona. Napoleone preferiva avere i napoletani a difesa del pontefice, non i legittimisti di Francia, di Spagna e del Belgio, comandati da un generale come Lamoricière.

Salmour seguì il consiglio, ma il Troja dalle prime parole si mostrò contrario a ogni novità, non che all'abbandono da parte del Re di Napoli di quella neutralità, che Ferdinando II aveva raccomandata come testamento politico al figlio. E udita l'idea di un allargamento eventuale di confini oltre il Tronto, spalancò gli occhi, e tutto agitato, quasi convulso, rispose: "*Vuie che dicite, chella è robba d' 'o Papa*";[2] e lealmente dichiarò all'inviato sardo che egli avrebbe pregato il Re a respingerla, senza discuterla. Questo raccontò il Salmour a qualche intimo. Si disse anche che il suo colloquio col Troja fosse stato dal Salmour riferito in un rapporto speciale a Cavour, ma di tale rapporto non v'è traccia negli archivii. Forse non fu abbastanza abile Filangieri nel consigliare Salmour a vedere il Troja, o non fu abbastanza abile Salmour, parlando al Troja: certo è, che quando il presidente dei ministri presentò al Re le proposte, Francesco, ripetendo le parole del Troja, le respinse con tale vivacità, che Filangieri diè le sue dimissioni e solo dopo molte insistenze, e perchè ancora non aveva perduta la speranza di riuscire a qualche cosa, s'indusse a ritirarle. Il 17 giugno, Francesco II scese appositamente da Capodimonte per ricevere il Salmour, ma il ricevimento non varcò i limiti di una compassata cortesia, con relativo scambio di augurii e di saluti. Un accenno all'alleanza, fatto dal diplomatico piemontese, non venne raccolto dal Re, il quale aveva ereditato dal padre un senso invincibile di sfiducia e di avversione per il Piemonte e per i suoi uomini politici.

Dopo l'udienza, su proposta di Filangieri, il Re insignì Salmour dell'alta onorificenza di San Gennaro, e il Salmour, in data del 20, ne ringraziava il presidente del Consiglio, con una lettera che si chiudeva così: "*La prego di porre anticipatamente ai piedi di S. M. Siciliana l'espressione della mia più sentita riconoscenza per l'impartitomi segnalato favore. Mi pregio in pari tempo, eccellentissimo signore Principe, di testimoniarle gli atti del mio più alto ossequio*".[3]

I liberali fecero grandi dimostrazioni a Salmour all'arrivo e alla partenza, e molti andarono a visitarlo, insinuando nell'animo suo dei

---

[2] Voi che dite? Quella è proprietà del Papa.

[3] Archivio Filangieri.

sospetti circa la *sincerità* del Filangieri e apertamente dichiarandogli non essere possibile alcun accordo fra i liberali e la dinastia dei Borboni, nè esser possibile che il Re facesse causa comune col Piemonte per l'indipendenza d'Italia e concedesse l'amnistia e la Costituzione. In realtà, erano interessi e idee diverse che si urtavano fra loro e concorrevano ad accrescere le difficoltà della missione del Salmour. Se il Piemonte voleva tutto quello che si è visto, Napoleone si contentava di molto meno; e mentre consigliava una Costituzione, non gli pareva più necessario, dopo le prime vittorie, il concorso dell'esercito napoletano alla guerra. L'Inghilterra, dal canto suo, nemica della dinastia borbonica, ma più del defunto Sovrano, consigliava la Costituzione, ma senza entusiasmo, notandosi pure che l'azione dell'Elliot non era così persistente come quella del Brenier. D'altronde, mentre le proposte del Piemonte erano respinte dalla Corte, sembravano troppo moderate ai liberali di Napoli e agli esuli napoletani, i quali di quel rigetto erano più compiaciuti che desolati, forse prevedendo dove si andava a finire. Il presidente del Consiglio, dal canto suo, favorevole ad un eventuale ingrandimento del Regno, nonchè all'amnistia e all'alleanza col Piemonte, non voleva tornare, neppure per sogno, alla Costituzione del 1848, come volevano il Piemonte e l'Inghilterra. Egli vagheggiava una Costituzione napoleonica, di cui aveva dato incarico a Giovanni Manna di redigere un progetto. Per navigare in mezzo a queste contrarie correnti, sarebbe occorsa persona più abile e più paziente del Salmour, uomo rispettabile e gentiluomo, ma che non era in grado di valutare tutte le difficoltà e trarne il maggior vantaggio possibile. Difatti il colloquio suo con Troja ebbe esito infelice, e forse fu imprudenza averlo provocato, nè diè prova di acutezza diplomatica, raccogliendo qualunque voce gli riferissero i liberali e riferendola a Cavour. Si mostrava poi veramente ingenuo, quando scriveva a Cavour dell'impossibilità di ottenere concessioni dal governo napoletano senza la forza, e lo consigliava ad ottenere che l'Inghilterra mandasse la sua flotta a Napoli e minacciasse di bombardare la città, se il Re non concedesse la Costituzione!

Salmour restò a Napoli sino alla metà di luglio e ne partì, quando ebbe acquistata la convinzione che non vi era nulla da fare. In data 5 luglio scrisse a Cavour questa caratteristica lettera, unico documento inedito di quella missione, esistente nell'archivio segreto di Cavour:

Naples, le 5 Juillet 1859.

Mon cher et excellent ami,

J'ai coupé court à notre correspondance particulière, parce que tu n'as plus le temps de me lire. Je dois néanmoins aujourd'hui te dire un mot au sujet de l'ordre, que tu m'as donné de rester ici, fondé sur l'espoir que tu as toujours d'un changement dans la politique Anglaise, vis à vis de Naples.

J'admets ce changement, mais il n'aboutira à rien, ou tout au plus à faire rompre encore les rélations diplomatiques. Il n'y a rien à espérer de ce Gouvernement, si on ne l'exige pas par la force, ainsi tant que l'Angleterre n'aura pas une flotte dans le port de Naples, tant qu'elle ne fera pas demander ce qu'elle voudra par le Commandant de cette flotte, sous la menace d'un bombardement, elle fera toujours la sotte figure, qu'elle vient tout récemment de faire. Or comme elle ne prendra jamais assez à coeur les intérêts de ce malheureux pays, qu'elle a constamment trompé dans son attente, elle n'usera jamais de ce seul et unique moyen d'obtenir.

C'est malheureux, mais c'est ainsi, et dès lors, que peut-on espérer du Ministère Palmerston, si non l'échec qu'il a subi lors de la rupture des relations diplomatiques, ou bien celui tout chaud du Ministère Forj, lequel n'a pas même obtenu la neutralité, puisque Naples l'avait proclamée avant l'arrivée de Sir Elliot.

C'est dommage car dans ce moment l'Angleterre aurait un bien beau

Capitolo II

rôle à jouer en imposant au Roi de Naples la Constitution, que la population réclame. Au point où est la guerre, peu importe à l'Angleterre que la neutralité succombe sous la constitution puisqu'avant que celle – ci fonctionne, et surtout avant que le contingent Napolitain soit en ligne avec l'armée Franco-Sarde, la guerre sera finie. Ainsi tandis que l'Angleterre obtiendrait le but qu'elle se propose par le maintien de la neutralité Napolitaine, elle en atteindrait un autre bien autrement important pour elle, celui de contrebalancer puissamment par un fait Italien, l'influence de la France en Italie, et d'acquérir par ce même fait, une prépondérance majeure dans le Congrès, qui réglera définitivement les affaires d'Italie. En effet en assurant le régime représentatif dans les deux Siciles, l'Angleterre prépare la voie à ce que ce régime, qui est déjà le nôtre, devienne celui de la Confédération Italienne, et par le fait de la promulgation de ce régime à Naples elle rend à l'Italie neuf millions d'Italiens, qu'elle en sépare actuellement par la protection dont elle entoure les plus odieux des Gouvernements. La démission de Filangieri, qui va replonger plus bas que jamais ce pays, serait une excellente occasion pour l'Angleterre de faire cet acte de vigueur, qui la réhabiliterait dans l'esprit des Italiens. Mais, je te le répète, elle continuera comme par le passé, et elle obtiendra les mêmes résultats négatifs pour elle, et de plus en plus fâcheux pour cet intéressant et si malheureux pays.

Je te soumets ces considérations parce que je crois que tu te fais illusion en espérant quelque chose de bon de la politique du nouveau Cabinet Anglais vis à vis de Naples, d'ailleurs je reste à mon poste, et je ferai exactement ce que tu me prescriras dans la lettre, que tu m'as annoncée, et que je n'ai pas encore reçue. Persuade-toi seulement que sans la force on n'obtient rien de bon d'un Gouvernement tel que celui-ci.

Ma position est de plus en plus désagréable, mais je commence à m'y faire. Ma santé en a un peu souffert mais je vais mieux. Adieu, mille tendres et sincères amitiés. Tout à Toi

Firmato: – DE SALMOUR.

P.S. Filangieri a retiré sa démission, ce qui ne change l'opinion que je t'ai exprimée que dans le sens qu'il faut que l'Angleterre l'achète, car il est par intérêt personnel opposé à la Constitution, pour laquelle il sera si on lui garantit à tout événement la continuation du service du Majorat de 12000 Ducats, que le Roi de Naples lui a donné avec le titre de Duc de Taormina après la pacification de la Sicile.

Du reste on organise de plus en plus les Lazzaroni, et le Roi dit hardiment vouloir s'en servir, en commençant à les lancer contre Gropello, qu'il accuse d'avoir été le provocateur de la manifestation du 7 Juin dernier. C'est ni plus ni moins qu'en plein conseil que le jeune Eoi tient d'aussi absurdes propos; crois-moi il est pire que son père, car il n'en a pas l'esprit et il en a tous les mauvais instincts.[4]

Neppure fra le carte del Salmour si trovò alcuna memoria circa la missione di lui a Napoli; anzi, nel suo testamento olografo, col quale chiamava erede la marchesa Scati sua più prossima parente in Italia, vietò in modo esplicito che si desse pubblicità, diretta o indiretta, a quanto si fosse potuto ritrovare nelle sue carte. E il marchese Vittorio Scati, figlio della erede, da me pregato di mandarmi qualche notizia intima circa quella missione, mi scriveva: *"Nella lunga consuetudine e familiarità, che ebbi col conte di Salmour, ben di rado mi accadde di sentirlo a ricordare la sua missione a Napoli, nè mai entrò in particolari: quasi glie ne fosse rimasta poco grata memoria"*.

Il *Pasquino* del 3 luglio 1859 raffigurava Salmour in atto di trivellare un buco in mezzo al mare, con la scritta: *Il conte di Salmour a Napoli*. Ma la nota comica fu data da don Geremia Fiore, prete e poeta all'Ingarriga, il quale scrisse un'ode politica al Re. Eccone due strofette, finora inedite, nelle quali don Geremia ammoniva

---

[4] Estratto, d'ordine ministeriale, dall'archivio segreto del conte di Cavour, esistente in questo archivio di Stato. - *In fede*: Torino, 21 febbraio 1896.

Francesco familiarmente sì, ma categoricamente:

> Ti consiglio pel tuo meglio
> Di accordarti con D'Azeglio,
> E col conte di Salmour,
> Inviato da Cavour.
> Che se incalzan più le botte,
> Se gli austriaci han più biscotte,
> Se s'imbroglian più le carte,
> Noi sarem per Bonaparte.

Veramente D'Azeglio non c'entrava, ma per don Geremia D'Azeglio era sinonimo di Piemonte.[5]

---

[5] Don Geremia Fiore, oggi vicebibliotecario alla Brancacciana, pubblicò nel 1861 un volumetto di versi, dal titolo: *Poesie politiche*, con dedica *al magnanimo Vittorio Emanuele di Savoia, Re d'Italia*. I versi, molto curiosi, ricordano quelli sopra citati, i quali non sono compresi nel detto volume, ma a don Geremia vennero generalmente attribuiti, allora. Egli fu sempre liberale, cioè anti-borbonico, ed è anche oggi nella sua senilità avanzata, un prete simpatico ed elegante. In un'ode, dal titolo: *La fine di Ferdinando II*, così descrisse la malattia del Re:

> Un purulento canoro maledetto
> Gli fa il diavolo a quattro entro a una cosoia,
> E rodendo, s'allarga, per diletto,
> Dall'anguinaglia alla panciaccia floscia:
> Vi genera tumori, e ognor più cresce,
> Che mentre un se ne taglia, un altro n'esce,

E rilevando la stranezza dei bollettini dei medici diceva:

> E questo brulichio, che tutto appuzza,
> Disordine dai medici è chiamato
> Nel bollettin, che stitico tagliuzza
> Sue monche frasi in stile rabescato:
> Se il fiuti, non ha nulla d'ippocratico,
> Ma è un gergo, anzi un ribobolo enigmatico.

Filangieri, fallita la missione piemontese e respinti i ripetuti consigli di Napoleone e dell'Inghilterra, non si diè per vinto. Gli avvenimenti incalzavano; le Legazioni si erano ribellate al Papa; e con Parma e Modena, le quali avevano rovesciate le loro piccole sovranità, si era costituito un governo dell'Emilia, come si era costituito un governo della Toscana. Villafranca parve che dovesse strozzare la rivoluzione, e Cavour fu lì lì per perdere la testa. Cominciò allora quell'insistente e tenebroso lavoro della diplomazia europea intorno alla così detta quistione italiana, e cominciò con esso il periodo delle agitazioni nel Regno e delle maggiori speranze dei liberali. Oggi si diceva che Garibaldi, divenuto generale della lega militare dell'Italia centrale, avrebbe varcata la frontiera d'Abruzzo e portata la rivoluzione; domani si facevano circolare notizie molto inquietanti sulla Sicilia, la quale non era punto tranquilla.

Filangieri non tollerando più uno stato di cose così incerto e inconcludente, ruppe gl'indugi e la mattina del 4 settembre, presentò addirittura al Re lo schema di Statuto redatto da Giovanni Manna, suo vecchio amico e la persona di maggior cultura politica, che avesse Napoli in quel tempo. Fin dai primi giorni di agosto, Filangieri lo aveva incaricato di un progetto di Statuto, che meglio rispondesse alle condizioni delle Due Sicilie. Manna lo fece, e in altre tre lunghe conferenze fu discusso da entrambi, e modificato particolarmente riguardo alla Sicilia, secondo i suggerimenti di Filangieri. Il manoscritto fu consegnato a Brenier, perchè il principe di Satriano riteneva indispensabile che l'Imperatore ne avesse notizia e lo approvasse, e alla fine di agosto Brenier lo rese con alcune lievi postille, che Filangieri e Manna introdussero nel testo. La sera del 2 settembre, Brenier partecipò al presidente dei ministri la piena adesione del suo governo a quel progetto, aggiungendo essere desiderio dell'Imperatore che non si mettesse tempo in mezzo alla sua adozione e alla promulgazione, ed infatti la mattina del 4 Filangieri lo presentò al Re, non tacendogli che Napoleone III lo aveva esaminato ed approvato.

Era Statuto affatto napoleonico: costituzione con poteri limitati e ben definiti della Camera elettiva. Manna scrisse anche le belle parole, le quali, poste in bocca al Re, precedono il prezioso documento, che qui io pubblico per la prima volta.[6]

L'esperienza del 1848 dava i suoi frutti. La forma politica, con questo Statuto diveniva costituzionale, è vero, ma lo Stato e il suo governo non uscivano dalle mani del Re, il cui potere non veniva limitato, ma solo coadiuvato nell'esercizio. Nonostante la costituzione di un Senato e di una Camera dei deputati, al Re rimaneva, con tutti gli altri attributi della sovranità, anche la iniziativa delle leggi e delle opere pubbliche, e il potere della Camera dei deputati, o Corpo legislativo com'è chiamato, e il cui presidente e vicepresidente, come quelli del Senato, erano di nomina regia, veniva letteralmente limitato a discutere e votare le leggi e le imposte e ad esaminare i conti della pubblica azienda. Non leggi d'iniziativa parlamentare, non imposizioni di pubblici lavori, non petizioni di cittadini alla Camera. Queste potevano rivolgersi solo al Senato, il quale, composto di 80 senatori e potendo essere preseduto dal Re, rappresentava una specie di Consiglio aulico, custode delle leggi e le cui sedute non erano pubbliche, e che con senato-consulti poteva interpretare, completare e modificare lo Statuto. Con questo Senato, con ministri, che *non dovevano essere deputati*, e con un Consiglio di Stato, che doveva redigere i progetti di legge e di regolamenti, che aveva attribuzioni contenziose e sosteneva i progetti dinanzi al corpo legislativo, si può giudicare quale ampia parte lasciassero il Manna e il Filangieri al potere regio e a tutti i maggiori Ordini

---

[6] Nell'edizione originale la nota conteneva il testo integrale della costituzione. Nella presente edizione, per praticità, si è preferito riproporre tale statuto in appendice. (NdC)

dello Stato. Oltre a questo concetto informatore, lo Statuto contiene disposizioni caratteristiche assai notevoli. Prevedendo lo Stato d'assedio e una sospensione dello Statuto, esso impediva che in circostanze straordinarie il governo fosse costretto ad uscire dalla legalità per rimettere l'ordine. Stabiliva inoltre un'indennità di viaggio e di soggiorno ai deputati, un'indennità di viaggio agli elettori, un minimo di censo per questi e per gli eliggibili; stipendiava i senatori e i presidenti delle due Camere; estendeva la durata della legislatura a sei anni, ma limitava quella delle sessioni a tre mesi. Se le sedute del Corpo legislativo erano pubbliche, i giornali non potevano riferirne che il resoconto ufficiale. È infine da notare l'articolo 8, secondo il quale le sessioni potevano essere convocate dal Re a Napoli o a Palermo.

Con questo Statuto e con l'appoggio di Napoleone, Filangieri credeva, com'egli notò nei suoi appunti,[7] allontanare la rovina "della quale minacciano il Reame la sfrenata ambizione del Piemonte, le mene del conte di Cavour, di Mazzini e di Garibaldi, nonchè la manifesta inimicizia del gabinetto inglese".

Il Re non fece buon viso alla proposta, anzi la considerò pericolosa e imprudente, nè interpellò su di essa il Consiglio di Stato. Rispose a Filangieri poche e confuse parole, che fecero ritenere al presidente del Consiglio, che veramente Ferdinando II avesse fatto giurare al figlio di non mutare la forma di governo. Il Re impose al Satriano di tacere su quanto era avvenuto, ponendolo così nella posizione di esser giudicato leggiero dal Brenier, al quale aveva promesso, forse un po' incautamente, più di quanto potesse ottenere dal Sovrano. E il Filangieri, con lettere del 5 e 6 settembre, rassegnò le sue dimissioni da presidente dei ministri e da ministro della guerra, allegando ragioni di età, di salute e di famiglia. Il giorno 7 settembre, Francesco II

---

[7] Archivio Filangieri.

Capitolo II

mandò da lui il maresciallo di campo, Francesco Ferrari, che gli consegnò una sua lettera autografa, colla quale gli si concedeva un permesso di quaranta giorni e gli si ordinava di affidare la firma della presidenza a Carrascosa e del ministero della guerra, al direttore maresciallo di campo, barone Gaetano Garofalo, il quale, nella sua gioventù, aveva preso parte alla campagna d'Italia nell'esercito di Murat contro gli austriaci, e godeva fama di ufficialo intelligente. Ecco la caratteristica lettera:[8]

Portici, 7 settembre 1859.

Caro Principe,

Non posso esprimervi quanto dolore e quanto dispiacere ò provato nel leggere le vostre due lettere, in seguito delle quali non posso, per debito di coscienza, astenermi dall'autorizzarvi di farvi aiutare nella firma della voluminosa corrispondenza dei due ministeri da Carrascosa e da Garofalo. Io però non mi asterrò di continuare a indirizzarmi a voi, quando mi necessita, per le varie branche di servizio, in questi momenti principalmente.

Questa mattina è visitato il 7° Battaglione Cacciatori: la pace regnava nel quartiere, mangiavano con ilarità l'ottimo ordinario ed il buonissimo pane.

Ieri vi avrei desiderato con me, massime ai Granili, ove tutto in ordine ò trovato: il Sommo Iddio presto presto vi permetterà uscire di casa per meco venire a confabulare. Se io non mi trovassi in Napoli in tale giorno, basta farmelo conoscere per qui venire subito.

Il Signore e la Vergine SS. ma conservino sempre in perfetta salute il mio amico costante Carlo Filangieri.

Accettate, caro principe, le parti del costante

Vostro aff.mo FRANCESCO.

[8] Archivio Filangieri.

Filangieri eseguì gli ordini e andò ad abitare la villa De Luca a Pozzopiano, presso Sorrento, ma sulla porta della camera da letto fece apporre un cartello con le seguenti parole: *questo scritto inibisce l'entrata a chicchesia, perchè prova che o sono fuori, o non voglio vedere nessuno.* E di fatti si rese invisibile.

Le dimissioni del principe di Satriano produssero enorme impressione, e più stupito e addolorato di tutti ne fu il Brenier, il quale aveva assicurato il suo governo che il Re di Napoli avrebbe quale certamente accolto quel progetto di Costituzione. Il 14 settembre, Brenier si recò a Pozzopiano e insistè presso Filangieri perchè facesse note le ragioni, che lo avevano obbligato a dimettersi, anche per scolpare lui, Brenier, presso il suo governo.

In quello stesso mese giunse a Napoli il generale Roguet, inviato da Napoleone. Roguet era figlio del senatore conte Roguet, che era stato antico colonnello di Filangieri. Brenier lo condusse a Sorrento, e a lui e al Roguet Filangieri finì per fare intendere, che le ragioni delle dimissioni erano proprio quelle che il pubblico riteneva, cioè che il Re, consigliato dal Papa e dagli antichi ministri e intimi del padre, aveva respinta la proposta di Costituzione. Roguet gli confessò che questo si era capito molto chiaramente, e che perciò lo scopo vero della sua missione era quello di indurre il Re a concedere lo Statuto. Il giorno seguente al colloquio, che era il 1° ottobre, Filangieri scrisse al Re questa lettera: "Vidi ieri sera il conte Roguet,... il generale mi disse essere stato incantato di V. M., delle sue sembianze, delle sue maniere, del suo contegno, della bella intelligenza e perspicacia che traspirano nelle sue parole; ma con una soggiunta a questi ben meritati encomii fecemi intendere qual era nel fondo l'oggetto della sua missione; poichè immediatamente dopo di quello profferì le seguenti parole: "Et si cet important, quoique jeune Souverain, comprend sa position, celle de l'Italie et celle de l'Europe en général, et se convaincra de la nécessité de donner à son royaume des institutions

Capitolo II   65

monarchiques et constitutionelles, comme celles de la France, non seulement il devrait compter sur le ferme appui de l'Empereur Napoléon, mais quelsque soient les événements, il jouerait le premier rôle en Italie". Su di ciò permettendomi d'interromperlo, replicai: "Et si le Roi n'était d'avis de ne rien changer aux lois et aux institutions, qui régissent la Monarchie des Deux Siciles, que pensez-vous qu'il arriverait? Ed egli, senza esitare un sol momento, risposemi: Je ne saurais prévoir dans ce cas que des malheurs pour votre pays et pour votre Souverain". Il giorno dopo, il Re gli rispose in questi termini precisi: "Ho letto attentamente la vostra lettera di ieri, e più mi convinco che la rovina di questo povero paese è il pessimo contatto ed influenza degli stranieri".[9] Contemporaneamente ordinava a Carafa d'insistere presso Antonini, perchè facesse nota al conte Valewski la ingerenza o inframettenza di Brenier per la concessione dello Statuto. È anche da ricordare un'altra lettera, che Filangieri aveva scritto a Brenier negli ultimi giorni di settembre, per far impedire che Garibaldi varcasse la frontiera napoletana, come in quei giorni si temeva, e per cui era stato formato il campo trincerato negli Abruzzi, sotto il comando del Pianell. Brenier gli aveva risposto che l'avrebbe fatto, ma aggiungeva: "Je comprends, que l'on use de toutes les précautions possibles pour repousser une attaque venant de ce côté; qu'on envoie éventuellement un corps d'armée; mais je vous prie, mon Prince, de ne pas oublier, que vous avez entre les mains le projectile le mieux fait pour attaquer Garibaldi et *écraser l'infâme*, comme disait Voltaire d'un tout autre ennemi. Ce projectile serait d'un effet certain selon moi, puisqu'il aurait pour effet de briser l'arme de Garibaldi la plus redoutable: le mécontentement des populations".

Filangieri mandò originalmente questa lettera al Re, unendovi altra copia dello Statuto presentato il 4 settembre, quasi credesse all'effica-

---

[9] Archivio Filangieri.

cia di un nuovo tentativo. Il Re lo ringraziò e gli restituì la copia senza dir nulla in proposito.

Il 16 ottobre, il principe di Satriano riscrisse al Re, insistendo nelle dimissioni e il Re rispose, invitandolo a pranzo, alla Favorita. Il Filangieri, mostrandosi gratissimo, soggiunse nella risposta: .... "*Si degni V. M. giovedì, venturo* (era il giorno fissato al pranzo) *di accogliere benignamente, nella mia persona, il Suo devoto attaccatissimo aiutante generale, e non più il Suo ministro, poichè decisamente la mia età e la mia salute non mi permettono in nessun modo, di affrontare nuovamente, e di resistere al lavoro agitato e tormentoso, pei tristi tempi nei quali viviamo, alle angustie ed alle immense responsabilità, inseparabili dalle funzioni ministeriali*". E il 18 ottobre, fè seguire a questa, altra lettera insistente, che si chiudeva così: "*Riprenda, Signore, i miei portafogli, e mi ritenga nell'ambita destinazione di Suo fedele soldato*".[10]

L'insistenza di Filangieri era effetto, in parte, del suo carattere vivace e suscettibile, e in parte delle mutazioni che, appena allontanato lui, si erano compiute nel ministero, a sua insaputa. Al mite Casella, nella direzione della polizia, era stato sostituito l'Ajossa, dopo che si era obbligato il Casella a mandare una circolare segreta agl'intendenti, in data 22 giugno, colla quale s'imponeva loro di non tener conto del decreto del 16 giugno, relativamente agli *attendibili!*....

Era stato formato intanto al confine di Abruzzo un campo militare, sotto il comando del Pianell, lasciandosi credere che avesse per iscopo meno di tutelare la frontiera napoletana, quanto di dar braccio forte alle truppe pontificie, qualora fossero assalite da corpi di volontari o da forze regolari. Questo corpo di osservazione era appoggiato alla fortezza di Civitella ed era sostenuto da una parte della squadra, sotto il comando del capitano di fregata Napoleone Scrugli,

---

[10] Archivio Filangieri.

Capitolo II

che comandava il *Tasso*. Un furioso fortunale disperse i pochi bastimenti, e il *Tasso* arenò alla foce del Tronto per imperizia, si disse, del comandante, la quale imperizia fu però unanimemente esclusa dagli uomini di mare. Di quell'arenamento disgraziato lo Scrugli, che era un brav'uomo, ma irascibile e di scarsa cultura, fu inconsolabile per tutta la vita. Le altre due navi, la *Veloce* e il *Fieramosca*, erano comandate, la prima da Barone e la seconda da Flores. Era imbarcato a bordo della *Veloce* Paolo Cottrau, alfiere di vascello, giovanissimo e vivacissimo. Nelle sue lettere alla famiglia egli parlava a lungo di quella stazione navale, molto noiosa, descrivendo con mirabili colori la costa abruzzese. Ecco il brano di una sua lettera del 9 ottobre, datata da Giulianova:

> Questa nostra stazione in Adriatico comincia ad annoiarci, come credo avervi detto più volte, tanto più che non se ne vede punto la fine. Le coste della Puglia e quelle degli Abruzzi che noi percorriamo sono senza dubbio belle e le ultime soprattutto presentano in taluni punti, come il Vasto, Ortona e Giulianova, delle bellezze comparabili solo, per dolcezza di contorni e splendidezza di luce, a quelle del nostro caro Cratere. Nel fondo qui vedi le maestose cime culminanti di questo gruppo d'Appennino: la Maiella, il Gran Sasso d'Italia, che il sole indora dei suoi raggi molto prima dell'umile Marina e sulla cui cima l'aquila si annida solitaria. Poi delle vaste pianure con dolce declivio, irrigate da molti fiumi, ubertose e coperte di vigne, di case e di giardini, scendono verso il mare; ma per lo più non vi giungono, il loro ultimo lembo fermandosi ad una certa altezza in modo che quasi ti presentano un alto piano, come è per esempio il Piano di Sorrento o la Valle Equana; solo che qui, al disotto di questo, tu vedi un altro piano, un altro pendio, la marina, che pare proprio l'antico fondo del mare rimasto a secco.

La formazione di questo corpo alla frontiera, preceduta da una dichiarazione del Re, piena di ostentata riverenza al Papa, ridestò i sospetti del Piemonte, dal quale furono chieste spiegazioni, e fece pessima impressione a Parigi, temendo l'Imperatore che quel nerbo di truppe potesse all'occorrenza aiutare le milizie pontificie, arruolate fra i legittimisti di Europa con a capo il Lamoricière. Nell'interno, la polizia con Ajossa alla testa non trovava posa. Filangieri sentiva di non poter più oltre tollerare la responsabilità, anche lontana, di tanti errori e tornò a insistere nelle dimissioni, fino a che il 31 gennaio 1860, con affettuosa lettera scritta anche di suo pugno, Francesco II lo esonerò dalle cariche di presidente del Consiglio e di ministro della guerra. Ma il decreto ufficiale non venne fuori che alla metà di marzo, quando contemporaneamente il Re chiamò a succedergli, nella presidenza, il decrepito principe di Cassaro e un altro vecchio, il generale Winspeare, nel ministero della guerra. Così ebbe fine quel curioso periodo di governo, nel quale i più importanti decreti erano sottoscritti nella comica forma: *per il presidente del Consiglio dei ministri e ministro della Guerra impedito, il ministro senza portafoglio – Raffaele Carrascosa.*

La nomina del principe di Cassaro fu una vera esumazione. Non aveva aderenti nè a Napoli, nè in Sicilia e gli mancava ogni autorità di governo. Volle che al Cumbo, ministro di Sicilia, nominato da Filangieri, fosse sostituito il principe di Comitini, che accettò, ma poi, pentito o impaurito, non ne volle più sapere. Il Cassaro fu solo in apparenza il ministro di Sicilia, mentre in realtà lo fu il direttore Bracci, devoto al Cassisi e nemico di Filangieri. Questi passò gran parte dell'inverno del 1860 a Pozzuoli, nella villa Avellino, assistito affettuosamente dalla figlia a lui prediletta, Teresa, la quale, fra mille ansie, vegliava alla salute dell'unica figliuola inferma. A Pozzuoli, Filangieri trovò modo di occupare il suo tempo, studiando problemi idraulici e militari. Nè il Re, nè i ministri lo richiesero più di consiglio, finchè non vennero dalla Sicilia le prime notizie allarmanti.

CAPITOLO III

SOMMARIO: Esposizione artistica del 1859, paragonata a quella del 1855 – Pittori e scultori che vi presero parte – Il Bozzelli critico – Morelli, Maldarelli, Celentano, Mancinelli, Vertunni e Di Bartolo – Il conte di Siracusa e Alfonso Balzico – Il pensionato di Roma e l'istituto di belle arti – I fratelli Palizzi e la scuola di Filippo – I morti e i superstiti – L'ordinamento degli scavi d'antichità e del Museo d'archeologia – Giuseppe Fiorelli e i suoi casi nel 1848 – Processato, imprigionato e destituito – Lavora in un negozio di asfaltista per campare la vita – Diviene segretario del conte di Siracusa – Quanto l'Italia gli deve! – Il prosciugamento del Fucino e il principe Torlonia – Varie vicende dell'opera – La medaglia di Vittorio Emanuele.

Nell'estate di quell'anno si tenne in Napoli un'esposizione di belle arti, che fu visitata il 3 ottobre, dal Re, dalla Regina e da tutta la Corte. Erano corsi quattro anni dalla mostra del 1855, inaugurata dal Re ai 30 di maggio, nelle sale del museo borbonico. Allora i lavori d'arte esposti superarono il numero di 800 e tra gli espositori principali ricordo Niccola Palizzi, uno dei tre fratelli di Filippo, Domenico Morelli, Alfonso Balzico, Federico Maldarelli, Saverio dell'Abbadessa, il Mancini, il Mancinelli, Bernardo Celentano, con due grandi quadri, *San Stanislao Kostka infermo a morte*, e *Santo Stefano al sepolcro, dopo il martirio*, nonché Biagio Molinari, ch'espose la *Schiavitù de gl'Israeliti in Egitto*. Il soggetto di questo quadro era un'allegoria alle tristi condizioni politiche del Regno, suggeritagli da Alfonso Casanova, e del quale il Molinari era entrato in dimestichezza per mezzo del suo concittadino, amico e protettore Giuseppe Antonacci, ch'era cognato del Casanova, e dal quale fu acquistato il quadro. Molinari dipinse nel 1859, col valoroso Ignazio Perricci, gli affreschi in Castelcapuano e morì giovane, a quarantatre anni, nel 28 maggio 1868. Gli amici gli eressero un monumento nel camposanto di Napoli, con un busto in marmo, opera di Tommaso Solari. Alfonso Balzico, non ancora trentenne, espose parecchi lavori, e più apprezzato fra tutti, fu il *Noli me tangere*, che rappresentava, in proporzioni maggiori del vero *Cristo e la Maddalena*: gruppo molto pregiato e di cui il Mastriani scrisse un articolo laudativo nella *Rondinella*, e raccolse anche dal Re vivi elogi. Il critico di quella mostra fu il Bozzelli, il quale, ritiratosi dalla politica, era presidente della Società reale borbonica, ed abitava il pianterreno del palazzo Latilla. Il Bozzelli intitolò le sue critiche *Cenni estetici*, ma altro che estetica e quale critica! Chiamava la *Santa Vittoria* del Maldarelli *quadro lodatissimo*; del bozzetto del telone di San Carlo del Mancinelli diceva: *quest'opera fa onore alla scuola napoletana, ed è ormai tempo che si cessi dall'invidiare a noi stessi le nostre glorie*; e del paesaggio del Mancini: *paesaggio, con verità di piani, arricchiti di pecore e di pastori, e di bella esecuzione per opportuno colorito*. Ecco tutta la critica.

La mostra del 1859 riuscì più copiosa, ed ebbe critici forse più competenti, ma non meno iperbolici. Fra i dipinti levarono rumore i *Cani da caccia* di Niccola Palizzi, e piacquero il *Martirio di San Trifone* di Beniamino d'Elia, i quadri di Ruggiero, di Toker, di Capocci, di Caldara, di Mancini, di Spanò, di Jovine e di Postiglione, e i paesaggi di Fiorelli, di Cortese, di Pagano, di Edoardo Dalbono e di Achille Vertunni. Vi erano però, fra tutti questi artisti, grandi disparità di merito: alcuni erano ultimi campioni dell'arte decadente; altri destinati a rappresentare il progresso dell'arte nuova, come il Palizzi, il Vertunni e il giovane Dalbono. Il Mancinelli, padre di Gustavo, fu giustamente considerato come il caposcuola dell'ultima falange degli accademici, la quale ora si giudica ben altrimenti da

Capitolo III

quello che era giudicata trent'anni fa. Il Mancinelli, infatti, ha lasciato di quell'arte documenti importanti, fra i quali basterebbe ricordare il *San Carlo Borromeo che comunica un appestato*, quadro che fu stimato ai suoi tempi, e può essere stimato anche oggi, una forte opera d'arte. Maravigliosi, per purezza di disegno, i suoi cartoni, i quali, specialmente quello della *Morte di Giacobbe*, meriterebbero di essere collocati in una pubblica pinacoteca.

Carlo Tito Dalbono scrisse nel *Nomade* varii articoli sulla mostra, e portando a cielo il quadro del Palizzi, concluse enfaticamente: "*Viva te e i tuoi cani; essi ti faranno miglior compagnia di certi uomini d'oggi!*". I premiati non furono molti. Al conte di Siracusa, che aveva esposte cinque statue di varie dimensioni, e fra esse il *Gladiatore ferito*, molto lodato, venne aggiudicata una medaglia d'oro *stragrande*. Medaglia d'oro ebbe il Vertunni; medaglie d'argento, il catanese Francesco di Bartolo, che già si affermava incisore di gran talento, Euriso Capocci ed Eduardo Dalbono. Onorevole menzione ebbe Domenico Morelli, non ricordo se per gl'*Iconoclasti* o per i *Martiri cristiani*. La medaglia d'oro aggiudicata al Vertunni riscosse il plauso generale, perchè tutti ricordavano questo giovane elegante, che ad un tratto aveva volte le spalle ai codici, era andato a Roma, vi aveva aperto studio e in pochi anni si era affermato pittore insuperabile della campagna romana. Albe, tramonti, stagni con bufali, acquedotti mozzi, bestiame brado, Ostia, Porto d'Anzio e Astura: ecco i soggetti dei suoi quadri. Capocci, Cortese, Raffaele Tancredi, Fiorelli e Mancini facevano con onore le prime armi in arte. Fiorelli, fratello dell'archeologo, morì giovanissimo; gli altri son venuti in gloriosa fama.

Napoli aveva, al pari di altri Stati, un pensionato in Roma, dove mandava a perfezionarsi i più valorosi fra i suoi giovani artisti. Il pensionato aveva sede all'ultimo piano della Farnesina, proprietà del Re. Lo dirigeva il commendatore Filippo Marsigli, noto autore della

Morte di Marco Bozzari e della *Morte del conte Ugolino*, e monsignor Santelli n'era l'ispettore ecclesiastico. Il pensionato durava sei anni. Gli ultimi artisti, mandati da Ferdinando II in Roma, furono Raffaele Postiglione ed Angelo Scotto, pittori; Antonio Cipolla e Pasquale Veneri, architetti e Tommaso Solari, scultore, i quali tornarono in Napoli alla fine del 1847.

I moti del 1848 consigliarono Ferdinando II a non inviar più giovani artisti a Roma, e così continuarono a bandirsi i concorsi per pensioni in Roma, ma *con la residenza in Napoli*. Sembra un bisticcio, eppure dal 1848 al 1860 continuarono a concedersi borse di perfezionamento ad artisti per il pensionato di Roma, ma con l'obbligo di stare a Napoli o di andare per qualche tempo a Firenze. I giovani del pensionato di Roma riuscivano quasi tutti professori nell'istituto di belle arti, diretto da Pietro Valente, assistito da due ispettori ecclesiastici, don Gennaro Sommella e don Michele Valvo. L'insegnavano il Mancinelli, l'Aloysio Juvara, Cammillo Guerra, Luigi Arnaud, Raffaele Postiglione e Gennaro Ruo. I primi artisti, che alla fine del 1848 vinsero i concorsi per studiare a Roma, ma viceversa studiarono a Napoli e a Firenze, furono Saverio Altamura e Domenico Morelli per la pittura; Antonio Sorbilli ed Alfonso Balzico, per la scultura; Giustino Fiocca e Giuseppe Sorgente, per l'architettura. Niccola Palizzi, fratello di Giuseppe e di Filippo, ottenne nello stesso anno la nuova pensione, istituita per lo studio del paesaggio. Egli morì nel fiore della vita, paesista vigoroso, più per intuito che per studio, restando però inferiore ai suoi fratelli Giuseppe e Filippo, che l'uno in Francia, l'altro in Italia, pervennero ad alta fama. Un quarto fratello, Francesco Paolo, andato anche lui a Parigi, ove dipingeva con successo la *Natura morta*, morì giovanissimo. I fratelli Palizzi erano di Vasto, e Filippo, meritamente considerato un maestro caposcuola della nuova maniera della pittura, ispirata dal vero, fu un maraviglioso interprete della natura vivente, soprattutto per gli animali e specie per gli asini, i quali grazia a lui, furono accolti nei più eleganti salotti di Europa e di America. Egli apparteneva alla scuola detta di Posillipo, la quale lavorava all'aria aperta, al cospetto della grande natura, mentre nell'Accademia si studiava il *pezzo*, a luce voluta. Ebbe lo studio al vico Freddo, ora strada Poerio; poi al vico Cupa alla Riviera, prima che passasse in uno dei due studii, che Giovanni Wonviller, mecenate dell'arte napoletana di quel tempo, fece per lui e pel Morelli costruire a bella posta nel suo palazzo, in via Pace. Lo studio, che Filippo Palizzi aveva al vico Cupa, rimpetto all'antico gazometro, era modestissimo, ma fu là che egli visse gli anni più belli della sua vita artistica. In quel tempo i forestieri convenivano numerosi a Napoli e vi si fermavano per lungo tempo: tutti visitavano quel piccolo tempio dell'arte, in quella sudicia via. Il Palizzi vi dimorava quasi solitario, chiuso nella durezza e nella taciturnità del suo carattere; vi si raccoglieva dopo le sue *campagne artistiche*, che d'ordinario faceva a Cava dei Tirreni; e là, riuniti i suoi bozzetti, componeva quadri che i forestieri compravano a prezzi rilevanti per quei tempi, ma che ora farebbero ridere, tanto modesti erano rispetto a quelli di oggi. Aveva inoltre una piccola famiglia di animali vivi, che erano i suoi modelli e i suoi migliori amici, come diceva lui. Filippo Palizzi è morto di recente a ottantun'anni compiuti, e l'ultimo suo lavoro fu un quadro per la chiesa di San Pietro di Vasto, sotto il quale scrisse, dopo averlo compiuto, queste parole:

"Oggi 16 giugno 1898 compio anni 80, e sto lavorando in questo quadro *Ecce Agnus Dei*, promesso in dono alla Chiesa di San Pietro del mio paese nativo, Vasto. Questa tela io eseguo con gran trasporto, e spero portarla a termine felicemente. Mi auguro che i miei concittadini l'accetteranno di buon grado e vorranno conservarla in memoria dell'affetto grande del loro concittadino Filippo Palizzi". Ma fu in quegli anni tra il 1857 e 1859, quando eseguì il bellissimo ritratto del fratello Giuseppe, ora conservato nel museo Filangieri, e i due quadri per la sala da bigliardo di Andrea Colonna, che il Palizzi raggiunse l'apice della sua rinomanza.

La scuola, alla quale il Palizzi appartenne, fu la ripercussione del movimento rivoluzionario dell'arte, iniziato in Francia dalla scuola detta del 1830, ed ebbe, in Napoli, campioni non trascurabili, come il Duclaire, il Pitloo, i Carelli, ma soprattutti Giacinto Gigante, che può considerarsene l'iniziatore, essendo stato precursore dello stesso Palizzi. Gli acquarelli del Gigante sono lavori da resistere al più severo esame critico. Disgraziatamente poco si conserva di lui, ma basta citare l'interno della cappella del tesoro del duomo di Napoli, quadro bellissimo che si ammira nella pinacoteca di Capodimonte.

Morto giovane, Giustino Fiocca lasciò fama di sè in opere idrauliche, in ponti e strade. Domenico Morelli, che trovavasi il 15 maggio al palazzo Lieto e fu ferito alla faccia, lavorò con tenace fede ed acquistò grande celebrità. Derivato anche lui dalla nuova scuola, se ne fece maestro, poichè ai principii naturalistici dell'arte nuova aggiunse un alto sentimento di poesia, il quale rivela l'artista assai più del pittore. La sua indole fantastica egli la esprimeva non solo nell'arte del dipingere, ma anche, vorrei dire, nel dipingere l'arte. Il suo aspetto, la sua maniera di vestire, la sua voce, il lampo dei suoi profondi occhi neri, un senso di mistero, che egli dava alle sue parole, facevano di lui una specie di mago: qualità tutte, delle quali egli possedeva piena coscienza e di cui si serviva abilmente per trasfondere il suo pensiero in quello dei giovani. Viaggiando molto in Italia, e rappresentando egli quella scuola che da Napoli traeva origine, diffuse fra i giovani artisti italiani di quel tempo il nuovo verbo, ond'è che presto la sua fama divenne più italiana che napoletana. Fu nello studio al palazzo Wonviller, che compì le opere più belle della sua seconda maniera, come la *Madonna* del barone Compagna, il *Tasso* dello stesso

Capitolo III 75

Vonviller, la *Odalisca* del Maglione ed altre. Oggi, da tutti riverito e stimato, è senatore del Regno. Balzico vive a Roma e porta allegramente il peso degli anni e del denaro che ha accumulato col lavoro. A Torino, a Roma e a Napoli vi son traccie luminose del suo scalpello. Saverio Altamura, il forte autore del *Trionfo di Mario*, acquistò alto nome in arte, dipingendo i soggetti più opposti con la stessa vigorìa di sentimento e di colorito. *Le esequie di Buondelmonte*, il *Ritratto di Carlo Troja*, che è alla pinacoteca di Firenze, sono antiche sue opere, che destano anche oggi viva ammirazione. Bel giovane ai suoi tempi, fu assai fortunato con le donne, anche in età matura. Figurò tra i più ardenti nel 1848, e quando venne la reazione, il conte di Aquila lo fece fuggire e stette in esilio alcuni anni. È morto vecchio, povero e assai rimpianto. Foggia, sua città natale, gli ha decretato un monumento. Achille Vertunni morì a Roma, dopo lunga infermità, due anni or sono, e di quel suo magnifico studio in via Margutta, già ritrovo di tutta una società artistica cosmopolita, non rimane più nulla. Grande artista e gran signore, guadagnò quanto volle e tutto spese. Fatto segno al rispetto e all'amore dei suoi concittadini e di quanti amino l'arte, vive a Catania il mio carissimo Francesco di Bartolo.

La singolare topografia antica del Regno e le tradizioni di dotti studii archeologici, impiantatevi dal capuano Mazzocchi, erano condizioni assai favorevoli ad assicurare sviluppo pieno e completo degli studii antiquarii nel Napoletano. Ma invece un ordinamento legislativo solo formale, le pastoie imposte ad ogni ramo di cultura e quel senso di decrepitezza, che investiva gli organi tutti del governo borbonico, produssero il loro effetto letargico anche in questa parte della cultura nazionale, nel Museo borbonico, come sugli scavi di Pompei e sulle stesse pubblicazioni archeologiche.

La tutela sulle antichità era regolata da due decreti de' 13 e 14 maggio 1822. Severissime prescrizioni colpivano gli esportatori e coloro, che in qualsiasi modo si attentavano a modificare lo stato dei monumenti antichi, nè era lecito procedere a scavi di sorta, senza permessi e lunghi piati. Siffatti rigori, improntati dal famoso editto Pacca di Roma, naufragarono innanzi alle abitudini partenopee ed alla corruttela politica delle supreme autorità, e si risolvevano o in abusi contro determinate persone, o in eccezioni e favoritismi in pro di altre. Divenne famoso un ministro, che si formò una cospicua collezione di antichità col prodotto degli scavi. Per agevolare queste turpitudini e sfuggire a siffatti rigori, si contaminava il patrimonio della scienza con false indicazioni. Si attribuivano al Lazio oggetti ritrovati nella Puglia, all'Etruria altri di Campania, e scavi operati venti o trent'anni innanzi, si gabellavano per ritrovamenti recentissimi. Così la ricostruzione del complesso delle singole scoperte divenne, per la scienza, difficilissima, se non impossibile. È incalcolabile il danno arrecatole dall'avidità del Santangelo, che perturbò gravemente gli effetti della legge, nonchè l'azione della commissione suprema di antichità e belle arti. Questo Istituto, che rimontava a' tempi di Murat, si trasformò, solo per un decreto del 7 dicembre 1856, in Sopraintendenza degli scavi e del Museo. Aveva attribuzioni scientifiche ed amministrative, ma più di nome che di fatto.

Il più deplorevole disordine regnava nelle ricche collezioni del Museo, a buon diritto noverato tra' primi di Europa, per l'importanza e il numero immenso delle opere d'arte raccoltevi. Ammassate e chiuse nei magazzini giacevano le antiche pitture murali di Pompei. La raccolta epigrafica, disposta ancora secondo le classi dello Smezio e del Pauvinio, ristabilita nel 1823 dall'abate Guarini, si era quasi duplicata; ma le lapidi sopraggiunte rimanevano confuse con le precedenti o disseminate per l'androne e pe' giardini del Museo; i frammenti di uno stesso marmo deposti in luoghi diversi; i titoli falsi o sospetti accoppiati ai genuini; uniti a' marmi antichissimi quelli delle età più

Capitolo III

recenti; di ordinamento geografico in codeste iscrizioni neppure l'inizio. E dire che il Mommsen avea pubblicato il *Corpus* delle iscrizioni antiche del Napoletano, disposte geograficamente, sin dal 1852! Più strana vicenda ebbe nel Museo una certa raccolta che chiamarono, ed in parte era, pornografica, che fu ordinata nel 1819, da Francesco I, allora duca di Calabria, nel fine di chiudere in una stanza gli oggetti osceni o tenuti per tali, e renderli più o meno visibili, con uno speciale permesso del Re, sino al 1849. Ma nel 1852, trasportati tutti quegli oggetti in un antro, ne fu murata la porta, "perchè si distruggesse qualunque esterno indizio della funesta esistenza di quel gabinetto, e se ne disperdesse per quanto era possibile la memoria". Quattro anni appresso, si tolsero poi dalla pinacoteca e si chiusero in luogo umido ed oscuro trentadue quadri e ventidue statue di marmo, perchè, si disse, corrompitrici della morale! Vi erano tra' primi la *Danae* del Tiziano, la *Venere che piange Adone* di Paolo Veronese, il *Cartone* di Michelangelo con *Venere ed Amore*, le *Virtù*, di Annibale Caracci e, tra le seconde, la *Nereide sul pistrice*, che sarebbe stata distrutta, "se lo scultore Antonio Calì si fosse ricusato più volte ad occultare, con restauri di marmo, le nudità della figura". L'istessa raccolta delle statue di bronzo, tesoro speciale del Museo di Napoli, era divisa tra grandi e piccole, ne' corridoi o tra gli utensili di bronzi: il *palmo* o la *mezza canna* era stato l'unico criterio scientifico che avea presieduto al loro ordinamento; non si era neppur pensato al canone fondamentale per la storia dell'arte, che la materiale vicinanza di ogni opera di scultura servisse allo studio dello sviluppo storico della plastica! Dei papiri della biblioteca Ercolanese rimanevano non svolti e non disegnati, epperò inediti, quasi 1270 dei 1763, che costituiscono i preziosi avanzi della biblioteca greca e latina rinvenuta in Ercolano nel 1752.

Non ebbero miglior sorte gli scavi di Pompei. Per un vizio di origine, che rimontava ai primi scavi tentati nel secolo passato, questi erano stati diretti meno a restituire alla luce l'antica, bellicosa ed opulenta città dei Sanniti, e a palesare alla scienza la vita tutta loro e dei Romani, che a rinvenire una maggior copia di oggetti antichi. Tale era stato lo scopo delle prime ricerche a' tempi di Carlo III, tale si mantenne negli ultimi anni della Monarchia. Si scavava a solo scopo di avidità. Pompei era un campo, un tesoro da sfruttare: lo chiamavano, come Caserta, un *real sito*. Quando uno scavo cominciato si credeva poco fruttuoso, lo si abbandonava presto. Così molti edifizii rimanevano in parte inesplorati, altri nuovamente ingombri, se non ricoperti, da monticelli di pomici e di ceneri, per gli scavi adiacenti. Una specie di tela di Penelope. Si lavorava senza scopo scientifico e senza alcuna scientifica serietà. Pompei era divenuto un luogo di richiamo dei forestieri a Napoli, un luogo da soddisfare soprattutto la curiosità de' regnanti e de' principi, che vi capitavano, e da fornire uno svago per la Corte istessa. Gli scavi operati dal 1855 al 1860 furono misera cosa. In media non lavoravano più di venticinque operai al giorno, adibiti, s'intende, anche alla ordinaria manutenzione, così che ben pochi ne rimanevano per i nuovi scavi. Questi, negli anni di cui parlo, si limitarono ad aprire la via detta di *Oleonio*, che, dalla *Stabiana* va ad incontrare l'altra dell'*Abbondanza*. Lungo e faticoso fu il lavoro al disterro del peristilio delle nuove Terme, e del sotterraneo del tempio della Fortuna. La casa più importante, che venne in luce in questo tempo, fu quella della famiglia Popidia, detta volgarmente del *Citarista*, edifizio che levò gran rumore presso gli archeologi, come fra' dilettanti, per la magnificenza signorile, per il grandioso viridario, cinto da portico di diciotto colonne, per gl'insigni dipinti che fregiavano le mura dell'esedra, e che ora sono tra' più celebri del museo di Napoli. Non capitava forestiero, al quale le guide non additassero l'*Arianna* addormentata, cui si approssima Bacco, e l'Oreste e Pilade innanzi a Toante, col ratto dell'idolo di Diana, che Ifigenia tenta: opere ritrovate tutte nella casa del *Citarista*.

Capitolo III 79

La Corte si recava normalmente una o due volte all'anno agli scavi pompeiani. Frequenti occasioni si dettero a tali gite, specialmente durante l'anno 1855. Vi andò col duca e la duchessa di Brabante ai 18 giugno; pochi dì appresso, il 6 di luglio, col Re di Portogallo ed il duca di Oporto, che fa poi il genero di Re Vittorio Emanuele; nell'agosto coll'arciduca Massimiliano d'Austria; il Re, la Regina ed i principi reali vi ritornarono il 27 settembre, e di nuovo la Regina con gli arciduchi d'Austria, a' 9 di novembre. Ma di tutta la Casa reale il solo vero appassionato visitatore di Pompei era don Leopoldo, conte di Siracusa. Egli vi andava con la sua nota *cotêrie* elegante, e col Fiorelli, che n'era il segretario e la *magna pars*, e nel biennio 1855-56 vi tornò non meno di quattro volte. Nei due anni seguenti le gite della Corte e de' principi esteri si fecero più rade; durante il 1857 vi andarono il Re di Baviera, il principe d'Orange e quelli di Joinville; a' 18 settembre vi tornò sempre con la famiglia reale Ferdinando II, e questa fu per lui l'ultima gita alla monumentale necropoli. Sul finire del 1858 vi si recarono i duchi di Modena ed il principe Alberto di Prussia. E mentre la Corte stava a Bari per la malattia del Re, tornarono a Pompei gli arciduchi di Austria. L'ultimo principe di casa Borbone che la rivide, fu il conte di Siracusa nel giorno 19 settembre 1859, e lungamente si fermò quella mattina nella casa del *Citarista*.

Durante l'anno 1860 i lavori a Pompei tacquero affatto. Si trasandarono persino le riparazioni ordinarie. Solo a' 20 di dicembre, fra insolita attività di centinaia di operai, in prossimità lei tempietto d'Iside e delle nuove terme, ricominciarono le nuove ricerche, quelle che assicurarono le sorti avvenire della storica necropoli, che acquisirono alla scienza non dimenticabili scoperte e dettero fama europea a Giuseppe Fiorelli.

Soprintendente degli scavi di Pompei e del Museo di Napoli sin dal 1851 era Domenico Spinelli, principe di San Giorgio. L'avo suo era stato vittima dei sanfedisti nel novantanove. Nel mondo ufficiale passava per uomo dotto in numismatica, ma nella società si susurrava che la nota opera apparsa sotto il suo nome intorno alle monete cufiche non fosse tutta farina del suo sacco. Attorno allo Spinelli vi erano don Bernardo Quaranta, Giambattista Finati e Stanislao d'Aloe. Dell'amministrazione del Museo facevano anche parte Fausto e Felice Niccolini, che pubblicarono una grande opera su Pompei, splendida più per lusso di carta e di disegni, che per valore archeologico. Nè bisogna dimenticare don Giulio Minervini, finito anche male. Dirigeva gli scavi pompeiani l'architetto Genovese, capo locale del personale era don Raffaele Campanelli, e soprastante capo don Antonio Imparato. A guardare la necropoli avevano messo i Veterani; libero ne era l'ingresso; ma il più gran disordine regnava nel personale, e i visitatori soggiacevano a richieste petulanti e indecorose di mancie continue.

Vi era altresì, prima del 1848, un altro ispettore agli scavi di Pompei. Un giovinetto, figlio di vecchio e prode soldato di artiglieria, mandava nel 1841 da Napoli alcune sue osservazioni numismatiche all'Istituto tedesco di archeologia di Roma. Il suo scritto, sobrio ed acuto, rivelò un vivido intelletto, precocemente erudito e fa accolto benevolmente e presto inserito nel *Bullettino* già famoso dell'Istituto. Cinque anni dopo quel giovane, ventitreenne appena, essendo nato agli 8 di giugno 1823, tanto era salito in alto nella estimazione dei suoi colleghi, che fu eletto vicepresidente della sezione di archeologia nel settimo Congresso degli scienziati. Subito dopo lo nominarono, per merito, ispettore degli scavi di Pompei. Quel giovane, benchè di famiglia lucerina, come Ruggiero Bonghi, era nato a Napoli e si chiamava Giuseppe Fiorelli, e di lui questo libro ha già fatto più volte menzione. Gli avvenimenti del 1848 lo trovarono ricco di ingegno, di entusiasmo, di fede negli studi e nelle sorti della patria. Fu de' più operosi liberali, e tra' custodi di Pompei formò una compagnia di artiglieri, in servizio della patria e delle libere istituzio-

Capitolo III

ni. Procurati due cannoni, offrì l'opera sua e de' custodi pompeiani al sottointendente di Castellamare, per la guardia nazionale del distretto. Ecco la caratteristica ed enfatica lettera, ch'egli scrisse allora, e che venne stampata nel *Tempo* del 10 marzo:

> I custodi delle rovine di Pompei, usati a vivere taciturni tra gli squallidi avanzi di un popolo, che da 18 secoli è scomparso dalla terra, hanno ivi giurata fedeltà al Re ed alla Costituzione, con un grido che rimbombando fra questa solitudini, troverà certamente un'eco nel cuore di tutti gl'Italiani, della cui antica gloria, potere ed indipendenza qui gelosamente conserviamo molte sacre reliquie. Da questo giorno noi crediamo avere un obbligo di più verso la patria nostra, quello cioè di essere pronti, come ogni altro cittadino, alla difesa delle provvide istituzioni testè donate all'Italia dalla sapienza dei suoi reggitori, e benedette dal Sommo Pontefice, che in nome di Dio richiamò su queste acque, gloriose di bellici trionfi, su queste terre, tomba di barbari aggressori, su queste Alpi, indomabili o fiere dell'innata libertà, quella grazia celeste, onde si abbellirono queste italiche contrade, già potenti e temute da tutti i popoli del mondo.
>
> Pertanto il luogo di nostra dimora, e la custodia dei monumenti a noi affidati, ne vietano di poterci riunire sotto le insegne della guardia nazionale che per opera vostra, o signore, va bellamente ordinandosi in questo distretto, di tal che saremmo forzati a non poter dividere con tanti generosi fratelli l'onorevole carico d'impugnare un'arma per la difesa di questa patria, amata da noi più d'ogni cosa mortale. Epperò abituati a trattare i forti istrumenti delle opere di terra e di costruzioni, abbiamo divisato dedicarci al maneggio delle artiglierie nazionali, a cui molti cittadini non potrebbero addirsi per la grave fatica ed il lungo e continuato esercizio di che abbisognano le manovre de' cannoni. Questo voto di un pugno di uomini, lontani dalla società, è sagro; ed io interprete dei sentimenti di tutti lo presento a Voi, onde ne facciate con-

sapevole il Ministero dell'Interno, da cui dipendono le forze armate dei cittadini.

Da questo giorno tutte le opere superanti ai doveri del nostro impiego saranno dedicate ad approvare gli usi e le pratiche dalla vita di un artigliere, a me non nuove, perchè, nato di vecchio e prode soldato di artiglieria, ed a molti de' compagni note pe' racconti de' padri loro, i quali custodi di queste rovine ne' difficili tempi del 1799, tutti corsero all'armata ad ingrossare le file degli artiglieri e de' zappatori.

Cittadino, la nostra volontà è decisa; tra poco 20 uomini potranno *caricare* due cannoni e *puntare* alla distruzione dei nemici della patria. Noi non attendiamo che un vostro appello, il quale ne indichi essere accetta alla guardia nazionale del Distretto l'opera nostra, e le non lievi fatiche che dovremmo durare; e fidate poi nella purezza delle nostre intenzioni, concepite qui dinanzi alle mura di una città osca, che non mai fu vinta dalla guerra sociale; nella fermezza de' nostri proponimenti, giurata per l'ombra di quel soldato, che lasciato a custodire la porta Erculanea di questa città, trovammo morto al suo posto, mettendo innanzi alla vita l'onore; nell'ardore de' nostri affetti, comechè tutti nati d'appresso a questo Vesuvio non è guari rimugghiante di spaventevoli tuoni di libertà.

Il primo squillo di tromba cittadina che ne invita a pugnare all'ombra del vessillo tricolore dell'italico risorgimento, troverà noi desti e pronti a seguire i reggimenti della guardia nazionale del distretto; il lampo de' cannoni costituzionali ridurrà cenere il malvagio nemico della italiana redenzione, come la folgore del cielo, dove la stella Ausonia ritorna a sfavillare, di fulgidissima luce, quale nelle notti più serene dei secoli che furono.

Pompei, 4 marzo 1848

L'Ispettore degli scavi di Pompei
GIUSEPPE FIORELLI.

Capitolo III

Come si può immaginare, cominciata la reazione, non tardarono le accuse politiche a colpire il Fiorelli. Il ministro Longobardi nel 4 novembre 1848, su denuncio ricevute, invitò la polizia del distretto di Castellamare ad indagare sul conto del Fiorelli, di Raffaele d'Ambra e di Giuseppe Abate, *perniciosissimi per carattere torbido, autori di sospette unioni in Pompei nelle quali distinguevansi i più esaltati demagoghi*. Una inchiesta preparata da un ispettore di polizia, fu riconosciuta un mese dopo, sufficiente ad essere tramutata in un regolare processo penale. Ben cinque volte tornò il processo all'esame della Corte criminale, fino a quando, prosciolto il D'Ambra, non senza le meraviglie de' suoi compagni, il Fiorelli venne tratto in arresto a' 24 aprile 1849 e poco di poi fu seguito in carcere dall'Abate, ch'era pittore e disegnatore a Pompei. Il Fiorelli si difese strenuamente in una memoria scritta nelle carceri di Santa Maria Apparente, dimostrando che le accuse mossegli partivano da' bassi impiegati di Pompei, reclutati dal noto direttore Carlo Bonucci, per sfogare gli astii ed i rancori, che si era tirati addosso, per aver disvelato tutte le ladronerie che si commettevano da lunga data in quella amministrazione. Nonostante le più irrefragabili pruove delle calunnie ond'erano mosse le accuse di repubblicanismo e di attentato alla sicurezza dello Stato, il Fiorelli non potè prima del gennaio 1850, ottenere una sentenza che lo metteva fuori carcere per insufficienza di indizii. Ma uscito dal carcere, il valentuomo si trovò a vivere come in un deserto. Destituito dall'ufficio, senza alcun patrimonio, senza potere far nulla nel campo degli studii, dovette per campare la vita, ridursi a lavorare in una officina di asfaltista, certo Erba, ed egli ricordava nella sua tarda età di avervi trasportati sugli omeri i sacchetti di terra! Il merito di avere sottratto un uomo di tanto valore da così ingrata e vergognosa situazione fu del conte di Siracusa, ed è debito di registrarlo a suo onore.

Questi lo chiamò a suo segretario particolare, sfidando quasi gli sdegni della Corte e gli commise la direzione degli scavi, che per sua privata munificenza intraprese nell'agro Cumano. I lavori cominciarono nel 1853, e presto si scoprì l'ubicazione del tempio di Giove statore ed un pubblico edificio ricco di marmi e di opere scultorie. Menò gran rumore la scoperta di un sepolcro greco, adoperato anche ne' posteriori tempi di Diocleziano, e, cosa singolarissima, vi furono trovati degli scheletri con testa di cera. Fu un fatto che rimarrà forse senza esempio, e che dette luogo a numerose ipotesi dei dotti, i quali non uscirono mai dal campo delle semplici ipotesi. De Rossi, Cavedoni, Quaranta, Minervini, Guidobaldi, Finati, Pisano, Verdino, oltre il Fiorelli, dissertarono sulla meravigliosa scoperta. Gli scavi Cumani furono i soli dell'epoca, che non si fossero intrapresi per speculazione commerciale, opperò vennero condotti con riguardo a tutto ciò che poteva avere interesse scientifico. Il Fiorelli ebbe lodi ed incoraggiamenti dall'Istituto archeologico di Roma. Egli pubblicò due importantissime opere su codeste scoperte, una nel 1853, l'altra nel 1857, che fu specialmente notevole per le magnifiche riproduzioni artistiche de' vasi dipinti, dalle quali tornò molto onore alla tecnica napoletana. Fu come conseguenza di questi scavi, che si scoprì il passaggio sotterraneo tra l'antica Cuma ed il lago d'Averno, e i due pregiati vasi di vetro ritraenti i più celebrati luoghi delle spiaggie di Baia e di Pozzuoli, illustrati nel 1858 dal De Rossi. Fecero anche altri scavi nell'agro puteolano, in questi anni, lord Walpole e il barone di Lotzbeck, mentre lo Scherillo si occupò degli sgombri dell'Anfiteatro e del Porto Giulio.

Ma l'essere stato il Fiorelli quasi divelto a forza dalla quotidiana vita di Pompei, condusse il suo acuto intelletto alla serena e comprensiva contemplazione della grandezza di quella città e del compito singolare che gli eventi le avevano dato nella storia della società umana, come della necessità di esplicarlo e di raggiungerlo in tutta la sua ampiezza. "Sappiamo del gran mondo romano, soleva egli dire, dai suoi fasti, dalla immensa letteratura sua; ma lo conosceremo in modo diverso e meravigliosamente reintegrato, ed alla scienza utilissimo, quando andremo a sorprendere questa loro città, nella sua interezza, quale si trovava in quella notte de' 23 di agosto del 79 dell'êra volgare; quando saremo penetrati in quelle case, in quegli edificii pubblici e privati, ed avremo appreso da' più piccoli oggetti usati il grado di loro civiltà, i commerci, le industrie, gli usi, i costumi". Innamorato di sì vasto concetto, rivelò per il primo al mondo colto l'alta importanza degli antichi giornali delle escavazioni pompeiane, e li publicò tutti. Datosi quindi conto dell'area, su cui si svolgeva la intera città, pensò alla *tabula* o piano generale di essa, ai suoi confini, alle parti già scavate ed a quelle ancora sotterrate, a' metodi de' nuovi scavi a farsi. Ricostruì mentalmente la città stendentesi su quel colle di lave vulcaniche; dalla disuguale elevazione delle vie interne, rifece la intera topografia; guardò alle quattro grandi strade che la intersecano da mezzogiorno a settentrione, e da oriente ad occidente, ne trasse la divisione in *regioni* ed in *insulae*, e ne formò un completo programma. Quando Giuseppe Fiorelli nel settembre 1858 dette l'annunzio di questa sua idea in un semplicissimo manifesto, impresso a piccolo numero di esemplari, che gli mancavano i danari, per moltiplicarli, la meraviglia fu grande. "Sottopongo, diceva, *tout court*, per ora, un'interessante verità archeologica agli studiosi". Parve strano che nessuno fino allora avesse pensato a cosa tanto semplice ed insieme di così alta importanza scientifica. Gl'invidi barbassori dell'Accademia archeologica e del Museo, gli scrittori delle quotidiane dissertazioncelle sopra anelli, fibole, torsi di statue, ne furono come sconvolti. Il Fiorelli contava trentacinqu'anni appena, e con un colpo di ingegno e di audacia si assideva su tutti. L'istesso don Giulio Minervini, suo amico, ma costante emulo insieme, il quale col suo *Bullettino archeologico*, già fondato dall'Avellino, avea quasi il monopolio degli studii e delle scoperte antiquarie nel Regno, dovette rendersi banditore del magnifico progetto del Fiorelli, tanto strepitosa fu la scoperta dell'intera topografia pompeiana. Fu il frutto di un pensiero tenace, proseguito con ostinata continuità. Così il carcerato di Santa Maria Apparente e l'ispettore destituito rispose, dopo dieci anni di studii, di stenti e di privazioni, al governo napoletano! Per non uscire dal campo archeologico, ricorderò che i sospetti della polizia napoletana si estesero sino a' viaggi scientifici del padre Raffaele Garrucci della Compagnia di Gesù, il quale nell'inverno del 1850 dovè rinunziare alle sue escursioni archeologiche nel Napoletano!

La magnificenza e l'alto criterio scientifico del progetto Fiorelli, e il gran valore dell'uomo apparvero nelle loro vere proporzioni, quando vennero a lui affidati gli scavi di Pompei. La ricostruzione scientifica di Pompei, non dissociata da un severo ordinamento amministrativo, rimarrà eterno monumento del suo ingegno. Chi potrà dimenticare la grande impressione universalmente suscitata, quando il Fiorelli, guidato dal suo pensiero della ricostruzione della vita romana, per mezzo di Pompei, riuscì a ritrovarvi un mucchio di corpi umani, quali erano 79 anni dopo l'êra di Cristo? Alfonso della Valle di Casanova, scriveva "vedendo interi e rifatti que' corpi, riportai una delle più forti commozioni ch' io ho provato nella mia vita".

In Italia, nel 1856, lo studio dell'archeologia, salvo poche e distinte eccezioni, era piuttosto trascurato: scomparivano Secchi, Cavina, Orioli e le file de' vecchi diradavano. Napoli e le provincie meridionali erano per troppo tempo quasi sfuggite alle ricerche della scuola tedesca specialmente. Le relazioni dell'Istituto germanico nel Mezzogiorno duravano, se non interrotte, languidissime. Si restringevano a qualche rapporto isolato di viaggiatori oltramontani, nonostante gli sforzi del Gerhavel da Roma per riaprire questo campo della scienza. Quasi si rimpiangevano i tempi (1830-1840) di Enrico Guglielmo Schultz, il quale teneva al corrente delle scoperte antiquarie napoletane i tedeschi dell'Istituto di Roma; nè avea potuto ancora aversi l'opera magistrale di lui, assai aspettata, sui monumenti dell'arte del Medio Evo nell'Italia meridionale, che non fu publicata prima del 1860 a Dresda, dopo la sua morte, e che riuscì tanto più ricca di quella dell'Huillard-Brécholles, edita a spese del munificentissimo duca di Luines nel 1843. Innanzi a' primi nuovi rapporti di Brunn su Pompei, il campo dell'archeologia a Napoli era tenuto dal Garrucci, dal Guidobaldi, dal Quaranta, dal Finati, dal Minervini, l'ultimo de' quali, come ho detto, esercitava col suo *Bullettino* quasi un monopolio, per quanto le pubblicazioni di esso avvenissero sempre con ritardi e con interruzioni di mesi e, qualche volta, di un anno intero! E se le scoperte relative alla gente osca avevano trovato in Giuseppe Colucci un acuto e dotto illustratore, se il Mommsen traeva partito dagli scavi del 1857-58 a Pietrabbondante per riconoscere il *Bovianum vetus,* nè queste nè altre ricerche del grande epigrafista su gli avanzi messapici scuotevano il torpore degli studii antiquarii e filologici nel Napoletano.

Ma l'opera veramente grandiosa, alla quale si lavorava in quell'anno, era il prosciugamento del lago Fucino. I primi lavori del famoso acquedotto Claudiano risalivano al 1823, ed il merito di avere finalmente indotto il governo napoletano a tentarli, spettava a Carlo Afan de Rivera, direttore generale dei ponti e strade, il Paleocapa dell'Italia meridionale. Assai lo avevano coadiuvato nell'esecuzione, Luigi Giura, che ne fu il direttore speciale e quel Marino Massari, ingegnere capo della provincia di Aquila e padre di Giuseppe Massari, che ebbe il coraggio, nell'ottobre 1829, di percorrere in un battello per 844 metri l'antico emissario mezzo rovinato e rigurgitante di acqua. Malgrado però questi precedenti di non antica epoca, la gloria di aver dato alla gigantesca opera le proporzioni magnifiche, che poi ebbe, e di averla affidata ad un'amministrazione tecnica e finanziaria di prim'ordine, spetta al principe Alessandro Torlonia. I lavori iniziati dall'Afan de Rivera erano stati concepiti con molta parsimonia, nel fine soprattutto di vincere gli ostacoli, che da ogni lato, e per varii interessi, venivano sollevati alla esecuzione del magnifico progetto. E poichè in idraulica le opere incomplete ed insufficienti sono destinate a cadere, e, infuriatesi le acque del lago nel 1835, tutti i lavori andarono perduti. Gli oppositori vinsero, il governo si disanimò e ne seguì l'abbandono totale dell'impresa. Si costituì più tardi una società anonima, che riassunse l'impresa, ma con un capitale, che in breve sarebbe stato ingoiato dalla vastità dell'opera. Questo capitale non superava i cinque milioni di lire, ed il principe Torlonia aveva acquistato la metà delle azioni. Non era stato possibile raggruzzolare una maggior somma nè all'estero, nè nel Regno. Il Torlonia intuì col suo acume quanto incompleto fosse il progetto approvato dal governo napoletano; notò la insufficienza dei mezzi, e previde le delusioni che ne sarebbero derivate. Allora si rivelò la grandezza dell'animo di lui. Milionario, sentì la nobile ambizione di realizzare per la scienza, per l'arte, per l'agricoltura del suo paese e della nostra età, un progetto ancora più vasto di quello altra volta concepito dagli imperatori romani con i loro trentamila schiavi, e non esitò, innanzi ad una così magnanima idea, di seguire la generosa ispirazione, nonostante il rischio a cui esponeva l'immensa sua fortuna e l'immane lavoro cui si sobbarcava. Riscattò quindi recisamente il capitale sociale ed assunse da solo la gigantesca impresa. Tutto in questa opera del Torlonia fu mirabile per ardire, per magnificenza, e per raro acume pratico. Egli ne affidò l'esecuzione ad uno de' più illustri ingegneri francesi, il De Montricher, che si era coperto di gloria in una delle più vaste costruzioni idrauliche della Francia, l'acquedotto di Marsiglia. Messo il Torlonia, dall'onestà e dalla sagacia del Montricher, nell'alternativa di scegliere fra un progetto più modesto ma più incerto nella sua riuscita, ed un altro di singolare grandiosità, ma assai più dispendioso, scel-

Capitolo III

se quest'ultimo. E giammai tanto coraggio e tanta fede ebbero un premio più degno nel completo successo dell'opera. Studii geologici, idrologici, archeologici, storici e di ingegneria idraulica vennero innanzitutto compiuti con splendida larghezza. Dopo pochi mesi dalla concessione, sul lago, innanzi l'imboccatura dell'emissario, era già fondata una doppia diga a ferro di cavallo, per impedire che le acque si riversassero nel traforo, prima che l'incile fosse riedificato, e racconciato e corretto il lungo corso dell'emissario. Gli antichi pozzi e cuniculi si vedevano già ripurgati e ricostruiti. Sull'alto del monte Salviano erano sorte vaste scuderie, immensi magazzini, macchine, fabbriche di mattoni, fornaci, fucine e officine d'arte lignaria, di funi e gomene di ogni sorta: era tutta una città che sorgeva, fitta di una popolazione di operai, di minatori, di marrajuoli, di magnani, di fabbri, di malangoni, di carpentieri. Nè mancò una chiesetta edificata per loro. Tutto rivelava, accanto alla grandezza dell'impresa e degli ingenti capitali che assorbiva, la prudenza, l'ordine, la dottrina che la governava.

Le difficoltà tecniche e logistiche, che si dovettero superare, furono immense. Le comunicazioni tra Avezzano e Napoli erano difficilissime. Un deplorevole pregiudizio militare e politico aveva potentemente contribuito a far giacere la Marsica, ed una gran parte degli Abbruzzi, in uno stato completo d'isolamento e di abbandono. Quivi era la più lunga frontiera del Regno limitrofo agli Stati del Papa, e per renderla meno accessibile ad un'armata nemica, non si era voluto costruire strade di comunicazione. Si era promesso a Gregorio XVI la costruzione di una strada carrozzabile da Roma a Napoli la quale, seguendo la valle dell'Aniene, sino ad Arsoli e costeggiando la frontiera di Carsoli, si sarebbe svolta sul bacino del Fucino, per discendere lungo la valle del Liri, a Sora ed a Napoli. Il Papa fece bensì costruire la strada che attraversava i suoi Stati, ma il governo napoletano non tenne la parola per il tronco a lui spettante, a causa di quel pregiudizio strategico e politico. Questa quasi barbara condizione d'isolamento della Marsica raddoppiò le enormi difficoltà per l'impresa del Fucino. Molte materie prime, molti istrumenti di lavoro bisognava farli venire da Napoli, e fu uopo anche, e spesso, di ricorrere a Marsiglia. Specialmente molti operai e macchinisti e minatori dovettero venire dall'estero. Ciò naturalmente faceva oltrepassare le più ragionevoli e più larghe previsioni nella condotta dell'opera. Non prima del 1855 si potè mettere mano ai lavori dell'emissario. Si trattava di penetrare nelle viscere della terra, a cento metri sotto il suolo e fra le rovine di ogni sorta dell'acquedotto romano, del quale si dilatavano tutte le proporzioni. Le difficoltà erano enormi. Ma gravissima fu quella della morte prematura del Montricher, seguita a Napoli, per tifoidea acuta, a quarantotto anni, nel 28 maggio 1858, mentre con la giovane famiglia si recava in breve congedo a Marsiglia. Il principe Torlonia affidò allora il proseguimento dell'opera ai due ingegneri, ch'erano quasi i depositarli del pensiero di Montricher, Bermont e Brisse. La storia dei lavori tecnici occorsi per liberare l'emissario dalle acque e dalle rovine, che l'ingombravano, riempie l'animo di meraviglia e di ammirazione. Il principe Torlonia non si dissimulava che la sola persona, la quale nel governo napoletano desiderava sinceramente la riuscita della grande intrapresa, era il Re. In questo desiderio del Re si racchiudeva la sola garenzia morale, che il Torlonia trovasse contro le gravezze del contratto impostogli nella concessione. L'amministrazione napoletana non si dava pace per essersi vista sfuggire dalle mani una così colossale occasione di proventi e di lucri, e sollevava continue difficoltà, che facevano strano contrasto con la magnanima condotta dell'impresa. Sicchè, morto Ferdinando II, il Torlonia si affrettò ad esporre al suo successore il grave rischio che egli correva, ed ingiustissimo, per una clausola incidentale contenuta nel contratto, alla cui importanza non si era dato alcun peso, ma che si sarebbe verificata quando le acque del Fucino sarebbero sboccate nel Liri. Per quella frase, più che clausola, il Torlonia avrebbe dovuto regolare, se non addirittura sistemare, il corso del Liri! Fu fatta allora una transazione, per la quale il principe pagò al tesoro napoletano una somma di ventimila ducati, e fu esonerato dall'ingiusta clausola, ottenendo inoltre una proroga di otto anni per la esecuzione del prosciugamento. Fu questo il solo atto del Regno di Francesco II relativo all'opera del Fucino. Tutto il lavoro durò ventidue anni, e fu nel giugno 1875 che le acque più basse del bacino lacustre passarono nell'emissario, e il Fucino scomparve. La spesa ascese a circa quarantotto milioni. Si restituirono alla cultura e alla produzione nazionale ventiquattromila ettari di terreno, dei quali nove mila vennero attribuiti a comuni ed a privati limitrofi al prosciugato lago, e quindici mila al Torlonia. Questa gravissima questione circa l'appartenenza dei terreni rivieraschi fu risolta felicemente da Silvio Spaventa, ministro dei lavori pubblici, il quale in memoria riconoscente di tanta munificenza, fece coniare una grande medaglia in onore di Alessandro Torlonia con iscrizione dettata da Luigi Settembrini, che dice così:

ALEXANDRO TORLONIAE
ROMANO V. P.
QUOD FUCINI LACUS
EMISSIS AQUIS DERIVATISQUE
ITALIAE AGRUM AUXERIT
OPUS IMPERATORIBUS AC REGIBUS
FRUSTRA TENTATUM
AERE SUO EXPLEVERIT
AB ANNO MDCCCLV
AD ANNUM MDCCCLXXV

Il principe Torlonia andò a ringraziare Vittorio Emanuele, donatore della medaglia, la quale ha sull'altra faccia la testa del Re, con le parole: *Victorius Emmanuel Italiae Rex*. Bellissimo lavoro d'arte, e ultimo, di Luigi Arnaud.

CAPITOLO IV

SOMMARIO: Le ferrovie nel Regno – Come si costruivano e si esercitavano – Le stazioni – L'armamento delle rotaie – L'episodio del capostazione Marriello – Il macchinista reale Coppola – Il segnale *umano* nei viaggi del Re e un incidente – Gl'impiegati ferroviari *fedelissimi* – Una grazia concessa – Le vetture reali – Uno scontro a Cancello – Parole di Maria Teresa a Coppola – Il direttore Fonseca – L'amministrazione ferroviaria – I biglietti, il loro prezzo e gli orarii – Disposizioni curiose – Le concessioni ferroviarie di Francesco II – I riordinatori delle ferrovie napoletane nel 1861 – L'ultimo Decurionato – Lettere di Romano e di Garibaldi al principe d'Alessandria – L'ultimo bilancio del Decurionato – Le entrate e le spese – Le spese di culto – I regali al Re – Le opere pubbliche – Le spese per le nozze e per la salita al trono di Francesco – I rapporti tra il nuovo Re e il Decurionato – Un incidente caratteristico al baciamano – Il Decurionato perde un privilegio – Gli uffici municipali a San Giacomo – Il vecchio Decurionato e il nuovo Municipio – Il Risanamento – I due sindaci più benemeriti.

Quando Francesco II salì al trono, le ferrovie del Regno, partendo da Napoli, avevano per estremo limite Capua, Castellamare, Nocera e Sarno: in tutto, meno di duecento chilometri. Ferdinando II fu il primo a costruire strade ferrate in Italia, e il tronco Napoli-Portici venne inaugurato il 26 settembre 1839 e aperto all'esercizio il 4 ottobre successivo. Quattro anni dopo, il 20 dicembre 1843, era stata aperta la Napoli-Caserta, prolungata nel 1846 fino a Capua. Per l'apertura della ferrovia di Caserta fu coniata una medaglia commemorativa, incisa dall'Arnaud, col motto *viarum moras hominis soller-*

tia vicit, e dall'altra faccia il ritratto del Re, col motto *Ferdinandus II Siciliar. Rex Providentiss.* Nel 1846, il Re volle congiunto Cancello con Nola e, dieci anni dopo, Nola con Sarno per raggiungere San Severino, ma il tronco fino a San Severino non si aprì all'esercizio che nel 1861. Nello stesso anno fu pure inaugurato l'altro tronco Capua-Presenzano, bene avviato, col resto della linea sino al Liri, quando Francesco II lasciò Napoli. Queste erano le linee regie, cioè costruite, esercitate e amministrate dallo Stato. Avevano rotaie di una bontà inarrivabile, perchè ottenute, laminando le canne dei fucili presi nel disarmo dopo il 15 maggio. Si adoperavano inoltre ottimi materiali inglesi nella costruzione delle locomotive, le quali per molti anni prestarono eccellente servizio. Non vi era insomma lesineria di nessuna specie nella costruzione del materiale mobile e nell'esercizio.

L'inaugurazione del primo tronco fu grandiosa e costituì l'avvenimento di tutta Napoli. V'intervenne la Corte con tutto il mondo ufficiale, e piacemi, a tal proposito, ricordare l'incidente occorso alla signora Cottrau, figliuola di Felice Cerillo, capodivisione al ministero dell'interno. Essa era incinta, e durante la corsa di ritorno dalla Favorita a Napoli, presa dai dolori del parto, si sgravò giunta appena a casa, d'un bel marmocchio roseo, al quale fu dato il nome di Alfredo.[1]

Le linee regie erano costruite dal genio militare e dirette da uomini di valore, come il Fonseca, il Del Carretto, il Verneau, il Verdinois, l'Andruzzi, alcuni dei quali entrarono poi nell'esercito e nelle amministrazioni italiane. Esse erano anche militarmente esercitate. I soldati del genio facevano da sorveglianti e da cantonieri. Il tracciato

---

[1] Rivedendo queste pagine, non è senza commozione che ricordo il povero Alfredo Cottrau, morto nel maggio del 1898, non ancora sessantenne. Fu ingegnere di ferrovie e costruttore di molto talento, e fece col lavoro una cospicua fortuna.

Capitolo IV

piegò, del resto, assai spesso ai capricci del Sovrano e agl'intrighi dei cortigiani. Ogni stazione aveva una storia più o meno confessabile. Espressamente vietati i *tunnels*, per le occasioni che davano ad immoralità. Si ripeteva il detto del Re, che sulle ferrovie sue non voleva *pertusi*,[2] e difatti in tutta la vecchia linea non ve n'è uno. Ogni stazione aveva una cappella, per dar modo al personale sparso sulla linea di udir la messa all'alba dei giorni festivi. Il servizio pubblico era sospeso nei giorni della settimana santa, e di notte non v'era movimento di treni.

Benchè il genio non avesse avuta occasione di mostrare grande abilità nella costruzione delle linee regie, dove nessuna difficoltà tecnica ebbe a presentarsi, si può affermare con tutta sicurezza, che nessuna linea fu più solidamente e accuratamente costruita di quelle: basti dire, che il riempimento, dopo le paludi che circondano Napoli verso Casalnuovo, fu ottenuto con terreno *pistonato* dai soldati. Vero è che le rotaie di quella linea avevano bisogno di più solida base, poichè non poggiavano su traversine di quercia, ma erano tenute a posto con forti cunei di legno nei cuscinetti di ghisa, fissati su grossi blocchi di pietra vesuviana. Tale armamento era facilmente smontabile, e se ne ebbe una prova il 15 maggio 1848, quando fu dato ordine al presidio di Capua di far partire immediatamente due reggimenti di fanteria per Napoli. Il generale Cardamone, comandante di quel presidio, diè subito opportune disposizioni al capostazione Marriello, il quale, ardente liberale com'era, e in relazione col Comitato di Santa Maria, mentre preparava i treni per la partenza dei soldati, ebbe il tempo di mandare persona di fiducia al Comitato stesso, suggerendo di smontar prontamente, a qualche chilometro di distanza, un buon tratto di binario. Quattro colpi ben dati ai cunei di legno misero facilmente le

---

[2] Vocabolo dialettale, che vuol dire *buchi*.

rotaie fuori posto. Intanto il primo treno parte, e il Marriello monta sulla macchina per evitare un disastro, se mai il macchinista non si fosse accorto a tempo che le rotaie erano smontate. Difatti nulla accadde, ma i reggimenti non giunsero a Napoli che l'indomani, per la via di Aversa, quando non ce n'era più bisogno. Il Re andò su tutte le furie contro il Marriello, che un po' conosceva; e quantunque sembrasse calmato quando seppe ch'egli era sulla locomotiva, ne ordinò poscia la destituzione e ci fu anche un processo, che non ebbe seguito. Nel 1860, mutati i tempi, il Marriello divenne capo del movimento sulla stessa linea.

Oltre Pietrarsa, che lavorava per le ferrovie, alla stazione di Napoli vi erano officine per la riparazione e il mantenimento delle locomotive e dei vagoni. Gli operai di queste officine chiesero in grazia a Ferdinando II di costruire una locomotiva, per dimostrare che non la sola Pietrarsa n'era capace. La locomotiva fu costruita e intitolata al *Duca di Calabria*; e il Re, adoperandola nei suoi viaggi fra Napoli e Caserta, soleva dire che *trottava* meglio delle altre. Essa fu sempre guidata dal macchinista Coppola, che l'aveva messa su ed era molto ben veduto dal Re, il quale sulla banchina della stazione di Napoli gli porgeva spesso la mano per il riverente bacio, prima di confidargli la vita. Il Coppola vive tuttora, dopo aver prestato per circa trent'anni un lodevole servizio nelle ferrovie italiane, e dopo aver dato nel figlio Enrico, direttore della Napoli-Baiano, un distinto specialista per l'esercizio economico delle ferrovie.

Senza campanelli di allarme nè segnali speciali, inventati dopo lungo tempo, il capo macchinista era sulla macchina indipendente affatto dalla volontà del Sovrano che viaggiava. Ciò non essendo di prammatica, si trovò modo di rimediarvi, facendo viaggiare un capo convoglio sul predellino della vettura reale, afferrato alla maniglia o passamano dello sportello. Il capomacchinista guardava continua-

Capitolo IV

mente quell'infelice, messo lì per trasmettergli gli ordini reali, di rallentare o di accelerare la corsa o anche di fermare il treno. Era incaricato di tale pericoloso ufficio un tale Marcellino Belli, che un giorno vi rischiò la vita. Preso da capogiro, era per cadere sulla via, quando, per sua fortuna, avvedutosene uno del seguito, lo sorresse e lo fece entrare nel vagone reale, dove fu confortato e poi promosso. Da allora si rinunziò al segnale *umano*.

Il luogo più adatto per ottenere favori e grazie da Ferdinando II, che si compiaceva di parlar con tutti e di tutto, era il marciapiede della stazione di Napoli nel momento della partenza del treno reale. Gl'impiegati della ferrovia erano tenuti in concetto di *fedelissimi*. Un giorno appunto, sul famoso marciapiede, i capisquadra dell'officina veicoli chiesero al Re di lasciar fare ad ognuno di loro un vagone di modello differente ad uso dei viaggiatori, e il Re, cui piacque l'idea barocca, ne concesse l'attuazione. Sarebbero stati più degni di museo che di ferrovie, quei tipi, forzatamente dissimili, che furono trovati ancora in costruzione nel 1860. Basterà citarne uno di forma ellittica, con sculture in legno all'esterno, con leoni, dalla cui bocca uscivano le aste dei respingenti: tutto costruito in noce e con ferramenta potrei dire cesellate. Fu compiuto, e servì poi per brevi gite del Re Vittorio Emanuele.

Le vetture reali sulla linea Napoli-Caserta erano tre, e poco dissimili dalle nostre attuali carrozze-saloni. Quella, dove prendeva posto il Re, volgendo le spalle alla locomotiva, era foderata di velluto rosso e non aveva nessun segno distintivo, che indicasse il posto da lui occupato. Stranissima invece fu la carrozza reale, che servì ai primi viaggi sulla linea di Castellamare: era tutta scoperta, come una vettura di via rotabile, con la differenza che non potea chiudersi a volontà come quella. Era foderata interamente di damasco rosso e somigliava un vagone merci, riccamente addobbato: s'immagini un po' la polvere, onde erano avvolti gli augusti viaggiatori. E nei primi anni nessun vagone per bagaglio o merci doveva intercedere fra la locomotiva e le vetture reali, per maggior sicurezza: soltanto la vettura in cui viaggiava il Re era collocata in mezzo ad altre due.

Dal 1843 al 1859, una volta sola Ferdinando II rischiò la vita in ferrovia, e fu prima del 1848, in una ricorrenza della festa di San Gennaro, quando, dopo aver assistito al miracolo, tornò a Caserta, dove erano stati spediti qualche ora prima i bagagli e sei cavalli storni bellissimi, dai quali fu tirata la vettura, che lo aveva condotto al duomo. Giunto il treno reale a Cancello, prima di entrare nella stazione, il macchinista Antonini, morto nel 1868 in un disastro ferroviario, non s'era accorto che il treno reale entrava in un binario, dove era fermo il treno dei cavalli. Ma il Coppola, capomacchinista, con fulminea prontezza, riuscì a fermarlo, tanto da far sfondare con la locomotiva soltanto la parte dell'ultimo carro, dal quale uno dei cavalli scivolò sulla rotaia. Fermato il treno, il Coppola narrò l'accaduto al Re, che se n'era appena accorto. Questi, che sedeva fra i generali Cellammare e Saluzzo, scese subito dal treno, e considerato il pericolo corso, s'inginocchiò a capo scoperto sul marciapiede della stazione, e con tutti i presenti recitò tre avemmaria per ringraziare la Vergine, e una preghiera a San Gennaro, che lo aveva voluto miracolosamente salvo il giorno della festa sua. E rivolgendo la parola al Coppola, lo invitò a recarsi il dì appresso alla Reggia, desiderando rivederlo. L'indomani, il Galizia portò al Coppola, prima che questi si presentasse alla Reggia, una polizza del Banco di trecento ducati, ma questi se ne mostrò poco contento. Il Re, saputa la cosa, lo chiamò, nè il Coppola fu imbarazzato nel confermare il suo scontento, giacchè, più del danaro, tenea all'onore di essere ammesso alla presenza reale. Il Re aggiunse un aumento di dieci ducati allo stipendio mensile del suo salvatore e questi ne fu soddisfatto.

Capitolo IV

Ferdinando II amava fare con la massima rapidità i suoi viaggi; e i trentadue chilometri fino a Caserta glieli facevano percorrere in mezz'ora, con una velocità di sessantasei chilometri l'ora, che molti nostri treni diretti non raggiungono oggi. La maggior velocità ricordata fu quella di un viaggio del conte d'Aquila da Napoli a Santamaria: 40 chilometri in ventisette minuti, cioè 88 chilometri l'ora. La regina Maria Teresa, invece, preferiva andar piano, soprattutto quando conduceva o mandava i figli a Caserta. Diceva al Coppola: "*Voi dovete andav piano come un somavello*".

Nessuna differenza sostanziale era fra i vagoni viaggiatori di allora e questi di oggi: pareti diritte e non sagomate, più bassi di soffitto, nessun esempio di terrazzini nelle testate, ma vi si saliva più comodamente, essendo i marciapiedi delle stazioni predisposti per entrare a livello del vagone, come si vede ancora a Nocera, a Cava, a Castellamare e com'è in Inghilterra. Però le terze classi erano tutte senza sedili, nè vi furon messi prima del 1860. Ciò permetteva insaccarvi quanta più gente volesse il capotreno. Talvolta, le prime classi erano a salone, come ne son rimaste alcune sulla linea di Castellamare. In seguito a una piccola sommossa d'impiegati malcontenti o liberali, come si disse, contro il Fonseca direttore delle ferrovie nel 1848, Ferdinando II, in omaggio alla pubblica opinione in apparenza, ma veramente perchè desiderava allontanare il Fonseca, divenuto potentissimo, lo destinò alla costruzione della linea Capua-Ceprano. Fra i dimostranti fu il Faucitano, condannato a morte tre anni dopo, per aver gettate fra la folla, che in piazza di San Francesco da Paola acclamava Pio IX, delle vipere vive, le quali produssero uno dei più epici *fuie fuie*[3] che Napoli ricordi.

Curiosa l'amministrazione, che presedeva all'esercizio delle linee

---

[3] Fuggi-fuggi.

regie. Non di rado uomini integerrimi ne furono a capo, ma nelle classi inferiori la corruzione era grandissima e tollerata. Si esercitava principalmente sulle forniture. Un posto alla *strada ferrata* era il maggior premio, al quale potesse aspirare chi se ne sentiva degno, per meriti più o meno confessabili. Si sapeva che il magazziniere B. era protetto da quel generale e il capofficina C. da quella dama o camerista. Limite ai posti, nessuno; una parvenza di organici lasciava la porta aperta a una quantità rispettabile di *soprannumeri* e, oltre a questi, vi erano gli *aspiranti al soprannumerato*, i quali non avevano stipendio e dovevano quindi accomodarsi alla meglio: lo stipendio, per quelli che n'erano provveduti, era affatto ridevole. Curiosa amministrazione, dico, nella quale non si sognava neppure che potesse esservi un qualunque rapporto fra l'entrata e la spesa.

I biglietti ferroviari erano di carta colorata comune e di forma più grande degli attuali, di colori differenti, secondo le classi. Ricordo bene il giallo, il rosso e il bianco e ho sotto gli occhi un orario dei mesi di settembre e ottobre dell'anno, di cui ragiono, trovato fra le carte di mio padre, che passò quei mesi per motivi di salute in Torre del Greco. Quell'orario è della dimensione di un foglio quadrato di venti centimetri, scritto da una parte e dall'altra, con avvisi e annotazioni circa le tariffe per bagagli e piccoli oggetti. Sono curiosi alcuni avvisi. Alle persone *di giacca e coppola, alle donne senza cappello, ai domestici in livrea, ai soldati e bassi uffiziali*, si accordavano ribassi sulla terza classe, e ciò al fine d'impedire che cenciosi o sporcaccioni viaggiassero in ferrovia. Così da Portici a Napoli le persone di *giacca e coppola* pagavano in terza classe cinque grani, cioè un grano di meno. Il fine si raggiungeva in gran parte, perchè, se la differenza di terza classe fra Napoli e Portici era di un grano, da Napoli a Torre del Greco era di quattro; a Torre Annunziata, di otto; a Castellamare, di dieci; a Pompei e Scafati, di dodici e così via via.

Chi veniva dalle provincie *prendeva il vapore*, come allora si diceva,

Capitolo IV 101

a poca distanza da Napoli: i calabresi e i basilischi, a Nocera; i pugliesi e gli avellinesi, a Nola; gli abruzzesi, a Capua, e i salernitani, a Sarno e a Nocera. Per i pugliesi era piuttosto un impaccio che un comodo, e però molti preferivano smontare con la stessa carrozza che li aveva condotti, direttamente a Porta Capuana, cioè all'ingresso di Napoli, o partire in carrozza dalle proprie locande, le quali per i pugliesi e per quasi tutt'i provinciali benestanti, erano quelle della via Fiorentini, dei Guantai e della Corsea.

Le concessioni ferroviarie per le grandi linee di Puglia, di Calabria e di Abruzzo, date da Ferdinando II nel 1855 e 1856, erano rimaste, come si è veduto, lettera morta. Francesco II ebbe in animo di accrescere le strade ferrate, accelerando i lavori in corso e costruendo la linea di Puglia, ma non ne ebbe il tempo. Egli ricordava bene le peripezie dell'ultimo viaggio in quelle provincie. Alcune concessioni nuove furon fatte soltanto nel breve e fortunoso periodo costituzionale. Tra le linee regie e quelle della società francese Bayard, concessionaria della Napoli-Portici, e che aveva spinte le sue rotaie fino a Castellamare da una parte, a Nocera e a Vietri dall'altra, il Regno d'Italia trovò nel Napoletano soli 226 chilometri di ferrovia, compresi quelli che furono aperti all'esercizio nel 1861. Il Piemonte e la Lombardia ne avevano in esercizio oltre mille e cinquecento e parecchie centinaia in costruzione. Se cominciarono più tardi, non si arrestarono così presto. La Sicilia, come si è detto, non aveva un chilometro solo di strada ferrata.

Il primo riordinamento delle ferrovie napoletane fu compiuto nel 1861 dall'ingegnere Ettore Alvino, che ebbe a suoi efficaci collaboratori due giovani intelligenti e coraggiosi, Francesco Martorelli e Alzimiro Lion. Tutt'e due, dopo avere studiata ingegneria all'Università, presero le armi nel 1860, e terminata la campagna, entrarono nell'amministrazione delle ferrovie; e il Martorelli, che i suoi amici chiamano ancora *Checchino*, fu più tardi un pezzo grosso nelle strade ferrate italiane. Quando il Grandis nel 1862 venne incaricato dal governo di consegnare le ferrovie napoletane alla società delle Romane, ebbe a maravigliarsi dell'opera riformatrice, che l'Alvino e i suoi collaboratori vi avevano compiuta in poco tempo.

Sindaco della città di Napoli era, dalla fine del 1857, il principe d'Alessandria, che lasciò fama di abile amministratore e fu consigliere comunale nel 1888 e nel 1889. Ferdinando II, seguendo la tradizione di porre a capo della città di Napoli patrizi napoletani non più doviziosi, lo aveva chiamato, dopo alcuni mesi d'interregno, a succedere a don Antonio Carafa di Noja. Il sindaco durava in ufficio tre anni, ma poteva essere confermato, e il Carafa aveva avuto tre conferme. Nel 1856, il Re lo mise in riposo, continuandogli l'assegno sindacale di 150 ducati al mese, *sino a che*, come si leggeva nello stato discusso del Comune, *non sarà promosso ad una competente carica*. Questa promozione non giunse mai, e l'assegno gli fu pagato sino al 1862.

Il breve e agitato periodo costituzionale non portò alcuna innovazione nel Corpo della città di Napoli, ma Garibaldi il giorno 9 set-

[4] Erano Decurioni della città di Napoli, quando fu promulgato l'atto sovrano del 25 giugno, e continuarono ad esserlo sino al 9 settembre: Giuseppe Onofri, il principe di Roccella, Agostino Piarelli, Antonio Maiuri, Paolo Confalone, Raffaele Capobianco, Francesco Cappella, Genaro Como, Matteo Pessetti, Giovanni Alberto Petitti, Giovanni de Horatiis, Luigi de Biase, Francesco Amato, conte Michele Gaetani, Luciano Serra duca di Cardinale, Francesco Spinelli dei principi di Scalea, Domenico Antonio Vacca, Vincenzo Napoletani, il commendatore Passante, Raffaele Curcio, il principe di Ardore, Giovanni Cianciulli, Antonio Mastrilli, marchese di Selice, Lorenzo Bianco, Stanislao d'Aloe, Luigi de Conciliis, Francesco Bruno, Ambrogio Mendia, Ferdinando Tommasi, Giuseppe Guida. Erano Eletti: per San Ferdinando, Luigi Masola dei marchesi di Trentola; per Chiaja, Alfonso de Giorgio; per San Giuseppe, Carlo Marulli, duca di San Cesario; per Montecalvario, Filippo Patroni Griffi; per Avvocata, Gaetano Altieri; per Stella, Giacomo Monforte; per San Carlo all'Arena, Francesco Parisi; per la Vicaria, Ippolito Porcinari; per San Lorenzo, Eugenio Crivelli dei duchi di Roccaimperiale; per Mercato, Michele Caracciolo, duca di Brienza; per Pendino, Ludovico Maria Paterno e per Porto, il marchese Tommaso Patrizi. I nomi degli Aggiunti è superfluo riferirli.

tembre 1860 fece *tabula rasa* di tutto l'antico.[4] Garibaldi avrebbe voluto mantenere il principe d'Alessandria, che egli conobbe a Salerno la mattina del 7, e col quale giunse a Napoli, ma il D'Alessandria il giorno dopo mandò le sue dimissioni, ricevendone dal Romano, ministro della dittatura, questa risposta:

> Nel nome dell'invitto Dittatore generale Garibaldi, son lieto di poterle manifestare i sentimenti della sua calda simpatia e viva stima pel modo come Ella ha, qual rappresentante del Municipio, provveduto sinora all'amministrazione del medesimo, ed ora alla transizione necessaria dal vecchio ordine di cose al nuovo.
> Dolente il Dittatore di non potersi, *per l'onorevolissima sua delicatezza, piuttosto unica che rara*, continuare a giovarsi dell'opera sua, si riserba di farne tesoro non appena le circostanze glielo permetteranno.
> Napoli, 8 settembre 1860.
> *firmato:* L. ROMANO.

E dopo la nomina del nuovo sindaco in persona di Andrea Colonna, avvenuta il giorno 9 settembre, Garibaldi diresse al coerente sindaco che si ritirava, questa lettera molto onorevole:

> Napoli, 10 settembre 1860.
> Signore,
> Il decreto, con cui ho provveduto alla nomina del suo successore nell'ufficio di Sindaco di questa capitale, è stato *un omaggio che ho dovuto rendere alla sua politica delicatezza*. So che l'opera sua, a giudizio dell'universale, è riuscita utilissima al Municipio, e di ciò, che la onora, io pure le rendo grazie. Confido che non sia lontano il momento in cui io possa rivederla in qualche pubblico ufficio, degno di Lei.
> Soddisfo poi ad un bisogno del mio cuore, manifestandole la mia viva riconoscenza, pel modo veramente patriottico, con cui Ella ha adempiu-

to nel giorno 7 del corrente, alla missione affidatale, insieme al comandante della Guardia Nazionale.

Il Dittatore
firmato: G. GARIBALDI.[5]

Il nuovo Decurionato si riunì la prima volta il 18 settembre sotto la presidenza del nuovo sindaco, Andrea Colonna, e come suo primo atto, deliberò di offrire a Garibaldi la cittadinanza napoletana e di presentare all' *"illustre Dittatore dell'Italia meridionale, la sua adesione al Regno d'Italia, sotto lo scettro costituzionale del Re Vittorio Emmanuele"*.

L'ultimo bilancio, detto *stato-discusso*, fu quello approvato nel 1858 e che doveva durare per il quinquennio 1858-1862. Le entrate comunali raggiungevano la cifra di 697 370 ducati, e di questi rimanevano disponibili, ogni anno, 3000 ducati. Quei bilanci, redatti in modo chiarissimo, perchè a ciascun capitolo era annessa la sua spiegazione, rivelavano le condizioni di Napoli e le competenze del Decurionato: competenze e condizioni, che sdegnano qualunque paragone colle presenti. Basterebbe confrontare le cifre di quei bilanci, con quelle di oggi. Il maggior cespite di entrata erano i molini, non appaltati ma tenuti in amministrazione e che rendevano 40 000 ducati; immediatamente dopo seguivano gli affitti delle terre municipali, per 20 000. Trascuro i cespiti minori, per notare soltanto che il Comune aveva 2375 ducati di rendita iscritta sul gran libro. Tra le rendite straordinarie figurava in primo luogo la *resta di cassa del precedente esercizio*, che nell'ultimo bilancio ascendeva a mille ducati e che allora, in tutti gli esercizi finanziari, non mancava mai, come oggi, pur troppo,

---

[5] Queste due lettere furono pubblicate nel *Corriere di Napoli* dal figlio del defunto ex sindaco, Carlo Pignone del Carretto, oggi principe di Alessandria.

Capitolo IV

manca sempre. Modestissimo era il reddito presunto dalle multe per contravvenzioni alla polizia urbana e ai pesi e misure: appena centodieci ducati; e ancora più modesto, ridicolo quasi, l'altro, di quarantanove ducati, delle multe per contravvenzioni al contratto di illuminazione della città. Quasi 150 000 ducati erano costituiti dal primo e secondo 3% pagati dai proprietari di case in Napoli, e 8820 ducati dalla sovrimposta dei grani addizionali sulla fondiaria. Qual differenza con oggi! Il nuovo camposanto, a Poggio reale, dava al Comune una rendita annua di circa 15 000 ducati.

Una delle entrate straordinarie più cospicue, ma che il Decurionato non riusciva mai a determinare in una cifra precisa, era quella dei 160 000 ducati, che la Tesoreria generale doveva sborsare come reddito della sovrimposta del primo e secondo 5% sui dazi di consumo. Nello stato-discusso si legge: *"Il collegio fa premura, che il conteggio venga subito eseguito, affin di conoscersi l'effettivo avere del Comune, e l'aumento che ne potrà risultare possa addirsi in aggiunzione alle somme destinate per opere di sovrano comando"*. Parole buttate al vento. Altro capitolo, che figurava tra le rendite straordinarie meno sicure, era quello costituito dai rimborsi, che faceva il ministero della guerra per somministrazioni e trasporti militari, per i quali il Decurionato anticipava le spese. Capitolo non mai sicuro, perchè si segnava bensì nello stato-discusso, ma il ministero della guerra prorogava o diminuiva i versamenti, a suo piacere.

Ancora più interessante e curiosa è la parte che riguarda le spese. Circa 60 000 ducati rappresentavano tutti gli stipendi agli impiegati, compresi i dodici giudici regi dei quartieri, e gli impiegati ai giardini e alla Real Villa di Capodimonte. Gl'impiegati di cancelleria erano settantuno, con stipendi che variavano da un massimo di cento ducati, quanti ne aveva il cancelliere maggiore, a un minimo di sei. Negli ultimi anni fu cancelliere maggiore Luigi Moltedo, succeduto nel 1850 a certo Carobelli e collocato in riposo nel gennaio del 1861. La trasformazione del *cancelliere maggiore* nel *segretario generale*, come si chiama oggi, avvenne in persona di Francesco Dinacci, che successe al Moltedo, ed ebbe alla sua volta per successore nel 1877, Carlo Cammarota, uomo di gran valore amministrativo e vera pietra angolare di quell'immensa azienda, in tutti questi anni di vita municipale agitatissima. Il Cammarota è oggi in riposo, come si è detto.

L'illuminazione costava 78 000 ducati, ma tranne Toledo, Chiaja, la Marina e Foria, scarsamente illuminate da rari fanali di un gaz molto scialbo, il resto della città era rischiarato ad intervalli da lampade ad olio e da lumi accesi sotto le sacre immagini, secondo i buoni ammonimenti del padre Rocco. Le spese di culto e di beneficenza assorbivano parecchie migliaia di ducati. Cinquecento ducati si spendevano per la festa del *Corpus Domini*, e al tesoro di San Gennaro se ne pagavano 4000 per il mantenimento della cappella del santo, come si pagano anche oggi. Le spese di culto per le chiese parrocchiali raggiungevano la cifra di circa quindici mila ducati, e per le riparazioni a dette chiese se ne spendevano quattro mila. Le offerte annuali ai santi patroni non costavano meno di due mila ducati, ed egual somma si stanziava *pel dono da umiliarsi a Sua Maestà (D. G.) nella ricorrenza della Santa Pasqua e del Santo Natale.* Questi doni consistevano, ordinariamente, in ortaggi e frutta fuori stagione, vitelli di Sorrento, lavori di ebanisteria ed altre cose pregiate o fastose, che i sindaci per ingraziarsi il Re di volta in volta, vi aggiungevano, sicchè la somma prevista era sempre superata. Il dono più sfarzoso che si ricordi, fu quello fatto a Ferdinando II dal sindaco Carafa, nel Natale del 1856, allo scopo di procurarsi, come si disse, la riconferma nell'ufficio sindacale per un altro triennio. Ma non gli riuscì, nonostante che il Re, quando gli fu presentata la proposta di metterlo in riposo, dicesse: "*Oh! mi dispiace assai di doverlo mandare a casa, proprio adesso che mi ha fatto quel bel regalo*". Nel Natale del 1859, a Francesco II il Decurionato offrì in dono una scrivania con sedia di

Capitolo IV 107

ebano e tartaruga, e un armadio con finimenti di bronzo, stile Luigi XV. Il lavoro fu eseguito dall'ebanista Beniamino Perris, al quale si pagarono 750 ducati. Questi doni si trasportavano in modo solenne: era quasi una processione da Monteoliveto alla Reggia, e Toledo in quella occasione riboccava di spettatori. Nel Natale del 1860 e nella Pasqua del 1861, anche Vittorio Emanuele ebbe i suoi doni ed anche allora venne ecceduta la previsione del bilancio. Fu regalata tanta e tanta roba, che occorsero per trasportarla ben cinquanta facchini. Anche questi doni furono uguali a quelli che si facevano ai Borboni: due vitelle con ricche gualdrappe, che costarono settantaquattro ducati; mobili, fiori, frutta, dolci e confetture, oggetti di corallo e una statua pagata allo scultore Balzico settecento ducati, e che rappresentava una *coquette* del secolo XVI: grazioso lavoro che segnò l'inizio della fortuna del chiaro artista, perchè Vittorio Emanuele volle conoscerlo e gli affidò altri lavori.

Seicento ducati si distribuivano ai poveri per Natale e per Pasqua, e non poche opere di beneficenza gravavano sul bilancio comunale, dove figuravano, con molto largamente, le opere pubbliche. Cinquantamila ducati per la ricostruzione delle strade; 12 000 per la loro pulizia ed annaffiamento e 130 000 per opere pubbliche di *sovrano comando*. Per avere un'idea delle somme stanziate per qualche speciale opera pubblica, ricordo che per la strada Maria Teresa, oggi corso Vittorio Emanuele, erano fissati 30 000 ducati; 5000, per la strada di Mergellina; 2000, per la strada San Giovanni a Carbonara; 10 000, per la copertura del canale di Carmignano; 15 000 per i lavori alle Fosse del grano e 4800 per la pescheria: cifre che fanno maraviglia oggi. Per le feste civili, cioè per gli onomastici ed i compleanni della famiglia reale, erano stabiliti 2500 ducati.

Ma a rompere l'armonia dello stato-discusso, vennero le nozze del duca di Calabria. *In così fausta circostanza, onde esulti il popolo tutto di questa fedelissima metropoli, e duratura ne rimanga la ricordanza* – così si legge nel verbale dell'adunanza del Decurionato del due gennaio 1859 – si stabilì di spendere 12 000 ducati: 6000, in luminarie, musica e feste religiose; 3000, per elemosine ai poveri e 3000 per centoventi maritaggi, di 25 ducati ciascheduno. Altre spese si decretarono il 3 luglio 1859, per *festeggiare il fausto avvenimento dell'ascensione al trono di S. M. Francesco II*; 12 000 ducati per luminarie e feste; 3000 per elemosine e per maritaggi, nonchè quei 3000 ducati che non furono distribuiti in occasione delle nozze. *Pel fondo ove gravare la cennata cifra di ducati 15 000* – concludeva la deliberazione – *non trovandosi ancora approvato lo stato finanziero, il Decurionato ha opinato di pagarsi per ora a cassa aperta, e poscia regolarizzarsi con quelli articoli che offriranno latitudine*. E si vuol sapere quali erano per il Decurionato gli articoli che offrivano maggiore latitudine? Erano la scuola nautica, a cui si sottraevano 1752 ducati; gli interessi ai proprietari danneggiati per 4000 ducati; il convitto veterinario, cui si toglievano 150 ducati; ma le più malmenate furono le *spese sanitarie*, la cui cifra meschina di 1800 ducati fu ridotta a meno della metà!

I rapporti tra l'eccellentissimo Corpo della città di Napoli e il nuovo Re, non furono cordiali per un incidente che va riferito. Vero è che il Decurionato fece cantare il 4 febbraio un solenne *Te Deum* in duomo ed avrebbe pur celebrate le altre feste, stabilite per la fausta occasione delle nozze, se il principe di Bisignano non avesse comunicato da Bari, il 7 marzo, al sindaco, un ordine sovrano che le sospendeva. Vero è pure che altre feste il Comune aveva disposte, per l'avvento di Francesco II al trono, ma fu appunto questa circostanza, che diè origine ai dissensi fra il Decurionato e il nuovo Re. L'incidente avvenne nel solenne baciamano del 25 luglio, per il quale il sindaco aveva pubblicato il cerimoniale da seguirsi. Secondo questo cerimoniale, che il principe d'Alessandria aveva creduto opportuno ristampare, dopo che da vari anni la curiosa cerimonia non aveva più luogo,

Capitolo IV

sarebbero stati ammessi a baciar la mano ai Sovrani, prima i generali, poi i reali paggi, indi la Consulta, quarto il Corpo della città e poi gli altri. Il Corpo della città di Napoli aveva comune con gli ambasciatori, i cavalieri gran croce di San Ferdinando e i Grandi di Spagna, il privilegio, che risaliva a un diploma di Carlo VI del 24 settembre 1711, di tenere il capo coperto alla presenza dei Sovrani. Gli Eletti si coprivano quando il sindaco pronunziava il discorso e restavano col cappello in testa anche durante la risposta del Re. Dopo il 15 maggio 1848, i discorsi furono aboliti e venne a mancare l'occasione di riaffermare il privilegio. Francesco II, si disse, aveva promesso di ripristinare e discorsi e privilegio, ma invece colse la prima circostanza per confermarne l'abolizione, la quale veramente maravigliò tutti e suscitò pettegolezzi infiniti. Il sindaco e gli eletti, tornati a Monteoliveto, stesero un verbale dell'avvenimento, e questo verbale che consacra alla storia le più minute circostanze di quel fatto, non è superfluo esumare, a più completa cognizione dei tempi. Eccolo: "*L'Eccellentissimo Corpo della città di Napoli si è riunito in abito senatorio in gran gala, nella galleria di Monteoliveto presso la real Corte, a prendere parte, a seconda del cerimoniale di etichetta, al solenne baciamano, e complimentare con un discorso, solito a farsi in simili circostanze, S. M. il re Francesco II, per la sua assunzione al trono delle Due Sicilie. Giunto ai piedi della scala della Reggia, vi è stato ricevuto dall'usciere maggiore, ed alla porta superiore da S. E. il marchese di Pescara e Vasto, cerimoniere maggiore di S. M. D. G., il quale dirigendosi a S. E. il sindaco, gli ha detto che S. M. il Re volea che l'Eccellentissimo Corpo della città di Napoli non si coprisse innanzi al Real Trono, avendo dato simile ordine per tutti gli altri Grandi di Spagna, ambasciatori e cavalieri G. C. di San Ferdinando, insino a quando S. E. il sindaco non venisse autorizzato a riprendere la parola nei solenni baciamani. Di tutto ciò si è preso atto nel presente verbale*".

Gli uffici del Comune avevano sede a Monteoliveto. Il loro passaggio a San Giacomo fu approvato dal ministero, su proposta del prefetto La Marmora nel 1862, e ancora attende la conferma dal potere legislativo. Nello stesso anno, dunque, cominciò l'esodo degli uffici. Il nuovo municipio occupò in San Giacomo gran parte del palazzo, anzi la parte migliore, che guarda la piazza e il mare. L'aula fu costruita al primo piano, ma essendo angusta per ottanta consiglieri, per i giornalisti e per il pubblico, il sindaco Capitelli ne fece costruire una più capace, al secondo piano, ch'è la presente. La divisione amministrativa del municipio nelle dodici sezioni, oltre i villaggi, rimase la stessa fino al sindacato del marchese di Campolattaro, che volle abolire le sezioni coi relativi vicesindaci e aggiunti, non so con quanto profitto dell'amministrazione municipale e comodo del pubblico. Gli storici carrozzoni, che servivano al sindaco e agli eletti per andare processionalmente a Piedigrotta, al Duomo e al Carmine a tagliare i capelli al Crocifisso, sono adesso al museo di San Martino.

Confrontando i due bilanci dell'ultimo Decurionato e del presente municipio, si vede e si giudica tutto il cammino percorso in 39 anni. Da uno stato-discusso di 697 370 ducati, a un bilancio di 23 milioni e mezzo di lire, quale cammino invero e quante opere compiute! Dal primo debito del 1861, di circa 15 milioni, contratto per le vivaci insistenze del luogotenente Cialdini, a quelli posteriori che raggiunsero i 150 milioni, quante occasioni di confronti e di studio, di orgogli e forse anche di pentimenti! Certo la città è ben altro di quella che era nel 1860. Chi la ricorda allora quasi non la riconosce, tanto rapida n'è stata la trasformazione esteriore. Era forse provvidenziale che avvenisse una grande sventura, come il colera del 1884, per procedere al cosiddetto risanamento, che, in nome della santa giustizia e dell'onore italiano, lo Stato rese possibile, concorrendovi con cento milioni, senza i quali la città sarebbe rimasta, nei suoi quattro quartieri più popolosi, la stessa che fu ai tempi degli Spagnoli e dei

Capitolo IV   111

Borboni: teatro d'immondizie materiali e morali e di epidemie permanenti. Le forze economiche della città, pur rendendo otto volte maggiore il bilancio comunale, mercè nuovi e gravi balzelli e quasi continui debiti, non sarebbero bastati a risanare Napoli. Per quanto lo sventramento non risponda a tutto ciò che se ne attendeva, e sia riuscita piuttosto una mediocre trasformazione edilizia che una buona opera sociale e morale, è sempre un'opera santa, e fra altri dieci anni, se sarà compita, collocherà Napoli non solo fra le più belle città del mondo, ma fra le più sane; e i due nomi che, nella numerosa serie dei sindaci, vanno particolarmente ricordati per le loro audacie e per le grandi cose che compirono o iniziarono, son quelli di Guglielmo Capitelli e di Niccola Amore.

CAPITOLO V

SOMMARIO: La vita nelle provincie – Galantuomini e non galantuomini – Vecchie e nuove giamberghe – Il giuoco e la beneficenza – I nobili nelle provincie – Napoletani e provinciali – La proprietà fondiaria e gli affittuari – Latifondisti e piccoli possidenti – La vita economica – Le congreghe e loro rivalità – La settimana santa – Tipi caratteristici e un reduce di Antrodoco – Le esteriorità della ricchezza – La carrozza, la mensa e la casa – Pinacoteche private – Centri di maggiore civiltà e di cospirazioni liberali – Aquila e Lecce – Le feste religiose – Epigramma per la festa di San Giustino a Chieti – Seminari e collegi – Ricordi e confronti – Il fenomeno di Daniele Nobile a Chieti – La cultura e le tendenze – Trionfavano i reazionari – Particolari sugli *attendibili* – L'educazione dei giovani – I viaggi in Puglia e le bettole di Ariano – L'insicurezza delle strade – I teatri – Interessi e bisogni pubblici – Le autorità nei Comuni: sindaci, primi eletti e capi urbani – L'indifferenza delle autorità superiori – Confronti.

La vita del Regno si concentrava in Napoli per le provincie continentali; in Palermo, Messina e Catania per la Sicilia; quella delle provincie era di una maravigliosa monotonia. Assenza quasi assoluta di bisogni morali, e limitati i materiali al puro necessario. Vi era una distinzione di ceti tutta convenzionale: *galantuomini* e *non galantuomini*. Coloro che vivevano del loro censo, o esercitavano professione, o vestivano il soprabito, detto, con tradizionale classicità, *giamberga*, erano *galantuomini* e avevano diritto al *don*. Gli altri formavano, veramente, un sol ceto. Nel resto d'Italia la parola *galantuomo* aveva significato morale; nell'antico Regno, esclusivamente sociale. Il ceto dei galantuomini si suddivideva in *prime giamberghe* (gente nuova) e *vecchie giamberghe*, cioè signori, le cui famiglie contavano qualche secolo di esistenza e avevano in casa il ritratto degli avi, e mobili, libri, stoffe, argenterie e quadri di qualche valore. Veramente, soltanto questi erano considerati i *veri* galantuomini, ai quali incombeva quasi il dovere di non far nulla, reputandosi disonorevole l'esercizio di una professione. Legame di ceto fra galantuomini pareva che vi fosse, ma nessuno ve n'era in realtà tra i ricchi e i non ricchi. Ciascuno viveva per sè, e il mondo proprio era la propria famiglia, e neppur sempre, perchè non rari i casi di fiere avversioni e di liti clamorose tra i membri della stessa famiglia, quasi sempre per ragioni d'interesse. Naturalmente, i galantuomini ricchi erano i veri potenti e i soli temuti. Reputandosi una classe privilegiata, perchè la ricchezza garantiva in ogni caso l'impunità, guardavano con aria compassionevole quelli che non erano ricchi, e con la protezione delle autorità, esercitavano il locale dominio, quasi sempre a base di prepotenze e di favori. Ed era così radicata l'opinione che col denaro si ottenesse tutto, che il ricco era posto, per generale consenso e quasi per diritto naturale, in una condizione privilegiata. Questi ricchi di provincia, i più conosciuti, s'intende, avevano spesso parenti o persone influenti in Corte o nei ministeri e vi ricorrevano, non indarno, nelle occasioni. Alcuni conoscevano il Re, e all'occorrenza si rivolgevano proprio a lui, senza intermediari. L'uguaglianza di tutti innanzi alla legge era una convenzionale bugia che non maravigliava nessuno; e la vita sociale informata da un solo, vero e tenace sentimento, l'amore di sè, per cui avveniva che ciascuno godesse più delle disgrazie che delle fortune altrui, e si alternassero l'invidia e la compassione. L'ozio alimentava l'indiscrezione: l'ingerirsi dei fatti altrui e il tagliare i panni addosso al prossimo era la più dilettevole delle occupazioni, com'era quella del giuoco, alimentata anche dall'ozio, e che il governo non riuscì mai a frenare. I principali giocatori avevano qualche celebrità e ogni paese contava i suoi. La cronaca del giuoco offriva una miniera di aneddoti caratteristici, e il clero dava un discreto contingente alla classe dei giocatori, nè tra le signore mancavano giocatrici appassionate.

La ricchezza di rado sentiva alcun dovere sociale. Rarissimo il caso, in quegli anni, di qualche lascito pio. Ve ne fu uno nel 1855, che menò rumore. Paolo Tonti di Cerignola, ricco possidente, morendo il 7 marzo di quell'anno, destinò il suo vistoso patrimonio ad opere di carità e di culto, e parve ciò una stravaganza, da sollevar forse più critiche che lodi: tanto si era alieni dal pensare che si potesse, morendo, lasciare il proprio patrimonio ai poveri. Quasi tutta la beneficenza si concentrava a Napoli, a Palermo e nelle città maggiori del Regno. Nelle provincie minori non esistevano asili d'infanzia, nè ricoveri di mendicità, nè sodalizi di mutuo soccorso, ma solo qualche ricovero o istituto per orfani e proietti, o qualche ospedale che accoglieva i poverissimi, perchè anche i poveri sentivano invincibile repugnanza di entrarvi, non vinta neppure oggi. Bitonto aveva l'orfanotrofio *Maria Cristina*, e Giovinazzo l'ospizio dei trovatelli; Terra di Lavoro aveva le Annunziate di Capua e di Gaeta e il San Lorenzo di Aversa, tra i suoi ospizii principali, e così Lecce e Foggia, Aquila e Catanzaro; mentre altre provincie, come Avellino, Campobasso, Potenza, ne erano sprovviste. Pochissime città minori possedevano qualche istituto di beneficenza e tra esse va solo ricordata Marcianise, la quale aveva ricchissime opere pie, amministrate fin d'allora da quel canonico Novelli, che più tardi figurò come grande agente elettorale in Terra di Lavoro, e morì lasciando una cospicua sostanza. Un solo manicomio, quello di Aversa; e solo negli ultimi anni, un francese, certo Florent, ne fondò uno privato a Capodichino. Vi erano le Commissioni di beneficenza, che ordinariamente somministravano elemosine e piccoli sussidii in caso di malattia, o in determinate solennità, il qual genere di elemosina era pur adoperato dai ricchi, nelle feste solenni o per i morti. Vi era poi una miseria speciale, perchè quasi occulta, in quella parte della borghesia, la quale, dato fondo al patrimonio per dissipazione o disgrazie, e più sovente per ignavia, non trovava da far nulla, nè si rassegnava ad esercitare un mestiere, per il pregiudizio di considerar vile qualunque lavoro della mano. C'era perciò in ogni comune un nucleo piuttosto forte di fannulloni, viventi di piccole risorse e che divenivano una specie di stato maggiore dei più ricchi, tipo fra il cliente, il confidente e lo sparafucile. Erano gli spostati di quella società, e dettero più tardi il maggior contingente alle cospirazioni e indi alla rivoluzione. La miseria di tante famiglie non aveva le forme esterne dell'indigenza, perchè si viveva con poco e vi era una certa vanità a celare il bisogno. Spesso, per opera delle autorità provinciali, riusciva a qualche persona di queste famiglie ottenere un impieguccio nelle amministrazioni locali, poichè in quelle dello Stato gl'impieghi erano patrimonio ereditario dei napoletani. Molte famiglie della borghesia, cadute in bisogno, raccoglievano le ultime risorse e correvano a Napoli a cercar fortuna, non altrimenti di quel che fanno oggi i contadini calabresi, abruzzesi e lucani, emigrando in America.

I nobili vivevano in gran parte a Napoli, e solo di tanto in tanto facevano una gita nelle provincie, per riscuotere le rendite, rinnovare gli affitti, ma più spesso per contrarre un debito o vendere una tenuta. L'arrivo del principe o del duca nel paese natio era occasione desiderata di conviti e di balli, ed argomento di acute e maligne congetture. I nobili generalmente non erano simpatici ai provinciali, che li consideravano *napoletani*, e l'essere napoletano non era per i nostri vecchi una raccomandazione; che, certo a torto, napoletano era per essi sinonimo d'imbroglione. Quel parlare sarcastico e quell'aria di canzonatura perenne, per cui non si capiva se dicessero sul serio o da burla, riusciva ai provinciali intollerabile. Nè questi avevano torto, perchè i nobili si permettevano sovente scherzi inverosimili, nè sempre di buona lega, e canzonavano le loro abitudini, le diffidenze e le tirchierie, non risparmiando quelli, alla cui borsa erano costretti a ricorrere. In Sicilia, invece, i nobili andando nei loro feudi, erano festeggiati e fatti segno ad ogni sorta di ossequii, ma vi andavano assai più di rado.

A studiar bene i fenomeni della vita morale e sociale d'allora, non si può non riconoscere che i rapporti fra gli abitanti della capitale e quelli delle provincie erano improntati a scambievole diffidenza. Se fra Napoli e la Sicilia, per ragioni di storia e incompatibilità di razza, la diffidenza raggiunse gli estremi di un'avversione indomabile, bisogna pur riconoscere che fu alimentata, quasi in ogni tempo, dal governo. Fra Napoli e le Provincie del continente non avrebbe dovuto essere così; ma il napoletano si considerava un privilegiato, e i provinciali erano per lui una razza inferiore sol perchè goffi nel discorrere, nel vestire, nel muoversi. Quando i provinciali erano ricchi, si dava lor biasimo dai napoletani di non saper godere le ricchezze, e s'imputava loro a colpa, se, venendo a Napoli, non si lasciassero spogliare, e a maggior colpa, se si circondassero di cautele e di sospetti. E i provinciali, esagerando alla lor volta, reputavano i napoletani imbroglioni e bugiardi, e ne stavano in guardia, ma non in guisa da sfuggire sempre alle trappolerie dei più audaci, e da non cader vittime di raggiri, molte volte esilaranti, soprattutto se le vittime erano ricchi preti, avidi di guadagni, o giovani inesperti, avidi di piaceri, o gabbamondi in busca di numeri al lotto. Il vero è che i napoletani ritenevano che la provincia fosse in obbligo di dar loro ciò che volevano, ed elevavano agli onori di semidivinità quei gonzi, i quali, scendendo nella capitale, privi di esperienza e di talento, si facevano portar via il patrimonio fra giuochi, donne e bagordi. Sarebbe divertentissimo un racconto delle *tràstole*, che si consumavano a Napoli e a Palermo, a danno dei provinciali.

Capitolo V

La ricchezza territoriale era accentrata in poche famiglie, soprattutto nelle Calabrie, in Basilicata e in Capitanata. Tranne che in Terra di Lavoro, nel Barese e nel Leccese, non esisteva altra piccola proprietà, che quella della terra vignata intorno ai Comuni. Le famiglie veramente ricche non davano quasi altro impiego alla ricchezza, che acquistando ordinariamente altre terre. Vi era della vanità nel possedere grandi estensioni di terreno, messe poi a coltura estensiva di cereali e di ulivi, o non coltivate punto, ma solo tenute ad uso di pascolo anche per difetto di popolazione. Se questa abbondava in Terra di Bari e in Terra d'Otranto, nonchè nelle provincie di Napoli, di Caserta e di Reggio, difettava, dove più e dove meno, quasi dappertutto. La mancanza di strade rendeva difficile l'equilibrio tra l'eccesso e la mancanza di popolazione, nelle varie provincie. La Sicilia interna ne era, e n'è anche oggi, inverosimilmente, sprovvista.

Molti possidenti di Puglia e di Calabria si erano venuti alienando dall'agricoltura. Davano in fitto le tenute, vendevano gli armenti e *si ritiravano a Napoli*, sedotti dalla vita dei signori. *Ritirarsi a Napoli* era pel possidente di provincia il più vagheggiato ideale, che fu largamente realizzato nei primi anni della rivoluzione, quando il brigantaggio rese malsicure le campagne. Gli affittuarii e coloni, che coltivavano le terre, erano invece gente laboriosa, parca e avveduta, e vennero formando via via un nuovo ceto, senza i pregiudizii e le borie dei galantuomini. E si formarono così nuove fortune, che alla fine del Regno erano numerose, specie nelle Puglie e nella Campania, accresciute com'erano dal buon prezzo dei grani, delle lane, dei latticini, delle mandorle e degli olii di oliva, e soprattutto dalla tenuità delle imposte. Niente tasse sui consumi o sugli affari o sulle successioni; e le imposte, nei comuni, che non avevano beni proprii, limitate a pochissimi grani addizionali sulla fondiaria. Le tasse erano ristrette alla carta da bollo, a pochi balzelli doganali di entrata o di uscita, e alla fondiaria, regolata con un sistema, che il più facile e il più semplice non si saprebbe immaginare. Ferdinando II era inesorabile su questo punto, come si è veduto. Purchè non si pagasse, gl'importava poco che i piccoli comuni fossero addirittura letamai. Il nuovo ceto degli agricoltori era ricco di fede e di audacia, e dove riuscì a trovar capitali a condizioni miti, prosperò veramente. Ceto benemerito, che serbò vivo il culto della pecora, l'ultima a morire delle industrie armentizie; migliorò l'agricoltura; cumulò i risparmii; educò i proprii figli e si venne incivilendo; ma quando, vinto dalla vanità, volle raggiungere ad un tratto un grado sociale superiore a quello di origine, dissipò spesso il frutto delle sue economie.

Parsimoniosa era la vita, e mancando le occasioni di spendere, si verificava a puntino il detto: essere più facile fare dallo scudo mille scudi, che dal niente fare lo scudo. C'era la passione o addirittura la mania del risparmio, molte volte, per diffidenza, tenuto senza frutto. Non vi erano casse per raccoglierlo e la rendita pubblica superava la pari. Mancando il capitale circolante, l'interesse dei mutui era alto, e la media non inferiore al dieci per cento con ipoteca. Chi dava il danaro all'otto, era segnato a dito come un filantropo. Il mutuo ipotecario veniva adoperato nei prestiti delle grosse somme. Le somme piccole eran date sopra semplici obbligazioni, dette *boni*, i quali non si registravano e spesso non erano scritti neanche su carta da bollo. Il far debiti si reputava vergognoso, e chi contraeva un mutuo con ipoteca, andava a stipularlo presso un notaro di altro paese, con l'illusione di mantenere il segreto. Dico illusione, perchè si sapeva del debito prima ancora che ne fosse rogato l'atto. Era una società semplice e senza segreti.

Bassi i salarii, proporzionati alla tenuità della vita, e bassa la misura dei compensi ai professionisti. Con tre piastre, o quattro ducati (15 o 17 lire), una famiglia faceva il suo abbonamento col medico per tutto l'anno; quasi ridevole il compenso agli avvocati innanzi al giu-

Capitolo V

dice regio, e assai lontani, da quelli di oggi, i compensi agli avvocati innanzi ai tribunali e alle Corti. Un avvocato, il quale avesse fatta una grossa sostanza con la professione, non godeva generalmente buona fama.

Tutta l'attività sociale era concentrata nell'unica forma di associazione permessa: la congrega o confraternita laicale. Rivalità quindi fra congreghe e congreghe, che si rivelava nelle feste dei rispettivi patroni e nei cosiddetti diritti di preminenza nelle processioni e sin negli addobbi delle chiese, soprattutto in settimana santa, quando si costruiva il sepolcro di Gesù, che era un teatro con scene, personaggi e trasparenti, e rappresentava episodii della vita di Cristo, o fatti del Vecchio Testamento. Ogni congrega aveva un capo, detto *priore*, e un sacerdote per l'esercizio del culto, detto *padre spirituale*, eletti col sistema delle fave e dei ceci. Le congreghe, invidiose l'una dell'altra, si combattevano con un certo accanimento fra loro. Ma non erano le congreghe, come ho detto, i soli partiti visibili: c'erano anche gli occulti. O i due galantuomini più ricchi di ogni comune davano il nome a due fazioni, che si contrastavano l'influenza e il dominio locale; o il ricco faceva partito con tutti i ricchi contro le mezze fortune o contro gli sprovvisti di ogni fortuna, i quali avevano per capo un professionista o un letterato. Si odiavano in segreto e cercavano di rovinarsi con denunzie. Una denunzia politica bastava a rovinare una famiglia.

Ogni comune contava fra i galantuomini una serie piuttosto copiosa di tipi caratteristici, battezzati come tali dalla voce pubblica. Vi era lo stravagante, detto *fanatico*, perchè viveva in maniera diversa dagli altri, e mangiava e dormiva in ore diverse; e se le stravaganze parevano eccessive, era bollato come pazzo addirittura. Vi era l'uomo dabbene, a giudizio di tutti, il cui consiglio si cercava nei momenti difficili; l'uomo generoso, alla cui borsa si poteva ricorrere senza il pericolo di un rifiuto, per piccole sovvenzioni s'intende; lo scialacquatore che stupidamente dava fondo al patrimonio; l'uomo, la cui parola era sacra, e quello che la rimangiava con la stessa facilità con cui l'aveva data; il bugiardo celebre e il professionista onesto o disonesto. C'era il vecchio soldato di Napoleone, con la medaglia di Sant'Elena, circondato dal rispetto dei giovani, ai quali raccontava gli episodii delle campagne di Russia e di Germania; c'erano i soldati e i vecchi funzionarii di Murat, i quali serbavano un vero culto alla memoria dell'infelice Re e sopravviveva qualche reduce di Antrodoco, che narrava la fuga con immagini umoristiche. Ricordo che uno di questi, già vecchio ai tempi della mia gioventù, descriveva quella fuga con un'immagine scultoria: "*ad un tratto,* egli diceva, *all'apparire della cavalleria austriaca, dei soldati nostri non si videro che culi e tacchi!*". C'erano i filodrammatici e i filarmonici, e gli strumenti musicali più adoperati erano il violino, la chitarra francese e il flauto. Non fu prima del 1860 che si generalizzarono i pianoforti. Nel carnevale del 1857 don Acentino Mayo, ricevitore generale di Chieti, in occasione di una gran festa da ballo, cui aprì le sue sale, fece venire un magnifico *harmonium* a sedici registri, e fu il primo che si vedesse, e per molti anni rimase il solo in tutto l'Abruzzo. C'era il poeta, che scriveva sonetti per nozze, per battesimi o per morti, e l'epigrammista burlone, che metteva fuori le satire anonime e mandava gl'inviti ai tipi più curiosi, o perchè si ritrovassero a pranzo da un comune amico, o corressero da un altro in fin di vita, o montassero la guardia al sepolcro di Gesù il giovedì santo, e rammentassero di far bene la caduta all'intonazione del *Gloria,* nel sabato santo. Il sepolcro di Gesù era una vera rappresentazione teatrale. Il sabato santo, quando il celebrante intonava il *Gloria* e si scioglievano le campane, le figure di cartone, che stavano a rappresentare i soldati di guardia al sepolcro e che volgarmente si chiamavano *giudei,* venivan fatte cadere a terra. Di qui lo spirito dello scherzo, anche più salace per il fatto, che il volto dei *giudei* era quanto di più brutto si potesse immaginare. E vi erano infine

Capitolo V

due altri tipi caratteristici, quello dell'avaro sfarzoso e del cacciatore abile. La caccia era lo *sport* più di moda. Naturalmente, alcuni di questi tipi pagavano un larghissimo tributo, in varie forme, all'iperbole; e uno dei divertimenti più graditi era l'ascoltare le imprese di caccia, con relative straordinarie bravure di cani, di tiri e di prede.

Una famiglia ricca non si concepiva senza la carrozza e senza alcune condizioni esteriori, nella vita e nelle abitudini. Dopo Napoli, le provincie, che contavano maggior numero di carrozze private, erano le Puglie e la Campania, perchè le più ricche e le meno sprovviste di strade. Seguivano Chieti e Aquila, ma soprattutto Chieti, dove i signori avevano magnifiche vetture con pariglie, e il maggior lusso lo faceva quel don Acentino Mayo, sumenzionato, il quale aveva sposata una figliuola del Santangelo e aveva danaro da buttare. La vettura serviva ai brevi viaggi e alle scampagnate; serviva per andare incontro alle autorità e ai forestieri e per riaccompagnarli; serviva ai battesimi, alle nozze e ai funerali: tutte occasioni straordinarie. Col poco uso, le carrozze duravano molto, ma diventavano antiquate e più antiquata la livrea, o mostra di livrea, per cui tutto l'*attelage* suscitava l'ilarità dei nobili che venivano da Napoli.

Parca la mensa anche dei ricchi. Vi erano famiglie signorili, che davano alla tavola un apparato sontuoso, con cuochi e servi. Alcune famiglie calabresi conservavano le vecchie tradizioni, secondo le quali le signore, nelle grandi occasioni, sedevano a mensa, tenendo i guanti alle mani. Le famiglie ricche, che spendevano poco per il pranzo, erano indicate alla generale maldicenza. Rari gl'inviti, tranne fra persone intime nelle feste solenni. Gl'inviti erano riservati ai forestieri, parenti, amici, i quali si recavano da un paese all'altro, in occasione di feste o di fiere. Un po' per vanità, ma molto per bontà di cuore, molte famiglie, la cui mensa era ordinariamente frugale, divenivano di una larghezza sontuosa, quando c'era l'ospite, soprattutto se l'ospite occupava un uffizio pubblico, civile o ecclesiastico. Erano pranzi con portate innumerevoli e infinite varietà di antipasti, di conserve e di latticinii. Caratteristiche le insistenze all'ospite per obbligarlo a mangiare: "*Mangiate, mangiate, voi dovete viaggiare*"; e le insistenze erano sincere e si durava fatica a schermirsene. Non sempre la padrona di casa, nelle famiglie borghesi, assisteva al pranzo, o perchè la vecchia etichetta non lo permetteva, o perchè era più necessaria la sua presenza in cucina.

L'alimentazione più comune era di paste, di legumi e di ortaggi: paste fatte in casa, come il pane; che anzi, se per le paste era tollerato acquistarne sulla piazza, per il pane l'acquistarlo indicava povertà. La carne di manzo, tranne nei capoluoghi di provincia e di circondario, era rarissima; ordinariamente, si mangiava carne di castrato, di pecora o di agnello, polli nelle grandi occasioni, e carne di maiale nell'inverno.

I ricchi e gli agiati abitavano case proprie. La prima affermazione della ricchezza era l'acquisto della casa, dove non abitava che la famiglia, perchè il meridionale, soprattutto il siciliano, dà alla *home* il carattere di gelosa intimità e non ammette che vi possa abitare e quasi penetrare altri. Nella casa il ricco raccoglieva quanto era necessario alla sua famiglia, e ordinariamente, annesso alla casa era il giardino o l'orto, per cui non si rendeva necessario uscire. Nelle case erano quasi ignoti i cosiddetti conforti o costose superfluità moderne, e di quadri non si vedevano che immagini sacre in caratteristiche stampe, o litografie di scene rappresentanti gli episodii di Genovieffa di Brandeburgo, ovvero i quattro poeti italiani, o i grandi compositori di musica, o le quattro stagioni. Nelle case più antiche e più ricche si vedevano stampe napoleoniche o mitologiche, specchiere e candelabri del tempo dell'impero, ritratti ad olio degli antenati con la caratteristica lettera in mano, sulla cui sopraccarta si leggeva il nome del personaggio, dipinto sulla tela nel costume del tempo. Dopo la guer-

Capitolo V

ra di Crimea vennero di moda gli episodii e i personaggi di quelle battaglie; e dopo il 1859, nelle case dei liberali, si vedevano litografie colorate delle battaglie di Montebello, di Palestro, di Magenta, di Solferino, con i ritratti di Napoleone III e dei generali francesi.

Rarissime le pinacoteche private. L'Abruzzo, patria dei fratelli Palizzi e dello Smargiassi, era la sola regione dove fossero interessanti raccolte private. Vanno ricordate quelle delle famiglie Dragonetti e De Torres in Aquila, e dei marchesi Cappelli a San Demetrio, nonchè la raccolta di don Filiberto de Laurentiis in Chieti, erede di quel Niccola de Laurentiis, che nei principii del secolo onorò la pittura napoletana. La raccolta Cappelli andò divisa fra gli eredi di Luigi e di Domenico, fratelli maggiori di Emidio, l'autore della *Bella di Camarda*, che fu Pari nel 1848 e deputato di San Demetrio nella prima legislatura del Parlamento italiano e che insegnò il latino a Ruggiero Bonghi, giovinetto. Figliuoli di Luigi Cappelli sono: Raffaele, deputato di San Demetrio e già ministro degli esteri, e Antonio, senatore del Regno. Aquila, Catanzaro e Lecce erano forse, tra i capoluoghi delle provincie continentali, le città più civili. Più lontane da Napoli, risentivano meno gli influssi delle volgarità della capitale. Aquila, gentilissima città, più sabina che napoletana, aveva frequenti contatti con Roma; e Lecce, alla cortesia innata della sua gente, univa uno squisito senso d'arte, di gusto e d'arguzia.

Ogni provincia aveva la sua vita locale, maggiore in quelle che erano sede di Gran Corti Civili, come Aquila, Catanzaro e Trani, e quella della provincia di Bari era divisa fra Bari e Trani, perchè la Gran Corte Civile e i tribunali risedevano in quest'ultima città, popolata, forse più che non sia oggi, di magistrati, avvocati e curiali. I capi delle Corti e dei tribunali erano generalmente persone colte, e però intorno a loro si raccoglieva quel po' di mondo intellettuale, formato da professionisti o dai possidenti più istruiti. E si raccoglieva intorno ai capi della magistratura, più ancora che intorno agl'intendenti, perchè costoro, a differenza degli attuali prefetti, vivevano molto raccolti, anzi ritenevano essere più dignitoso per loro tenersi lontani dalla gente. Anche quelli, che avevano famiglia, vivevano vita ritirata, nè amavano di offrir pranzi o balli. L'intendente, più che l'amministratore della provincia, era il capo della polizia, nonchè il vicario del Sovrano, quello che poteva perdere una famiglia solo che lo volesse, non essendo dei suoi atti responsabile che soltanto innanzi al Re. E perciò era stranamente temuto, e ciascuno si studiava di farsi notare il meno possibile. Alcuni intendenti, come Ajossa a Bari, Sozi Carafa a Lecce, Mandarini a Chieti, Mirabelli ad Avellino, Guerra a Foggia, Mazza a Cosenza, Roberti a Teramo, esercitarono un senso di vero terrore.

La grande distrazione nelle provincie continentali, come in Sicilia, erano le feste. Da aprile a novembre si celebravano feste religiose tutte le domeniche. Ogni città o piccolo comune aveva, come del resto anche ora, il suo Santo patrono. Come in Sicilia Santa Rosalia, Sant'Agata e la Madonna della Lettera, così San Niccola a Bari, coi caratteristici e affollati pellegrinaggi; Sant'Oronzio a Lecce; la Madonna dei Sette Veli a Foggia; San Matteo a Salerno, con la copiosa fiera di merci e bestiame; San Gerardo a Potenza; San Modestino ad Avellino; San Bernardino ad Aquila; San Giustino a Chieti, e così via via. Erano feste magnifiche, che duravano più giorni, con bande, luminarie, globi areostatici, cuccagne, fuochi pirotecnici, spari di mortaletti, corse di cavalli e fiere. Nell'Abruzzo, le feste di Chieti erano le più rinomate, e nel 1855 fu affidato l'incarico di organizzarle al sindaco don Florindo Briganti, al primo eletto, don Giambattista Saraceni, e al segretario, tal don Vincenzo, soprannominato *lu brutto*. Alla vigilia della festa, si lessero per le cantonate della città questi versi:

Capitolo V

> Povero San Giustino!
> In mano a un Brigante e un Saracino
> E in mano a don Vincenzo *lu brutto*
> Che magna franco pesce, carne e tutto!

L'anno dopo, altri versi colpirono un barocco restauro del duomo, che il vescovo monsignor Saggese affidò a un mediocre pittore, tal Del Zoppo:

> E il nostro San Giustino
> Più non ravvisa il suo soggiorno;
> Ogni parete, ogni arco ed ogni muro
> Sono imbrattati e luridi all'eccesso,
> E reclaman dal vescovo futuro,
> La scopa e il gesso.

Oltre i licei con corsi universitari, dei quali si è parlato, vi erano collegi privati od appartenenti ad Ordini religiosi, come a Trani i Domenicani, e a Lecce i Teatini; senza contare i molti seminarii, quasi uno per diocesi, tra i quali di maggior reputazione erano quelli di Molfetta, di Conversano, di Matera, di Aquila, di Chieti e di Lanciano. Il seminario di Molfetta doveva il suo nome a una serie di buoni vescovi, al rettore Sergio de Judicibus, e ad un complesso di condizioni fortunate, per cui quella città era divenuta da mezzo secolo centro di cultura classica. In quegli anni i detti seminarii erano all'apice della celebrità, e basterà ricordare che, compiuta la rivoluzione, i migliori professori e i più valorosi giovani di quegl'istituti furono chiamati nell'insegnamento governativo o nell'amministrazione scolastica, e altri onorarono più tardi le lettere, le scienze e la politica. Ricordo fra i miei compagni del seminario di Molfetta Giovanni Beltrani, Gaetano Semeraro, Giuseppe Panunzio e il mio carissimo

Raffaele Basile, spirito colto e integro, cui un'eccessiva modestia ha impedito di farsi largo nel mondo. Pietro de Bellis, Domenico Morea, Giuseppe Orlandi, Pietro de Donato Giannini e Donato Jaja erano seminaristi a Conversano; Michele Torraca a Matera; Vito Sansonetti, Antonio Casotti e Davide Lupo alunni dei Teatini di Lecce, nè svestirono l'abito prima che andassero studenti a Napoli. E fra i professori di quei seminarii, i quali, dopo il 1860, entrarono nell'insegnamento governativo o nell'amministrazione scolastica dello Stato, ricordo Girolamo Nisio e Orazio Pansini, di Molfetta; Baldassarre Labanca, di Agnone e Pietro De Bellis, di Conversano.

Per il collegio di Chieti, non si può non ricordare un fenomeno rarissimo e forse unico: un ragazzo di dodici anni, nativo di Gessopalena, povero come Giobbe, che si chiamava Daniele Nobile. Per virtù congenita e senza educazione di sorta, egli risolveva estemporaneamente i più astrusi problemi di aritmetica. Piccolo, quasi deforme, nevrotico, dalla bocca enorme e dagli occhi sporgenti, balbuziente, apata e col cuore non aperto ad altri affetti, tranne quello per sua madre, egli, entrato in collegio, imparò a memoria quanto nessun uomo potrebbe imparare in tutta la vita. Recitava la *Divina Commedia* dalla prima all'ultima terzina, senza mettere una parola in fallo; ripeteva lunghi brani di classici e giunse persino ad imparare il dizionario italiano-latino. Ma i superiori, temendo che glie ne venisse male, ricorsero all'influenza del suo confessore, e questi ottenne che il ragazzo si fermasse alla lettera *d.* Era stato compagno di Cammillo de Meis, e crebbe sviluppando la sua memoria in maniera veramente portentosa; ma la sua virtù singolare stava nel rispondere prontamente e senza riflessione apparente e con mirabile precisione, a tutti i quesiti più difficili di aritmetica. Ferdinando II, andato a Chieti nel maggio del 1847, ricevette ragguagli di questo giovanetto e volle conoscerlo. Gli mosse varie domande, ed ebbe pronte risposte, verificate esattissime. Allora volle fargliene anch'egli una, che formolo così: "*Io nacqui nel giorno tale dell'anno tale, alla tale ora, e fino a questo momento* (cavando l'orologio e notando i minuti primi e i secondi) *quanti anni, mesi, giorni, ore, minuti primi e secondi ho vissuto?*". E il Nobile prontamente rispose; e le cifre furono raccolte e sottoposte a riprova dagli ufficiali che accompagnavano il Re. La prova però non riuscì, essendosi verificato che le cifre, date dal Nobile, erano di molto superiori alle vere. Egli spalancò gli occhi, contrasse la bocca e parve impazzasse. Il Re ne ebbe pietà e lo incuorò dicendogli: "*Ripensa bene*". Egli tacque per pochi istanti, tenendo gli occhi fissi sui numeri scritti dagli ufficiali. Ad un tratto ruppe in un urlo di gioia e, balbettando, esclamò: "*Voi, voi non avete calcolati gli anni bisestili, con le differenze delle ore*". Gli ufficiali rifecero i calcoli e riconobbero che Nobile aveva ragione. Il Re gli concesse sei ducati al mese, vita durante. Fatto adulto, non ebbe fortuna, e in quegli anni era bidello del collegio, mangiava e dormiva pochissimo, e il suo maggior divertimento nei mesi di vacanza era quello di girare i paesi della provincia, per visitare i suoi compagni. Morì dopo il 1860.

Il 1799 e il 1848 avevano lasciato ricordi incancellabili di spavento. Il gran numero di prigionieri politici, e quello così sterminato, di "attendibili" che non vi era comune o borgo che non ne avesse, teneva la gente in grande paura. I pochissimi che cospiravano, davano di certo prova di grande coraggio. Nessuno credeva possibile una rivoluzione; nessuno sognava che la dinastia dei Borboni, ritenuta incrollabile, potesse cadere ad un tratto, e nessuno immaginava la morte di Ferdinando II, a 49 anni. L'unità italiana veniva ritenuta un sogno di settarii; e i cittadini più eletti, che avevano nel 1848 applaudito al nuovo ordine di cose, erano in carcere o iscritti nella lista degli *attendibili*, la quale si divideva in tre categorie. Appartenevano alla prima i capi del partito liberale e i più compromessi con discorsi o con atti; alla seconda, i liberali meno ardenti e meno compromessi; alla terza, i gregarii, fra i quali si noveravano semplici operai, bottegai ed anche contadini illetterati. L'*attendibile* era soggetto alla sorveglianza della polizia; gli era vietato di allontanarsi dalla sua residenza senza permesso dell'autorità politica, e se erasi dedicato all'insegnamento, gli era proibito di tenere studio privato; se uomo di affari, di prender parte a pubblici incanti. La vigilanza, nei capiluoghi di circondario o di provincia, era esercitata severamente dalle autorità di polizia e dalla gendarmeria. A Chieti, ancor più del reggimento di guarnigione, che per parecchi anni fu il primo di linea, comandato dal colonnello Giuseppe Pianell, il quale lasciò di sè grato ricordo, bastava a mantener l'ordine uno sciocco ma temuto caporale di gendarmeria, certo Piccione, il quale nei rapporti ufficiali usava la formula: *Noi don Placido caporal Piccione*.

Nei capiluoghi di mandamento, la vigilanza era esercitata dal giudice regio, che riuniva in sè le funzioni giudiziarie e di polizia; e negli altri paesi dai gendarmi o dal capo urbano, il quale si arrogava talvolta anche la facoltà di mandare gli *attendibili*, per qualche ora, al *corpo di guardia* o, come si soleva dire, al fresco.

I reazionarii trionfavano. Essi schernivano gli *attendibili* e non mancavano di denunziarli per rancori personali, o per vendette partigiane. Ad ogni più lieve sospetto di perturbazioni o cospirazioni, il ministero di polizia ordinava perquisizioni domiciliari degli *attendibili*, più noti per grado sociale o per cultura, e guai se si fosse trovata una carta men che innocente. La diffidenza e il sospetto quasi generali, perchè il governo era divenuto un partito. Nelle amministrazioni comunali erano stati inesorabilmente destituiti tutti coloro, che, durante il breve periodo costituzionale, furono assunti agli uffici municipali; e decurioni, eletti e sindaci furono scelti tra i più fidi reazionarii. Purchè fossero manifestamente *fedeli* al Re e godessero una

Capitolo V

discreta opinione in fatto di morale e di religione, non si richiedeva altro requisito. Gl'intendenti, nominati dai ministri costituzionali, corsero la stessa sorte dei sindaci, e quando erano traslocati, si temeva sempre di peggio. Restò proverbiale il saluto che un signore di Trapani fece all'intendente Rigilisi, il quale, nel congedarsi perchè trasferito altrove, assicurava che il suo successore era meglio di lui. "*Megghiu lu tintu pruvatu* – gli fu risposto – *ca lu megghiu a pruvari*".[1] Industrie, commerci, miglioramenti economici, venivano in seconda linea. Si tentò qualche cosa per gli stabilimenti di pubblica beneficenza, ma con poco profitto. Il Consiglio degli Ospizi, che nel capoluogo accentrava e dirigeva ogni minuto particolare delle amministrazioni locali di carità, veniva preseduto dall'intendente, ma n'era vicepresidente il vescovo, e metà dei consiglieri erano ecclesiastici tutti di fiducia del vescovo. Nella provincia di Terra di Lavoro si verificava una singolare anormalità. Il vecchio tenente generale Pietro Vial, comandante le armi, che abitava nella Reggia di Caserta e conferiva direttamente col Re, esercitava anch'egli la polizia. Senza curarsi dell'intendente, ordinava ai sottointendenti e agli ispettori carcerazioni, scarcerazioni ed anche confini, a suo piacimento.

Poca vita nei caffè, maggiore nelle farmacie; pochissimi ricevimenti privati; piuttosto frequentati gli spettacoli teatrali, ma sottoposti a ridicola censura. Le casino, i circoli e i *clubs* non nacquero che coi nuovi tempi. Di carnevale erano generali i balli, detti festini, e quelli popolari erano chiamati a Lecce *debosce*, e a Chieti *tresconi*, divertentissimi.

Le ragazze andavano in un monastero o in qualche istituto del capoluogo, e le più ricche nei vecchi educandati di Napoli, ma il maggior numero rimaneva a casa ed apprendeva il leggere e lo scrivere da

---

[1] Val meglio il brutto provato che il bello da provare.

maestre paesane. Era però bandito il pregiudizio dalle classi civili di non dare alcuna istruzione alle ragazze. I giovani, tornati da Napoli, solevano prender moglie e mettevan su casa ed esercitavano la professione; ma i più ricchi, prendendo esempio dal Re e dai principi reali, ostentavano per le lettere e per i letterati un volgare disprezzo, per cui altri fonte di inimicizie era la rivalità fra ricchi ignoranti e persone istruite, ma senza fortuna; e il governo, che poggiava tutto il suo edifizio sulla possidenza, preferiva nelle cariche pubbliche quelli a questi, ma soprattutto diffidava dei ricchi divenuti poveri, perchè riteneva che fra loro si annidassero, a preferenza, i liberali. E liberale per Ferdinando II era anche sinonimo di spiantato e nemico della pace sociale.

Negli ultimi tempi la cultura divenne più diffusa. Quasi ogni capoluogo di provincia aveva un negozio di libraio, e alcune opere, come la *Storia Universale* di Cantù, l'*Enciclopedia popolare* e *la guerra di Crimea*, e geografie e atlanti e opere giuridiche ebbero fortuna. Divenne un mobile più comune la libreria, dove si vedevano allineati i volumi, con buone rilegature. Più tardi vennero di moda le edizioni Le Monnier e le belle edizioni francesi illustrate. Si leggeva e si studiava di più, e la cultura era forse meno varia di oggi, ma più solida, soprattutto la classica.

Ogni provincia aveva un centro speciale di cultura e un piccolo fuoco di liberalismo: Trani, Molfetta e Putignano per Bari; Manduria, patria di Niccola Schiavoni e dei maggiori condannati politici, per Lecce; Avellino e Cosenza per le proprie provincie; Monteleone, Catanzaro e Reggio per le tre Calabrie, e della provincia di Chieti questo centro era Ripa Teatina, dove abitava una zia materna di Cammillo de Meis, donna Chiara Maria Cardone in Garofalo. Il fattore del De Meis, Gregorio di Labio, vi andava da Bucchianico nei giorni di mercato e portava le notizie del padrone ai pochissimi,

Capitolo V

che lo rammentavano senza paura. A Bomba invece nessuno avrebbe osato in pubblico chiedere notizie dei fratelli Spaventa, esule uno, ed ergastolano a Santo Stefano, l'altro.

La cultura politica era patrimonio di pochi ben privilegiati; le classi dirigenti ritenevano il resto d'Italia, da Roma in su, un paese straniero, non per la geografia e assai meno per la storia, ma per la distanza, che separava il Regno da Roma, dov'era il Papa; da Firenze, dov'era il Granduca; da Milano e da Venezia, dov'erano gli austriaci: austriaci, Papa e Granduca legati strettamente alla Corte di Napoli da vincoli di parentela, di religione e di politica, i quali vincoli stringevano ad un tempo le piccole Corti di Modena e di Parma a quelle di Vienna e di Napoli. Il Piemonte, che aspirava ad essere una grande potenza, andando a combattere in Crimea e discutendo la questione italiana nel Congresso di Parigi, teneva accesa la fede di quanti speravano tempi migliori; ma era piuttosto una fede religiosa che convinzione politica, tanto pareva inconcepibile quel che avvenne pochi anni dopo. Le classi dirigenti non erano al corrente delle notizie del giorno, e s'indicavano a dito quelli che ricevevano qualche giornale da Napoli. La grande maggioranza era rassegnata ad uno stato di cose, che sembrava non potesse migliorare e assai meno mutare.

Non si viaggiava che dai soli ricchi e la gran mèta del viaggio era Napoli, *'u casalone*, considerata dai provinciali sede delle umane maraviglie. Tornando in provincia, non finivano di decantarne le bellezze. Persino i lazzaroni erano trovati spiritosi e graziosi, sino ad appropriarsene il linguaggio e le maniere. Il viaggio importava spese non lievi, perchè durava sette giorni da Lecce, dieci da Reggio, cinque da Aquila, punti estremi delle provincie continentali. Molti calabresi di Catanzaro e di Cosenza s'imbarcavano al Pizzo, dove approdava il vapore una volta la settimana, e poichè non vi era porto, nè banchina, ma solo uno scoglio, se il mare era grosso, il battello non approdava e si rimaneva al Pizzo otto giorni. Per la linea di Puglia, che era relativamente la più sicura, il traffico veniva fatto da quelle enormi e solide carrozze di Avellino dipinte in giallo.

Foggia, Ariano e Avellino erano tappe di obbligo per i pugliesi. Passato l'Appennino, si cominciava ad aver conoscenza del dialetto napoletano, perchè alla terminazione in consonanti dure si sostituiva quella delle consonanti dolci, e da Ariano la povera gente chiama *tata* o *papà* il genitore, e diminutivo di Luisa è *Luisella*. Da Ariano ad Avellino s'incontrava l'erto valico dell'Appennino, detto la *Serra*, dove si sostituivano i bovi ai cavalli. La seconda di queste città era l'anticamera di Napoli, ed aveva tre o quattro locande, la più rinomata delle quali fu negli ultimi tempi quella detta *delle Puglie*, posta sulla via maestra, quasi nel mezzo della città, dove si mangiava e dormiva bene, e il cui esercente, certo Tarantino, aveva smessa un'altra sua osteria più antica, detta *del Principe*. Ad Ariano le locande erano bettole, ma rese piacevoli da una cena squisita di pollastri e prosciutto: cena servita da ragazze paffute, le quali non si commuovevano alle occhiate dolci degli studenti, usciti di fresco dai collegi o dai seminarii. Sono grate reminiscenze della mia giovinezza, del mio primo viaggio a Napoli, dei miei amici quasi tutti spariti dal mondo, e quelle impressioni, che pareva fossero eccezionali per ciascuno, erano comuni a tutti. Viaggio quasi sempre allegro, essendo comune il caso che più studenti o famiglie lo facessero insieme, servendosi di più carrozze.

Ma ciò che rendeva difficile e pericoloso il viaggiare, era l'insicurezza delle strade. Il vallo di Bovino per i pugliesi, il piano di Cinquemiglia per gli abruzzesi, la Sila, il Cilento e lo Scorzo, per quelli che venivano dalle Calabrie e dalla Basilicata, erano tradizionali e paurosi nidi di malandrini. Sovente gli stessi proprietarii di taverne, lungo le strade, fiutata una buona preda inerme, mettevano su prestamente uomini loro e ne formavano una piccola banda, la quale,

Capitolo V

bendandosi il volto e puntati i fucili contro i viandanti, gridava forte il tradizionale: *faccia a terra*, e li spogliava d'ogni avere. La gendarmeria del vicinato non di rado teneva mano a questi ladri di occasione. Erano noti fra i più celebri organizzatori di piccole bande improvvisate, i tavernari dello Scorzo sulla via delle Calabrie, e del Passo di Mirabella sulla via delle Puglie; anzi si affermava che costoro fossero vecchi avanzi delle bande di Ruffo. Si preferiva perciò viaggiare in molti, con tre o quattro carrozze, portare il fucile carico a palla e scendere nei luoghi più pericolosi, coll'arma tra le mani, per istornar qualche agguato. Vero è che negli ultimi anni del regno di Ferdinando II c'era una discreta sicurezza nell'attraversare quei luoghi, ma la fama antica accendeva le fantasie e le paure. Avanti che si costruissero le strade rotabili, cioè fino ai primi anni di questo secolo, si aveva l'abitudine di far testamento prima d'intraprendere il viaggio dalle provincie a Napoli. Le tre grandi strade per le Calabrie, le Puglie e gli Abruzzi segnarono una vera rivoluzione nel viaggiare. E si abbreviarono le distanze anche di più negli ultimi anni del regno di Ferdinando II, quando fu impiantato un quotidiano servizio postale fra Napoli e le provincie, del quale potevano profittare sin cinque viaggiatori, e le cui corse, con cambi frequenti di cavalli, non faceano soste neanche la notte. Viaggiare nella posta era viaggiare da signori; ma se si risparmiavano le locande, erano di rito le laute mance ai postiglioni e al corriere. Ma i più preferivano l'antico sistema di viaggiare con le carrozze di Avellino, perchè si riposava la notte, si andava in compagnia e c'erano le fermate caratteristiche di Ariano e di Avellino.

Più comuni i viaggi nei capiluoghi delle provincie o dei tribunali. Vi si andava per affari giudiziarii o amministrativi, o anche per l'apertura di un teatro, perchè generalmente i capiluoghi di provincia avevano un teatro, e parecchie città della stessa provincia, un teatrino. Quello di Bari, bellissimo, dopo quindici anni di lavoro e ottantacinquemila ducati di spese, fu inaugurato il 4 ottobre 1855; ed oltre a Bari, avevano, nelle Puglie, teatri o teatrini stabili Barletta, Trani, Molfetta, Bitonto, Foggia, Cerignola, Lucera; e teatri d'occasione, quasi tutt'i comuni grossi. Si chiamavano d'occasione, perchè si piantavano in ampie sale terrene, o in qualche castello abbandonato. Chieti, Lanciano, Avellino, Caserta, Capua, Catanzaro, Reggio, Cosenza e Trapani avevano teatri stabili anch'esse. In quello di Chieti si alternavano opere di musica e di prosa, e la stagione cominciava il primo di ottobre, per finire col carnevale. A Chieti cantarono Graziani e Delle Sedie, e nel 1857 vi debuttò nel *Marco Visconti* la celebre Giovannoni. Non vi fu quasi teatro di provincia, dove non si rappresentasse il *Trovatore*. Per gli scrupoli di monsignor Gallo, il bel teatro di Avellino rimase chiuso fino al 1860. Quel teatro era stato costruito sui ruderi di una chiesa, e solo quando ne furono, vuotate le sepolture, il vescovo tolse il divieto. E il teatro di Trani, forse più antico e certo di maggior celebrità di tutti, ha avuto recentemente un'interessante illustrazione.[2] I teatruccoli d'occasione con compagnie randagie avevano sempre il Pulcinella, perchè non s'immaginava teatro di prosa senza questa maschera, e spesso per mandar via i comici disgraziati, occorreva una colletta, detta *guanto*.

Nessuna sollecitudine ispiravano le cose pubbliche, ma molta viceversa era la vanità di figurare a capo del proprio comune. Le autorità comunali erano il sindaco, il primo e il secondo eletto, i decurioni, il capourbano, il sottocapourbano, il conciliatore ed il supplente giudiziario (ora vicepretore): tutti, naturalmente, di nomina regia e scelti molte volte tra i più notevoli del paese, non intinti però di liberalismo. Si era sindaco e decurione a tempo, conciliatore, supplente o

---

[2] GIUSEPPE PROTOMASTRO, *Cronistoria del teatro di Trani*. - Trani, V. Vecchi, 1899.

Capitolo V

capourbano a vita; il primo eletto soggiaceva a più frequenti mutazioni, avendo egli il governo della piazza e fissando il prezzo dei commestibili, per cui non andava esente da maldicenze. Gli urbani o guardie urbane erano una milizia locale, composta generalmente di operai e di bottegai e contadini, i quali non vestivano divisa e solo portavano, in servizio, una coccarda rossa al cappello o alla coppola. C'era nei comuni un *posto di guardia*, dove ogni sera gli urbani convenivano alla spicciolata per turno, armati di schioppi di loro proprietà. Avevano il privilegio di ottenere gratuitamente il porto d'armi, ma non il permesso di cacciare. Nei piccoli paesi il capourbano era l'uomo più temuto dopo il giudice regio, perchè vigilava, riferiva, denunziava, dava informazioni al giudice, all'intendente o al sottointendente, ma non aveva neppur lui l'obbligo dell'uniforme, per cui, compiuta la rivista, egli non sapeva che cosa fare della sciabola.

Quasi non si sentiva nessun bisogno pubblico. L'igiene si trascurava in modo che le condizioni della maggior parte dei comuni, ma singolarmente dei più piccoli, erano orribili addirittura. Non fogne, non corsi luridi, non cessi nelle case, scarso l'uso di acqua, dove c'era naturalmente; quasi nessun uso, dove non c'era. Poche le strade lastricate o acciottolate, pozzanghere e fanghiglia nelle altre, e in questo gran letamaio razzolavano polli, e grufolava il domestico maiale. Bisogna ricordare che nei paesi meridionali, generalmente, i contadini vivono nell'abitato, nella parte vecchia, ch'è quasi sempre più negletta e fomite di malattie infettive. Ma tutto ciò sembrava così naturale, che nessuno se ne maravigliava; e se, di tanto in tanto, si compiva qualche opera pubblica, era piuttosto un abbellimento o una superfluità. La povera gente era abbandonata a sè stessa, mentre il galantuomo, o aveva le case sulla strada principale, ovvero innanzi al suo portone si faceva costruire un metro di lastricato, per suo uso personale. I municipii, come si è detto, non avevano mezzi.

Non il principe, non le autorità si maravigliavano di un simile stato di cose. Ferdinando II aveva percorse più volte le provincie, e le condizioni moralmente e socialmente miserrime, le vedeva, ma non le intendeva. Se non rivolse mai le sue cure alla capitale, non era sperabile che le rivolgesse alle provincie. Certi bisogni erano superfluità per lui; gli bastava ordinare la costruzione di una nuova chiesa o convento, per credere di aver così appagato il voto delle popolazioni. Negli ultimi tempi manifestò una certa energia nel volere la costruzione dei cimiteri; ma in tanta parte del Regno, di qua e di là dal Faro, anche dopo di averli costruiti, si seguitò a seppellire i galantuomini nelle chiese e a buttare la povera gente nelle "fosse carnarie". Anche innanzi alla morte l'eguaglianza civile era una parola senza significato!

Ecco in breve la vita delle provincie col suo male e col suo bene, come tutte le cose umane, ma che rispondeva ad una condizione sociale e morale, storica ed economica, che poteva venirsi modificando via via, ma che non era lecito mutare di punto in bianco. E la rivoluzione violentemente la mutò, nella sua parte esteriore, con un diritto pubblico, il quale non fu inteso altrimenti, che come reazione meccanica a tutto il passato. Il nuovo diritto non rifece l'uomo, anzi lo pervertì. La vecchia società si trovò come ubbriacata da una moltitudine di esigenze e pregiudizii nuovi, per cui ciascuno vedeva nel passato tutto il male e nelle così dette idee moderne tutto il bene, donde il bisogno di por mano a creare tante cose ad un tempo, utili e inutili. Non vi fu comune, anche di mediocre importanza, che non si coprisse di debiti. Da nessuna partecipazione alla vita pubblica, si andò, d'un tratto, ad un eccesso di partecipazione: alla politica, eleggendo i deputati; al municipio, alle provincie e alle Camere di commercio, i consiglieri. Una quantità di tempo, anzi il maggior tempo sottratto ad occupazioni utili, e quel che fu peggio, con un fatale strascico di odii spenti e rinascenti, di gelosie, di ambizioni, di vanità, di

Capitolo V

volgarità e d'interessi da difendere o da far prevalere: una nuova forma di guerra civile in permanenza, e una nuova tirannide, quella delle maggioranze d'occasione, e quel ch'è più disastroso ancora, la totale distruzione del carattere, che fu sempre così deficiente. Come nella Camera dei deputati, così nei Consigli comunali e provinciali, i nemici di ieri diventano gli amici di oggi e viceversa, non in nome di principii, ma d'interessi, di vanità e d'ambizioni di rado confessabili. Si mutano gli odii in amori e gli amori in odii, e si smarrisce spesso la coscienza del bene e del male. A farlo apposta, non si sarebbe potuto immaginare un sistema peggiore per guastare la gente. Nei primi anni del nuovo regime, gli odii locali, repressi per tanto tempo, furiosamente scoppiarono, e i maggiori ricchi furono bollati per retrivi ed esclusi da ogni partecipazione alla vita pubblica; si sfogarono vecchi rancori e si consumarono non poche vendette, soprattutto nel periodo della legge Pica del 1863, e della legge Crispi del 1866. Poi si fecero le paci in apparenza, ma in sostanza gli odii non si prescrissero. Suggellandosi uno dei più iniqui pregiudizi di uguaglianza apparente e meccanica, le provincie dell'antico Regno ebbero leggi e ordinamenti affatto contrarii al loro carattere, alle loro tradizioni, al loro grado di cultura. I piccoli comuni della Sicilia, della Basilicata, dell'Abruzzo, delle Calabrie, dei due Principati e potrei aggiungere di tanta parte dello Stato Romano, sono governati dalle stesse leggi, le quali governano le grandi città dell'Italia del nord e del centro. Non si tenne conto di nulla, ma tutto fu confuso in un'unità meccanica, che, a considerarla bene, è la causa dei presenti malanni e dei pericoli, che minacciano il nuovo Regno. Se le leggi politiche dovevano essere uguali per tutto il paese, le leggi organiche dovevano tener conto della storia e della geografia: due cose, le quali non si possono offendere impunemente, ma che offese, si vendicano, e la vendetta è tanto più terribile, in quanto si compie in nome della legge morale!

CAPITOLO VI

SOMMARIO: La vita mondana a Napoli – Il baciamano del 1° gennaio 1860 – La stagione teatrale al San Carlo e negli altri teatri – Il *Caffè d'Europa* – Il *Caffè della Perseveranza* e *della Gran Brettagna* – Ricordi e aneddoti – Le notizie politiche e il Comitato dell'Ordine – Come nacque e chi gli dette il nome – Teodoro Cottrau e Giuseppe Gravina – Arresti ed esilii – Le burle alla polizia – La vita mondana a Palermo – Le nozze della Stefanina Starrabba di Budini – I "saloni" e le botteghe di moda – I *Caffè d'Oreto* e *di Sicilia* – Le villeggiature dei signori – Il giuoco del lotto – La vita sociale a Catania – Teatri, alberghi e *clubs* – Le signore più belle e i giovani più eleganti – L'irrigazione della piana di Catania – L'intendente Panebianco e il suo carteggio intimo con Maniscalco – La vita di Messina – Feste religiose e mondane – *La Madonna della Lettera* – Due sindaci – Maturano i nuovi tempi – Apparenze e realtà.

La vita mondana rifiorì in tutto il suo splendore, dopo che Napoli riebbe finalmente una Corte. Tornarono ad aprirsi le grandi sale della Reggia ai ricevimenti ed alle antiche cerimonie. Il corpo diplomatico c'era tutto. La Corte non mancava a nessuno dei grandi spettacoli teatrali, come a nessuna festa religiosa. Francesco II riprese, in breve, le tradizioni interrotte da suo padre, e l'intervento di una Corte così numerosa come la sua, in un teatro, in una chiesa, in una pubblica cerimonia, era di per sè interessante spettacolo.

Il 1° gennaio 1860 ebbe luogo il baciamano di uso, che riuscì più affollato e brillante del primo. Il largo di Palazzo presentò in quel giorno l'aspetto delle grandi occasioni. Una folla enorme vi si addensava, per veder passare tanti cocchi di gala, che portavano alla Reggia

Capitolo VI

diplomatici, ministri, arcivescovi e prelati e alti funzionari civili e militari, in grande uniforme. I Sovrani, che furono di una cortesia senza pari, erano come di prammatica sul trono, circondati dai principi e dalle principesse.

La sera stessa, gran gala al San Carlo. "Al chiarore dei quintuplicati ceri, scriveva l'enfatico cronista del *Giornale Ufficiale*, era bello il vedere in tutti gli ordini di palchi e in tutta la platea sfolgorare ricchi abbigliamenti, divise, decorazioni, tutti i fregi preziosi ed infinitamente svariati, dei quali il grado, il fasto, le distinzioni sociali, la moda, il decoro, la bellezza fanno sfoggio pomposo in tali occasioni". All'apparire del Re e della Regina scoppiarono gli applausi. Erano in compagnia dei conti di Trani e di Caserta, del conte di Siracusa, del conte d'Aquila coi suoi figli, del conte e contessa di Trapani. Si eseguì il ballo *Rita* del Taglioni, musicato dal Giaquinto, e la Boschetti e il Walpot fecero andare in frenesia il pubblico. Ricco l'allestimento scenico, rischiarato in ultimo da raggi di luce di magnesio, che investirono tutto il teatro. Il 16 gennaio, compleanno del Re, si ripetettero feste e ricevimenti.

Il 18 di quel mese, ci fu a Castellamare il varo della *Borbone*, fregata ad elica di prima classe, costruita da Giuseppe de Luca, ingegnere del genio navale e, dopo il 1860, deputato e direttore generale al ministero della marina, padre di Roberto, oggi direttore del cantiere Armstrong a Pozzuoli. La festa del varo, allietato dalla presenza de' Sovrani, de' principi e di quasi tutto il mondo ufficiale, riuscì splendida.

In settembre, s'inaugurò la stagione al San Carlo con la *Semiramide* e col nuovo ballo *Elzebel*, che ebbe esito infelice. Tornarono poi in iscena il *Trovatore* e la *Violetta*, che colle infinite rappresentazioni avevano annoiate financo le sedie di ferro fuso, come dissero i critici. Sorte migliore ebbe la *Norma*, con la Steffenoni, che piacque più della Spezia, di cui aveva pari l'altezza, ma assai più bella la voce, e col

Negrini che fu un *Pollione* perfetto. Piacquero i nuovi balli, l'*Ida di Badoero* e il *Benvenuto Cellini*, nel quale debuttò Guglielmina Salvioni, la cui bellezza, che fece perder la testa agli *habitués* del San Carlo, fu poi oscurata dalla Boschetti, la quale, nel ballo *Loretta l'indovina* del coreografo Costa, fanatizzò addirittura i napoletani. La *Loretta* si rappresentò più volte e la Boschetti fu giudicata la prima ballerina del suo tempo. Torelli, nell'*Omnibus*, per definire entusiasticamente il talento di lei, così chiudeva una sua poesia:

> Quando a ballar la vedi,
> Ti pare che il cervel l'abbia nei piedi.

La signora Amina era allora nella pienezza dei suoi mezzi: graziosa, piena di brio e di *charme*, contava poco più di vent'anni, ferì molti cuori e più profondamente, si disse, quello del conte d'Aquila. Al San Carlino, il sommo Petito la rifece nella parodia di quel ballo, e il comicissimo De Angelis rifece Walpot. Ballavano il passo a due, ed a vederli si scoppiava dal ridere. La parodia della *Loretta* al San Carlino segnò uno degli avvenimenti teatrali del tempo.

Al Teatro Nuovo si rappresentò il *Ser Pomponio* del maestro Tommassini, su parole di Marco d'Arienzo; si riprodussero più tardi *Cicco e Cola* e *Piedigrotta* e, ancora più tardi, vi andò in iscena una musica nuova del maestro Valente, *Biondolina*, con parole di Almerindo Spadetta. Al Fondo si rappresentò nell'ottobre il *Pipelet*, ma l'esito non ne fu brillante, nè le sorti di quel teatro si rialzarono più. Parve un momento che si volesse ergere ad emulo del San Carlo il Circo Olimpico, il quale riaprì le sue porte con la *Traviata* e le chiuse coi *Lombardi*.

Ai Fiorentini piacquero molto i *Sogni d'amore* di Scribe, con la Sivori e la Maggi, il Vestri, l'Alberti e il Bozzo, e caddero la *Donna romantica* e l'*Olindo e Sofronia*, giudicati vecchiumi, mentre invece la commedia, gli *Uomini di mille colori* dell'Altavilla, dove ciascun atto finiva con pugnalate ed assassinii, ebbe successo discreto. Negli ultimi giorni di dicembre 1859 e nei primi del 1860, vi si rappresentò la *Francesca da Rimini*, con clamorose accoglienze. All'apostrofe di Paolo all'Italia:

> Per te, per te, che cittadini hai prodi,

che il Majeroni accentuava colla sua bella voce baritonale, cadeva il teatro dagli applausi, ma, dopo poche rappresentazioni, l'Alberti fu invitato a smettere. Sarebbe lungo enumerare tutti gli spettacoli dei teatri di quel tempo così a Napoli, come nelle Provincie, e le promesse degl'impresari, in parte mantenute e in parte no; e ugualmente lungo il tener conto delle critiche dei letterati e delle ardenti polemiche, che continuavano ad avere il posto d'onore nei giornali.

Comparvero in quell'anno le ultime strenne della vecchia maniera e fece la sua ultima apparizione la *Farfalla* di Vincenzo Corsi, con prose di Floriano del Zio, di Antonio Piccirilli e versi di Carlo Barbieri, Federico Persico, Enrico Cossovich, Gustavo Pouchain, Marco d'Arienzo, Simone Capodieci: strenna, la quale, per far onore al nome suo, si aprì con alcune melodiose ottave della signora Venturina Ventura di Trani, e si chiuse con alcune strofe di Domenico Zerbi, padre di Rocco: strofe ed ottave dedicate alla *Farfalla*. Vincenzo Corsi, avvocato e uomo di lettere, aveva data reputazione alle sue strenne per la scelta dei collaboratori, i quali trattavano o cantavano i soggetti più vaporosi, più sentimentali e meno compromettenti. Le ultime parole di quella strenna furono: "*Buon Natale e ottimo Capodanno: gentili lettori e leggitrici lo accettate? E fatto col cuore! Ci rivedremo l'anno che viene*". L'anno venne, e che anno!, ma la *Farfalla* non più. Vincenzo Corsi è oggi avvocato anziano e specialista per la Corte dei conti.

Non furono aperti altri caffè di qualche importanza, e il *Caffè di Europa* seguitò ad avere il primato. Frequentato dalla nobiltà e dalla borghesia ricca, aveva aperte alcune sale al mezzanino, dove pranzavano gli eleganti indigeni ed i forestieri di distinzione. Finito lo spettacolo al San Carlo, il *Caffè di Europa* raccoglieva, fino ad ora tarda, gli *habitués* dei maggiori teatri: letterati, buongustai di musica, epigrammisti e giovani del bel mondo; tutti discutevano a voce alta e si divulgavano epigrammi, attribuiti al D'Urso, al Caccavone o al Proto. Il *Caffè di Europa* era riguardato come una specie di Gerusalemme dai napoletani non nobili, non eleganti e privi di spirito. C'era anche il *Caffè Nocera* in via di Chiaja, frequentato specialmente dai militari, ma non poteva competere con quello. Si raccontava del suo esercente uno specioso aneddoto. Essendosi, nei primi mesi del 1860, recato il Nocera dal Re per chiedergli non so qual favore, Francesco II gli disse: "*Il tuo caffè è molto frequentato, perchè da te vengono i Realisti*". E il Nocera non potè tenersi dal rispondere: "*Maestà, chi vi dà cchiu i Realisti? A do' stanno?*" [1]

I signori frequentavano anche il piccolo e aristocratico *Caffè del Benvenuto* in via di Chiaja e vi prendevano il gelato, che si riteneva il *non plus ultra* del genere. Ed i provinciali, soprattutto i calabresi, avevano il *Caffè delle Due Sicilie*, ora *d'Italia*, e il *Testa d'Oro*, a Toledo, mentre gli studenti di Puglia frequentavano il *De Angelis* e quelli di Basilicata il *Salvi*, pure a Toledo, ma più particolarmente i caffè degli studenti eran quelli di Foria e di via dei Tribunali. Un manipolo di persone colte, professori e studenti, si cominciò a riunire nei primi mesi del 1859 in un piccolo e umile caffè in via di Costantinopoli, seconda o terza bottega a sinistra di port'Alba, esercitato da un *don Michele*, del quale nessuno cercò mai di sapere il

---

[1] Maestà, chi vi dà più i Realisti? dove sono?

cognome. Un po' alla volta, e definitivamente dopo la morte di Ferdinando II, ne crebbero i frequentatori ed erano tra questi: Angelo Beatrice, Luigi Amabile, Tommaso Vernicchi, Pietro Cavallo, Enrico Pessina, Giuseppe Laudisi, oggi deputato, Tito Livio de Sanctis, Giuseppe Buonomo, Peppino Volpe di Campobasso, geniale improvvisatore di versi faceti e genialissimo tipo; Gaetano Tanzarella di Ostuni, Niccola Pedicini, Vincenzo e Nunziato Tandurri, Pasquale Trisolini, Ferdinando Mele, Francesco Vizioli e Antonio Galasso, il quale, ancora giovanissimo, si era rivelato di gran valore nel concorso al grande archivio di paleografia greca. Erano meno assidui Francesco Fede, Luigi de Crecchio, Domenico Capozzi, Aniello d'Ambrosio, Raffaele Maturi, Giustino Mayer, Basilio Assetta, Giuseppe Polignani, Giuseppe Lombardi, Ugo Petrella, Amilcare Lanzilli, Beniamino Cannavina, e i suoi fratelli Florido e Leopoldo, Fedele Cavallo, Rosario Ciocio, Vincenzo Tenore, Beniamino Marciano, Carlo Contrada: tutti giovani pieni di fede liberale, unitari convinti e che onorarono più tardi il Parlamento, l'Università e le pubbliche amministrazioni. Il Laudisi, caldissimo e imprudentissimo, andava a leggere i giornali francesi in quel caffè, che, per l'assiduità dei frequentatori e la costanza delle parche abitudini, fu battezzato dal Beatrice: *Caffè della Perseveranza*. I fogli francesi erano al Laudisi forniti da Buteaux e D'Aubry, librai al vico Campana. Emanuele Paolucci, cancelliere di polizia e famoso sciaradista, era pur egli de' frequentatori di quel caffè. Da principio fu creduto una spia, ma ingiustamente, perché ai suoi superiori dava a credere che quei giovani si radunassero per comporre e sciogliere sciarade. E quando la polizia, per accertarsene, vi mandò una vera spia travestita, questa non udì parlar d'altro che di pranzi squisiti e di sciarade pornografiche, nelle quali il Volpe era maestro insuperato. Fu il Paolucci, che, riconosciuto il nuovo visitatore, ne aveva avvertiti i compagni. E il Volpe giunse sino al punto di dare ad intendere alla spia, che *preterito* derivasse da *prete* e *rito*, e *parrocchiano* da *occhi* e *ano!* Dopo una ventina di giorni di canzonatura, la spia dovè battere i tacchi.

Altri caffè, dove si riunivano giovani liberali, eran quelli della *Gran Brettagna*, allo Spirito Santo e del *Cipolla*, al palazzo De Rosa. Vi convenivano Ottavio Serena, Tommaso Sorrentino, Luigi de Orecchio, i fratelli Tufari, Carlo Padiglione, Leopoldo de Bernardis e quello stesso Peppino Volpe, che improvvisava epigrammi e sciarade. In una sera del marzo 1859, i frequentatori erano più numerosi del solito e ridevano sgangheratamente, udendo il Volpe che metteva in versi un manifesto di libraio. Ad un tratto, il caffè fu invaso da birri, e il Campagna, che li guidava, comandò a tutti di non muoversi, anzi di spogliarsi completamente. Il terrore, che invase i malcapitati, fu solamente temperato dalla situazione oltre ogni dire comicissima, nella quale si trovò il Volpe, che, corpulento com'era, non trovava modo di spogliarsi nè di rivestirsi. Furono perquisiti, ma non si trovò nulla.

Altro caffè di qualche rinomanza era quello dei *Commercianti*, a Fontana Medina, frequentato dalle persone della vicina Borsa. Il *Caffè Buono*, celebre nel 1848, era già sparito e di altri caffè di qualche celebrità, oltre quelli che ho citati, non ve n'erano altri, perchè la frequenza abituale in queste botteghe non cominciò che dopo il 1860; nè allora vi erano birrerie, e molto meno *restaurants* nei caffè. Il pasticciere svizzero, che primo aprì bottega nel 1858, fu lo Spiller, al palazzo Berio, dov'è ora il Caflisch e fece fortuna. Erano a Toledo molti altri pasticcieri, ma tutti napoletani, e su loro portava la palma il Pintauro, con le sue celebri *sfogliatelle*, rimasto al suo posto fra tante vicende.

Famosissime le *pizzerie*, fra le quali bisogna ricordare quella antichissima in via Sant'Anna di Palazzo che, per i napoletani, è ancora la via di *Pietro il Pizzaiuolo*, e contava allora più di un secolo di vita, ed è sopravvissuta a tante vicende. Altre due pizzerie, anche molto

Capitolo VI

frequentate, erano quelle al vicolo delle Campane e al vico Rotto San Carlo, dove i modesti frequentatori del massimo teatro napoletano, e anche i letterati del tempo solevano andare a far il cenino e a discutere sulle impressioni dello spettacolo.

Ma le strenne, le polemiche letterarie e i teatri non erano più la sola occupazione del pubblico, come una volta. Le notizie politiche, con la coda delle iperboli, di cui era magno artefice quel buono, loquace e immaginoso Teodoro Cottrau, tenevano il primo posto, nonostante gli arresti e le così dette *retate*. Le notizie politiche date dal Comitato dell'Ordine, che rappresentò la prima organizzazione delle forze liberali, e fuse insieme gli elementi mazziniani, piuttosto scarsi, gli elementi moderati e monarchici, più numerosi e autorevoli, e i giovani più ardenti, i quali non vedevano salute che nel Piemonte, erano comunicate nello stabilimento musicale di Teodoro Cottrau, ai frequentatori di esso, ed a Giuseppe Gravina, e questo bastava perchè in poco tempo tutta Napoli ne fosse piena. Il Gravina, che fu dopo il 1860 ispettore di pubblica sicurezza, era d'inesauribile credulità e di più inesauribile iperbole. Se ne raccontavano tante di lui, che una val la pena di registrare. Al Congresso degli scienziati di Napoli convennero uomini insigni d'ogni parte d'Italia, e ci venne, tra gli altri, di Toscana, il celebre geologo Targioni Tozzetti. Il Gravina, giovanissimo, ch'era smanioso di discorrere e di darsi importanza, diceva a tutti: "*Ho conosciuto Targioni ch'è uomo dotto assai, ma Tozzetti è superiore a Targioni*". Da allora gli rimase il nomignolo di *Tozzetti*, e lui andava in bizza. Ora è vecchio e in riposo. Ogni volta che vede un antico amico, gli corre incontro, lo bacia e piange. Egli e Teodoro Cottrau furono gl'iperbolici e instancabili organi del partito liberale, dal 1859 al 1860. Il negozio del Cottrau, in piazza San Ferdinando, divenne via via il maggior centro di propaganda liberale, una vera fucina di notizie esagerate o addirittura inventate. Frequentavano quel negozio molti liberali, e ricordo, tra gli altri, Fedele de Siervo, che dopo il 1860 fu sindaco di Napoli ed oggi è senatore; Niccola Attanasio, che fu prefetto e morì povero e dimenticato; Niccola Ercole, allora giovanissimo e cognato del Cottrau; Beniamino Caso che fu deputato di Piedimonte, il marchese Ercole Cedronio, Giuseppe Rosati, Cammillo Caracciolo, Giuseppe e Attilio de Martino e tanti altri. Cottrau fu più volte chiamato dalla polizia, e rispondendo ch'egli era francese e amico di Brenier, non fu mai arrestato. Dopo la morte di Ferdinando II, la polizia non ebbe più continuità. Nei pochi mesi che vi stette a capo l'Ajossa, si rinnovarono gli eccessi, ma a intermittenze e le celebri *retate* si compivano ordinariamente verso la mezzanotte. I *feroci* circondavano un caffè, ritenuto sospetto e arrestavano quanti vi eran dentro e li menavano alla prefettura, dove i più fortunati se la cavavano con una lavata di testa, che loro faceva il commissario, ovvero, se provinciali, con lo sfratto da Napoli. I più tapini erano chiusi alla Vicarìa o a San Francesco, in attesa d'un giudizio che non veniva mai. Una sera del febbraio, la polizia, facendo una *retata* nel caffè *Testa d'oro*, arrestò, fra gli altri, alcuni dei più noti borbonici usciti allora dai Fiorentini. Se ne rise molto e il commissario fu punito. Un'altra sera, in una *retata* al Caffè De Angelis, vi capitò don Niccola Gigli e lo scandalo fu più enorme, perchè il Gigli era stato ministro nel 1849 ed era di sicura fede borbonica. Ma alla polizia non riuscì mai di scoprire la sede del Comitato dell'Ordine, e solo potè arrestarne più tardi i componenti più audaci. Una delle ragioni del successo di questo Comitato fu il suo nome, felicemente escogitato dal giovane studente Giuseppe Lombardi di San Gregorio Magno, uno dei più operosi, anzi dei più temerarii nelle cospirazioni di quell'anno. Il Comitato dell'Ordine si riuniva nei primi tempi in casa di Giuseppe Lazzaro, e ne fecero parte Gennaro de Filippo, Cammillo Caracciolo, Giacinto Albini,

Capitolo VI

Francesco de Siervo, Pietro Lacava, il Lombardi e pochi altri, i quali rappresentavano, come ho detto, la fusione delle forze liberali. Maraviglioso fu l'effetto della parola *Ordine*, dato a un Comitato rivoluzionario, il quale aveva un piccolo timbro a secco, che il Lombardi custodì fino a quando non fu costretto ad emigrare anche lui.

Levò gran rumore l'arresto di Enrico Pessina, di Giovanni de Falco, di Giuseppe Vacca, di Gennaro de Filippo, di Federico Quercia, di Giuseppe de Simone e di Gaetano Zir, notissimi, alcuni per posizione sociale, e altri per valore d'ingegno. Qualche mese prima Ferdinando Mascilli, che, dopo l'attentato di Agesilao Milano, era stato per circa due anni chiuso senza processo nel carcere di Santa Maria Apparente, aveva ottenuto, per ispeciale intercessione del Cianciulli zio della moglie, di esser confinato a Capri, nè da quell'isola tornò prima della costituzione. Gli arrestati furono la mattina seguente quasi tutti imbarcati sul *Vatican*, e con decreto d'esilio *indefinito* dal Regno, fatti partire alla volta di Livorno. Il Vacca e il De Falco ottennero di emigrare a Roma. Fu arrestato anche il prete Perez, ex-gesuita, in casa del quale si stampò per qualche tempo il giornaletto clandestino, *Il Corriere di Napoli*, i cui caratteri di piombo erano stati rubati a spizzico in varie tipografie. Il giornaletto era perciò un ammasso di caratteri diversi. La cassetta coi caratteri andava ramingando di casa in casa, e spesso la polizia perquisiva una casa, quando la cassetta n'era partita, ma scovatala finalmente presso la famiglia Forte, arrestò tre fratelli e tre sorelle di questa famiglia. La pubblicazione del *Corriere di Napoli*, tanto utile in quei giorni alla causa liberale, fu uno dei maggiori e più utili lavori del Comitato dell'Ordine.

Un episodio curioso. All'Immacolatella, mentre gli arrestati s'imbarcavano, un marinaio domandò a un altro chi fosse quel giovane pallido e con la zazzera, che si mandava in esilio; e, rispostogli che era il Quercia, il migliore scrittore di giornali, che avesse allora Napoli, quel marinaio esclamò: *"Com'è f..... 'o Re; 'o manna fora, pecchè chillo 'o pitta meglio"*.[2]

L'esilio del Quercia e dei suoi compagni fu dovuto, si disse, a suggerimento del conte d'Aquila, capo della camarilla. Questi faceva finte carezze al Quercia, sino a confidargli il sospetto che un articolo dei *Dèbats* sulla camarilla di Corte, e segnatamente su di lui, dipinto come nemico astioso di ogni libertà, fosse stato scritto a Napoli. Il Quercia naturalmente negò, e nella notte venne arrestato. Ma la profezia del marinaio dell'Immacolatella doveva avverarsi, perchè il Quercia, giunto a Firenze, fu invitato a scrivere nella *Nazione*, dove già collaboravano altri tre esuli napoletani, Spaventa, Settembrini e Nisco; e d'allora furono in quattro a ripetere sulle colonne di quel giornale, non doversi dar tregua ai Borboni di Napoli, e a dipingerne il governo con i colori più tristi. Pessina fu nominato professore di diritto penale a Bologna.

Furono banditi più tardi Giuseppe Fiorelli, segretario particolare del conte di Siracusa, Cammillo Caracciolo e ultimo, nel maggio, Luigi Indelli, il quale, dopo una fuga avventurosa, riparò a Livorno. Più tardi vennero arrestati via via il marchese Rodolfo d'Afflitto, il barone Giuseppe Gallotti, Antonio Capecelatro, i fratelli Carlo e Luigi Giordano, Giuseppe Saffioti, Giuseppe Ferrigni, il marchese di Monterosso e Stanislao Gatti, che furono rilasciati dopo poco tempo, ad eccezione dei Giordano e del Saffioti, i quali ebbero prigionia più lunga. I Giordano villeggiavano alla villa Forino a Portici e vennero arrestati dall'ispettore Castaldi nella notte dal 28 al 29 settembre, dopo una minuziosa visita domiciliare. La polizia non scoprì le carte più compromettenti, perchè nascoste in cantina, ma potè sequestra-

---

[2] Com'è f.... il Re; lo manda fuori, perchè quello lo dipinga meglio.

re alcune lettere di Carlo Poerio, di Giuseppe Pisanelli, di Francesco Stocco, di Ferdinando Bianchi, di Aurelio Saliceti, di Raffaele Mauro, e un *memorandum* dettato in francese da Antonio Ranieri e scritto da Gabriele Costa, *memorandum* che il giorno seguente avrebbe dovuto essere consegnato a Brenier, il quale villeggiava a Castellamare. Arrestati, furono condotti a Santa Maria Apparente, che rigurgitava di liberali, e dove la prima sera, da alcuni popolani di San Giuseppe furono a loro e agli altri condetenuti, mandati cinquanta gelati, che la polizia fece tornare indietro. Un'altra visita eseguì la polizia nell'appartamento loro a Napoli e vi sequestrò persino un ritratto ad olio, opera del pittore Andrea Cefaly, il quale rappresentava Carlo Giordano nell'atto di leggere il *Siècle*. I Giordano scelsero a difensore Federico Castriota, il quale voleva associarsi l'avvocato Francesco de Luca, che più tardi fu deputato di Sinistra e notissimo massone, ma il De Luca prima accettò e poi non volle più saperne. Essi uscirono da Santa Maria Apparente due giorni dopo la Costituzione.

Insieme con loro fu arrestato anche il barone Genovese, il quale, stupito del suo arresto, chiese ai *feroci* se per caso non fosse mutato il governo. Avrebbe dovuto essere arrestato, pare incredibile, anche Gaetano Filangieri, figliuolo del principe di Satriano, le cui dimissioni da presidente dei ministri e da ministro della guerra, erano state accettate ufficialmente il 31 gennaio. Ma la cosa parve enorme, essendo Gaetano Filangieri gentiluomo di camera, e il mandato non fu eseguito. Ci fu anche ordine di arresto per il principe di Camporeale, e un commissario andò ad eseguirlo. Il principe, come Pari di Sicilia, aveva votata nel 1848 la decadenza della dinastia dei Borboni, e aveva fama di liberale. Si trovava quella sera in sua casa il ministro di Spagna, Bermudez. Fu detto al commissario che il principe era assente, mentre invece stava in casa. Il commissario non lo credette, penetrò nel salotto e chiese chi fossero i due signori che vi trovò. Bermudez rispose, declinando la sua qualità di ministro di Spagna, e soggiunse che l'altro era il suo segretario. Il poliziotto fece un inchino ed uscì, ma non persuaso della cosa, aspettò giù nel portone che il Bermudez andasse via, e gli tenne dietro sino al palazzo della legazione di Spagna. Col Bermudez uscì anche il principe di Camporeale, che passò quella notte e altre successive alla legazione di Spagna, sino a quando non potè lasciar Napoli.

Un'altra burla fu fatta alla polizia da Luigi de Gennaro, genero del Ferrigni, e che abitava col suocero. Si sapeva che il Ferrigni sarebbe stato arrestato; e quando i birri andarono a casa sua e chiesero di lui, si presentò loro il De Gennaro e disse: *Eccomi qui, son io*; e avendo quelli osservato che era troppo giovane, donna Enrichetta Ferrigni, signora di vivace ingegno e sorella di Antonio Ranieri, rispose loro seriamente: "*L'ingegno e la fama non si misurano dai peli del mento*". E così arrestarono il supposto Ferrigni e lo condussero in prefettura; ma qui giunto e introdotto dal prefetto di polizia, fu scoperta la burla. Il giovane De Gennaro se la cavò con un mesetto di carcere, e il Ferrigni, che prima riparò in casa di Giovanni Manna e poi dai Craven, ottenne che il mandato d'arresto non avesse seguito. Ma quegli arresti non facevano più paura, anzi si disse che qualcuno si fosse lasciato arrestare, o fosse fuggito a sfogo di vanità. Si sentiva nell'aria che i tempi erano mutati e accennavano a mutazioni maggiori. Non vi furono processi, e molti arrestati vennero posti in libertà, quando il generale Caracciolo di San Vito, nei primi giorni di giugno, fu nominato direttore di polizia, e l'Ajossa fu licenziato come un cattivo servitore. Dopo che lasciò l'uffizio, andava protestando, che molti di queglj arresti erano dovuti alla polizia occulta, rappresentata da Nunziante e da Scaletta; ed è caratteristico un colloquio, che egli ebbe con Gaetano Filangieri, e che riferirò più innanzi.

Memorabile fu la settimana santa di quell'anno. Il Re, la Regina e i principi in gran lutto, seguiti da numerosa Corte, uscirono a piedi

Capitolo VI

dalla Reggia il giovedì santo e andarono prima a San Francesco da Paola, dove ebbe luogo la cerimonia della lavanda, che il Re volle personalmente eseguire. Nelle ore pomeridiane visitarono i sepolcri, sempre a piedi, traversando Toledo due volte, tra la generale curiosità. Il 19 marzo andarono in forma pubblica a San Giuseppe dei Nudi, pregarono in quel santuario e presero la benedizione. Anche nei momenti di maggiori ansietà politiche, non mancarono a nessuna cerimonia religiosa. E sin nel maggio, tre giorni prima dello sbarco di Garibaldi, si recarono in forma pubblica al duomo e pregarono nella cappella di San Gennaro, e due giorni avanti erano stati alla processione della traslazione delle reliquie.

Le mutazioni delle autorità in Napoli si succedevano un po' alla volta. Ricordo le principali. All'intendente di Napoli, Cianciulli, nominato consultore di Stato, fu sostituito il principe d'Ottaiano, don Giuseppe de' Medici, sopraintendente generale di salute. Con la sostituzione del Cianciulli disparve la triade caratteristica degli ultimi anni di Ferdinando II, la triade dei famosi soprannomi, imposti dal Re; Carafa (il sindaco), *Torquato Tasso*; Cianciulli (l'intendente) *'O trommone dell'acquaiuolo*, e Troja (presidente dei ministri) *Sant'Alfonso alla smerza*.

Con lo stesso decreto, che nominava il principe d'Ottaiano intendente di Napoli, il 25 febbraio, fu istituita una commissione edilizia, per presentare un "disegno generale di tutti i miglioramenti ed ampliazioni, da portarsi all'abitato della città di Napoli, tanto con la formazione dei nuovi quartieri e rioni, che con l'apertura di nuove strade e piazze, e con la rettifica delle attuali". Ne fu presidente il Rosica, direttore dell'interno e vi appartennero l'ex intendente Cianciulli, il nuovo intendente principe d'Ottaiano, il sindaco, principe d'Alessandria, don Antonio Spinelli di Scalea, il barone Giacomo Savarese, il generale D'Escamard, don Benedetto Lopez Suarez e ne fu segretario l'ingegnere Luigi Oberty. Parecchi ingegneri del corpo di acque e strade furono destinati alla dipendenza della commissione, che doveva principalmente studiare l'allargamento della città dal lato orientale, fra l'Arenaccia, Poggioreale, lo Sperone e il mare; progettare un nobile accesso al duomo e rettificare la salita del Museo, allora assai malagevole. La commissione si mise all'opera con molto buon volere, distinguendosi sopra tutti Giacomo Savarese, fratello di Roberto, uomo d'ingegno acuto e vario, che ebbe autorità, prima tra i liberali, poi tra i borbonici, e finalmente tra i malcontenti e i disillusi del nuovo ordine di cose. Era dotto in materie economiche e finanziarie. Di natura scettica e sarcastica, ostentava una gran fede nella virtù e gli piaceva motteggiare su tutto. Si raccontava che, durante la guerra di Crimea, a Ferdinando II che un giorno gli chiedeva da qual parte dei contendenti fosse il buon diritto, rispondesse: *"Maestà, per dare un giudizio, bisogna sapere prima chi sarà il vincitore"*.

La gaiezza della vita di Napoli in quei mesi fu pari a quella di Palermo, dove gli ultimi inverni del 1859 e del 1860, nonostante le continue agitazioni politiche, furono i più allegri, soprattutto nell'alta società, la quale cominciò a divenire un campo meno chiuso, ammettendo nel suo seno i borghesi più ricchi, e anche i nobili di recente creazione. Benchè l'odio per i napoletani continuasse nella sua maggior intensità, i più alti rappresentanti del governo non furono mai messi da parte dalla società aristocratica. La Reggia seguitò ad essere frequentata forse più ancora che ai tempi di Filangieri, e il principe di Castelcicala, i direttori e Maniscalco, primo fra tutti, nonchè gli alti ufficiali dell'esercito erano simpaticamente ricevuti nei grandi saloni patrizii, così come molti signori siciliani seguitavano a popolare le anticamere delle Reggie di Napoli e di Caserta, spillando beneficii e onori. È da ripetere che, in occasione del matrimonio del duca di Calabria, furono parecchi i giovani dell'aristocrazia chiamati a coprire cariche di Corte. La vita dell'aristocrazia era vivace e allegra, e si affermava con balli, conviti e matrimonii, così come quella del popolo aveva le sue maggiori manifestazioni nelle feste religiose, massima fra tutte quella di Santa Rosalia, che assumeva il carattere di vero avvenimento in tutta l'Isola. I particolari di quella festa sono stati testè raccolti, con lodevole diligenza e illustrati con acuta erudizione, da Maria Pitrè:[3] una signorina di rara cultura e d'ingegno eletto, che porta degnamente il nome del padre.

Il maggior matrimonio di quell'anno fu quello della Stefanina Starrabba di Rudinì. Ella sposò nell'ottobre del 1859 il conte di Caltanissetta, primogenito del principe di Paternò, e benchè il matrimonio di lei non avesse tutta la pompa, che circondò le nozze di sua sorella maggiore, Caterina, la quale, due anni innanzi, aveva sposato Federico Gravina di Montevago, grande di Spagna e noto col vezzeggiativo di *Fifì*, nondimeno se ne parlò molto per alcuni aneddoti esilaranti. Si ricordava che al padre di *Fifì* furono rivolte una sera dalla principessa di Radaly, che lo sorprese nel suo giardino, mentre compiva un'operazione molto.... prosaica, queste argutissime parole: "*Je savais que les grands d'Espagne pouvaient se couvrir, pas se découvrir!*" Ma l'aneddoto principale del matrimonio della Stefanina fu invece quest'altro. Il principe di Paternò, padre dello sposo, era uno dei tipi più bizzarri del patriziato siciliano. Il matrimonio fu compiuto nella villa Rudinì all'Olivuzza, quella stessa che nel settembre del 1866 gli autori dei famosi tumulti incendiarono, e che il municipio di Palermo indennizzò al marchese Di Rudinì, allora sindaco. Accostandosi l'ora della cerimonia, il principe non si vedeva comparire. E il figliuolo, non senza preoccupazione, corse a casa e trovò che il padre dormiva della grossa, avendo tutto dimenticato. Si vestì allora in furia e comparve alle nozze con pantaloni color pisello, panciotto giallo e giubba

---

[3] MARIA PITRÈ, *Le feste di Santa Rosalia in Palermo e della Assunta in Messina*. - Palermo, Reber, 1900.

amaranto: una *toilette* fatta apposta per suscitare, come suscitò, la maggiore ilarità. Nè volle che la carrozza, la quale doveva portare gli sposi a Santa Flavia nella magnifica villa Paternò, fosse scortata dai compagni d'arme, come il bonario don Franco aveva ottenuto da Maniscalco; e poi quasi li sgridò, quando gli sposi si affacciarono al balcone della villa, per rispondere a una dimostrazione assai caratteristica da parte della gente che si affollava sulla strada. La sposa, a ventitre anni, era nel fiore della bellezza e lo sposo ne contava trentotto. Divenuto principe di Paterno dopo la morte del padre, Corrado Moncada fu nominato senatore del Regno d'Italia nel 1892 e morì a Napoli nel 1895, a settantaquattr'anni. Il presente deputato di Augusta, conte di Cammarata, è il suo secondo figliuolo.

Poche le botteghe di barbiere, chiamate come a Napoli, "saloni". I migliori erano reputati quelli del Serù e del Messina al Toledo, sull'angolo di via Mezzani e presso il Duomo, e di Bastiano Ballo in via Macqueda. Primo sarto per gli uomini, Giorgio Amabilino, che faceva onore al suo nome, tanto era gentile e squisito, e Ferdinando Calvi; per le signore, Luigi Milazzo e la celebre Calabrò, che aveva carrozza propria. Sarto accreditato era anche il Ciralli, la cui notorietà salì addirittura a celebrità, a causa di una clamorosa barruffa succeduta in sua casa, in occasione di un matrimonio. Spentisi i lumi, corsero bastonate alla cieca e venne fuori un motto, che tuttora vive: *Finire a festa di Ciralli*. Botteghe di moda erano quelle di *monsieur* Merle e del Langer a Toledo, per chincaglierie e gioielli; dell'Hugony, del Cardon e del Senés per profumerie; del Santoro e del Lodi per guanti e cravatte. Il Cardon aveva per insegna di bottega: *l'ami des enfants*, perchè vendeva anche giocattoli. La prima casa editrice era quella della ditta Pedone, che cominciò con Giovanni, associatosi prima ad Antonio Muratori e poi al Lauriel, e divenuta celebre in tutto il Regno delle Due Sicilie per le sue belle edizioni. Aveva bottega con annessa biblioteca in piazza Bologni. Ma le più belle edizioni furono fatte in quegli anni da Francesco Lao, editore del *Giornale di Sicilia* e singolarmente protetto dal generale Filangieri, il quale gli fece stampare, con eleganza di tipi, la *Scienza della legislazione* del padre, che figura pubblicata a Parigi e che si vendeva al prezzo di una piastra, benchè fosse libro proibito! Il Lao, che aveva la tipografia in via Celso, fu indiscutibilmente il primo tipografo, ed anche un po' editore, dell'Isola, guadagnò molto e morì in miseria.

Avvocati principi nel fôro civile erano Scoppa, Viola, Bellia, Napolitani, Agnetta, Di Marco e Todaro. Il Di Marco fu deputato nella prima legislatura per il collegio di Corleone, e del Todaro si è discorso. Nel fôro penale portavano il primato per dottrina, integrità e coraggio civile, il marchese Maurigi, il quale, mutati i tempi, fu procuratore generale della Cassazione di Palermo e senatore, Giuseppe Mario Puglia, del quale si è pure discorso, ed anche Gaetano Sangiorgi, che ebbe parte notevole dopo il 1860, morì senatore del Regno e fu fratello ad Antonio, morto l'anno scorso, primo presidente della Cassazione di Palermo e senatore egli pure. Il Maurigi era padre del presente deputato. Fra i medici celebri, oltre al Gorgone, al Pantaleo e a don Antonino Longo, che contò come clinico valoroso, e oggi fa maraviglia come possa esser stato tenuto per tale, si contava Gaetano La Loggia, il quale, benchè notoriamente liberale, non soffrì molestie dalla polizia, avendo curato e salvato il primo figlio del Maniscalco. Il La Loggia, eccellente uomo, era anche celebre per una delle più madornali dimenticanze, che richiama quella del principe di Paternò: la sera delle sue nozze dimenticò che doveva andare a sposare, e gl'invitati e i fratelli della sposa dovettero correre a cercarlo di qua e di là per tutta Palermo! Aveva reputazione anche il Cervello, già professore di matematica, come il suo amico e collega Giuseppe Coppola, e poi di materia medica all'Università; a lui è succeduto degnamente il figliuolo Vincenzo.

I caffè erano pochissimi, non essendovi abitudine di frequentarli, anzi non erano molto stimati coloro che li frequentavano. Più noti, l'*Oreto* in piazza Marina e il *Sicilia* in via Toledo. Il primo esiste tuttora nella sua caratteristica modestia, e il secondo ha cambiato nome. I nuovi tempi non hanno mutate le abitudini, e di caffè, dopo il 1860, non ne son sorti che due soli: uno ai Quattro Canti di campagna, e uno presso ai Quattro Canti di città, detto il *Progresso*. Nei nuovi tempi si aprì il *Caffè Bologni*, sotto il palazzo Riso, che fu vera fucina elettorale. Quivi si riunivano i caporioni di parte democratica, e quivi si battezzavano consiglieri comunali e si criticava l'opera delle amministrazioni del comune. Naturale che i critici più arrabbiati fossero quelli, cui gli amici pervenuti al potere negavano l'elezione a qualche pubblico uffizio, o un qualunque favore, o magari un biglietto per feste al Municipio o per i fuochi d'artificio, in occasione del *festino*. Sarebbe assai aneddotica ed oltremodo curiosa la narrazione della vita del *Caffè di donna Rusidda*, come era comunemente inteso dai frequentatori. I principali alberghi erano la *Trinacria* al fôro Borbonico, con ingresso dall'angusta via Butera e l'*Hôtel de France* in piazza Marina; e chi volesse saperne di più, potrebbe consultare la celebre guida di Sicilia, che pubblicò nel 1859 il padre Salvatore Lanza, o meglio, la *Guida istruttiva per Palermo e suoi dintorni* del beneficiale Girolamo di Marzo Ferro, regio cappellano dei reali veterani. Come guida pratica anzi, sarebbe preferibile questa, riprodotta su quella di don Gaspare Palermo e che si legge con vivo interesse anche oggi. Ma questi alberghi, particolarmente i secondarii, lasciavano molto a desiderare, tanto che don Lionardo Vigo di Acireale, l'autore del *Ruggiero*, il siciliano più siciliano e più enfatico del suo tempo, facendo nel giugno del 1861 un viaggio nell'alta Italia, scriveva da Torino: "*A Torino sono alberghi e trattorie di cui in Sicilia non si ha idea*".... E da Genova, il 4 luglio dello stesso anno: "*Siamo barbari a lato a Genova*". E persino parlando di Aci, sua patria, da lui tanto amata e cantata, scriveva dopo aver visto Como "*Como è Aci gentile, Aci è Como selvaggio*"; e da Milano, il 6 giugno 1861: "*Torino è glaciale e francese; Milano è caloroso ed italiano*". Sono lettere caratteristiche scritte al padre, alla moglie e al figlio. Fu quella la prima e ultima volta, in cui il Vigo, sessantenne, lasciò l'Isola nativa.[4]

Il giuoco del lotto, ripristinato nelle provincie napoletane l'anno 1713, passò e si diffuse in breve tempo in Sicilia ove fu chiamato: *Iocu di Napoli*. La superstizione popolare siciliana lo favorì grandemente, e fin d'allora furono formulati dal popolo tutti quei proverbi e modi di dire caratteristici, che ancora rimangono. Nè solo il popolino giuocava, ma erano giocatori anche tutti quelli che costituivano la piccola borghesia, attratti dalla speranza di un grosso guadagno, e che volentieri si privavano ogni settimana di quanto non era strettamente necessario, e tentavano la fortuna. Così sorsero cabale, regole e controregole, alle quali con ardore e fiducia si applicavano le menti puerili e fantastiche di molti. I più reputati cabalisti erano per il solito, come sono oggi, i frati; e la cieca fiducia che essi riscuotevano, incitava molti a indossare la tonaca per sfruttare ancor meglio la superstizione popolare. Chi raggiunse maggior celebrità nell'Isola fu un tal frà Luigi, morto da una ventina d'anni, ma ancor presente alla memoria di molti. Ogni suo gesto, ogni sua parola venivano commentati, studiati diligentemente, e poi convertiti in numeri. Infiniti sono poi i metodi immaginati per favorire la vincita: la superstizione vi porta il maggior contributo con una caratteristica confusione di sacro e di profano. Si giuocano anche terni e ambi periodici: ogni anno il 17 gennaio, giorno di Sant'Antonio, si giuoca 4 (porco), 9

---

[4] GIAMBATTISTA GRASSI BERTAZZI, *Vita Intima. - Lettere inedite di Lionardo Vigo e di alcuni illustri suoi contemporanei* - Catania, cav. Nicolò Giannotta editore, 1896, pag. 230 e 231 - Lo stesso autore pubblicò l'anno appresso, anche pei tipi del Giannotta: *Lionardo Vigo e i suoi tempi*.

(santo) e 17 (giorno del mese). Dopo che si è giuocato, la credenza vuole che si custodisca religiosamente la polizza e la si ponga vicino ad un'immagine di San Giuseppe e si preghi il santo fervorosamente. La passione del lotto aveva dato origine a tutta una letteratura. Nel 1847 da Michele Valente si pubblicò a Palermo un libro intitolato: *Dialoghi fra il Destino, la Fortuna, il Desiderio e il Capriccio, ovvero modo facilissimo di arricchire al lotto*. Si pubblicava ogni anno *L'Astrologia*, almanacco di Rutilia Benincasa nata Fanfarricchio, una specie del celebre Barbanera di Foligno. Chi poi volesse saperne di più, può consultare la bellissima pubblicazione di Giuseppe Pitrè: *Usi, costumi, credenze e pregiudizii del popolo siciliano*: pubblicazione unica nel suo genere.

Vincenzo Florio, aprendo la Sicilia al mondo, aveva portato una rivoluzione nei patriarcali costumi dell'Isola. Se nel 1846 fu impiantata la prima navigazione a vapore fra Napoli e Palermo, e nel 1849 i primi vapori di Florio cominciarono a solcare i mari lontani, negli ultimi anni la Sicilia aveva comunicazioni dirette e periodiche con Genova, Livorno, Marsiglia e New-York, e due volte la settimana con Napoli, il che sembrava una grande fortuna. Nel 1856, a causa del tempo, per trentasei giorni Palermo non ebbe alcuna notizia dal continente e nessuno se ne maravigliò. Se prima del Florio era segnato a dito chi facesse un viaggio fuori l'Isola, cominciò poi ad accadere il contrario fra i signori e la ricca borghesia. Ma il nuovo amore per i viaggi all'estero (credo non vi sia esempio di villeggiature in Isvizzera e in Lombardia prima del 1860), non distolse i signori dalle loro tradizionali e magnifiche villeggiature della Bagheria, di Santa Flavia e dei Colli. A Bagheria erano le ville Butera, Palagonia, Valguarnera e la Certosa, dove il capriccio del vecchio principe di Trabia volle rappresentare in cera un'intera comunità di certosini e i personaggi più celebri del suo tempo. Intorno a un tavolo, in una colletta, siedono

Capitolo VI

fra gli altri, in abito monacale, grandi al vero, Ferdinando I di Borbone, Luigi XVI e il principe di Butera. Tutti sono ritratti ed hanno la loro importanza storica. Il palazzo del principe di Palagonia, considerato dal Goethe come tempio della demenza, ha vôlte e mobili stranissimi, con sedie intarsiate di agate e dozzine di mostri, alla creazione dei quali non giunse neppure la fantasia dell'Ariosto. Quella villa fu venduta, con tutto il contenuto, dagli amministratori della eredità del principe di Palagonia e la vendita provocò scandali e diatribe, che andarono a finire in tribunale. Acquirenti ne furono i Castronuovo di Bagheria. Da qui a Santa Flavia la distanza è assai breve, e a Santa Flavia sono disseminate altre magnifiche ville, tra le quali quella dianzi ricordata del principe di Paternò. I dintorni di Palermo sono tutti un incanto, da qualunque punto si voglia guardarli, perchè non vi è città al mondo che offra tanta varietà di spettacolo. A vedere la città dalla parte del mare, si direbbe strozzata dai monti che la circondano: monti arsicci e scoscesi, dalle cime aguzze e stravaganti. Palermo non s'inerpica come Napoli su per le colline verdi, ma si distende in quella magica conca d'oro, offrendo tanti diversi spettacoli, quanti sono i punti dai quali si contempla e coi più strani effetti ottici. Il mare, cristallino e quasi etereo, forma lo sfondo di tanti quadri, i quali esaltano lo spirito e fanno levare un inno alla Provvidenza. E il piano di Palermo, sia salendo verso Monreale, sia verso i colli e le pendici del Pellegrino, fra Partanna e Mondello, sia verso Bagheria, anzi fino a Termini, è tutto una foresta di agrumi, popolata da borghi, più numerosi fra i Colli e Partanna. Borghi bianchi, in mezzo a giardini, dove vive una popolazione laboriosa, maliziosa e stranamente suscettibile, la quale dette il maggior contingente in ogni tempo alla mafia e alle sommosse palermitane, e dove non si sa concepire un uomo senza fucile, nè altra giustizia che non sia la propria, quando si sia ricevuta una offesa, che non si creda di rivelare. Nel contemplare con un mio carissimo, da un vecchio fortilizio di

Mondello, quella spiaggia e quei monti, si riceve la impressione che il capo Zafferano, a forma di cono sporgente dalle acque, fosse il punto estremo del monte Pellegrino: così bizzarri sono gli effetti ottici di quella marina, in una giornata di primavera.

Rivaleggiavano con Palermo, nella vita dei teatri, dei balli e delle villeggiature, le città di Catania e di Messina. Al Comunale di Catania andò in iscena nel 1858, con lusso di addobbi scenici, il *Pirata* del Bellini, con la Sutton. Quel teatro, dotato dal comune con 1500 ducati, rimaneva aperto quattro mesi dell'anno e ne era ordinariamente impresario don Cesare Tornabene, un elegante signore, il quale aveva pure un magazzino di vestiari. Il *Pirata* destò fanatismo. Diresse l'orchestra il maestro Rosario Spedalieri, e scenografo fu Carmelo de Stefano. L'anno innanzi era stata rappresentata la *Straniera*, con la Prati, col Bettazzi tenore, col Bandi baritono e vi ebbe ottimo successo. Dei trattenimenti, che in quegli anni destarono maggiore impressione e lasciarono più vivo ricordo, vanno ricordate le improvvisazioni, che nel 1852 vi fece la Giannina Milli. Il Comunale serviva per musica e prosa.

Tommaso Salvini, che fu preceduto nel 1854 dalla compagnia Domeniconi, la quale rimase mezzo decimata dal colera di quell'anno, andò la prima volta in Catania nell'ottobre del 1858, con la compagnia diretta dall'artista Cesare Dondini, nella quale era prima attrice Clementina Cazzola. Il Salvini recitò al Comunale e fu festeggiatissimo. Molta gente vi andava dalla villeggiatura e tornava la stessa sera, dopo la recita. Di produzioni furono date: *Otello, Francesca da Rimini, Elisabetta d'Inghilterra, Le smanie della villeggiatura* e *La forza dell'amor materno*. La sera del 9 ottobre ebbe luogo la prima recita, e quando il gran tragico apparve sulla scena, fu una pioggia di versi e di fiori.

Un sonetto dell'avvocato Emmanuele Rapisardi, fratello del pitto-

Capitolo VI

re Michele, ebbe acerba critica per la forma e per un ingiusto rancore verso il proprio paese, che si vide trasparire in quei versi e che suscitò una polemica nel *Giornale di Catania*. E si ebbe ragione, perchè il sonetto era proprio questo:

A TOMMASO SALVINI.
(Acrostico)

Tristo quel cor, che ad ogni affetto è muto;
Onta a quel cor, che nella melma giace;
Muta è per essi ogni beltà verace;
Morta è l'arte; il sublime è sconosciuto.

Ad essi, di natura anco rifiuto,
Spenta è in eterno ogni celeste face;
Odiano il dì; la notte ad essi è pace;
Sol la forma han dell'uom, l'alma del bruto.

A te però dinanzi or li vegg'io
Levati udirti, ed agitati e scossi
Veder per te, dirsi per te beati.

In te chi parla, se non parla un Dio?
Non son costor per te tanto commossi?
Il son color d'alto sentir dotati?

Le opere di musica erano a preferenza belliniane, in omaggio al grande maestro, la cui memoria esaltava ed esalta i catanesi, ma non fu prima del 1860, che Catania costruì un grandioso teatro, intitolandolo al sommo maestro e concittadino, al quale innalzò pure un monumento e ne trasportò le ceneri da Parigi.

Catania aveva, oltre ai suoi giornali, una specialità significante: un negozio di libri, con gabinetto di lettura, fondati l'uno e l'altro dal toscano Ettore Fanoi, il quale trasformò la libreria, come il Viessieux, in gabinetto di lettura, proprio nel centro della città, sotto la casa Vasta. Dei giornali, va ricordato il *Giornale di Catania*, che si occupava di politica estera, con gazzettino commerciale, rivista dei mercati, movimento del porto e teatri. Va anche ricordata la piccola rivista del gabinetto Gioenico, organo della celebre e antica accademia. Fondata nel 1834, visse fino al 1865, conservando lo stesso formato in ottavo, con copertina gialla e il motto: *Prudens magis quam loquax*. Era un giornale strettamente scientifico. Si pubblicava inoltre il *Giornale dell'Intendenza*, ufficiale per gli atti di ciascuna provincia, che veniva fuori a fascicoli ed era stampato in quello stabilimento del regio Ospizio, diretto da Crescenzo Galatola, il quale se non può proprio dirsi il fondatore dell'arte tipografica in Catania, che aveva da qualche secolo buone tipografie, ne è il maggior benemerito.

I *clubs* servivano anche da caffè, e in via Stersicorea, ai Quattro Cantoni, era quello dei nobili, col *Caffè di Parigi*, che bruciò nel 1862, e i Caffè Sicilia e Tricomi, tuttora esistenti, nonchè il Casino della Borsa, dove conveniva l'alta borghesia e si davano memorabili feste da ballo. La vita sociale era animatissima, e in carnevale assai si gareggiava in maschere e balli. La casa, che raccoglieva la società più eletta, era quella del principe di Biscari, gran signore, munificente e stravagante. Vi convenivano quanti uomini illustri visitavano Catania, e Giuseppe Regaldi vi fu ospite gradito nel 1842. In casa Biscari esisteva pure un museo di antichità interessantissimo, così come ad Acireale il barone Pennisi possedeva un notevole medagliere. Non erano però queste le sole collezioni archeologiche private. Lo studio dell'archeologia fu sempre in grande onore non solo a Catania, ma in tutta la Sicilia. I catanesi avevano, come i messinesi, la passione della caccia e della villeggiatura, la quale cominciava ai primi di settembre e finiva ai Morti. Più che passione, era per essi una vera manìa. Villeggiavano al Bosco, contrada, dove sono compresi i villaggi del versante meridionale dell'Etna, cioè Mascalucia, San Giovanni La Punta, Via Grande, Trecastagne e San Gregorio; e, tra le ville più eleganti, vanno ricordate quelle del principe di Biscari a Mascalucia, del marchese San Giuliano alla Leucatia e del principe Carcaci ad Aci Sant'Antonio, tappe di gitanti e di cacciatori e però divertentissime. È da ricordare anche la villa Currò a San Giovanni la Punta, aperta ai villeggianti dei borghi vicini.

Eccellevano tra le più belle signore del tempo la marchesa di San Giuliano, figlia anche lei del principe di Cassaro e madre del presente ministro delle poste; la signora Pettini, moglie dell'amministratore del principe di Manganelli; le sorelle Laura e Teresa Nani, la signora Elena Calì, nata San Giuliano, la signora Catalano, moglie del professore di diritto penale dell'Università e madre del defunto diplomatico. A Catania, come a Palermo, le signore non uscivano sole, o uscivano coperte col lungo e caratteristico manto di seta nera, quando andavano in chiesa o a far visite di confidenza; in carrozza non si adoperava il manto. La casa San Giuliano era anch'essa aperta alla più eletta società. I giovani più eleganti del tempo erano il barone Pucci, il barone Paulì di Scordia, Matteo Sava di Belpasso e Ludovico Florio, che credeva di somigliare a Vittorio Alfieri e portava delle cravatte monumentali, come il tragico astigiano. Il barone Felice Spitaleri, il duca Framestieri, il barone Saverio Landolina e i fratelli Casalotto venivano anch'essi considerati fra i signori più galanti; esisteva pure un gruppo di giovani, i quali avevano fama di vaghezza ed erano: un fotografo, chiamato Zurria, un dentista, chiamato Cacciaguerra e un avvocato Patti, onde si disse:

> I tre belli della terra
> Zurria, Patti e Cacciaguerra;

E poichè non bastavano, il poeta aggiunse:

> Ma voi saper volete
> Dove beltà riposa?
> In Gaetan Mondello
> E Salvator La Rosa,

perchè anche costoro la pretendevano a belli. E tra gli eleganti non va dimenticato l'ingegnere Niccolò Ardizzone, poeta satirico e parente del barone Spitaleri.

Catania, che possiede oggi quel giardino pubblico Bellini, indiscutibilmente uno dei primi di Europa, e il giardino fuori porta Uzeda, sul mare, non ne aveva nessuno prima del 1860. Suonava la musica alla Marina, fra la porta suddetta e il palazzo arcivescovile, e si fittavano le sedie, al grido burlesco tradizionale: *Franchi di cimici*, mentre i venditori di piccoli biscotti offrivano la loro merce, gridando: *Nciminati 'n facci 'a musica*.[5] Il popolo accorreva numeroso a sentire la musica, come correva numeroso in piazza Stersicorea, per assistere alle parate militari. Sulla piazza, dov'è ora il monumento al Bellini, sorgeva una statua di Ferdinando II; in piazza degli Studi e proprio innanzi all'Università, sorgevano le statue di Carlo III e di Ferdinando IV, e in piazza dei Cereali, quella di Francesco I. Di tutte queste statue oggi non ve n'è più una.[6]

Meschine le locande. Va ricordata quella di don Salvatore Abbate, filodrammatico, il quale recitò con Salvini nell'ottobre del 1858.

---

[5] Vuol dire: coperti di sesamo e di fronte alla musica.

[6] Furono del pari distrutto le altre che sorgevano nel Fôro Borbonico, oggi Italico, di Palermo. Delle bellezze di questi, e di altri monumenti che abbellivano ed arricchivano quella passeggiata, fa una viva descrizione il PALERMO nella *Guida di Palermo*, riprodotta poi dal DI MARZO FERRO e che è il più completo libro del genere.

L'albergo più antico e forse migliore, era quello in piazza del duomo, dietro l'elefante; ma quando diluviava, ingrossandosi il fiume Amenano, che una volta scorreva nella città, e raccoglieva nel basso anche le acque delle colline vicino alla sua foce, i forestieri vi rimanevano bloccati. V'era pure la locanda della Colomba, che serviva ai ritrovi amorosi, e ancora esiste in via Zappalà Bozzomo.

Maestro di scherma più reputato era quel Blasco Florio, che aveva avuta la vivace polemica con l'Inguaggiato di Palermo, e la cui sala era frequentata dai giovani signori e dai borghesi più noti.

I negozianti principali a Catania erano Eduardo Jacob, Alfio Scuto, De Benedetto, Motta e Calogero Costanzo. Fra i negozi di tessuti di lana e generi esteri vanno ricordati quelli di Fischetti e di Gentile; e di tessuti indigeni di cotone, quelli di Dovi, Russo, Licciardello. Pregiati ed importanti erano i tessuti in seta, che si fabbricavano in larga scala e si mandavano in tutto il Regno. Rinomati i negozi dei fratelli Autori che tenevano un'importante succursale a Napoli, e quelli di Fragalà. L'industria della seta, assai fiorente e fonte di lavoro lucroso per Catania, decadde dopo il 1860.

Quelli che non frequentavano i circoli, nè case private, solevano radunarsi la sera nelle farmacie, dove si fermavano sino a due ore dopo l'avemaria, in attesa che le persone di servizio andassero a prenderli all'ora designata con le lanterne, essendo scarsa l'illuminazione pubblica, la quale veniva aiutata dalla maggior parte dei padroni di casa, che sul loro portone accendevano il *lampione*. E dire che oggi è una delle città meglio illuminate d'Italia. La festa di Sant'Agata, aveva la curiosa specialità delle così dette *Ntuppatelle*, che erano le signore, le quali nascondendosi il volto col *Manto*, prendevano i signori a braccio, e si facevano condurre a passeggio e comprare dolciumi.

Si rifece vivo l'antico disegno d'irrigare la piana di Catania con le acque del Simeto. L'idea risaliva fino al 1826; ma nonostante gli illuminati eccitamenti di Giambattista Guarneri e di Carlo Afan de Rivera, non prese forma concreta, che nell'agosto 1845, quando l'ingegnere napoletano Enrico Dombrè presentò un progetto completo. Il governo di Napoli non l'approvò che nel marzo del 1852, per le insistenze di Filangieri. Si formò la società con un capitale di 180 000 ducati, inferiore di molto a tanta opera, per la quale occorreva una somma almeno di due milioni e mezzo. Cominciarono i lavori nel dicembre del 1858. Il primo arginamento venne eseguito presso la "Barca di Paternò", e di là furono fatti partire i canali principali. Questi lavori non dettero però tutto l'utile che se ne sperava. Della nuova forza motrice fu utilizzata solo quella del canale destro, che muove anche oggi due mulini da grano; mentre la forza del canale di sinistra, di circa cento cavalli, rimase morta. Il Simeto è il maggior fiume di Sicilia, ricco di acque, soprattutto nella piana, a pochi chilometri dalla foce. Nè da allora si è fatto altro, nonostante che a Catania siano tutti convinti della necessità di quest'opera, che farebbe di quella piana feracissima e delle convalli superiori, la regione più ubertosa del mondo. Oggi i lavori incompiuti ammorbano l'aria, perchè alimentano una quantità di piante palustri lungo i condotti.

Era intendente della provincia il conte Angelo Panebianco di Terranova, il cui fratello, frate conventuale a Roma, fu creato cardinale da Pio IX nel 1861. L'intendente aveva fama di rigidezza eccessiva in politica, ma in verità non si ricorda alcun suo eccesso veramente biasimevole. Teneva bensì d'occhio i liberali e li molestava all'occorrenza, tanto da indurre Luigi Gravina, oggi senatore del Regno, a lasciar Catania nel 1852 e ad emigrare volontariamente a Malta. Il Gravina era stato aiutante di campo del generale Mierolawski. L'intendente nativo, come ho detto, di Terranova, apparteneva a ricca e civile famiglia, ma il titolo di conte l'ebbe da Pio IX, ad insistenza del fratello cardinale. Governò Catania circa nove

Capitolo VI

anni, e fu tenuto in grande considerazione da Filangieri e da Maniscalco; da quest'ultimo soprattutto, il quale soleva scrivergli lettere autografe, che si aprivano con un *pregevole amico*, e si chiudevano costantemente: *credetemi pieno di affetto*. Le lettere difatti che gli scriveva, erano addirittura intime, e con lui si abbandonava a sfoghi e a confidenze, delle quali a nessun costo avrebbe onorato altri.

Nelle lettere, che vanno dal febbraio 1859 a pochi giorni dopo il tentativo della Gancia, si leggono periodi di questo genere: "Una mano di occulti demagoghi agitano a quando a quando il paese, ma non sono ignorati dal direttore di polizia. Io rifuggo dalle prigionie politiche, di un castigo, che nobilita per così dire della canaglia, che nulla sente di generoso e peregrino; li seguo da lunga mano, aspettando l'occasione di dare un colpo ardito". – Dopo l'attentato contro di lui, l'epistolario ha un tono più severo, anzi addirittura minaccioso. – "Uno dei flagelli della Sicilia – scriveva in data 20 ottobre 1859 – sono i magistrati, che manomettono la giustizia e alimentano il malcontento". E in altra del 10 novembre: "La magistratura disserve e non serve il governo, ed una delle fatalità del paese sta nella mala amministrazione della giustizia civile e penale". E concludeva: "I tempi sono tristi, e non vedo ancora un raggio di speranza per uscire da tanti guai". Il 21, scrive, più caratteristicamente: "La nobiltà palermitana mi onora del suo odio, per averla io calpestata, quando pensò di agitarsi: io mi rido di questa malvoglienza e di questi odii". E in data del 29 dicembre, facendogli gli auguri per il nuovo anno, gli dice: "La mia salute risente ancora le conseguenze dell'attentato; il paese è materialmente in calma; i tristi si preparano ad una lotta, se ad essi verrà un ausilio dallo straniero. Noi li aspettiamo a piè fermo". Per lui lo straniero era il Piemonte, e Garibaldi per esso, il cui nome ricorre più volte in questo epistolario, perchè Maniscalco si può dire intuisse ciò che avvenne pochi mesi dopo. Difatti, in una lettera degli 11 febbraio 1860, lunga e sempre tutta di suo pugno, scriveva: "Le vostre apprensioni sulle condizioni perigliose, nelle quali si trova la Sicilia, sono divise da me e da quanti sono attaccati alla causa dell'ordine. *Io non temo un'insurrezione, ma temo d'uno sbarco di emigrati*. Gli agitatori sanno che non si possono misurare colle forze del governo, e contano sull'ausilio straniero. La mala contentezza si fa semppreppiù maggiore e tutti credono l'autorità perduta. Dio salvi il Re ed il Regno e dia forza a noi per scongiurare i pericoli, che minacciano la quiete del Reame". E sette giorni dopo scriveva: "Palermo è agitata, ed io temo che fra non guari verremo alle mani con una gioventù dissennata. Il sangue ricada sul capo di coloro che provocheranno la lotta". E alla fine di febbraio: "Lo spirito fazioso imperversa in Palermo, e si manifesteranno sintomi gravi. Io sono apparecchiato a tutto, e ricorrerò alle ultime estremità". E il 13 marzo, con spirito profetico: "Qui v'è una certa calma, ma calma aspettante. La febbre politica ferve, e gli animi sono disposti ad un movimento. Nessun effetto hanno prodotto le ultime sovrane largizioni in Palermo". Dieci giorni prima del tentativo della Gancia, scriveva: "Il paese sta sulle bragi e si fanno sforzi sovrumani per contenere i rivoluzionari. La rivoluzione di Sicilia è aspettata in Italia. Dio ci aiuterà ed il nostro buon Re, il cui senno è superiore alla età Sua, saprà scongiurare la procella". E, quindici giorni dopo, in data del 20: "L'insurrezione è vinta dappertutto, ed ora non resta che consolidare l'ordine che fu, ove più ove meno scosso. La vostra provincia è stata ammirevole; siane lode alla vostra operosità".[7]

Della vita sociale di Messina ho avuto occasione di parlare, narrando l'ultimo viaggio di Ferdinando II, nel 1852. Messina grazie al porto franco e agli altri privilegi di cui godeva, gareggiava con Palermo nello splendore di quella vita, e per alcuni riguardi la supe-

---

[7] Archivio Panebianco.

rava. Città soprattutto mercantile e signora dello stretto, grande e storica via fra l'Oriente e l'Occidente, il suo ceto più influente e operoso era quello dei commercianti e dei banchieri. Benchè desolata prima dal bombardamento del 1848 e poi dal colera del 1854, che vi fece strage, non perdette mai il suo aspetto di città gaia e ospitale. Fra le più belle signore del tempo erano la Giulia Grill Clausen, figlia del console danese Clausen e moglie di Paolo Grill, negoziante ricchissimo, rappresentante la ditta Valser; la signora Di Cola, la maggioressa Piccirilli, e fra le più belle signorine, le Parlato e le Fischer. Principe fra gli avvocati, Vincenzo Picardi, padre di Silvestro, oggi deputato di Messina.

Messina, non centro di studii, benchè avesse un'Università, era di tutte le città dell'Isola la meno isolana. La sua vicinanza al continente, le antiche e non mai interrotte relazioni sue con Napoli, dettero sempre a Messina una fisonomia propria, dissimile soprattutto da quella della rivale Catania, stretta dall'Etna e dal mare. Le colonie di commercianti stranieri, soprattutto tedeschi, congiunsero Messina ai più lontani paesi e le dettero consuetudini e gusti cosmopoliti, ingentilendone i costumi e le idee. In quegli anni i suoi commerci fiorirono e il porto franco fu una miniera d'oro. Se parecchi messinesi ebbero in ogni tempo l'amore della libertà e dell'indipendenza, questo era per i più un amore piuttosto platonico; il popolo non odiava i Borboni e ne diè una prova nell'ultimo viaggio di Ferdinando II. Popolo inclinato anch'esso all'iperbole, la sua fede religiosa aveva bisogno di manifestarsi con pompe straordinarie e quasi inverosimili. Se i pregiudizi per la jettatura erano pari a quelli di Napoli, la divozione per la *Madonna della Lettera*, patrona della città, e per l'Assunta, superava forse quella di Palermo per Santa Rosalia e di Catania per Sant'Agata. E più radicata v'era la tradizione del soprannaturale, poichè davvero la Madonna, che, dall'opposta riva di Reggio, scrive ai messinesi una lettera in lingua ebraica, da San Paolo tradotta in greco e da Lascari in latino, e cominciante con le parole: *vos omnes fide magna*, e ne affida il recapito a San Paolo stesso, varca di molto i limiti anche del miracoloso. Le processioni vi erano frequenti, lunghe e solenni, e vi solevano partecipare gentiluomini recanti ceri accesi, uniti alla folla e alle numerose congreghe; nè mancavano poi magnifiche luminarie e fuochi pirotecnici sul mare, come in tutta la Sicilia. Questa fede religiosa, che si nutriva di pompe esteriori, non era, bisogna riconoscerlo, senza radice vera nelle coscienze dei messinesi. La donna, popolana, borghese o patrizia, era madre esemplare, figliuola devota e quasi sempre moglie fedele ed onesta. La mafia, che in Palermo e in altre parti dell'Isola aveva diffusione quasi in ogni ordine sociale, era poco diffusa a Messina, dove si è anche oggi più sinceri, più espansivi e meno violenti. Benchè gelosi, come tutti gl'isolani, nei messinesi la gelosia appariva meno. Nei teatri, nei passeggi pubblici, nei balli, le abitudini, borghesi od aristocratiche, erano affatto continentali. Non accadeva di vedere, come in altre città della Sicilia, entrando in una sala da ballo, gli uomini da una parte e le signore dall'altra. E ciò perchè, come ho detto, i contatti con gli stranieri avevano cancellato quasi interamente il ricordo de' vecchi costumi, e soppresse le forme esteriori d'una gelosia tanto più ridicola, quanto meno acconcia a serbare la fedeltà coniugale. Messina si affermava sempre sorella primogenita di Catania, e se riconosceva la superiorità di Palermo, la subiva di mala voglia.

Fu sindaco in quel tempo il marchese di Cassibile, ricco ma strano signore, che tentò più tardi la deputazione e non vi riuscì mai. Egli fu sostituito dal barone Felice Silipigni, che tanto si distinse nella tremenda epidemia colerica del 1854, e lasciò buon nome e raccolse grandi lodi dal generale Filangieri, il quale, in occasione del colera, si recò personalmente a Messina a distribuire soccorsi e a rincuorare la cittadinanza, atterrita forse più che a Palermo.

L'indipendenza, ecco la parola magica che politicamente esaltava il

Capitolo VI

siciliano di qualunque grado e creava una vera eguaglianza, anzi la sola eguaglianza sociale, nell'odio contro i napoletani. Sotto quella vernice di gaiezza e di benessere covava un fuoco sempre vivo di odii e di rancori verso i napoletani. I nuovi tempi maturavano, e la Sicilia dei siciliani, chiunque ne fosse il Re, anche un tiranno, pur di vederlo nella vecchia Reggia normanna, con una magnifica Corte, accendeva le fantasie. *Un Niruni o chiano 'u palazzu*, e più comunemente: *'u Riuzzo o chiano 'u palazzu*, ecco l'ideale ed ecco il lievito del malcontento, che in quei mesi si andava addensando. Se il fondo del carattere siciliano è l'orgoglio, le manifestazioni dell'orgoglio sono infinite, e sovente, per un eccesso di furberia, prendono le forme più umili e carezzevoli. Se l'accattone, non mai lacero e sporco, stendendo la mano si studia di umiliarsi il meno che può; se il popolo ribelle alle prepotenze vi soggiace con falsa rassegnazione, quando non può reagire, senza dimenticar mai; se il signore simula e dissimula a perfezione e non si lascia scoprire, nondimeno la vita esteriore dell'Isola, in quegli ultimi mesi del 1859, non rivelava davvero ciò che avvenne poco tempo dopo: la tentata insurrezione del 4 aprile e poi lo sbarco di Garibaldi a Marsala agli 11 di maggio e il suo ingresso a Palermo il 27 di quel mese. Gli avvenimenti nel resto d'Italia fecero precipitare le cose nella Sicilia.

CAPITOLO VII

SOMMARIO: La cospirazione liberale in Sicilia – Dimostrazione per la vittoria di Solferino – Incidente di Maniscalco al *club dell'Unione* – Il primo Comitato liberale – La tradizione rivoluzionaria di Palermo – Le squadre – Il tentativo insurrezionale di Giuseppe Campo nell'ottobre del 1859 – Rapporto di Castelcicala e nota del Re – I liberali e Maniscalco – Attentato di Farinella contro la sua vita – Particolari – Riorganizzazione del Comitato – Mazzini e Crispi da una parte, Giuseppe La Farina dall'altra – Enrico Benza a Palermo – Curioso rapporto di Castelcicala – I nobili entrano nella cospirazione – Il padre Ottavio Lanza – Il testamento del principe di Scordia e Butera – Si fa un Comitato unico – Il vecchio barone Pisani – Si provvedono fondi, fucili e bombe – I preparativi di Francesco Riso – L'inchiesta di Pisani juniore – L'opera della polizia – Si delibera d'insorgere il 4 aprile – Il piano dell'insurrezione – *'U zu Piddu Rantieri* – Arresti e perquisizioni – Come la polizia scoprì il complotto – Un verbale dell'ispettore Catti – La verità storica – Le precauzioni del governo.

Vera cospirazione politica organizzata non vi fu in Sicilia prima della morte di Ferdinando II. I conati di Garzilli e di Bentivegna, repressi nel sangue, non ebbero altro effetto che di accrescere il lievito di odio dei siciliani per il governo di Napoli. Se nel 1848 l'idea, che prevalse, fu l'indipendenza dell'Isola, gli orizzonti erano più larghi nel 1859. Si era formato il Regno dell'Italia del nord; la Toscana e l'Emilia si reggevano a dittatura, e i dittatori erano di fatto luogotenenti di Vittorio Emanuele; e gli uomini più eminenti, esuli del 1848, mandavano dall'esilio moniti e speranze. L'idea nazionale e il

Capitolo VII

sentimento della grande patria riscaldavano il petto dei liberali siciliani, i quali nelle nuove condizioni politiche dell'Italia vedevano la garenzia del successo. La prima manifestazione liberale si compì, raccogliendo, per iniziativa principalmente di Corrado Valguarnera duca dell'Arenella, figlio giovanissimo del principe di Niscemi, oggi senatore del Regno, soccorsi per i feriti della guerra dell'indipendenza; e la prima dimostrazione fu fatta per la vittoria di Solferino, illuminando, la sera del 26 giugno, i *clubs* della città. Si tentò anzi dai giovani più animosi di far illuminare tutta la città; ma, oltrechè per i *clubs*, non vi si riuscì che per poche case di piazza Marina e di piazza Bologni. I *clubs* di Palermo sono, giova ricordarlo, a pianterreno. Al *club* dell'*Unione*, in piazza Bologni, detto della *Pagliarola* o delle *sette finestre*, uno dei più antichi della città, preseduto dal vecchio marchese Ugo delle Favare, borbonico schiettissimo, i giovani socii Francesco Vassallo e Francesco Brancaccio di Carpino, di loro testa ordinarono al maestro di casa l'illuminazione, e poichè non vi erano candelieri pronti, fu adoperato un lampadario. Il marchese Ugo, temendo qualche molestia dalla polizia, si risolvette di tornare a casa; e restarono nel *club* pochi soci, tra i quali il Brancaccio, il Vassallo e il barone di Rosabia, un vecchio dalla lunga barba bianca, il quale, seduto fuori, pareva si volesse godere lo strano spettacolo. Venivano difatti rumori confusi giù dalla Marina; ai quali seguì l'avanzarsi di una gran folla, con Maniscalco alla testa. Si seppe che il direttore della polizia, circondato da molta sbirraglia, aveva lui stesso con uno scudiscio mandati in pezzi i lumi dei primi *clubs*. Giunto che fu innanzi a quello dell'*Unione*, chiese chi avesse dato l'ordine di illuminarlo, e nessuno rispose. Brancaccio e Vassallo si perdettero nella folla; il barone di Rosabia non si mosse, ma un servo del *club* rivelò che l'ordine era stato dato appunto dai primi due. Il Maniscalco, allora, mandò in pezzi egli stesso l'innocente lampadario, e ordinò l'arresto di Brancaccio e di Vassallo, che riuscirono a mettersi in salvo. L'atto compiuto personalmente da Maniscalco urtò il sentimento pubblico e riaccese più forti gli odii contro di lui.

Si sentiva il bisogno di costituire un primo e vero Comitato direttore del movimento liberale, perchè direzione non vi era. Ne fecero parte da principio l'ingegnere Tommaso Lo Cascio, Salvatore Cappello, Salvatore Buccheri, Emanuele Faja, i fratelli Di Benedetto, Domenico Cortegiani, Andrea Rammacca, il vecchio barone Pisani e suo figlio Casimiro, Martino Beltrami-Scalìa, Giambattista Marinuzzi, Francesco Vassallo, Enrico Albanese, Andrea d'Urso, Giuseppe Campo e Francesco Brancaccio. La mente e l'autorità maggiore del Comitato erano quelle del vecchio barone Pisani; gli altri appartenevano quasi tutti alla borghesia facoltosa, che rappresentava la maggior resistenza al governo dei Borboni. Martino Beltrami-Scalìa, genero del barone Pisani, era insegnante privato, come si è veduto; Buccheri era negoziante di ferramenta; Cortegiani, farmacista e fratello dell'agente del duca di Aumale; Marinuzzi iniziava la sua professione nel fôro; Rammacca aveva bottega di cambiavalute in via Toledo; i fratelli Di Benedetto discreti benestanti, e l'Onofrio anche medico, e Andrea d'Urso era l'uomo d'affari della contessa di San Marco, la quale fu tanto utile alla causa liberale. Questa signora era ultima di casa Filangieri San Marco e vedova del conte di Sommatino, anch'egli di casa Lanza, morto di colera nel 1837. Francesco Brancaccio viveva nel mondo aristocratico e non aveva requie nè prudenza.

La tradizione rivoluzionaria di Palermo era questa: contare sul concorso della campagna, cioè poter disporre nelle campagne vicine di persone coraggiose e sicure, le quali potessero raccogliere intorno a sè altri elementi, egualmente coraggiosi e risoluti, raccozzati soprattutto fra quei contadini nomadi onde son ricche le campagne siciliane:

Capitolo VII

contadini e facinorosi, risoluti a formare squadre, a combattere la forza pubblica, a saccheggiare unici doganali e, penetrati che fossero in Palermo, fare man bassa sulle amministrazioni governative, unendosi alla mafia cittadina. Per loro la rivoluzione voleva dire distruzione di ogni freno politico e legale. Le squadre furono tanta parte dei moti palermitani in ogni tempo, fino ai più recenti, dopo il 1860; ma se ne furono la forza, ne furono anche la debolezza, perchè gli elementi torbidi che entrarono a farne parte, non poteano, per le loro pretensioni, essere facilmente tenuti a segno. Il Comitato s'illudeva da principio di poterne fare a meno, ma non era possibile, e se n'ebbe la prova in un primo tentativo d'insurrezione, fatto nell'ottobre del 1859 da Giuseppe Campo, il quale, dichiarando di poter disporre di molta gente in Bagheria, aveva persuaso il Comitato che sarebbe stato agevole tentare un moto insurrezionale il giorno 9 Ottobre, con questo piano. All'alba di quel giorno, una squadra, dopo aver inalberata in Bagheria la bandiera tricolore, e disarmata la poca forza pubblica, raccogliendo via via altri uomini armati a Misilmeri e a Villabate, sarebbe scesa a Palermo; ed allora, al rumore di alcune fucilate verso la porta Sant'Antonino, i cospiratori della città sarebbero corsi alle armi, e con l'aiuto delle bombe e delle squadre, avrebbero attaccata la truppa, e la rivoluzione si sarebbe compiuta. Giuseppe Campo, giovane di grande coraggio, ma non di pari esperienza, aveva fatto assegnamento sulle spavalderie di un suo castaldo, tal Gandolfo, il quale gli aveva dato ad intendere di poter disporre di tutti gli uomini d'azione di Bagheria e vicinanze, i quali ad un cenno si sarebbero raccolti sotto la sua direzione. Ma invece intorno al Campo, la sera del giorno 8 ottobre, non si trovarono che cinque o sei uomini armati. La mattina del 9, il Comitato di Palermo, non avendo alcuna notizia da Bagheria, inviò colà Giambattista Marinuzzi, il quale, tornato ad ora tarda, riferì che il Campo, per deficenza di uomini, non aveva potuto mantenere la promessa; ma l'avrebbe mantenuta il dì seguente. E difatti nella notte tra il 10 e l'11, il Campo, con un pugno di uomini, guidato da un certo D'Alessandro, irruppe prima in Santa Flavia, dove assalì la guardia urbana, poi in Porticello, dove assalì e disarmò la caserma doganale, ed in ultimo in Villabate, dove invase il posto della guardia urbana e la casa del suo capo, certo Salmeri. Ma fu lì che, raggiunti da un manipolo di soldati e di compagni d'arme, gl'insorti furono sgominati dal numero prevalente della forza, ed il Campo trovò rifugio in casa Federigo, ai Ciaculli. Imbarcatosi poi per Genova, scese co' Mille a Marsala, dove ebbe compagni i fratelli Achille e Francesco, de' quali il primo avea già fatto parte della spedizione di Calabria nel 1848, e salì poi nell'esercito nazionale al grado di colonnello; e l'altro, che già serviva nello esercito sardo, pervenne nell'italiano all'alto grado di tenente generale. Un terzo fratello, compiuta che fu l'impresa di Garibaldi, si arrolò anch'egli nella cavalleria italiana, ma non vi durò a lungo. Alla generosità dell'animo furon pari nei fratelli Campo la integrità del carattere, il valore e la intrepidezza; e larga quanto meritata la stima in cui eran tenuti dai loro concittadini.

Del movimento il principe di Castelcicala informò il governo di Napoli con un rapporto diretto il 12 ottobre al ministro di Sicilia a Napoli, il quale gli rispondeva, il 19, che il Re aveva di suo pugno annotato sul rapporto: "*Inteso degli ordini dati; inteso con soddisfazione per la pronta repressione; si preferisca però sempre il prevenire molto, per reprimere poco*".

Il movimento fallì, e le conseguenze furono nuove carcerazioni e disarmo; provvedimento quest'ultimo, al quale Maniscalco tenne più che ad ogni altro. Dei componenti del Comitato, alcuni furono arrestati; altri si salvarono emigrando, e fu tra questi Paolo Paternostro, che da poco era tornato dall'esilio.

Andato a vuoto quel tentativo, e procedendo le cose d'Italia con

Capitolo VII

maggior fortuna, si tornò all'opera. Lo scoglio, contro il quale s'infrangeva ogni conato rivoluzionario, era Maniscalco. Tolto lui di mezzo, si credeva impresa facile compiere la rivoluzione. Sul suo capo si erano cumulati grandi odii ed erano odii di liberali e di facinorosi insieme, perchè Maniscalco colpiva con la stessa severità gli uni e gli altri, anzi, in verità, più questi che quelli. Dal giorno che, salito al trono il nuovo Re, Filangieri era divenuto presidente dei ministri, e Cassisi licenziato, il potere di Maniscalco non ebbe limite. Castelcicala lasciava fare; Spaccaforno, deposto dal suo ufficio di direttore dell'interno e passato alla Consulta, era divenuto il peggior diffamatore del suo vecchio collega. I membri meno scrupolosi del Comitato avevano immaginato parecchi mezzi per paralizzare Maniscalco, o addirittura sopprimerlo. Pensarono un momento di sequestrarlo col primo figliuolo, perchè egli aveva l'abitudine di fare delle passeggiate a cavallo fuori la città, accompagnandovi questo suo figliuolo, convalescente da una grave malattia. Per qualche tempo lo appostarono, ma il colpo fallì. Pensarono allora di farlo ammazzare, e non fu difficile trovare nei bassi fondi della mafia chi vi si prestasse. La mafia, che detestava Maniscalco, aveva indispensabili contatti col Comitato, perchè, purtroppo, quando si cospira, non si distingue. Si trovò la persona, e fu tal Vito Farina, soprannominato Farinella, giovinastro fra i più temerarii, vigilato dalla polizia per pessimi precedenti. Costui accettò l'incarico, mercè il compenso di dugento onze, cioè seicento ducati, e per parecchie domeniche stette ad aspettare la sua vittima nei pressi della cattedrale, dove il direttore andava con la famiglia a sentire la messa. E la domenica 27 ottobre del 1859 l'aggredì alle spalle, lo ferì di pugnale nei reni, e credendo di averlo finito, si perdette nel cortile di San Giovanni, anzi nei labirinti di quel cortile, davvero intricatissimi, onde all'usciere Oliva, che accompagnava il ferito, riuscì impossibile dargli la caccia. L'assassino s'era attaccato al viso una barba finta, che ebbe cura di gettar via, appena compiuto il misfatto. Fosse allucinazione ottica del Maniscalco o stordimento, gli parve che il feritore fosse alto di statura, e la polizia arrestò tutti coloro, che, su tale contrassegno, potessero esser sospetti di aver compiuto il misfatto. Il Farinella, che invece era piccolo e sbarbato, venne tratto in arresto per sospetto, ma otto giorni dopo fu rimesso in libertà, nulla essendosi potuto provare sul conto di lui, benchè, come si disse, sottoposto a tortura. Maniscalco guarì peraltro in pochi giorni.

Dal dì dell'attentato Maniscalco perse addirittura i lumi; la polizia cominciò a mostrarsi più inesorabile con i supposti nemici del Re, anzi divenne, in alcuni casi, bestiale. Non aveva pace, perchè non riusciva a scoprire l'assassino e i mandanti. Riteneva che i liberali avessero armata la mano del sicario, ma mancavano le prove. Il De Sivo accusa come mandanti del delitto i giovani nobili, nè esita a farne i nomi, affermando di averli rilevati dalle "Memorie" di Maniscalco. E nomina il principe di Sant'Elia, il principe Antonio Pignatelli, il barone Riso, il principe di San Cataldo, Casimiro Pisani juniore, Corrado Niscemi e il marchesino Rudinì. Ma ciò è falso: nessuno di costoro ebbe parte nell'assassinio, e i superstiti lo assicurano sulla loro parola d'onore, come ritengono che il Farinella abbia agito invece ad istigazione di qualcuno fra i membri più caldi del Comitato, e fanno il nome di taluno, morto da poco senatore del Regno. Quando il Governo borbonico finì in Sicilia, molti si fecero belli del fatto e ottennero da Garibaldi un sussidio pel Farinella. E fu vergogna. Non so quali prove avesse il Maniscalco per ritenere i giovani nobili mandanti dell'assassinio; le sue memorie non furono mai pubblicate; i figli non le hanno; nessuno le ha vedute; e persona, che ebbe tutta la fiducia di lui, interrogata, mi rispose: "mi risulta quasi in modo assoluto che Maniscalco non scrisse mai le sue memorie, anzi non ne mostrò mai il più lontano pensiero".

È inutile dire che Maniscalco ebbe congratulazioni da ogni parte; il

Capitolo VII

Re gli concesse un'alta onorificenza e un aumento di assegno, e il suo potere crebbe tanto, che in Sicilia nessuno contava più di lui. Il suo carattere divenne più acre e più sarcastico. Mi narra Giambattista Marinuzzi, che salendo un giorno le scale dei ministeri, si trovò in mezzo a una folla di donne, che circondavano Maniscalco, il quale, salendo egli pure, riceveva suppliche che quelle donne gli porgevano, accompagnandole con augurii di lunga vita. Maniscalco, crollando il capo, rispondeva: "*Non ci credo che voi preghiate Dio per me, lo pregherete piuttosto perchè mi faccia crepare*".

Anche negli ultimi tempi, quando la procella si addensava da ogni parte, egli serbò vivo il sentimento della gratitudine verso coloro ai quali doveva qualche cosa. Non molestò il dottor La Loggia, che sapeva liberalissimo, perchè gli aveva guarito il figlio; e allo stesso Marinuzzi, che sapeva liberale, rese un favore, che questi forse non si aspettava. Un fratello del Marinuzzi, giovanissimo, aveva tentato di rapire una ragazza in Partinico, nel momento che andava in chiesa per maritarsi. Maniscalco ne aveva ordinato l'arresto, ma presentatoglisi Giambattista Marinuzzi, fratello di Michele, avvocato di lui, lo consigliò di aggiustar tutto con la famiglia della ragazza, promettendogli che la cosa non avrebbe avuto seguito. E così fu. A Maniscalco si faceva risalire la responsabilità di ogni sopruso, e nella polizia di Palermo vi erano arnesi ben tristi, come in tutte le polizie dei governi assoluti e anche non assoluti: polizie, che non distinguono nè sull'uso dei mezzi, nè sul valore morale delle persone.

Alla direzione del Comitato si aggiunsero Francesco Perrone-Paladini, Mariano Indelicato, Ignazio Federigo, Salvatore Perricone e Giuseppe Bruno, tutti borghesi. Bisognava riordinare le fila della cospirazione; riprendere le relazioni con quanti erano scampati alle ricerche della polizia; riunire in un sol fascio i liberali dell'Isola, e intendersela soprattutto con quelli di Messina, dov'era Giacomo

Agresta, anima della cospirazione messinese, che aveva larghi rapporti con gli equipaggi di legni esteri, e riceveva giornali, stampe clandestine e libri, che mandava a Palermo per mezzo del corriere postale Carmine Agnese.

Sui cospiratori di Sicilia premevano due influenze diverse: una metteva capo a Malta, a Mazzini, a Crispi e a Rosolino Pilo, e incuorava a rompere gl'indugi e ad insorgere a qualunque costo, pur d'insorgere, in nome dell'unità nazionale. Una lettera di Mazzini, del 2 marzo 1860, diretta *agli amici di Palermo e di Messina*, suggeriva di non badare a forme di governo, nè ai consigli di moderazione, che venivano da Torino e da Firenze, ma di osare: *"Osate, perdio!* diceva, *sarete seguiti; ma osate in nome dell'Unità Nazionale: è condizione sine qua non"*.

Già Francesco Crispi, nell'agosto del 1859, era andato a Palermo, dopo essere stato a Messina e a Catania; e vi era andato sotto il nome di Manuel Pareda, con un passaporto procuratogli da Mazzini. I particolari del viaggio sono narrati da lui stesso, nel suo *Diario*. A Palermo conferì con pochi amici, ai quali lasciò una forma, in creta, di bombe all'Orsini. Il consiglio di Crispi di fabbricare queste bombe, che si sarebbero dovute gettare tra i soldati nelle caserme e negli uffici pubblici, fu accolto, ma senza costrutto. Crispi avrebbe voluto che s'insorgesse il 4 ottobre, onomastico del Re, gettando quelle bombe fra la truppa, mentre tornava dalla rivista militare. La truppa si sarebbe allora sbandata dalla paura e le squadre sarebbero entrate in città. Egli prometteva, a nome di Mazzini, la venuta di Garibaldi e altri aiuti.

L'altra influenza metteva capo a Torino e a Genova, ed era rappresentata dagli esuli di maggior conto, e principalmente da Giuseppe La Farina, divenuto l'anima della Società Nazionale e intimo di Cavour. Erano di accordo col La Farina, fra gli altri, Michele ed Emerico Amari, il marchese di Torrearsa, Filippo Cordova, Mariano

Stabile, Matteo Raeli, Vincenzo Errante, Vito d'Ondes Reggio. La Società Nazionale voleva evitare nell'Isola qualunque movimento, che non avesse per fine l'unione col Piemonte; schivare qualunque pericolo d'inframmettenze mazziniane, le quali erano a temere, e avrebbero potuto compromettere la riuscita dell'impresa; preparare l'insurrezione, facendovi partecipare tutti gli ordini sociali, e insorgere al momento opportuno, quando cioè fosse data al Piemonte l'occasione di un aiuto efficace, che salvasse le apparenze. Così appunto consigliava Cavour. Questi a tal fine mandò, nel febbraio del 1860, a Palermo Enrico Benza, lo stesso che poi fu, per poco tempo, segretario particolare di Vittorio Emanuele e nel 1862 console a Tunisi. Il Benza giunse a Palermo, raccomandato da La Farina al principe Antonio Pignatelli e si disse inviato da Cavour, anzi parente di lui e intimo del Re. L'accompagnava sua moglie, bellissima donna; viaggiavano con sfarzo signorile e vennero fatti segno alle più simpatiche accoglienze da parte dei giovani del patriziato, dai quali furono dati ricevimenti e conviti in onor loro. Il Benza ebbe questa missione in Sicilia, come ne ebbe una l'anno appresso a Roma, ed un'altra nel 1862 ad Atene, Costantinopoli e Bukarest. Era uno di quegli agenti di fiducia di Vittorio Emanuele, che Cavour adoperava secondo le circostanze. Il Benza consigliava d'insorgere, ma quando però l'insurrezione presentasse sicurezza di riuscita e offrisse al Piemonte l'occasione di poter intervenire, in modo occulto o palese, secondo il caso. Egli non poteva non destare i sospetti della polizia, dalla quale fu tenuto d'occhio, e il luogotenente non mancò riferire a Napoli che era giunto a Palermo questo agente piemontese, festeggiato da parecchi giovani dell'aristocrazia. E quando egli s'imbarcò per Napoli, lo stesso luogotenente inviava al ministro di Sicilia questo curioso rapporto:[1]

---

[1] Archivio Brancaccio.

Oggetto	*Palermo, 21 febbraio 1860.*

Sul Piemontese ENRICO BENZA

Eccellenza,

S. M. resta inteso ed ordina che si sorveglino rigorosamente:

Il Cav. Enrico Benza, che formò argomento del mio foglio del 14 dello stante, n. 271, il giorno 18 s'imbarcava sul Vesuvio per cotesta Capitale.

Il funzionario di Polizia di questa delegazione marittima ne avvertiva il Commissario di Polizia di quella di Napoli, e gli accennava che forse qualche carta criminosa poteva trovarsi sulla persona o nel bagaglio di questo sospetto viaggiatore.

Barone Riso . . . . giocatore
Epaminonda Radini . . . . id.
Duca Cesarò . . . . id.
Cav. Sciara . . . . id.
Figli del Cav. Palizzolo . . novatori
Francesco Brancaccio . . . id.
Principe Pignatelli . . . . id.
Cav. Carcamo . . . . id.
Marchesino Rudinì . . . . id.

Egli fu accompagnato a bordo da undici persone, parte giuocatori, parte novatori, i cui nomi stanno a manco scritti.

Corse voce due giorni innanzi la sua dipartita che il Benza dovea essere latore di una lettera al Re Vittorio Emmanuele, per dimandare l'Annessione e che questa petizione sarebbe stata firmata dalle persone più cospicue del paese.

Molto si è parlato di questa supplica, ma nessuno l'ha veduta e firmata.

Negli ultimi di sua dimora in questa città, il Benza si ha dato un'importanza politica ed ha fatto intendere con linguaggio che sconfinava al ciarlatanismo (sic) che una commissione si aveva dal Conte Cavour, che dice essere suo Cugino.

Questo straniero debba essere severamente sorvegliato.

Tolgo a premura far ciò palese a V. E. per la debita sua intelligenza.

Riservata

Il Luogotenente Generale
Firmato: CASTELCICALA.

I consigli di moderazione trovavano scarso ascolto tanto nel Comitato borghese, quanto fra i giovani nobili, che avevano avvicinato il Benza: gli uni e gli altri stimavano indecoroso qualunque indugio. Nei primi giorni del nuovo anno era stato distribuito a migliaia di copie in Palermo e per tutta l'Isola il celebre manifesto, che si chiudeva con le parole: *Viva l'Italia! Viva Vittorio Emanuele!*

Si era impazienti, ma mancavano danari ed armi. Coi pochissimi fucili sottratti nei disarmi, non si poteva fare la rivoluzione. Da Malta si promettevano armi, ma non arrivavano; e le insistenze, che da Palermo e da Messina sul finire del 1859 si mandavano a Garibaldi perchè scendesse in Sicilia, provocarono dal generale risposte rassicuranti, ma solo quando i siciliani fossero pronti alla riscossa. Il

Capitolo VII

Comitato decise di entrare in più intima relazione con quei pochi giovani del patriziato, i quali, pur appartenendo a famiglie legittimiste, ed alcuni avendo anche cariche di Corte, mostravansi non abborrenti dai civili progressi. Coi loro nomi e coi loro mezzi si poteva dare alla cospirazione un contenuto di serietà e di forza. In un paese come la Sicilia, dove l'ordinamento sociale è a base di gerarchia, occorreva anche nella cospirazione una gerarchia. E fu dopo la partenza dell'agente cavurriano, che per mezzo dei Pisani e del Brancaccio, furono presi accordi definitivi coi nobili, e col padre Ottavio Lanza particolarmente, ch'era il più anziano, o meglio, il meno giovane di loro. Gli altri varcavano di poco i venti anni. Erano stati quasi tutti discepoli di Pisani, il quale aveva loro ispirato sentimenti liberali e nazionali. Questi giovani nobili non costituirono mai un vero Comitato: erano amici e si vedevano ogni giorno, tenendosi al corrente di quanto avveniva. I nomi loro sono quasi tutti compresi nell'elenco di quelli che accompagnarono il Benza a bordo, e qualificati per *giocatori* o *novatori*.[2]

Ma l'uomo di maggiore autorità fra loro era veramente il padre Ottavio Lanza, prete dell'Oratorio, uno dei molti figliuoli del vecchio principe di Trabia. Aveva trentasette anni. In lui la bontà dell'animo era pari alla sincerità e saldezza delle convinzioni politiche, che con temerità, maravigliosa in un ecclesiastico, professava palesemente. Antiborbonico incorreggibile, gareggiava in questi sentimenti con suo fratello primogenito, il principe di Butera e Scordia, morto in esilio a Parigi, come si è detto, nel giugno del 1855, assistito dal figliuolo Francesco, che ve l'aveva accompagnato. Egli, il principe, prima di lasciar Genova, dove dimorava con la sua numerosa famiglia, quasi pre-

---

[2] È da aggiungere Corrado Niscemi, che poi ebbe tanta parte nelle cose pubbliche. Emmanuele Notarbartolo di San Giovanni vi è indicato col titolo di *cavalier Sciara*. In quei giorni, non reputandosi sicuro a Palermo, partì per Firenze.

vedendo la prossima fine, benchè avesse soli 49 anni, aveva scritto il suo testamento politico, ch'è una splendida pagina di fede e di senno.[3] Morì due mesi dopo.

Dei nobili cospiratori il padre Lanza, adunque, era veramente il capo. Si riunivano d'ordinario in casa sua, o in casa Riso; e perchè la polizia, sorprendendoli, non sospettasse di nulla, sedevano attorno ad un tavolo, sul quale stavano disposti bicchieri, carte da giuoco e danari, per dare ad intendere all'occorrenza che erano lì a divertirsi. Essi, ripeto, non costituirono mai un Comitato: l'unico Comitato si riuniva in casa di Enrico Albanese, in via Lungarini, e qualche volta, in casa di Antonino Lomonaco all'Albergheria, in un vicolo che si chiamava allora Siggittari, ed ora porta il nome del Lomonaco, che fu un bravo uomo, un bravo patriota e un distinto avvocato.

Gli accordi tra il Comitato e i nobili divennero via via più intimi. Si era alla fine di febbraio del 1860. Si sentì la necessità di stringerli

---

[3] Eccolo integralmente:
"L'anno 1855 il giorno 24 aprile in Genova, io sottoscritto Pietro Lanza e Branciforti ho scritto di proprio pugno a' termini delle leggi vigenti in Sicilia e firmato il presente mio testamento olografo, che ho consegnato al mio caro fratello Padre Lanza dell'Oratorio di San Filippo Neri di Palermo perchè lo dasse in deposito presso il Padre Proposito dell'Olivella affine di pubblicarsi ed avere il suo pieno vigore seguita che sarà la mia morte.

Riflettendo maturamente sulla brevità ed inanità della vita umana e sui pericoli, cui va essa esposta, e potendo da un istante all'altro essere chiamato da questa all'altra vita, credo convenevole e doveroso esprimere in questo foglio l'ultima mia volontà, e disporre del mio patrimonio, raccomandandone a' miei eredi e successori ed esecutori testamentarii lo esatto adempimento in tutte le singole parti; quindi raccolti i pensieri e sentimenti miei tutti ed invocato l'aiuto del divino spirito così la riepilogo o manifesto.

1° Chieggo perdono a Dio onnipotente di tutte le mie colpe e de' peccati commessi da quando ebbi l'uso della ragione e per tutto il periodo della mia vita, imploro la infinita misericordia per i meriti del Redentore Signor nostro Gesù Cristo e per intercessione della Beata Vergine, e nel punto di morte raccomando specialmente a Dio l'anima mia, perchè spoglia e monda da' vincoli materiali e dagli affetti terreni possa essere accolta nell'eterna beatitudine e godere la gioia e la pace de' giusti e degli eletti.

2° Io non rammento avere giammai fatto di proposito male a chicchesia, ho anzi avuto ognora il sentimento ed il desiderio del bene e l'ho praticato per quanto era in me, allorchè l'occa-

Capitolo VII

maggiormente, e si ciè incarico al Brancaccio, ch'era l'anello di congiunzione tra l'uno e gli altri, di suggellarli definitivamente, conducendo Corrado Niscemi al Comitato borghese per intendersi circa le armi, il danaro e la costituzione di un Comitato unico con un sol capo. Ma il giorno 28 febbraio Brancaccio venne arrestato, e il suo arresto mandò all'aria quanto si era stabilito. La sera dello stesso giorno fu arrestato anche il barone Grasso, persona affatto innocua, mentre conduceva la moglie a teatro. Il suo arrivo in prefettura, insieme alla moglie, diè luogo a una scena esilarante. Il Comitato unico non si costituì che nella prima metà di marzo, e ne fu presidente il vecchio barone Pisani. Era il Pisani uomo tenace, di poche parole e di modi risoluti, ed aveva a favor suo i precedenti del 1848. Viveva modestamente, dando lezioni d'italiano nell'istituto femminile della signora Giulia Scalìa e sembrava un solitario. Il principe di Satriano gli aveva offerto di rioccupare il posto di capo di ripartimento nel ministero

---

sione mi si è offerta. Ho sempre procurato di aiutare e di soccorrere il prossimo. Però se qualcuno avessi offeso senza volerlo ne chiedo solenne ammenda.

3° Perdono a' miei nemici, se ne ho, ed a chi mi abbia offeso; particolarmente poi nel punto di morte non serbo odio, ne rancore contro chi mi ha fatto passare nell'esilio i più begli anni della mia vita, allontanandomi dal seno della famiglia e dandomi così la maggior pena che il mio cuore abbia provata, quale fu quella di essere separato e lontano dal mio venerato genitore, allorchè Dio lo chiamava agli eterni riposi.

4° Raccomando caldamente a tutti i miei figli di tener sempre cara la fede e la patria. Per fede intendo la credenza in Dio trino ed uno, la incarnazione e redenzione di Gesù. Cristo figlio suo e Signor nostro e di tutte le verità rivelate insegnate con tradizionale e non interrotta continuazione nel simbolo degli Apostoli della Chiesa Cattolica, che siede in Roma, e le di cui dottrine e precetti mantenuti coll'unità racchiudono la verità e compresi rettamente e puramente praticati, essi soltanto son capaci a render paga e soddisfatta la coscienza umana nel pelago tempestoso della vita.

Per patria intendo la Sicilia e l'Italia. Si adoprino dunque i miei figli ad essere buoni cristiani cattolici e buoni cittadini e saranno così uomini onesti e generosi.

Sfuggano ed evitino le opinioni estreme, si guardino sempre ed in ogni cosa dagli eccessi, oppugnino e detestino la tirannide, come la licenza, e confidino non nel plauso della corrotta società che porta gli errori in trionfo, ma nella misericordia Divina e nella pace e serenità della propria coscienza". (Archivio Scalea)

dell'interno, che copriva quando scoppiò la rivoluzione nel 1848, ma il Pisani con dignitose parole aveva rifiutato.

Compiuta la rivoluzione del 1860, Pisani fu segretario di Stato per gli esteri con Garibaldi; e poi per la pubblica istruzione, col marchese di Montezemolo, primo luogotenente del Re. Dal collegio di Prizzi fu eletto deputato nel 1861, e morì senatore del Regno nel 1881. Suo figlio ebbe parecchi ufficii pubblici; fu, tra l'altro, presidente della deputazione provinciale di Palermo e morì due anni or sono. Nelle diverse riunioni del Comitato non si discorreva che dei modi più opportuni per insorgere. Generali le impazienze e anche le illusioni. Chi aveva fede che, scoppiata la rivoluzione, sarebbe sceso a capitanarla Garibaldi, nel quale si aveva una fede immensa; chi sperava in Vittorio Emanuele e nel Piemonte, ritenendo che nè il Re, nè Cavour avrebbero assistito impassibili ad un movimento unitario in Sicilia; chi s'illudeva che Mazzini avrebbe mandato aiuti alla sua volta. Si era impazienti, ma i denari mancavano. S'immaginò un mezzo, che il più semplice e il più audace non era possibile di escogitare. Si decise di prendere dalla Cassa di sconto del Banco di Sicilia seimila ducati con le firme dei signori più facoltosi. Era tanta la fede nel trionfo della rivoluzione, che si beliberò di portare questo primo debito a conto del futuro governo provvisorio. Il barone Riso fu nominato cassiere del Comitato, e una cambiale, per la somma suddetta, e firmata dal padre Lanza e dal barone Lorenzo Camerata Scovazzo, fu scontata al Banco. Questa cambiale si sarebbe estinta *pro rata* dai sottoscrittori: i compagni firmarono tante cambiali, corrispondenti alla quota di ciascuno. Si cercò di raccogliere altre somme dagli amici più sicuri, ma il danaro si metteva insieme con difficoltà. Il principe di Sant'Elia dette sessanta ducati, e fu l'offerta maggiore. Assicurata alla meglio la parte finanziaria, si cominciò ad acquistare armi e munizioni. Per i fucili, che dovevano essere almeno trecento, furono stabiliti tremila ducati. Francesco Camerata, fratello di Lorenzo, reduce da Malta,

Capitolo VII

riferì che laggiù potevano aversi dugento fucili a sei ducati ciascuno, e che Mazzini ne offriva altri dugento. Ma le difficoltà del trasporto essendo quasi insuperabili, venne risoluto di comprarli nell'interno della Sicilia, in quei paesi dove si era riuscito a sottrarli nei frequenti disarmi. La polvere fu data da Andrea Rammacca, che la faceva lavorare clandestinamente in una sua fabbrica, chiusa dopo il disarmo, e da tal Faja; il piombo fu fornito dal Briuccia, negoziante di ferramenta; e le bombe, sul modello lasciato dal Crispi, vennero fabbricate da uno svizzero, di nome Chentrens, il quale aveva una piccola fonderia di ferro a porta di Termini. Ecco tutti gli apparecchi per insorgere.

Il Comitato aveva bisogno di proseliti influenti nel ceto popolare e bisognava, per quanto era possibile, non aver contatti con la mafia. Alla fine di febbraio, avevano aderito al Comitato due giovani animosi: uno, maestro fontaniere, di nome Francesco Riso e l'altro, sensale di animali bovini, chiamato Salvatore La Placa. Entrambi, ben provvisti del loro, avevano nelle rispettive classi larghe aderenze e simpatie. Riso era un bel giovane, vivacissimo, intelligente e non aveva legami compromettenti coi bassi fondi sociali. Di vanità sconfinata, decise di entrare nel movimento, quando ebbe la prova materiale che ne facevano parte i signori, e ne volle conoscere alcuni. Ebbe tremila ducati e facoltà di raccogliere uomini e armi. Egli abitava nelle vicinanze del convento della Gancia, e lì aveva la sua bottega. Per riporre le armi e poi nascondervi gli uomini, che dovevano insorgere, prese in fitto una casetta in via della Zecca e vi mandò ad abitare una sua amante; poi prese anche in fitto un magazzino in via Magione. Questo magazzino era diviso in due parti; nella prima lavorava da falegname una persona di fiducia del Riso, e nella retrobottega fu subito costituito un deposito d'armi e munizioni. Infine, un terzo magazzino fu da lui appigionato addirittura nel convento, dalla parte detta di Terra Santa, dando a credere al guardiano che gli servisse per deposito dei materiali necessari al suo mestiere. Un quarto deposito d'armi esisteva poi, fin dall'anno innanzi, per opera di Rosario ed Agata d'Ondes Reggio, nei giardini fra Monreale e Palermo, e nelle campagne di Misilmeri, Torretta e Carini.

Il Comitato operava con la più raffinata astuzia. È ben difficile vincere il siciliano in fatto di scaltrezza, poichè la tendenza a procedere per vie tortuose e coperte è piuttosto generale nella razza, anche quando non si tratti di cospirare. Maniscalco era siciliano anche lui, e però si giuocava di scaltrezza da una parte e dall'altra, sì da dare origine a una ricca messe di aneddoti esilaranti. Il fatto vero è questo, che Maniscalco non trovava più spie fuori degli agenti in divisa; nè dopo il 4 aprile ne trovò fuori di quei comici e disprezzati agenti in borghese, detta *taschettari* dal tasco, che loro aveva messo sul capo. Ne sapevano, insomma, più gli estranei alla polizia, che la polizia stessa. Francesco Riso, il quale aveva avuto pieni poteri, mal pativa gl'indugi, affermando che tutto era pronto per insorgere, tanto che le sue impazienze parvero sospette; e Pisani, juniore, elevando qualche dubbio circa il modo onde il Riso spendeva il danaro del Comitato, propose una specie d'inchiesta, che il Comitato affidò a lui stesso. L'inchiesta constatò infatti che Riso aveva agito con qualche leggerezza, facendo costruire un gran numero di lancie inservibili, e cucir giubbe e berretti di velluto nero con nastri tricolori: berretti e giubbe quasi inutili; mentre nè tutti i fucili erano pronti, nè montato l'unico cannone in legno, di cui Chentrens aveva eseguito i vari pezzi. Di effettivo non vi erano che settanta fucili e cento bombe all'Orsini! Il disegno e le dimensioni del cannone le aveva fornite lo stesso Pisani, ricavandole da una *Guida per le guerriglie nella guerra di montagna*. Esso era formato da doghe di legno duro, tenute insieme da forti cerchi di ferro. Poteva ben tirare parecchi colpi, prima di scoppiare, e non aveva nulla di comune con quella parodia di cannone, che è un semplice tronco di legno mal bucato e che si conserva nel Museo di Palermo.

Capitolo VII

L'inchiesta fatta dal Pisani non fu dunque confortante. Riso non parve l'uomo che si era creduto; ebbe qualche ammonimento, e com'è naturale, mal tollerò i dubbi sollevati sulla sua opera, non perdonò al Pisani juniore la parte spiegata contro di lui, e stette ad aspettare che il Comitato stabilisse il giorno per insorgere. Gli eccitamenti si avvicendavano con gli scoramenti. Un giorno Antonio Pignatelli lesse ai suoi amici una lettera del D'Ondes Reggio, il quale, mostrando di scrivere in nome del governo piemontese, dichiarava che questo non poteva soccorrere nè di un uomo, nè di una cartuccia l'insurrezione, e consigliava di attendere.

La polizia intanto aumentava la sua vigilanza. Castelcicala era andato a Napoli per assicurare il governo che la Sicilia era tranquilla; e Maniscalco, rimasto padrone della situazione, e procedendo interamente d'accordo col generale Salzano, comandante della piazza, moltiplicava la sua attività. Ogni giorno correvano voci di nuovi arresti e nuove perquisizioni. Si temè che la polizia avrebbe perquisita la casa del padre Lanza, ma fu invece perquisita minuziosamente quella del barone Riso, dove gli amici di lui si adunavano. La polizia portò via le armi personali del barone, benchè egli ne avesse regolare permesso, ed essendogli stato consigliato di allontanarsi per pochi giorni, al fine di non confermare i sospetti, il Riso si affrettò a consegnare al padre Lanza, che la tenne sino al 4 aprile, la cassa del Comitato, coi tremila ducati che vi erano rimasti, per pagare le squadre nel primo giorno dell'insurrezione.

L'indugio disanimava, e i capisquadra si mostravano semppreppiù impazienti; ma essendo varii i pareri circa il giorno da fissare, i nobili dichiararono che dal canto loro ne rimettevano al vecchio Pisani la scelta. Pisani e Marinuzzi avevano avuto lo stesso incarico dal Comitato. Prima di fissare la giornata del 4 aprile per l'insurrezione, Pisani volle sentire l'avviso del padre Lanza e del Pignatelli, e questi furono di parere che era bene scelto quel giorno, che cadeva di mercoledì santo. Pisani aveva riflettuto che in quella giornata le truppe non sarebbero state chiuse nei quartieri, come nei giorni successivi della settimana santa, e che, trovandosi il luogotenente a Napoli, vi sarebbe stata incertezza da parte delle autorità.

Fissato il 4 aprile, i capi del Comitato si riunirono negli uffici del Baliato, con Francesco Riso per fissare gli ultimi accordi, che furono questi. Gli uomini, i quali dovevano prendere le armi dentro Palermo, avrebbero formati tre gruppi: il primo, al comando del Riso, doveva riunirsi la sera del 3 aprile nel magazzino dentro il convento; il secondo, sotto gli ordini di Salvatore La Placa, raccogliersi nel magazzino di via Magione; e il terzo, guidato da Salvatore Perricone, nella casa in via della Zecca: tutti i quali posti erano stati dal Riso, come si è già detto, presi in fitto per depositarvi armi e munizioni. La mattina del 4, avuto il segno degli spari dei mortaletti alla Fieravecchia, dovevano uscire contemporaneamente i tre gruppi, e assaltare i corpi di guardia e i commissariati di polizia. Domenico Cortegiani, cui era dato il comando delle squadre di Misilmeri, si sarebbe mosso nella notte; e passando da Villabate e borghi vicini per riunirsi agli altri, si sarebbe accostato a Palermo, forzando porta di Termini. Alla stessa ora sarebbero discese nella parte opposta della città le squadre di Carini, Cinisi, Torretta, Sferracavallo e Colli, condotte dai fratelli Di Benedetto, e che avevano per capi speciali Guerrera, Tondù e Bruno, ed avrebbero attaccate le caserme a San Francesco di Paola e ai Quattroventi. Il Comitato aveva provveduto perchè i capi di queste squadre fossero persone superiori ad ogni sospetto, e tali erano i Di Benedetto, il Cortegiani, il Tondù e il Bruno; ma per altre squadre bisognò affidarsi a capi di ben diversa indole, i quali operavano per secondi fini, ed erano gente buona soltanto a menare le mani. Queste altre squadre erano riunite sotto il comando di certi Lupo e Badalamenti. Quest'ultimo, conosciuto col soprannome *'u zu Piddu Rantieri*, era un capraro di straordinario coraggio, facinoroso e mafioso, al quale la polizia poco tempo prima aveva applicata una pena feroce: quella di sospenderlo col capo in giù e applicargli sulle piante dei piedi non so quante vergate, per cui i piedi divennero stranamente gonfii e le piante incallite. Si voleva da lui la confessione non so di qual reato non politico, ma *'u zu Piddu* soffrì tutto, rispondendo senza commuoversi: "*Nun sacciu niente*". Si può immaginare quale fosse l'animo suo verso la polizia e verso l'autorità. *'U zu Piddu* e Lupo avevano raccolti contadini nomadi, giovanissimi quasi tutti, nelle campagne di Pagliarelli, Porrazzi, Mezzomorreale e Rocca; e poichè questi erano diffidenti del Comitato, memori dei fatti dell'ottobre, il Comitato mandò loro in ostaggio Giambattista Marinuzzi, che vi andò il giorno 2. Pisani distribuì ai diversi capisquadra biglietti d'istruzione con segni convenzionali, e assegnò a ciascuno le somme per sussidiare i propri uomini fino al giorno 4: somme che furono loro pagate dal Rammacca. Nel pomeriggio di quel giorno alcuni capisquadra, volendo conoscere di persona i principali componenti del Comitato, e prendere gli ultimi accordi, si diedero con costoro la posta nella retrobottega di una bettola, tenuta da Mario Villabianca, nella via detta ora Mariano Stabile. Quella riunione fu numerosa e allegra. Non vi era dubbio per nessuno che la rivoluzione avrebbe vinto. La polizia intanto non dormiva. Il giorno 2 aprile, fu arrestato Mariano Indelicato, e dall'ispettore Gandolfo si tentò anche di arrestare Marinuzzi, il quale, con audacia inverosimile, traversando le vie di Palermo in carrozza scoperta, con capsule, due canne da fucile e polvere, si mise in salvo, anticipando la sua gita presso Rantieri di quararantott'ore. La polizia eseguì una visita domiciliare in casa del Perrone Paladini, proprio nel momento, in cui gli era stata portata della polvere. La presenza di spirito del falegname Bivona salvò tutto; poichè questi, vedendo la polizia, cacciò la polvere nel paniere destinato alle compere giornaliere e, porgendolo alla signora Paladini, le disse forte: "*Qua, signora, c'è lo zucchero*". In seguito a questi fatti, la sera del 2 si tenne un'altra riunione in casa Lanza. Qualcuno sconsigliò il movimento, giudicandolo intempestivo; qualche altro non si vide più, e il padre Lanza co' suoi giovani amici non trovava posa. La mattina del 3, giunse al Lanza un biglietto con queste parole: "*Fra mezz'ora onze cento. Telegrafate Messina Catania*". Lanza, dopo i pagamenti fatti alle squadre, non aveva più danaro, ma il barone Riso pagò del suo la somma richiesta. La seconda parte dell'avviso, mandato dal vecchio Pisani, confermava, com'è chiaro, gli accordi, ingiungendo di avvisare Messina e Catania, perchè insorgessero.

È facile immaginare le ansie e i varii episodii di quel giorno, vigilia della rivolta. Verso sera il Pisani, juniore, si recò nella villa del duca d'Aumale, ai Porrazzi, per informare il Marinuzzi di alcuni dubbi sorti circa l'opportunità d'insorgere, e facilmente superati. Lo trovò armato, in mezzo ad altri armati, pronti a marciare all'alba del dì seguente. A casa l'aspettava il dottor Giuseppe Lodi, il quale, da parte di Giovanni Raffaele, lo scongiurò d'impedire la rivoluzione, perchè sarebbe stata un grande errore, non essendo nulla veramente preparato; ma il Pisani gli rispose d'ignorare assolutamente quanto avveniva, e che ad ogni modo il dottor Raffaele gli dava soverchia autorità, credendolo capace di arrestare la rivoluzione. E poichè concluse il discorso con le parole: "*il dado è tratto*", Lodi se ne andò, replicando: "*Su di voi dunque ricadrà la responsabilità del sangue, che domani sarà inutilmente versato*".

Fino alle ore pomeridiane del giorno 3 aprile, nonostante l'immenso suo lavorìo, la polizia nulla aveva scoperto. Fu solamente nella sera, che venne a saperne qualcosa, ma tanto bastò perchè la rivoluzione fallisse. I particolari di un avvenimento di tanta importanza storica risultano da un verbale, redatto dall'ispettore di polizia Andrea Catti, il 7 aprile, verbale, che si pubblica la prima volta. E scritto in una

Capitolo VII

forma, che non deve maravigliare, tenuto conto dell'assenza di qualsiasi cultura letteraria in quegli agenti, ma rivela in qual modo riuscì alla polizia di scoprire il complotto. Ecco il caratteristico verbale:

> Innanti noi, Andrea Catti Ispettore di Polizia su questo, si è presentato il Guardia di Polizia Francesco Basile, tenendo seco gli arrestati nominati Gioacchino Muratore del fu Antonino e di nessuna professione, ed Alessandro Urbano del fu Carlo, di condizione impiegato alla R. Tesoreria, e ci ha fatto manifesto che veniva di arrestare i sudetti individui per disposizione del di lui Commissario Cav. D. Gioacchino Carreca, dapoichè veniva quest'ultimo reso sciente dal sudetto Basile, che i soprannominati il giorno 8 del corrente mese, alle ore 19 d'Italia, gli avevano confidato che per la dimani, alle ore 10 d'Italia, si dovevano eglino trovare dentro il Convento della Gancia, per indi insieme a tanti altri, dare l'assalto alla città; anzi, a dì più, che bramavano i sudetti individui, che il Basile si fosse data la premura di fare un numero di persone per tutti quanti riuscir all'impegno.
>
> Ricevutasi da noi la sopradetta dichiarazione, dietro di aver fatta consegna degli arrestati, siamo passati ad interpellare la guardia su quanto appresso:
>
> D. – È mestieri che ci avessimo a rapportare quale si fu la vostra risposta all'invito ricevuto, e se mai gli individui di cui è parola, conoscevano che voi facevate parte della Polizia.
>
> R. – Signore, il mio contradire si fu che non poteva farne che il numero di 15, su dei quali vi riposava, essendo gli altri infami; e ciò lo dissi perchè mi convinsi momentaneamente che i soprannominati non avevano conoscenza di fare io parte della Polizia. In fatti appena da loro mi divisi, mi portai frettolosamente dal mio Sig. Commissario, e narrandogli il tutto mi ricevei l'ordine di arrestarli, il che nel momento mi è riuscito.
>
> Interpellati gli arrestati su quanto loro veniva addebitato, il Muratore rispose, che fu vero che il giorno 8 del corrente alle ore 19 essendo in

compagnia del suo fratel cognato Alessandro Urbano facendo via per la strada del Carmine avvicinando il Basile, gli disse che per la dimani doveva nascere una insurrezione popolare, e che l'adunanza era su Convento della Gancia, ma che ciò lo rapportava come una nuova raccolta da voce popolare. Negò di averlo invitato a prestarsi a fare uomini, ma che vi rimase a dargli semplice conoscenza dello avvenire e non altro, e tutto perchè il Basile era di lui conoscente ed ignorava appartenere alla Polizia. Disse finalmente che il suo cognato non prese parola, e che la sera dello stesso giorno ritornando a transitare dalla casa del Basile parlato avendo con le di lui donne, le fece manifesto che cercava la sua serva per farsi provvista di pane ed altro, poichè la dimani si voleva per certo una insurrezione, e quindi non voleva rimanere digiuno.

Richiesto essendo noi l'arrestato Urbano sullo assunto rispose, che egli fu presente a quanto viene di rapportare il suo cognato, ma non prese niuna parola e non intese la parte della Gancia.

Il Basile, che per l'imbecillità o la malvagità di quei due, aveva saputo che sarebbe scoppiata l'insurrezione la dimane nei pressi della Gancia, non era un finto liberale, nè aveva bottega di chiavettiere in via del Comune, come fu asserito: era invece uno di quegli agenti adoperati a tener d'occhio i bassi fondi della mafia; tanto è ciò vero, ch'egli, come risulta dal suddetto verbale, aveva facoltà di arrestare, e arrestò difatti l'Urbani e il Muratori. Che questi poi ignorassero con chi avevano da fare, è verosimile. A me non è riuscito avere alcuna notizia di costoro, ma è certo che furono essi i delatori, forse ignorando che il Basile era un agente di polizia. Rimane poi escluso che abbiano parlato del convento della Gancia, come del centro della rivolta, perchè se la sera del giorno 3, la polizia avesse conosciuta questa particolarità, non avrebbe esitato un momento ad invadere e perquisire il convento, e avrebbe scoperto tutto. Si noti che il verbale porta la data del 7 aprile, e che l'ispettore Catti potè aggiungervi di sua testa la circostanza della riunione nel convento della Gancia, già passata nel dominio della storia, e attribuirla al Basile, per dare maggior peso alla deposizione di costui. Questa era pure l'opinione del Pisani, il quale escludeva che la sera del 3 vi fosse stata alcuna perquisizione in quel convento, come hanno affermato alcuni, ma senza prove, per concludere, con la consueta leggerezza, che la polizia fu ingannata dai religiosi conniventi coi cospiratori; mentre altri affermarono invece che i religiosi avessero denunziato il complotto. Ma tutte queste non sono che fandonie, perchè i religiosi, come risultò luminosamente dal processo, non sapevano nulla, ed in ciò consentono anche le persone più intelligenti di Palermo. Al capitano Chinnici, il Maniscalco, che aveva de' sospetti sui frati, diè ordine di bloccare nella notte le uscite del convento, ma, religiosissimo com'era, quell'ufficiale non si credette, in base di semplici sospetti, autorizzato a penetrare con la forza in un convento di francescani. La polizia, posta sull'avviso dall'agitazione che si manifestò nella città fin dal giorno 2, prevedendo imminente una sommossa, non aveva mancato di prendere le necessarie misure: fece infatti collocare due pezzi di artiglieria in piazza Marina, nel punto che guarda l'ingresso della chiesa della Gancia; rafforzò i Commissariati e i posti di guardia; fece accampare una compagnia di cacciatori nelle altre piazze e mandò in giro tutta la notte grosse pattuglie di soldati e compagni d'arme per la città. E poichè i fuochi, che si vedevano nella notte sulle montagne confermavano il sospetto che le squadre sarebbero venute in città, rafforzò le porte e mandò il maggior Polizzy con due compagnie di linea e uno squadrone di cacciatori a cavallo nel vicino villaggio di San Lorenzo, dove sapeva che si sarebbe riunito il maggior numero d'insorti, mentre altre pattuglie, miste di soldati e compagni d'arme, furono mandate fuori delle altre porte. E Maniscalco stette ad aspettare il dì seguente.

CAPITOLO VIII

SOMMARIO: L'alba del 4 aprile – Le impazienze di Salvatore La Placa – Il primo conflitto con la truppa – Francesco Riso esce dal convento – È ferito e arrestato – Si arrestano i frati – La loro innocenza – La repressione – I tredici fucilati – I nobili arrestati in casa Pignatelli – Particolari circa l'arresto del padre Lanza – Importante lettera del barone Pisani – Curiose vicende del processo Riso – Le tre deposizioni di lui nel testo originale – Testimonianza del padre Calogero Chiarenza – Riflessioni e particolari inediti – Un rapporto di Maniscalco a Napoli – Mutazioni nel Comitato liberale – Altre dimostrazioni – Lo sbarco di Rosolino Pilo a Messina – Sue audacie – S'invoca Garibaldi da Palermo e da Messina – Opera di Francesco Crispi.

All'alba del 4 aprile, i convenuti spari dei mortaletti, in piazza della Fiera Vecchia, non vi furono, perchè alla persona incaricata non riuscì di eseguirli, a causa delle pattuglie che percorrevano la città, e dell'occupazione militare delle piazze. Le squadre, che da Misilmeri e Villabate si erano nella notte approssimate alla città, non udendo il segnale, tornarono indietro, e così fecero tutte le altre. La squadra, dov'era il Marinuzzi, quella cioè di *'u zu Piddu*, avvicinatasi alla città fino alla *sesta casa*, sostenne un po' di scaramuccia con una colonna di truppa, ed in quell'attacco *'u zu Piddu* non mancò di confermare quel coraggio freddo, anzi potrei dire fatalistico, onde son dotati i popolani di Sicilia. Tirò molte fucilate, non dicendo una parola e solo cercando di coprirsi l'ampia persona, mentre faceva fuoco. Ma essendo la truppa in numero esorbitante, anche questa squadra tornò indietro. Quelle di Carini e di Torretta si sbandarono per un falso

Capitolo VIII

allarme provocato da un cavallo in fuga, e le altre si ritirarono in disordine sulle montagne e vi stettero con varia fortuna fino all'arrivo di Rosolino Pilo e di Garibaldi.

Ma nella città fu peggio. Benchè non avesse udito lo sparo dei mortaletti, Salvatore La Placa, che comandava gli uomini chiusi alla Magione, visto che si faceva tardi e impaziente di altri indugi, uscì coi suoi, e transitando per viuzze poco frequentate di quello strano quartiere della Kalza, abitato da pescatori, lavoratori di funi e ricamatrici, e che secondo Giuseppe Pitrè contiene i più legittimi discendenti della razza araba, tentò di congiungersi ai compagni che erano dentro il convento. Ma fatti pochi passi dalla parte detta di *Terrasanta*, s'incontrò in una grossa pattuglia comandata dal Chinnici e venne con essa alle mani. Vi furono morti e feriti da ambo le parti. Al rumore delle fucilate, Riso e i suoi, saliti alle finestre, si diedero a tirare contro i soldati, a gettare bombe e a suonare la campana a stormo. La Placa, ferito al petto e lasciato a terra per morto, fu pietosamente nascosto da alcuni popolani di buon cuore, i quali, non avendo mezzi per curare la grave ferita di lui, spaccarono in due una gallina viva e, così calda e sanguinante, l'applicarono sulla piaga. La Placa guarì, e il 27 maggio, all'assalto di porta Carini, fu nuovamente ferito ad una gamba, il che non gli tolse però di entrare in Palermo. Il Riso, che non udiva rumori di fucilate lontane, esortato dai trementi e stupiti frati a cessare dal fuoco, tentò uscire dal convento, non è ben chiaro, se per trovar rifugio in casa del padre, ch'era a poca distanza di là, o per accertarsi di quel che avveniva in città, e del motivo pel quale la terza colonna degl'insorti non si moveva. Ma appena fuori la porta del convento, stramazzò colpito d'arme da fuoco in più parti del corpo. Arrestato, fu portato sopra un carretto all'ospedale civico di San Francesco Saverio. De' suoi compagni, alcuni vennero uccisi nel combattimento; altri sopraffatti dal numero, vennero arrestati, o si dispersero, e due trovarono scampo nelle sepolture del convento, dalle quali non furon tratti fuori, com'è noto, prima di cinque giorni.

Sfondata da un obice la porta del convento, i soldati fecero man bassa su tutto; saccheggiarono la chiesa; il padre Giannangelo da Montemaggiore cadde ucciso e i frati tutti, ritenuti complici, furono percossi malamente e tratti in arresto. Questi frati della Gancia, che il romanzo rivoluzionario e le asserzioni borboniche fecero apparire antesignani ed eroi del 4 aprile e, secondo altri, traditori e spie, non furono nè l'una cosa, nè l'altra. Essi ignoravano ciò che era seguito fra il guardiano e il Riso, nè il guardiano sospettò mai che il magazzino appigionato al Riso nel vicolo del Soccorso, e allora detto *pannuzza della Gancia*, dovesse servire ad altri usi, e che insieme alla calce e ai doccioni vi fossero nascosti fucili, bombe e cartucce. L'innocenza loro risultò dal processo, mentre il tradimento non risultò da nessuna testimonianza seria, non potendosi dir tale l'asserzione del De Sivo, che il frate Michele da Sant'Antonio rivelasse il giorno prima a Maniscalco quanto si tramava nel convento. La rivolta del 4 aprile finì con la tragedia dei tredici fucilati e il martirio di Giovanni e Francesco Riso.

Palermo col suo distretto venne posta in istato d'assedio, accentrandosi i poteri nell'autorità militare, rappresentata dal maresciallo Salzano, comandante la prima divisione del corpo di esercito e della provincia e piazza di Palermo. Questi rimise in vigore le ordinanze di Filangieri per i detentori d'arme e i ribelli, coi relativi consigli di guerra, ed insieme a Maniscalco telegrafò a Napoli, atteggiandosi entrambi a trionfatori e ne ebbero lode, com'è naturale. Invocavano un esempio, ed era questo, che i ribelli fatti prigionieri con le armi alla mano e che certo sarebbero stati condannati a morte dal Consiglio di guerra, fossero fucilati al più presto. Erano tredici, e fra essi, il padre di Francesco Riso, estraneo all'azione e forse anche alla cospirazione, e infermo in casa sua quando venne arrestato. Il governo perdette i lumi addirittura, e coi lumi, la coscienza. Furono quei tredici, senza ombra di difesa, condannati a morte e fucilati con procedura infame, dieci giorni dopo la tentata rivolta. Fu così orribile l'impressione di quell'eccidio, che i soliti zelanti dissero che il Re volesse graziarli, e ne fosse stato dissuaso dal principe di Cassaro. Che quel vecchio, rigoroso reazionario, fosse persuaso della necessità dell'esempio e con lui tutti gli altri ministri, è ben verosimile; ma che del preteso ordine di sospendere le fucilazioni mandato da Napoli, Castelcicala, Salzano e Maniscalco non avessero tenuto conto, è una bugia, perchè la sera del 5 aprile Castelcicala tornò a Palermo; e per quanto mezzo esautorato innanzi al governo, non si sarebbe mai prestato al giuoco. Il Bracci, nel libro altre volte citato, afferma che il principe di Cassaro riconosceva con Castelcicala e Comitini la necessità di un esempio, mentre il Cassisi, non più ministro di Sicilia, consigliava la clemenza; afferma egli pure che il Re mandò la sera stessa del 4 l'ordine di sospendersi tutte le eventuali sentenze di morte e che quest'ordine telegrafico giunse effettivamente a Palermo, ma non fu eseguito. E non potendo conciliare il predetto ordine con l'eccidio, nè volendo concludere che il Re, affermando di aver sospesa ogni sentenza di morte, avesse detta una cosa falsa, conchiude colle parole: "un mistero ricopre questo tremendo fatto: il tempo solo potrà squarciarne il velo!". Il mistero non può essere che questo: Francesco II, mitissimo d'indole, forse manifestò la sua inclinazione di fare la grazia, anche perchè quel tentativo di sommossa non ebbe conseguenze serie, ma dissuasone dai suoi consiglieri, convinti della necessità di dare un esempio, non ebbe la forza di fare da sè. Era tradizione della diplomazia napoletana quella di scagionare il Re di cose in nessun modo giustificabili. Si era fatto altrettanto per Agesilao Milano e il barone Bentivegna.

A Palermo regnava il terrore. I più compromessi, come i due Pisani, andarono a nascondersi in casa del maestro D'Asdia, loro stretto congiunto, e vi stettero sino al 3 maggio. Sapendo che la polizia li ricercava insistentemente, come autori principali della rivolta, potettero con mille malizie trovare rifugio sopra un legno da guerra sardo, che li condusse a Cagliari. Altri fuggirono in campagna, sopportando una vita di pericoli, di emozioni e di patimenti, o trovarono sicurezza oltre mare. Il Marinuzzi non rientrò a Palermo che il 27 maggio, con Garibaldi.

Maniscalco, dopo l'arresto di Riso, ebbe in mano le fila della cospirazione. Non era uomo da mezzi termini. Allo zelo per la causa che serviva, si era aggiunto l'interesse di scoprire gli autori del suo attentato. Per lui non vi era dubbio che autori ne fossero quelli stessi, i quali avevano organizzata la rivoluzione del 4 aprile, e principalmente quei giovani nobili, denunziati poi dal Riso. Bisognava mostrare che il governo non aveva riguardi per nessuno. Seppe che in casa del principe Antonio Pignatelli erano raccolti, la sera del 3 aprile, il barone Giovanni Riso, il principe Corrado Niscemi, il principe di Giardinelli Giovanni Notarbartolo, noto anche lui col titolo di cavalier Sciara. Vi erano andati per aspettare i risultati della rivoluzione e tenersi pronti a costituire un governo provvisorio. La mattina del 7 aprile, con grande apparato di soldati e compagni d'arme, Maniscalco fece cingere d'assedio il palazzo Monteleone all'Olivella. I particolari dell'arresto, non privi d'interesse, furono narrati da Antonio Pignatelli in un suo opuscolo,[1] dove è riferito pure il magnanimo atto di Corrado Niscemi, il quale, non essendo compreso fra gli arrestati, volle dividerne la sorte e rifiutò di separarsi dai compagni e fu arrestato con loro. Ammanettati fra i gendarmi, quei giovani animosi,

---

[1] *Fatti storici della rivoluzione del 1848 in Sicilia*, raccolti dal PRINCIPE ANTONIO PIGNATELLI DI MONTELEONE. - Napoli, Stab. tip. dell'Unione, 1878.

traversando via Toledo a piedi, furono menati alle grandi prigioni. Chiusi nel compartimento cellulare, destinato ai reati politici, vennero sottoposti al trattamento più rigoroso, che poi fu mitigato, perchè troppo ne soffriva il padre Lanza, la cui salute malferma destava inquietudini. Nessuna comunicazione col mondo esterno, neppure fra cella e cella. Una notte furono svegliati dal carceriere, accompagnato dal capitano De Simone, che impose loro di seguirlo. Il carceriere faceva segni, come per avvertirli che sarebbero stati fucilati; invece furono condotti, con grande apparato di gendarmi al forte di Castellamare e consegnati a quel comandante, ch'era il colonnello Briganti, il quale non fu loro avaro di riguardi. Maniscalco voleva deferirli al Consiglio di guerra, ottenerne sentenza di morte per complicità necessaria e disfarsene senza tante lungaggini, ma nè Castelcicala, nè il governo di Napoli lo permisero, non essendo quei giovani asportatori, nè detentori di armi, nè essendo stati arrestati in azione. L'animoso avvocato marchese Maurigi parlò efficacemente a Castelcicala, e lo convinse dell'assoluta illegalità del procedimento voluto da Maniscalco. L'altissima posizione sociale di quei giovani fu quella veramente che li salvò; vennero deferiti ai tribunali ordinari, e non era peranco terminata l'istruttoria, quando Garibaldi entrò a Palermo.

Gabriele Cesarò, allora più noto col titolo di marchesino di Fiumedinisi fu arrestato il giorno 8 aprile, e il giorno 11, nelle ore pomeridiane, il padre Ottavio Lanza, a bordo d'un *clypper* americano, dove si era rifugiato dopo l'arresto dei suoi amici. Ve l'accompagnarono sua sorella, la contessa Tasca d'Almerita, coi suoi quattro figliuoli, fra i quali era il giovinetto Giuseppe, ora deputato al Parlamento. A bordo del *clypper*, che si chiamava *Taconnay*, era il proprietario e armatore ad un tempo, nè costui, nè l'equipaggio parlavano altra lingua che l'inglese. L'arresto avvenne in circostanze curiose. Il Lanza leggeva nel salotto del *clypper*, quando si avvicinarono al bastimento tre barche con ufficiali e guardie di polizia, chiedendo di salire a bordo. Il proprietario permise che salissero due persone solamente. Una di esse era l'ispettore Puntillo, il quale, entrato nel salotto e visto il Lanza, lo avvicinò, e senza malgarbo gli disse che aveva ordine di arrestarlo e mostrò l'ordine firmato da Maniscalco. Il proprietario e l'equipaggio, informati dalla giovane contessina Tasca, ora principessa di Scalea, che parlava bene l'inglese, del motivo per cui quei due erano saliti a bordo, intendevano fare opposizione anche con la forza. Il padrone dichiarava che, essendo il legno di nazionalità americana, nessuno aveva il diritto di fare arresti a bordo; ma il Puntillo mostrò un foglio del console americano, il quale autorizzava la visita e l'arresto. Il padre Ottavio, che conservò una grande serenità di spirito, pregò i parenti e l'equipaggio di non fare inutili opposizioni, e disse al Puntillo che era pronto a seguirlo. Fu fatto scendere in una delle barche della polizia, accompagnato dal pianto dei parenti e dalle invettive degli americani contro il governo borbonico. Venne condotto alle grandi prigioni, e poi al forte di Castellamare, dov'erano i suoi amici. Gioverà forse sapere che gli americani e gl'inglesi, residenti a Palermo, saputo l'atto inesplicabile del console americano Baston, ne fecero solenne protesta al governo degli Stati Uniti, che mandò un bastimento da guerra per fare un'inchiesta, dopo la quale il console venne rimosso e poi destinato altrove.

I nobili arrestati erano sette, non tutti quelli indicati dal Riso, ma solo quelli, che credettero dover loro rimanere a Palermo nel momento del pericolo, cioè il padre Ottavio Lanza, Antonio Pignatelli, Corrado Niscemi, Giovanni Riso, il principe di Giardinelli, Gabriele Cesarò e Giovanni Notarbartolo, fratello del povero Emmanuele, che aveva preso volontario servizio nell'esercito sardo. Non è credibile l'impressione che produssero questi arresti in Sicilia, a Napoli e in tutta Italia. Erano davvero i più chiari nomi della nobiltà siciliana. A Torino corse voce che fossero stati fucilati. Il potere di Maniscalco

Capitolo VIII

appariva anche maggiore di quello che realmente era, anzi appariva l'unico potere resistente. Il marchese di Spaccaforno, con l'aria sua consueta tra lo scettico e l'indifferente, diceva che il governo sarebbe stato più forte, se, dopo i fatti del 1848, avesse ascoltato il consiglio di suo padre, Cassaro, e anche il consiglio suo e di Cassisi: decapitare Palermo, portando la capitale a Messina o a Catania.

Francesco Riso denunziò scientemente la congiura e i congiurati? Ecco un punto interessante, sul quale non si è fatta ancora una chiara luce. Il La Lumia, che scrisse sotto l'impressione dei fatti avvenuti pochi mesi prima, rappresenta il Riso come un eroe, e narra che Maniscalco andò personalmente a vederlo, promettendogli la grazia anche del padre, se avesse rivelato i complici, ma non ne ottenne nulla; e fu invece la polizia, che, dopo quel colloquio sparse voce di avere il filo di tutta la trama, nella speranza di promuovere confessioni spontanee da parte di altri, ma "fu turpe e scellerato artifizio", conclude il La Lumia.[2] Trentasette anni dopo, anche il De Marco[3] rivendicò la memoria del Riso, pubblicando, fra i documenti, le testimonianze dei medici, che lo curarono e assistettero fino allo morte, ed escludenti ogni rivelazione da parte di lui. Ma nè il La Lumia, nè il De Marco si dettero cura di studiare il processo del 4 aprile. Casimiro Pisani, juniore, invece riteneva il contrario, documentando l'affermazione con prove inconfutabili. A lui era riuscito avere in mano quel processo, miracolosamente sottratto al saccheggio, che si fece nella cancelleria del tribunale, dopo l'entrata di Garibaldi. Il Pisani, dunque, leggendo le deposizioni di Francesco Riso, constatò "che egli

---

[2] ISIDORO LA LUMIA, *La restaurazione borbonica e la rivoluzione del 1860 in Sicilia, dal 4 aprile al 18 giugno. Ragguagli storici.* - Palermo, 1860.

[3] EMANUELE DE MARCO, *La Sicilia nel decennio avanti la spedizione dei Mille.* - Catania, Monaco e Mollica, 1898.

tutto aveva rivelato; che aveva indicato tutti i cospiratori, dei quali conosceva i nomi, ma specialmente su di me (Pisani) aveva riversato tutte le responsabilità, giungendo perfino a dire, che aveva saputo unicamente da me taluni fatti, dei quali egli era stato partecipe e testimone". Il Pisani copiò integralmente le deposizioni di Riso e ne fece tre copie. Quel processo subì stranissime vicende, che bisogna rivelare, perchè sono davvero caratteristiche. Al Pisani lo fece chiedere il barone Rocco Camerata Scovazzo, da Ignazio Federico; e qui sarà bene che io lasci la parola al Pisani stesso, che, poco tempo prima di morire, mi scrisse così:

> "Quel processo non lo riebbi più, e per quante insistenze io ed i miei amici, specialmente il sig. G. B. Marinuzzi, facemmo presso il barone Camerata, tutto riuscì inutile. Finalmente, scorsi molti anni, ed essendo ministro dell'interno l'on. Crispi, io presentai un reclamo in linea ufficiale, chiedendo che, a termine di legge, quel processo venisse depositato presso l'Archivio di Stato. Allora, per mezzo del deputato Cordova, furono aperte delle trattative tra il ministro Crispi e il senatore Rocco Camerata Scovazzo, e costui alla fine, dopo tante tergiversazioni, addivenne a consegnare il processo, ma a patto che dovesse rimanere in potere di Crispi. E Crispi accettò di farsene depositario, e dopo qualche tempo dispose, che fosse officialmente trasmesso e depositato presso l'Archivio di Stato di Palermo. Avendo io ciò saputo, mi recai dal direttore di esso Archivio, e lo pregai di farmi rivedere quel documento, pel cui ricuperamento avevo tanti anni tribolato. Ottenuto un tale favore, ed avendo riandato le rivelazioni di Riso, mi accorsi, con mia somma sorpresa, che l'ultimo foglio intermedio d'un quinterno, precisamente il foglio che contiene la deposizione di Riso fatta il 17 aprile, e che è la più importante, era stato ricopiato dalla stessa mano, che aveva scritto il foglio primitivo ed adulterato, interponendo il nome del barone Rocco Camerata Scovazzo nei fatti più importanti della cospirazio-

Capitolo VIII

ne che Riso rivelava.... Scoperta quella falsificazione, io ne informai i miei amici di Roma, i quali mi consigliarono di sporgere regolare querela, che fu in fatti presentata a firma mia, di Martino Beltrami Scalia, di G. B Marinuzzi e di Mariano Indelicato. L'autorità giudiziaria, previo il consenso della Presidenza del Senato, non potè fare a meno d'ordinare un'istruttoria, dalla quale risultò luminosamente, che quel foglio, da me incriminato, era stato effettivamente adulterato, giacchè della copia delle deposizioni di Riso, che io aveva estratto al 1860, quando quel processo fu per la prima volta in mio potere, io in progresso di tempo ed in varie epoche ne avevo fatte altre due copie, che a titolo di curiosità storica avevo dato a due miei amici, e queste due copie furono consegnate al giudice istruttore. Di più, è vero che il foglio adulterato è della medesima calligrafia di tutto il resto, e che apparteneva ad un commesso giurato, che più non era in vita al tempo di quest'istruttoria; ma l'inchiostro – quantunque parimenti azzurro – pure è di una tinta più carica ed il foglio di carta è un poco diverso del resto del quinterno. Compiutasi l'istruttoria, fu mandata al Ministro di Grazia e Giustizia, che era allora l'on. Zanardelli, pel di più a praticarsi; e Zanardelli conservò tutto l'incartamento nel tiretto del suo scrittoio, aspettando che fosse compiuto il periodo di 30 anni; ed allora, allegando che ogni azione giuridica era per legge prescritta, mandò tutto a conservarsi in Archivio!'

Queste vicende, veramente curiose, potrebbero far sorgere dei dubbi circa la genuinità delle deposizioni di Riso; ma per rendersi conto di questi dubbii, occorre avere innanzi il testo preciso e le date delle deposizioni di lui. Riso depose tre volte: il giorno 5 aprile, la dimane dell'insurrezione; il 17, dopo la fucilazione del padre e il 22 dello stesso mese. Il testo è quale oggi si legge nel volume del processo, esistente nell'archivio di Stato di Palermo.

Al giudice del circondario Tribunali, il 5 aprile, Francesco Riso rese il seguente interrogatorio:

R. – Signore, ieri mattina circa le ore 10 ½ d'Italia allo uscire di casa fui inseguito dalla forza militare e di pulizia, ed asilatomi dentro il Convento della Gancia, quivi fui ferito da colpo di arma a fuoco non so perchè e individualmente da chi.

D. – Perchè usciste da casa a quell'ora?

R. – Perchè attendeva come è solito a quell'ora i maestri pontonieri miei salariati per lavorare.

D. – Dove dovevate andare a lavorare?

R. – Non aveva destino determinato perchè me ne aspettavo l'inchiesta dai miei dipendenti. Dessi posso indicarli per nome e sono Giambattista, Cosimo, Federico, Giovanni, Mariano.

D. – Erano venuti?

R. – Io non potei ciò vedere, perchè come scesi da casa fai aggredito dalla forza pubblica e mi asilai tantosto nel Convento della Gancia. Dichiara non potere firmare.

La seconda dichiarazione, fatta al giudice Prestipino, il 17 aprile, è la seguente;

D. – Cosa volete rapportare?

R. – Per serenità di mia coscienza e per tutto quello che di male ne potrebbe venire appresso contro la mia patria debbo dichiararle che sin da due mesi indietro fai parlato da don Casimiro Pisani ad oggetto di far parte con altri e riunire della gente per suscitare una rivolta in Palermo e così armandoci tutti contro le autorità cambiare la forma dell'attuale Governo.

Richiesi io il Pisani chi si erano le persone che facevano capo in tale rivolta; mi disse che vi erano il barone Riso, il figlio del Duca di Cesare,

Capitolo VIII

cioè il Duchino, il barone Cammarata, quello che abita sulla strada Macqueda sotto la casa del patrocinatore Calamaro, il figlio del Duca di Monteleone, quello che attualmente trovasi arrestato, il principe di Giardinelli, il figlio del marchese Rudinì, il di cui nome ignoro, il figlio del principe di Niscemi. Questi tutti si riunivano tra di loro, contribuivano il danaro, lo passavano in mano del sudetto Pisani; questi lo dava a me ad oggetto di comprare armi, polvere, e munizioni da guerra, associare persone, e così scoppiare la rivolta come già ho detto.

D. – Chi erano le persone che apprestavano le armi e le munizioni da guerra?

R. – La polvere la comprava per mezzo di don Nenè Rammacca, che era uno dei congiurati coi sudetti individui. Desso si prendeva il danaro dei suaccennati soggetti, si pagava prima la polvere che me ne diede da circa ad un quintale, ed il rimanente del danaro lo passava a me ed io compravo dei fucili per mezzo di diversi giovani che li avevano occultati e per mezzo di diversi villici, di cui in questo momento non ricordo i rispettivi nomi e cognomi. Così comprate tali armi le occultava porzione in un magazzino che teneva in fitto nel Convento della Gancia ed altra porzione in un magazzino allo Spasimo e propriamente vicino la Magione, che un maestro falegname aveva preso in affitto da una donna. In detto magazzino venivano occultate le coppole coi nastri tricolori, le granate, che da un giovane conditore di ferro si costruivano in una fonderia fuori porta di Termini all'insaputa del suo principale, come ancora fondeva le lance. Vi si ripostava anche la polvere ed altre munizioni da guerra.

D. – Indicateci i nomi e cognomi del falegname che fittò il magazzino e di colui che fondeva le granate e le lance.

R. – Mi sento male, non ricordo in questo momento detti nomi e cognomi. Mi sovviene però che il falegname morì sul conflitto alla Gancia quando io fui ferito.

D. – I religiosi della Gancia avevano scienza di tale attentato e delle munizioni che voi occultaste in detto loro magazzino?

R. – Non Signore, sono tutti innocenti. Uno di quei religiosi, che mi disse essere il Guardiano, mi affittò quel magazzino due mesi addietro per onze 4, me ne rilasciò il ricevo che io conservai in casa mia. I fucili e le munizioni da guerra li portava io stesso di notte o di giorno nascostamente senza farmi vedere dai religiosi e da chicchessia. Oh! fermo.... Ora ricordo che il maestro che fitto il magazzino presso la Magione chiamavasi maestro Michele fallegname e murifabro che abitava nella strada del Capo, oggi ucciso.

D. – Rapportateci da chi era stata stabilita la giornata per succedere la rivoluzione.

B. – I succennati soggetti, capi della cospirazione, stabilirono fra di loro che il giorno 4 aprile all'alba doveva attaccarsi il fuoco da me alla Fieravecchia.

Venne da me il sudetto Pisani e fecemi sentire tale puntamento; io allora chiamai diversi giovani che erano uniti con me, li feci venire alla mia casa, che resta vicino la Gancia, dovendo dire che eravamo riuniti per fare dei lavori nella mia casa. Venuti con effetto all'alba del detto giorno, porzione si armarono di quei fucili che trovavansi nel Magazzino alla Gancia, ed una porzione di individui si recarono ad armarsi nel Magazzino sopra la Magione. Io intanto mandai una persona alla Fieravecchia, luogo destinato per incominciare il fuoco, onde conoscere se fosse arrivata la squadra che era destinata ad aspettare me in quel locale. Questa ancora non era venuta. Era fatto tardi ed intesi che il fuoco era cominciato alla Magione. Allora io con i miei compagni cominciammo a far fuoco propriamente nel Vico della Gancia contro i compagni d'armi e del Capitano d'armi Chinnici e della polizia, e non potendo più starci a fronte ci trincerammo nel Convento della Gancia, discassando una porta dalla parte di Terrasanta per salire sopra il Convento. Così saliti cominciammo a far fuoco contro la truppa e la polizia da sopra le tegole. Indi io cominciai a suonare la campana per convocar gente. Vedendoci perduti e che nessuno veniva in soccorso,

Capitolo VIII

lasciai le armi, discesi per andarmene in casa. Arrivato vicino il portone della Gancia pria di sortir fuori la forza pubblica e i militari mi vibrarono sei fucilate e così caddi a terra ferito e non potei recarmi più in casa mia e nulla più vidi e intesi.

D. – Diteci, foste voi qualche volta in riunione coi succennati capi della setta? Nell'affermativa diteci cosa si parlava e che si stabiliva.

R. – Non signore, io giammai intervenni nelle riunioni che si facevano forse una volta a turno in casa dei riferiti soggetti. Una sola volta accostai il barone Riso e parlammo di cose tutte estranee alla cospirazione; anzi qui mi ricordo che io rimasi di sotto di due. 300 per la compra fatta di fucili e munizioni e che il Pisani doveva portarmi ma non li ricevei più.

D. – Narrateci se tale riunione portava qualche nome proprio.

R. – Sì signore, ci sentivamo tra di noi col nome di congiura.

D. – Indicateci i nomi e cognomi di tutti coloro che erano associati con voi per fare la rivolta, e che stipendio gli corrispondevate ogni giorno.

R. – Gli individui che dovevano far fuoco nella mia squadra erano cinquanta procurati da due miei confidenti Francesco La Chiena e un certo Antonino il di cui cognome non mi ricordo in questo momento, ambidue muratori, ai quali quel giorno che si fece fuoco di mercoledì santo contro la forza pubblica e la truppa gli diedi onze 10 per dividerle fra di loro e dal giorno seguente in poi dovevano percepire il soldo di tarì 4 al giorno per uno. I connati due individui conoscono i nomi e cognomi degli altri cinquanta. Ora però mi è stato detto che i detti due muratori trovansi in arresto.

D. – Indicateci a quanti ascendevano i fucili che trovavansi conservati.

R. – Da circa a 70 ed altri ve ne erano incompleti, cioè, o senza grillo o senza fascetta o mancanti di tenieri che si dovevano costruire.

D. – La rivolta doveva forse avverarsi in altro tempo, o era deffinitivamente stabilita pel 4 aprile?

R. – Giorno stabilito non ve ne era, dapoichè si aspettava una organizzazione tra noi perfetta ad associarsi un numero maggiore di persone per formare la congiura; quando poi venivano dalla polizia ricercati l'avvocato Perrani ed un certo Indelicato, due dei nostri congiurati, dubitando che la congiura si poteva conoscere dalla polizia, nè fu perciò che si stabilì il giorno 4 aprile per mandarvi ad esecuzione la rivolta. Di fatti un giorno o due prima si fece conoscere a tutte le persone associate alla congiura che si era stabilito detto giorno per mandarsi ad effetto; ed a me fu comunicato l'ordine da don Casimiro Pisani, ed io lo feci sentire ai miei, e così egli esegui con gli altri che io non conosco.

D. – I fatti che finora mi avete narrato si conoscevano da altre persone? Nell'affermativa indicatele.

R. – Dette notizie che io le ho date si maneggiavano da me con Pisani. Egli al certo conosce delle altre persone alle quali faceva le stesse confidenze che con me e che io non conosco per non avermele giammai confidate, all'infuori dei Capi della rivolta, barone Riso e comp. che di già le ho dichiarato, e che più volte egli il Pisani mi riferiva quando mi portava il danaro dai medesimi contribuito.

Datagli dal Cancelliere funzionante lettura egli, il Riso, ha modificato solamente che le surriferite operazioni si praticavano da lui solamente comprando gli oggetti, i fucili e le munizioni senza che il Pisani fosse intervenuto in tali compre.

L'ultima deposizione del 22 aprile, fu la seguente:

D. – Cosa volete rapportarci?

R. – In continuazione della mia precedente dichiarazione innanzi a Lei fatta mi sono ricordato che fra gli individui associati per far fuoco il mattino del 4 aprile corrente contro le truppe e la polizia alla Gancia onde mandare ad effetto la rivolta e così cambiarsi la forma dell'attuale Governo vi era Filippo Martillaro fallegname, e questi quello stesso giorno fece parte della divisione delle onze 10 da me state consegnate a

Capitolo VIII

Francesco La Chiena per dividerle fra tutti gl'intervenuti alla Gancia in quel giorno, che credo che erano circa 22.

Debbo dirle ancora per serenità di mia coscienza che colui che attentò alla vita del Sig. Direttore di Polizia si fu un Palermitano con un coltello avvelenato, e che aveva avuta la promessa di onze 200 sebbene non conosco da chi.

Questo fatto lo appresi dopo consumato l'attentato da persone che nel proposito tennero discorsi.

D. – Potete indicare le persone che tennero tal discorso e con chi parlavano?

R. – Non ricordo in questo momento chi si fossero state tali persone. Parlavano tra di loro ed io le avvicinai perchè miei conoscenti.

D. – Conoscete forse se la cospirazione e lo attentato contro la sicurezza interna fosse stato spinto ed agevolato da qualche potenza estera?

R. – Credo che no, giacchè tra congiurati giammai ebbi a sentire discorso che alcuna potenza estera spingeva ed agevolava la rivoluzione che doveva aver luogo in Palermo.

Queste furono le deposizioni giudiziarie. Quelle da lui rese all'ospedale, la mattina stessa dell'arresto, dove giunse più morto che vivo, mi sono riferite da un superstite che fu testimone oculare, il padre Calogero Chiarenza, cappellano assistente nell'ospedale stesso. "La mattina del 4 aprile del 1860, prima di mezzo giorno – scrive il Chiarenza – venne trasportato all'ospedale, accompagnato da soldati e da gendarmi, Francesco Riso. Si vedeva un uomo elegantemente vestito, con gli occhi chiusi, che di tanto in tanto li apriva, e saettavano, guardando i curiosi che gli stavano intorno. La bocca era chiusa, nè io gli sentii proferire un minimo lamento: stava muto come una statua. Questa scena avveniva avanti il portone dell'ospedale, dove si trovava il cavaliere Salesio Balsano, amministratore del pio luogo.

Questi ordinò che il ferito fosse trasportato nell'infermeria dalle persone addette al servizio dell'ospedale. L'uomo, che guidava il carretto, e i soldati che l'accompagnavano, tornarono indietro. Riso fu trasportato sopra una barella nell'infermeria, al secondo piano; adagiato sopra un letto, venne subito interrogato, com'è di uso, dall'infermiere maggiore, Antonino Gallo. Prima domanda: *Come vi chiamate?* – Risposta: *Francesco Riso di Giovanni*. – Seconda domanda: *Quanti anni avete?* – Risposta: *Ventott'anni circa*. – Terza domanda: *Che mestiere o professione esercitate?* – Risposta con voce vibrata: *Congiurato*. – L'infermiere qui gli disse: *Dovete rispondere alle mie domande*. – E lui: *Cospiratore per l'unità d'Italia con Vittorio Emanuele*. – L'infermiere rispose: *Noi conosciamo per nostro Re Francesco II*". Ad altre domande, chiusi gli occhi, non rispose più.

Fermiamoci un po' sulle une e sulle altre. In questa prima deposizione Riso dà prova di eroismo, e così pure in quella del giorno 5, innanzi al giudice. La seconda, quella del 17, è veramente deplorabile. Egli riferisce tutto ciò che sapeva, con nomi, cognomi e particolari. Se per giustificarla in qualche maniera, si potrebbe osservare che gli arresti del Pignatelli, del Lanza e dei loro amici erano già avvenuti, non puossi però non notare, che altre misure di rigore furono prese dopo quelle rivelazioni. Che i giovani signori, tratti in arresto, fossero ben noti alla polizia, basterebbe a dimostrarlo la nota di Castelcicala al governo di Napoli, relativa alla partenza da Palermo del Benza, con l'annotazione: *S. M. resta inteso ed ordina che si sorveglino rigorosamente*; ma non è men vero ch'essi erano *sub iudice*, benchè prove dirette non si avessero contro di loro. Quelle prove non sorsero che dalle affermazioni del Riso. D'altra parte è così inverosimile il fatto che la polizia, quella polizia, avesse lasciato in pace per dodici giorni, un uomo che poteva morire da un momento all'altro, senza tentare ogni mezzo per strappargli delle rivelazioni, che non si può respingere il dubbio, che l'interrogatorio, registrato ufficialmen-

Capitolo VIII

te dall'autorità giudiziaria il 17 aprile, fosse la conferma di precedenti confidenze, strappate da Maniscalco, recatosi più volte ad interrogare il Riso all'ospedale.

Per fare una maggior luce su questo disgraziato incidente, io volli, dunque, interrogare lo stesso don Calogero Chiarenza, che assistette il Riso con un affetto e un coraggio veramente esemplari. Il Chiarenza, che ha settantasette anni, ritiene che il Riso non avesse fatto al Maniscalco delle esplicite dichiarazioni nelle varie volte che questi andò all'ospedale, ma suppone, con *forti dubbi*, che, abbindolato dal direttore di polizia, il quale gli lasciò sperare la vita del padre, uscisse in qualche rivelazione. E qui sarà bene riferire le parole stesse, contenute nella preziosa lettera del Chiarenza, che porta la data del 31 luglio del 1898. "Un giorno, che non posso precisare – sono sue parole – Francesco Riso fecemi segno di volermi parlare; l'avvicinai, e senza precauzione mi domandò cosa sapessi di suo padre. Io non gli risposi, perchè eravi una guardia di polizia seduta rimpetto al letto dell'ammalato; lui capì, ma io, volendolo veramente informare, mi riserbai di farlo per la notte seguente. Mi provvidi del *Giornale di Sicilia*, che riferiva i nomi dei tredici fucilati. Come cappellano assistente ai moribondi, essendo ogni notte di guardia, e potendo nel percorrere le infermerie avvicinare gli ammalati, per i conforti religiosi, vidi che la guardia di polizia, di piantone al letto di Riso, dormiva e russava; mi accostai al letto, e con tutta precauzione, al lume di un piccolo fanale ad olio, che noi cappellani assistenti portavamo di notte per le infermerie, avvicinatomi al letto di Riso, gli mostrai il giornale, e gli feci leggere i nomi delle tredici vittime. Quando giunse al nome del padre suo, che era il sesto o il settimo fra gli annotati, si sbigottì, non potè proferir parola, prese il lenzuolo fra i denti, e dopo alcuni istanti, mi chiese risolutamente se si potesse avere una pistola, perchè avutala avrebbe chiamato Maniscalco, fingendo volergli parlare, e quando se ne fosse andato, nel voltare le spalle, *avrebbegli sparato come un cane: lo giuro sull'ara dell'onore e della verità*, mi disse. La pistola dopo due giorni di ricerca mi fu apprestata da un tale Palumbo di Trapani, studente di medicina allora in Palermo. Avuta la pistola con le solite precauzioni e con molto terrore e spavento, perchè eravi lo stato d'assedio e si correva pericolo della fucilazione, la consegnai al Riso, che a cagione dello sfinimento delle sue forze non era in grado di adoprarla, e la pistola ritornò allo studente Palumbo".

Il Chiarenza, che ha serbato un vero culto per la memoria del Riso, e di tutto informò in quei giorni il suo amico Rocco Ricci Gramitto, col quale abitava, fa anche un'osservazione non priva di verosimiglianza. Egli dice: "Non credo che Francesco Riso abbia rivelata la cospirazione, ma bisogna conoscere, che ebbe le febbri di assalimento per cagione delle varie ferite ricevute, e perciò la testa non era sempre a posto. Io per verità non so nulla di preciso, ma il mio forte dubbio sta in questo: che o fu sedotto da Maniscalco nelle varie volte che veniva all'ospedale, promettendogli di liberare il padre, mentre il padre era fucilato; o che Maniscalco profittasse dei momenti di delirio febbrile dell'infermo, per sapere qualche cosa, tanto ripugna che il Riso, il quale morì il 27 aprile, abbia rivelato cospirazione e complici".

E ricostruendo, dopo tanti anni, questi fatti e circostanze, si può dedurne che Francesco Riso, ferito a morte, non era del tutto padrone di sè; che, credendosi abbandonato dai membri del Comitato, ma soprattutto dai signori, volesse vendicarsi di loro, e in ispecie di Casimiro Pisani juniore, al quale non aveva perdonata l'inchiesta e una risposta piuttosto sprezzante, fattagli la sera del 3 aprile, quando egli, Riso, aveva chiesto se si sarebbe chiuso anche lui, Pisani, nella Gancia; e che infine, amantissimo di suo padre, infermo e innocente, non avesse resistito al desiderio di salvarlo. L'ira, onde fu preso, quando seppe dal Chiarenza che il padre era stato fucilato fin dal 14, tre giorni prima della fatale deposizione, – ira che accelerò la morte

Capitolo VIII

– spiega non solo l'immensa sua pietà filiale, ma il proposito di vendicarsi di colui, che l'aveva così iniquamente ingannato. Riso potè avere delle attenuanti, e in ogni caso non fu un traditore obbrobrioso, ma piuttosto una vittima. Le sue rivelazioni, dopo tutto, non costarono la vita a nessuno. Rimane poi escluso in maniera assoluta, che il Camerata Scovazzo inventasse lui tutta intera la deposizione di Riso, perchè il Camerata era ignaro di tanti particolari, noti soltanto a chi, come il Riso, faceva parte della cospirazione. Il Camerata, è vero, non vi era estraneo coi suoi fratelli, ma vi ebbe una parte così secondaria, che sentì il bisogno di accrescersela, per ottenere la nomina a senatore: nomina, che ebbe difatti nel 1865, quando finì di rappresentare il collegio di Serradifalco. E per quanto infine si voglia ritenere, che, anche dopo la morte del Riso, Casimiro Pisani, juniore, trapassato da meno di due anni, non avesse perdonato a Riso qualche sua leggerezza o vanità giovanile, non si può in nessun modo ammettere che egli asserisse il falso, quando affermava a tanti ed a me, ciò che ho riferito e che del resto risulta dal processo.

Questi Camerata Scovazzo erano originarii di Catania, ma dimoranti a Palermo: liberali tutti e tre e possidenti discreti. Rocco, autore della sostituzione del foglio, morì nel 1892 nella sua città natia; e i fratelli, morti anche loro, furono deputati: Lorenzo, di Acireale e Francesco, di Mistretta.

Con le fucilazioni, gli arresti, il disarmo e i consigli di guerra, la rivoluzione parve domata, ma lo spirito pubblico, soprattutto a Palermo, era in uno stato di tensione ed eccitazione incredibile. Si potrebbe affermare che tutta la città fosse divenuta una sola fucina di cospirazione. È caratteristico un rapporto, che in quei giorni Maniscalco mandava al ministero a Napoli: "È notevole, egli scriveva, che il mutamento, che va accentuandosi nella propaganda, che gl'istigatori di disordini vanno facendo; mentre pel passato si è parlato solamente di voler attentare all'attuale ordine di cose per cercar di conseguire la separazione dalle provincie napoletane, adesso si accenna a principii unitarii, a riunione con l'Italia superiore".

Altri uomini sostituirono nella direzione del movimento quelli del 4 aprile. Ricordo il dottor Gaetano La Loggia, il quale era a conoscenza di quanto si preparava, ma non vi prese parte attiva, credendo intempestivo il movimento. Era uomo di molta autorità e fu, finchè visse, direttore del manicomio di Palermo. Ricordo ancora l'avvocato Pietro Messineo, Pietro Naselli e Ignazio Federigo. L'opera di costoro, che fu brevissima, si limitava a pubblicare proclami eccitanti il popolo alla ribellione, a promuovere dimostrazioni e subbugli per le strade, a spargere cartellini umoristici contro la polizia, a tener vivo insomma il fuoco della rivolta. Un giorno si dava l'ordine di non doversi andare per via Toledo, e nessuno vi andava; un altro giorno, che tutti dovessero andare in via Macqueda e tutti vi correvano; un altro giorno, che non si dovesse giocare al lotto e nessuno giocava. Messineo aveva una tipografia clandestina, che a Maniscalco non riuscì di scoprire. Forse ebbe dei sospetti per La Loggia ma non osò toccarlo, perchè questi, come ho detto, aveva curato qualche tempo prima un figliuolo di lui; ma un giorno corse anche voce che La Loggia fosse stato tradotto in arresto, ma fu voce destituita di fondamento.

Tale era lo stato degli animi, quando si seppe che Rosolino Pilo era sbarcato a Messina, dopo un fortunoso viaggio. Pilo aveva a Palermo amici, parenti e partigiani in gran numero: era un patrizio di famiglia retriva, audacissimo, simpaticissimo e mazziniano ardente. Da Messina potè condursi nelle vicinanze di Palermo, all'Inserra, presso i Colli, dando prova di un'audacia che ha dell'inverosimile. Egli era col Corrao e qualche altro compagno. Marinuzzi ne fu avvertito e andò a trovarlo, e insieme si scambiarono più timori che speranze. Le squadre tenevano ancora le montagne, ma erano stremate di numero e di fede, e alcune si erano sciolte. Pilo confidò a Marinuzzi che tra pochi giorni Garibaldi sarebbe sceso in Sicilia, e che perciò bisognava tener alto ed eccitato lo spirito pubblico, e impedire a qualunque costo che le ultime squadre si sbandassero. La venuta di Garibaldi, egli disse, avrebbe riacceso il fuoco e aveva ragione. Senza Garibaldi, che era stato invocato dai patrioti di Palermo e di Messina fin dall'anno innanzi, quando era alla Cattolica, qualunque altro tentativo sarebbe stato pazzo. "Noi, mi scriveva Casimiro Pisani, lo pregammo pregandolo di veder modo come portare quei suoi volontari in Sicilia, dove il terreno era preparato, lo spirito pubblico eccitatissimo, e il suo arrivo avrebbe fatto divampare l'Isola intera. Garibaldi ci rispose, accennando brevemente le ragioni, per le quali non poteva fare ciò che da noi si chiedeva e terminando colla seguente promessa: *"Fate che in un angolo della vostra Isola sventoli una bandiera italiana, e siate sicuri che io ed i miei amici accorreremo ad aiutarvi"*. Questo fatto, conchiudeva il Pisani, lo asserisco sulla mia parola, e fui io stesso che in momenti pericolosi dovetti distruggere quella lettera, insieme con molti altri documenti".[4] Ma chi veramente indusse Garibaldi a far la spedizione, appena un mese dopo il 4 aprile, fu Francesco Crispi, il quale, prima a voce e poi in iscritto, aveva promesso agli amici di Sicilia che, al primo annunzio di rivolta nell'Isola, Garibaldi vi sarebbe sbarcato, per mettersi alla testa della rivoluzione. Il nome del duce

---

[4] Negli ultimi fascicoli dell'*Archivio storico Siciliano*, che pubblica quella benemerita Società di storia patria, il signor G. Paolucci ha stampato un interessante studio, dal titolo: *Rosolino Pilo, memorie e documenti, dal 1857 al 1860*. È quanto di più completo si sia scritto finora sopra la figura più temeraria dell'insurrezione siciliana. Pilo fu davvero il precursore di Garibaldi; fu colui, che tenne vivo il fuoco della rivolta in quel mese di maggiori sgomenti, che corse dalla tentata e soffocata insurrezione della Gancia, allo sbarco a Marsala. Morì combattendo a San Martino, il 21 maggio. I documenti pubblicati dal Paolucci gettano molta luce sugli avvenimenti di quei giorni.

era popolarissimo nell'Isola, come lo era nelle provinole continentali del Regno. "*Il di lei affacciarsi in questa contrada non sarebbe meno della tromba del giudizio che nella gran notte richiama gli estinti*, gli scriveva il Comitato di Messina; *venga, signore, e questa contrada risuonerà i suoi vesperi*".[5]

---

[5] *Cospirazione e rivolta*, monografia di Raffaele Villari. - Messina, tip. D'Amico, 1881.

CAPITOLO IX

SOMMARIO: La rivoluzione nelle provincie – A Trapani e a Marsala – I torbidi a Messina – Il proclama di uno studente e l'indirizzo del Senato al Re – Catania e il generale Clary – Provvedimenti per Messina e Catania – Rapporti fra il Re e Castelcicala – I capi militari in Sicilia – Un proclama del Luogotenente – Il lavoro delle squadre – Si attende Garibaldi – Disordini nell'Isola – L'azione dell'Inghilterra – Il generale Landi si avvia verso Calatafimi – Arriva ad Alcamo – Le istruzioni che ebbe – Rapporti del Landi – La condotta di lui – La flotta di crociera e le istruzioni del Governo – Come avvenne lo sbarco a Marsala – Le cannonate dello *Stromboli* e della *Partenope* – Incidenti della spedizione garibaldina sino a Marsala – La condotta dei legni inglesi *Argus* e *Intrepid* – La verità storica – False voci di tradimento – Si scende a Marsala – I Mille, le loro divise, le loro armi e la loro cassa – Crispi, Castiglia, Andrea Rossi e Pentasuglia – La presa di possesso del telegrafo – Particolari interessanti – I primi atti di Garibaldi – La giornata di Calatafimi – La ritirata di Landi apre a Garibaldi la via di Palermo.

La rivoluzione, soffocata a Palermo, non trovò eco nelle provincie. A Trapani si costituì un Comitato insurrezionale, che ottenne dal debole intendente la liberazione di alcuni prigionieri politici, e la formazione di una guardia civica con bandiera tricolore. Il colonnello Iauch, che vi comandava il tredicesimo di linea, si sbarrò in quartiere, dichiarandosi impotente a frenare il tumulto.

Nella vicina Marsala l'insurrezione scoppiò il 6 aprile, promossa e compiuta da Abele Damiani, coadiuvato dai suoi amici Giuseppe Garaffa e Giacomo Curatolo Taddei e da quegli stessi popolani, che aiutarono più tardi Garibaldi. Quel console sardo, Sebastiano Lipari, a differenza del suo collega di Trapani dette, non spontaneamente, come fu affermato, la bandiera tricolore; si gridò: *Viva l'Italia e Viva Vittorio Emanuele*, e si formò una squadra, la quale doveva marciare sopra Palermo. Ma la squadra non partì, il Damiani trovò scampo sopra una cannoniera inglese e non ci fu altro in quella provincia. Il governo depose l'intendente, deferì a un consiglio di guerra il comandante, aprì un processo penale, e a rimettere l'ordine in Trapani e a Marsala inviò il generale Letizia con una colonna mobile, formata da quattro compagnie di linea, due di cacciatori e due cannoni. Letizia, o il marchese Letizia, come preferiva esser chiamato, era un altro bollente Achille dell'esercito napoletano; non privo affatto di coraggio e in gioventù era stato forte tiratore di pistola. Da poco promosso brigadiere, si offrì spontaneamente di andare in Sicilia. Sbarcò a Trapani, procedette al disarmo e mandò due compagnie a Marsala, dove l'agitazione ancora durava. Ristabilito l'ordine superficialmente e fatti decretare dal governo alcuni lavori nel porto di Trapani, e premii d'incoraggiamento fra i numerosi proprietarii di quelle saline, Letizia fu richiamato a Palermo con la sua colonna, e vi giunse la sera del 10 maggio. Avanti di partire, ordinò che i due cannoni fossero restituiti allo *Stromboli*, che ve li aveva sbarcati; i quali cannoni, imbarcati la mattina del giorno 11 dal *Capri* e riconsegnati nello stesso giorno allo *Stromboli*, furono la causa, come si vedrà, per la quale Garibaldi potè sbarcare a Marsala senza molestia, da parte dei legni di crociera. Trapani fu quasi sempre agitata in quegli anni, per opera principalmente di Vito Lombardo, viceconsole sardo ed oggi impiegato presso quella Camera di commercio. Le aspirazioni liberali, come le burle alla polizia, ebbero sempre per capo il Lombardo, che, valendosi della sua qualità, ne proteggeva e favoriva gli autori. Nel 1856, tal Gaspare Orlando, avuto un litigio col genero del comandante del presidio, promise di schiaffeggiarlo pubblicamente. E lo fece, di pieno giorno, nella via principale, mentre quello passeggiava insieme a un militare e ad un funzionario borbonico. Lo schiaffeggiato si volse, con la caratteristica espressione *"Neh! ch'er è?..."* e l'Orlando pacificamente andò via, si nascose nella casa del Lombardo e di là emigrò liberamente. Poco dopo, tal Gaspare Fontana, arrestato con altri per cospirazione politica, attuò con singolare forza d'animo il disegno di fingersi pazzo, e vi riuscì. Al tempo della guerra di Crimea, passò per Trapani, carico di truppa, il *Varo* della marina militare sarda, comandato da Ulisse Isola. Per mezzo del Lombardo, furono strette relazioni politiche, ma il *Varo*, circondato sempre dalle imbarcazioni della polizia, fu costretto a partire al più presto. Curioso il fatto, che i marinai sardi, cui si offersero dei fichi d'India, pensarono di mangiarli colla buccia e le spine lacerarono loro la bocca.

La polizia faceva anche la guerra alle barbe, com'è noto. Il Lombardo ne portava allora una assai lunga, e non voleva tagliarla. Invitato al commissariato di polizia, vi trovò il barbiere pronto per raderlo, ma egli invocò la sua qualità di console estero. Il commissario restò perplesso, e lo mandò via, ma scrisse a Palermo, invocando istruzioni, e ci volle una nota del luogotenente per affermare l'intangibilità di quella barba consolare!

Tranne a Trapani e a Messina, non vi furono in tutta l'Isola che disordini lievi, repressi dappertutto con poca fatica. A Messina ci fu pure un vero tentativo di rivolta, sebbene sin dal 1° aprile ne fossero stati cacciati gli studenti, i quali, prima di partire, distribuirono a migliaia di copie questo proclama, redatto dal loro compagno Francesco Todaro, studente di terzo anno di medicina:

Gli Studenti ai Messinesi.
Messinesi! – Giacchè l'amor di patria va registrato come a delitto capitale, e la parola libertà mette alla Genia Borbonica spavento come lo

spettro d'Agesilao, noi perchè apostoli siamo espulsi da questa bella figlia dell'italico suolo.

Addio, fratelli, addio! Qualunque separazione i nostri cuori non si partiranno giammai dai vostri.

Fratelli, l'ora è sonata, il tricolorato vessillo, inalberato nell'alta Italia, non tarderà a sventolare sulle nostre mura. Al vostro appello le nostre braccia, i nostri petti son vostri.

Ritorneremo dalla campagna, come leoni dalla foresta: combatteremo, la patria sarà libera e noi prodi soldati.

Addio, fratelli, addio! Gridate con noi: *Viva l'Italia*.

I disordini di Messina furono provocati in parte dall'insipienza dell'intendente Artale, il quale, accaduti i primi moti, propose per domarli la formazione di una guardia civica e lo stato d'assedio insieme! Egli non andava punto di accordo col maresciallo Russo, comandante della cittadella. Nei giorni 8, 9 e 10 aprile, i torbidi ebbero dolorose conseguenze di morti e feriti, onde bisognò richiamare l'intendente e proclamarvi davvero lo stato d'assedio. Nel maresciallo Russo si concentrarono tutt'i poteri, ma egli, alla sua volta, non andava di accordo col generale Gaetano Afan de Rivera, comandante la terza divisione del corpo d'esercito. Non esitò a minacciare il bombardamento della città; e poichè era rozzo e spavaldo, si temette che volesse veramente eseguire la minaccia. I consoli di Francia e d'Inghilterra avrebbero fatte delle proteste, non solo a difesa dei proprii connazionali, ma anche della popolazione di Messina, ed è verosimile anche questo, perchè, dopo le sanguinose repressioni del giorno 10, non si temeva che i tumulti potessero rinnovarsi.

A Catania i disordini furono lievissimi e vennero facilmente sedati. Intendente e comandante militare andavano in pieno accordo. Intendente era il principe di Fitalia, nipote di Ruggiero Settimo, succeduto ad Angelo Panebianco; e comandante, il generale Tommaso

Clary, nipote dell'arcivescovo di Bari e figliuolo del vecchio generale. Il Clary morì a Roma nel marzo del 1878, quasi ottantenne. Quando io lo conobbi, era un amabile vecchio, pieno di vivacità e non privo d'ingegno: borbonico sincero e convinto, non a torto, che senza l'opera del Piemonte, occulta da principio, palese, fin troppo, dopo Marsala, e senza l'aiuto morale dell'Inghilterra e della Francia, la rivoluzione in Sicilia non avrebbe avuta fortuna. Nel 1860 il Clary contava fra i migliori generali dell'esercito e da un anno comandava la brigata di Catania. In data 15 aprile egli riferiva al luogotenente che il suo vero *flagello* a Catania, era quel vice console inglese Ieans, come suo *flagello* a Messina, dove venne destinato più tardi al comando della cittadella, era quell'altro console inglese, Riccards, messo su, diceva egli, dai fratelli Lella, console l'uno e viceconsole l'altro di Sardegna. E già prima del Clary, il maresciallo Russo, con suo rapporto del 19 aprile, li aveva denunziati, ma inutilmente.

Il governo dette prova di energia dappertutto; e Rosolino Pilo, sbarcato la sera del 9 aprile a Messina, con pochi compagni, aveva dovuto, per sottrarsi alla caccia della polizia, trovare scampo nelle montagne di Palermo, con la convinzione, come si è detto innanzi, che si trattava oramai di partita rimessa a miglior tempo, salvo che Garibaldi, del quale affermava la prossima venuta, non fosse riuscito a riaccendere il fuoco. Ristabilito l'ordine, il Senato di Messina votò il 17 aprile un indirizzo di fedeltà al Re, pregandolo di non voler chiamare responsabile tutta la città *del fatto di pochissimi cattivi, ai quali stava a cuore l'appropriazione dell'altrui fortuna*, e supplicandolo perchè facesse *tornar tutto nell'ordinario stato, onde animare il commercio, e così nella circolazione dei valori, trovare maggior utile*. Questo indirizzo, che portava le firme del sindaco Felice Silipigni e dei decurioni, principino di Mola, baronello La Corte, Luigi Benoit e Giuseppe Castelli, non fu giudicato abbastanza ortodosso, facendosi in esso qualche allusione poco benevola all'autorità militare, onde il sindaco venne destituito. E poichè il Senato messinese chiedeva lavori per aiutare la povera gente, il Re concesse un prestito di quattromila ducati, al quale atto di regia munificenza il Senato rispose il giorno 22 con un altro indirizzo più enfatico, di fedeltà e riconoscenza. Una modesta largizione di benefizii immediati, e la promessa di prossimi lavori pubblici furono abilmente sfruttate dal governo in quei giorni. A Messina venne infatti soppresso il doppio dazio di stallaggio sui depositi del porto franco, e condonate multe ai contribuenti di fondiaria. A Catania fu promessa una strada ferrata, di cui l'Isola non aveva neppure l'idea, un nuovo porto con scala franca, il tribunale di commercio, una cassa di sconto, e la promozione della sede vescovile a metropolitana. E poichè nell'anno innanzi era stata piuttosto scarsa la raccolta del grano, e piuttosto alti ne erano i prezzi, accresciuti, naturalmente, dalle continue agitazioni politiche, il Re concesse un prestito di dodicimila ducati alla città di Palermo, e alcune franchigie doganali. Tutti i comuni dell'Isola furono poi assoluti dal pagamento di un residuo della tassa sulle aperture, già abolita.

Ma a Napoli non si era tranquilli. Il Re mandava istruzioni quotidiane direttamente a Castelcicala, non solo di carattere militare, ma anche di carattere politico e amministrativo al doppio fine di combattere le bande, e di prevenire il temuto sbarco di Garibaldi. Il governo di Napoli, informato da qualche mese, ma imprecisamente dei disegni di lui, acquistò la certezza della sua venuta nel Regno, nei primi giorni di maggio, e mandava al luogotenente istruzioni e moniti anche severi, parendogli che il Castelcicala non si rendesse abbastanza conto della gravità della situazione, dopo il suo ritorno a Palermo. E il principe forse punto dal rimorso d'aver assicurato il Re, alla vigilia del 4 aprile, che la Sicilia era tranquilla, inclinava, anche per l'indole sua flemmatica, ad attenuare gli avvenimenti. Egli non

Capitolo IX

dubitava infatti di scrivere a Napoli che le bande erano formate di *ladri*, e non d'insorti politici, e che non dovevano dar pensiero, perchè, incalzate ogni giorno dalle colonne mobili, si scioglievano via via, e più tardi scrisse che a Carini erano state addirittura sgominate. Ma il vero è, che benchè egli fosse il comandante generale delle armi, e in quei giorni avesse assunto il titolo di "generale in capo" non riusciva neppure a domare le rivalità fra i generali da lui dipendenti. A Messina erano note le gelosie fra il Russo e l'Afan de Rivera, le quali degenerarono in aperta rottura, sino al punto che il Russo fu dovuto richiamare. A Palermo, il Salzano seguitava ad avere i pieni poteri, e ciò non andava a garbo dei generali Cataldo e Primerano, i quali a capo delle colonne mobili, nei circondarii di Termini e di Cefalù, non riuscivano che a stancare inutilmente le truppe. In altre provincie, i comandanti non andavano d'accordo con gl'intendenti. Il governo di Sicilia doveva poi guardarsi anche dagli impiegati proprii, i quali erano siciliani quasi tutti. Il giorno 14 aprile, il generale Clary scriveva da Catania al luogotenente queste caratteristiche parole: "*Gl'impiegati Siciliani hanno insito indistintamente il sentimento siciliano, cioè voler essere indipendenti da Napoli, e questi sono i buoni. Gli altri servono pel soldo, ma al momento di un movimento spariscono, per gettarsi al partito che potrebbe restar vincitore*". E quando dopo l'attacco sanguinoso di Carini, parve al luogotenente che l'ordine fosse ristabilito, abolì di sua testa lo stato d'assedio a Palermo e nel distretto, e in un proclama alla popolazione, dopo di aver ricordato l'indulto concesso dal Re per *tutti quei traviati che avessero deposte volontariamente le armi*, e dopo la constatata ripristinazione dell'ordine, scriveva: "*Rimane tuttavia un dovere a compiersi, quello di far cessare le scorrerie dei più tristi delle disciolte bande, i quali non credendo di tornare quieti alle case loro, deposte le speranze del bottino, han posto mano alla vita e alle robe altrui e ad abominevoli fatti*". Ma in quel giorno stesso (3 maggio) non mancò di richiamare in vigore le ordinanze di

Filangieri per gli asportatori e detentori d'armi senza permesso, per effetto delle quali, i contravventori, sottoposti a consigli di guerra subitanei, potevano, com'è noto, essere fucilati.

In Corte erano sempre vive le inquietudini; e però non si cessava di mandar sempre istruzioni e piani al Castelcicala, il quale cominciò a comprendere che il Re e i ministri non avevano più fiducia in lui; tantoppiù che sapeva essere gli ordini e i moniti più severi suggeriti al Re dal principe di Satriano, singolarmente quelli che si riferivano ai movimenti delle truppe; e non ignorava di essere stata offerta ripetute volte al Filangieri la luogotenenza di Sicilia. I movimenti militari sembravano ordinati apposta per demoralizzare le truppe, rallentando quei vincoli di disciplina, che nell'esercito napoletano, il quale era in Sicilia esercito di occupazione, non erano forti. Per un malinteso sentimento del proprio dovere il Castelcicala non mandò le dimissioni; egli si mostrava convinto che avrebbe col suo sistema ristabilito l'ordine nell'Isola, e vi sarebbe forse riuscito se avesse avuto altri generali al suo comando. Di soldati non aveva difetto: in Sicilia se ne contavano più di trentamila negli ultimi giorni di aprile, comprese le guarnigioni delle fortezze.

Rosolino Pilo teneva accese le speranze dei liberali e le audacie degli insorti; egli affermava sempre imminente l'arrivo di Garibaldi con un esercito di volontarii bene armati; e le affermazioni sue erano improntate a tanta sicurezza, che, diffuse con grande abilità, anche fra i soldati, fecero divenire sentimento generale nell'Isola, in quella prima settimana di maggio, che Garibaldi fosse veramente alle porte. Un giorno lo si diceva sbarcato a Trapani; un altro a Sciacca; poi a Girgenti. La fantasia meridionale lavorava in tutti i modi, e nelle campagne la polizia non riusciva più a garantire la sicurezza. Si rompevano i fili del telegrafo; si sequestravano e svaligiavano le corriere postali e i procaccia; si compivano atti di rapina, credendosi di combattere così il governo. Le squadre ingrossavano, reclutando gente d'ogni risma e la mafia, che in quei giorni assumeva un'aria addirittura provocatrice, si dava un gran moto. Si stancava maledettamente la truppa con imboscate e marce faticose. I distretti di Cefalù e di Termini erano agitati più che mai, e i generali Primerano e Cataldo, che comandavano quelle colonne, facevano eseguire marce senza costrutto. Le notizie che pervenivano dall'interno dell'Isola, erano quasi paurose; dappertutto la convinzione che Garibaldi era alle porte; dappertutto disordini e temerarie resistenze all'autorità. Maniscalco non era più in grado di frenare la marea. Nella notte del 5 maggio un pugno di insorti attacca gli avamposti di Monreale; è respinto, ma il fatto accresce in Palermo l'allarme della polizia e le speranze dei liberali. Tutti quelli che possono fuggire lasciano la città. Il giorno 9, il Comitato ordina nuovamente, con cartellini anonimi, che nessuno debba passare per via Toledo e tutti debbano correre in via Macqueda. L'ordine, manco a dirlo, è eseguito anche questa volta: via Macqueda rigurgita di gente; le signore ai balconi sventolano i fazzoletti; si grida dovunque: *Viva l'Italia e Viva Vittorio Emanuele*; accorrono pattuglie di soldati, ma, incalzate dalla folla, son costrette a far uso delle armi. Vi è un morto e vi sono tre feriti. Vengono prese nuove misure per rinforzare la guarnigione di Palermo, e la sera del 10 vi rientrano le colonne del generale Letizia e del maggiore d'Ambrosio. Nei porti di mare erano non meno frequenti gli allarmi, sia che vi apparisse qualche legno sardo con bandiera tricolore, sia che spuntasse qualche legno inglese. La profonda persuasione che l'Inghilterra favoriva la rivoluzione paralizzava il governo. Si vedeva la mano degl'inglesi dappertutto, anche nelle cose più insignificanti. Un po' la tradizione dei Borboni di Napoli e di Francia, che vedevano nell'Inghilterra il costante nemico; un po' la condotta dei consoli inglesi di Palermo, Messina e Catania, e un po' la presenza della flotta Brittannica, che si trovava a protezione degli interessi inglesi, così numerosi nell'Isola, concorrevano ad autorizzare questi sospetti. Maniscalco restò sulla breccia fino all'ultimo, mostrando di non aver paura, ma senza però nascondersi la gravità estrema della situazione, e persuaso che se veramente Garibaldi fosse sbarcato, con molti uomini ed armi, l'Isola sarebbe insorta come un sol uomo, se non si fosse fatta *tabula rasa* dei generali, a cominciare dal comandante in capo.

Incalzando le informazioni sul prossimo sbarco di Garibaldi, tutta la truppa fu mobilizzata in colonne, sotto il comando di un generale, di un colonnello o di un maggiore, secondo che erano più o meno numerose. La colonna destinata ad operare nel circondario di Trapani, ebbe l'ordine di marciare per Calatafimi e partì all'alba del 6 maggio. Ne aveva il comando Francesco Landi, da poco promosso generale. Contava circa settant'anni, aveva preso parte ai moti del 1820, a stento montava a cavallo e preferiva andare in carrozza. Se il comando non fosse stato a lui affidato, sarebbe toccato al Von Mechel, straniero, e questa considerazione fece sì, che nel Consiglio di guerra convocato dal luogotenente e al quale intervenne pure il consigliere Gallotti, fosse stato deciso di dare il comando di quella colonna al Landi, il quale, nonostante l'età, era in fama di buon militare. Aveva comandato per alcuni anni il sesto reggimento fanteria, *Farnese*.

Landi, partito nelle prime ore del giorno 6, ascoltò la messa a Monreale, perchè era domenica, e s'incamminò a piccole tappe per Calatafimi. I fili e i pali telegrafici erano quasi dappertutto spezzati; le poste non funzionavano e le campagne invase da insorti e malviventi, che su per giù erano molte volte la stessa cosa. Landi procedeva con grandi cautele, non avendo ufficiali di stato maggiore, nè servizio d'informazioni e d'ambulanza. Le corrispondenze doveva mandarle e riceverle con pedoni, per mezzo dei giudici regi e dei sottointendenti. Pare strano che, essendo Palermo la base di operazione della colonna di lui, ed essendo questa diretta a Calatafimi, cioè alla distanza di quarantaquattro miglia, circa ottanta chilometri, non si fosse provveduto, con tanta cavalleria, ad un servizio rapido e sicuro di informazioni tra quel corpo e il comando in capo. Landi arrivò la mattina del 12 ad Alcamo, dove fu ospite del cavalier Luigi Ferro, ricevitore generale della provincia di Trapani, persona assai facoltosa e molto amata dai suoi concittadini. Era borbonico convinto, benchè avesse dato in moglie l'unica figliuola al barone di San Giuseppe, liberale ed intimo del barone Mokarta di Trapani, ch'era un Fardella. Il San Giuseppe tenne nascosto il Mokarta nei locali della ricevitoria, senza che il suocero potesse sospettarne nulla. I fratelli Santanna, nativi anch'essi di Alcamo, contavano tra i liberali della città, anzi il maggiore di essi, Stefano, che aveva titolo di barone, fu colui che condusse la prima squadra incontro a Garibaldi. Naturalmente tra il Ferro e i Santanna non vi era buon sangue, ma il Ferro non aveva paura, e volle rimanere in Alcamo, per meglio seguire le vicende di quei giorni. Sapendo che il Landi non poteva rimanere lungo tempo a cavallo, offrì la sua vettura, tirata da due forti sauri, e così Landi partì per Calatafimi la notte del 12, e vi arrivò all'alba del 13. Appena giunto, scrisse al generale in capo una lettera ch'è una querimonia dalla prima all'ultima parola.

Le istruzioni date a lui e al colonnello Donati, che comandava il reggimento dei carabinieri, erano d' "*impedire uno sbarco di emigrati, vociferato di volersi effettuare lungo il littorale tra Mazzara e Capo San Vito*". Ho il testo autografo di quelle istruzioni, firmato dal Castelcicala.[1] Il governo di Sicilia era dunque informato, non solo dello sbarco, ma del luogo dove approssimativamente si sarebbe compiuto. Come potè avvenire che, sapendosi tutto questo, e disponendosi la sollecita partenza di Landi per Calatafimi e Trapani, venisse

---

[1] Archivio Landi.

richiamata la colonna del Letizia, proprio da Trapani e da Marsala? Riesce inesplicabile, quando non si voglia tener presente la confusione regnante nel comando generale di Palermo, diviso fra il luogotenente e il generale Salzano. Difatti, le istruzioni date da Castelcicala al Landi furono accompagnate da un altro foglio di istruzioni, minuziose e prolisse, date dal Salzano, le quali sembravano fatte apposta per imbrogliare la testa di quel generale.[2] E quando lo sbarco fu compiuto, senza che riuscisse alla flotta di crociera impedirlo e assai meno alla colonna del Landi, la quale giunse, ripeto, all'alba del giorno 13 a Calatafimi, il generale in capo mandò, la mattina del 12, altre istruzioni al Landi: ma queste non giunsero che alle nove antimeridiane del giorno 14, impiegando più di quarantott'ore![3]

Il giorno prima di ricevere queste ultime istruzioni, Landi aveva scritta al generale in capo una lettera, la quale, come ho detto, era tutta una querimonia. Si doleva di non aver neppure un ufficiale di stato maggiore, nè servizio d'ambulanza, nè di comunicazione. "*Per trasmettere all'E. V. questo mio rispettoso foglio*, egli dicea, *non ho trovato altro mezzo che quello di spiccare un pedone al sottointendente di Alcamo, interessandolo di procurare egli altro mezzo per farlo giungere all'E. V.*". Si doleva pure che il promessogli battaglione del decimo di linea non era ancora apparso, e dichiarava di non trovar prudente, prima che arrivasse questo battaglione, di muovere sopra Salemi, "*dove evvi una squadra armata, composta non dagli sbarcati, ma di gente raccogliticcia*". Egli appariva ignaro dei movimenti *della banda sbarcata*. Solo da alcune vaghe relazioni il Landi congetturava che *la detta banda siasi piazzata nella casina di Fardella, nelle vicinanze di Trapani*, pur protestando però di non prestarvi fede, "*poichè poca o*

---

[2] Id. id.

[3] Id. id.

nessuna fiducia ripongo su i pedoni esploratori di questo paese (i quali sono sempre in contraddizione fra loro), dove lo spirito pubblico, specialmente della plebe, è all'eccesso esaltato, tanto, che ieri sera già partì una quota di facinorosi di questo Comune, per unirsi alle squadre".[4]

Il giorno 14 scriveva: *"Le masse degl'insorti crescono sempre di più, e vanno a stazionarsi tutte a Salemi, dove sembra che abbiano fissato quartiere generale, ivi trovansi pure gli emigrati, sbarcati a Marsala"*. Solo in quel giorno gli riuscì di sapere la verità. Riferiva che il dì seguente avrebbe marciato sopra Salemi, ma poi, quasi pentito, modificava la sua risoluzione. Temeva agguati attraverso le folte boscaglie di ulivi, e dichiarava perciò che più prudente consiglio sarebbe stato quello di attendere il nemico a Calatafimi, *posizione tutta militare, molto vantaggiosa all'offensiva e alla difensiva, ed essenzialmente necessaria per impedire che le bande si scaricassero* (sic) *sopra Palermo da questo lato della consolare"*.[5] Chiedeva da ultimo che un'altra colonna fosse uscita da Palermo per la linea di Partinico ed Alcamo, per prendere il nemico alle spalle. *"Tentare un assalto a Salemi sarebbe un'imprudenza ed un avventurare la mia colonna fra la imboscata nemica."* [6] È curioso che di questo rapporto, il quale segna il numero 43, ed è datato da Calatafimi, la mattina stessa della battaglia (16 maggio) siano state fatte dal generale tre bozze, tutte di sua mano, e in ciascuna delle quali si nota lo studio suo di dimostrare che l'attacco sopra Salemi sarebbe la maggiore delle imprudenze.

Questo era il generale, incaricato di sostenere il primo urto dei Mille. Egli non possedeva nessuna di quelle qualità temerarie che decidono delle vittorie; sentiva di trovarsi in un paese nemico e di non potersi fidare di nessuno; non aveva stato maggiore, nè servizio

---

[4] Id. id.
[5] Id. id.
[6] Id. id.

d'informazioni e d'esplorazioni; nè ancora sapeva il numero degli sbarcati. Di Garibaldi gli repugna scrivere il nome, e solo in una parte della sua corrispondenza parla dei *garibaldesi*. Più che a vincere, egli pensava a lasciarsi libera la ritirata su Palermo, così lontana e che, giova ricordarlo, era la sua base di operazione; forse s'illuse di mettere in fuga gli "sbarcati" come diceva lui, al primo urto; ma dopo la coraggiosa e tenace resistenza di quelli, mutò consiglio e non pensò che alla ritirata. Ad un vecchio generale, pieno d'incertezze e di cautele, che seguiva in carrozza il suo esercito, mettete di fronte un duce come Garibaldi, e la giornata di Calatafimi, nella quale combattono da una parte mille uomini, male armati e con due soli vecchi cannoni, e dall'altra poco meno di quattromila con artiglierie, è troppo spiegata, senza bisogno d'inventar tradimenti e traditori.

Fin dal 18 aprile una parte della flotta era stata destinata in crociera sulle tre coste. Il governo aveva noleggiati quattro piroscafi della società Florio e due della società Napoletana; li aveva armati di buoni cannoni, e datone il comando a giovani ufficiali della marina da guerra. Tutta la flotta di crociera era formata da quattordici bastimenti e due rimorchiatori, e la costa più guardata era quella di occidente, da Capo San Vito a Mazzara, dove si temeva lo sbarco, con vigilanza speciale sulle Egadi. Vi erano destinate la fregata *Partenone* con sessanta cannoni; la corvetta *Valoroso* con dodici, entrambe a vela; la pirocorvetta *Stromboli* con sei, e il vapore *Capri*, già mercantile, comandato da Marino Caracciolo, con due cannoni. Al sud di Mazzara sino al Capo Passaro, incrociavano altri legni, tra i quali l'*Archimede* e l'*Ercole*. Della crociera occidentale aveva il comando il capitano di vascello Francesco Cossovich a bordo della *Partenope*; e comandante in secondo era quello stesso Eduardo d'Amico, che, sei anni dopo, fu capo dello stato maggiore di Persano a Lissa. Lo *Stromboli* era comandato da Guglielmo Acton, che vi prese imbarco fin dal 18 aprile. Egli aveva come sottotenente di vascello Cesare de Liguoro; e a bordo del *Valoroso,* comandato da Carlo Longo, c'era, collo stesso grado di sottotenente, Enrico Accinni. De Liguoro e Accinni, saliti ai più alti gradi della marina italiana, sono fra i pochi superstiti di quella giornata. Non scarsa dunque la crociera, ma neppure numerosa, tenuto conto della lunghezza della costa. Se nessuno dei legni poteva dirsi adatto a un servizio, che richiede navi agili, rapide e bene armate, la divisione era nondimeno ricca di ottanta bocche da fuoco, ed aveva inoltre il sussidio dei semafori. Lo *Stromboli,* considerato il bastimento più forte, era una pirocorvetta a ruote piuttosto lenta, e la *Partenone,* una fregata a vela, che, in caso di bisogno, doveva esser rimorchiata dal primo o dal *Capri.* La divisione non aveva truppa da sbarco, perchè il governo non previde il caso che i legni di crociera dovessero giungere a sbarco compiuto, come avvenne. Per il governo la crociera doveva soltanto impedire "AD OGNI COSTO, *lo sbarco dei filibustieri, respingendoli colla forza, catturando loro i legni, e di tutto dando comunicazione telegrafica a Napoli e a Palermo"*. Erano queste le istruzioni date ai comandanti. Ve n'era poi una *riservatissima,* quella che "*imbattendosi in alto mare o nei porti dell'Isola con legni esteri, se da guerra, li sorvegliassero con garbo, onde non compromettere il real governo; e, occorrendo li seguissero, dovendo sempre opporsi a sbarco di gente armata; e se mercantili, seguirli dappresso, prevenendo qualunque intenzione ostile"*. E v'ha di più. Il giorno 10 maggio Castelcicala aveva avvisato coi semafori i comandanti delle divisioni di crociera, che Garibaldi era partito con la spedizione da Quarto, e che però stessero bene in sull'avviso. Nella notte dal 10 agli 11, due legni della crociera occidentale uscirono dal porto di Marsala e fecero rotta per Sciacca e Girgenti. Lo *Stromboli,* che era a Sciacca, fece rotta la mattina degli 11 per Trapani, per ricaricare dal *Capri* i due cannoni lasciati dal Letizia. Il caricamento di questi cannoni portò via due ore. Lo *Stromboli* incontrò il *Capri* fra le 11 ½ e mezzogiorno; e i due comandanti Acton e Caracciolo si scambiarono anche le notizie della crociera; dopo di che lo *Stromboli* lentamente proseguì la rotta per Trapani, dove andava a far carbone, e il *Capri* per Sciacca. Giunto all'altezza di Marsala, ch'erano circa le ore due, Acton scorse nel porto, oltre a due *Gun-Wessels*, qualche altra cosa, di cui non seppe dapprima rendersi conto. Avvicinandosi a tutto vapore, distinse, via via, due legni mercantili, che compivano operazioni di sbarco; e più lontano, sul porto, uomini armati, alcuni dei quali vestiti di rosso. Credette da principio che fossero marinari inglesi, sbarcati dalle cannoniere. Ma a misura che si avvicinava, cominciò ad avere un'idea più esatta di quanto avveniva, mentre i semafori della Favignana e della Colombaia segnalavano la discesa di gente armata a Marsala. Non vi fu più dubbio per lui: la tanto attesa e temuta spedizione di Garibaldi, di quel Garibaldi, che egli, Acton, prendendo il comando dello *Stromboli*, aveva promesso al Re di buttare in mare, si compiva sotto i suoi occhi! Appressandosi di più all'ancoraggio, Acton mise la nave in assetto di combattimento, facendo abbattere la portelleria dei cannoni. I due *Gun-Wessels* erano l'*Intrepid* e l'*Argus*. Il comandante del primo segnalò di non cominciare il fuoco prima che fossero tornati a bordo alcuni suoi marinari, e Acton per cortesia internazionale attese, ma per poco. Ordinò al sottotenente De Liguoro di andare a riconoscere meglio i vapori misteriosi, e a far noto ai comandanti delle cannoniere inglesi, che avrebbe aperto il fuoco senza attendere altro. Tornò De Liguoro e riferì che lo sbarco era quasi compiuto, e che da quei due vapori con bandiera sarda erano discesi un migliaio di uomini armati con Garibaldi, e avevano occupata la città. Acton, benchè convinto di non poter far più nulla contro un fatto compiuto, fece tirare alcuni colpi sui bastimenti già vuoti e altri in direzione del porto; ma i colpi, che non furono più di una diecina, non produssero effetto, per la distanza del bersaglio. Giunta intanto la *Partenope*, passò a poppa dello *Stromboli* e tirò un'intera fiancata in direzione del porto, ma per la stessa ragione anche queste cannonate riuscirono innocue.

Capitolo IX

Lo sbarco a Marsala fu accidentale. Sono noti i particolari di quel viaggio fortunoso. Garibaldi seguì vie ignote per eludere la crociera, impiegando sei giorni da Quarto a Marsala. Garibaldi, Crispi e Salvatore Castiglia, che comandava in secondo il *Piemonte*, ed era espertissimo uomo di mare, avevano risoluto di sbarcare a Porto Palo, fra Sciacca e Mazzara, a poca distanza da Selinunte, e fu deciso di scendere a Marsala, sol quando la mattina degli 11 maggio, incontrato presso le Egadi un veliero inglese che veniva da Marsala, Castiglia domandò se vi fossero legni napoletani in quel posto, e gli fu risposto di no. Ma andando più innanzi, Garibaldi si accorse che vi erano due legni da guerra con alberatura bianca, e credette d'essere stato ingannato. Interrogò allora il *ras* [7] di una paranza da pesca, che veniva da Marsala, se vi erano legni napoletani nel porto, e dopo che gli fu risposto: "*Pigghiaro 'u largo*" lo richiese se vi fosse guarnigione, al che il *ras*, sempre in gergo siciliano, replicò che la truppa era partita il giorno innanzi. E anche qui c'è un mezzo romanzo da sfrondare. Non è vero, come è stato detto, che Garibaldi invitasse quel *ras* a bordo del *Piemonte* e facesse da lui pilotare la spedizione nel porto di Marsala. Il *ras* che poi si seppe chiamarsi Antonio Strazzera "invitato, ci seguì e ci aiutò – sono parole dette a me da Crispi – nel porto allo sbarco dei volontari. Il *Piemonte* era comandato da Garibaldi, e in sott'ordine da Salvatore Castiglia, che faceva da pilota; per quelle funzioni non avevamo bisogno di estranei".

Marsala era dunque sguarnita di navi e di soldati regi, e sorgeva là dirimpetto, con le sue bianche case e le sue campagne verdi: tranquillo era il mare, splendida la giornata, nè appariva sull'orizzonte fumo di battelli o vela sospetta. Andandosi più innanzi, fu dissipato l'equivoco: le due cannoniere erano inglesi, ma per l'alberatura, a una certa distanza, potevano essere credute napoletane, poichè, è da ricordare,

---

[7] Parola araba, che vuol dire capitano di legno da pesca.

che alcuni legni da guerra napoletani erano stati costruiti in Inghilterra e avevano le alberature simili alle inglesi; come anche altri, costruiti a Castellamare e completati a Pietrarsa, erano modellati sullo stesso disegno. Tolto di mezzo quest'altro dubbio, Garibaldi, senza altri indugi, decise di profittare di quelle condizioni, le quali non solo permettevano lo sbarco, ma garantivano l'occupazione, e ordinò al *Lombardo* che a tutto vapore seguisse la rotta del *Piemonte* sopra Marsala. Ricevuto l'ordine, Bixio scrisse sopra un pezzo di carta queste parole: *Garibaldi è sbarcato a Marsala, oggi 11 maggio 1860,* e chiuso lo scritto in una bottiglia, la lanciò in mare. Dei due *Gun-Wessels,* ancorati nel porto di Marsala, l'*Argus* era giunto la sera innanzi diretto a Malta; l'*Intrepid* rimaneva a protezione delle case inglesi di Marsala, Ingham e Woudhouse, e faceva parte della squadra comandata dall'ammiraglio Mundy, che imbarcava a bordo dell'*Hannibal,* e la quale, pochi giorni dopo, si raccolse a Palermo. A Marsala era avvenuto il piccolo movimento insurrezionale, del quale si è parlato. Fu detto insistentemente, ed è ancora ripetuto con forte convinzione, che lo sbarco di Garibaldi fosse stato favorito dai due legni inglesi; che le cannoniere erano andate apposta a Marsala per aiutarlo, e che questo fosse un gran segreto, il quale Garibaldi e Crispi non confessarono mai. La verità è, che i due legni si trovavano a Marsala per caso. È vero che il console inglese, residente a Marsala, signor Collins, ricorresse al comandante dell'*Intrepid*, pregandolo d'intervenire, perchè dal bombardamento fossero risparmiati i magazzini e gli edifici, sui quali sventolava la bandiera britannica; e fu appunto per questo, e perchè alcuni marinari scesi a terra non erano tornati a bordo, che il comandante dell'*Intrepid* pregò il comandante dello *Stromboli* d'indugiare di poco il bombardamento e di salvare quegli edifizii. Acton vi consentì, come ho detto, ma l'attesa non durò che mezz'ora; e se anche lo *Stromboli* avesse incominciato a bombardare un'ora prima, il risultato non sarebbe stato diverso,

Capitolo IX 237

perchè lo sbarco era quasi compiuto. Un'interrogazione su questo argomento fu mossa, nel Parlamento inglese, da Osborne a lord Russel, il quale dichiarò che il comandante napoletano avrebbe, solo *per cortesia*, sospeso il fuoco per permettere il rimbarco ai marinari inglesi. Francesco Crispi, che fu il secondo personaggio della spedizione, anzi, sotto alcuni rapporti, fu il primo, afferma in modo assoluto, che lo sbarco a Marsala fu accidentale; che il *Piemonte* e il *Lombardo*, entrando in quel porto, passarono fra i due *Gun-Wessels*, dai quali non ebbero aiuto, nè diretto, nè indiretto; che lo *Stromboli* giunse quando lo sbarco era compiuto, e che il brevissimo bombardamento cessò, quando i comandanti dello *Stromboli* e della *Partenope* si persuasero che era tempo perduto. Acton e Cossovich, non avendo truppa di sbarco, si rassegnarono a tirare delle cannonate contro il *Lombardo* arenato e a catturare il *Piemonte*, non immaginando neppure un colpo di audacia: quello, per esempio, di mettere a terra le ciurme delle navi e attaccare i *filibustieri*, sotto la protezione dei cannoni della flotta. Rimorchiarono il *Piemonte* a Napoli come trofeo della vittoria, contribuendo, senza volerlo, ad accreditare, essi per i primi, la versione che i legni inglesi avessero aiutato lo sbarco di Garibaldi. Certo è però che se lo *Stromboli* non avesse perduto due ore di tempo, per ricevere i cannoni dal *Capri*, lo sbarco difficilmente si sarebbe compiuto in condizioni così favorevoli, o addirittura sarebbe stato impedito. Guglielmo Acton non era uomo da venir meno al suo dovere, nè in quei giorni era cominciata la demoralizzazione della flotta; ma nel suo stato di servizio vi è davvero una lacuna. Egli ottenne il comando dello *Stromboli* il 18 aprile, e lo lasciò il 23 giugno, e da questo giorno al 5 agosto, in cui fu nominato comandante in secondo del *Monarca*, non vi è traccia di servizio da parte sua. Questa circostanza confermerebbe la voce ch'egli fosse stato punito per il fatto di Marsala, e mandato in confine ad Ischia, ma consiglio di guerra non risulta che vi fosse. Il 23 giugno la Sicilia poteva considerarsi perduta e le voci contro le pretese fellonie erano più alte e insistenti, e colpivano senza distinzione tutti coloro, che avevano avuto parte principale nelle cose dell'Isola: Acton e Cossovich, Landi e Lanza principalmente, e poi tutti gli altri. È da ricordare che Garibaldi non aveva di artiglierie che i due ferrivecchi, presi a Talamone, e i quattro legni napoletani disponevano, ripeto, di ottanta bocche da fuoco. Crispi, Accinni e De Liguoro, ricordando i fatti di quel giorno e i varii fortunati incidenti, concludono che veramente quello sbarco fu voluto dalla Provvidenza. L'Inghilterra non vi entrò per nulla e la relazione del comandante Marryat dell'*Intrepid*, lo conferma: relazione datata da Malta il 14 maggio, tre giorni, cioè, dopo l'avvenimento;[8] ma l'opinione contraria non si dà per vinta.

Il De Sivo, che vide traditori, tradimenti e viltà dappertutto, non disdegnò di rimproverare il governo di non aver fatto impiccare Acton e Cossovich. Se avessero avuto truppe da sbarco e non se ne fossero serviti, avrebbero certo meritata l'accusa di tradimento o di viltà; ma di essere giunti tardi a Marsala non ebbero colpa davvero. Il Cossovich fu tra i pochi comandanti di marina, che non prese servizio col Regno d'Italia, e Guglielmo Acton passò nella marina italiana dopo la partenza di Francesco II da Napoli, e dopo aver difeso onoratamente e coraggiosamente nella notte del 10 agosto il *Monarca*, nelle acque di Castellamare di Stabia, e mandato a vuoto l'infelice disegno del Depretis, proditattore a Palermo, di impadronirsi di quel legno, a suggerimento del Persano. Il fatto di Castellamare, che per poco non costò la vita all'Acton, segna una delle pagine più onorevo-

---

[8] H. F. Winnington, Rear Admiral-Hearts of Oak. - (Chapter XIV. - *Extract's from My Private Journal While Comanding II. M. S. "Argus" on the Coast of Sicily, in 1860, including the Landing of Garibaldi*). - London, W. H. Alien and Co., 13, Waterloo Place, Pall Mail. S. W. 1869.

Capitolo IX

li della carriera di lui, e ne fu dal Re Francesco II rimunerato con la croce di cavaliere di San Ferdinando e del Merito.

Garibaldi aveva dato ordine a Crispi, a Castiglia, ad Andrea Rossi e a Pentasuglia di prender terra immediatamente, sia per disporre quanto occorreva allo sbarco, sia per impossessarsi del telegrafo elettrico, del municipio, delle carceri e della tesoreria. Castiglia e Andrea Rossi si recarono a bordo di tutt'i legni, ancorati nel porto, e imposero loro, a nome di Garibaldi, di mandare le rispettive imbarcazioni al *Piemonte* e al *Lombardo*, e l'ordine fu di buona voglia eseguito. Anche la paranza di Strazzera servì allo sbarco, il quale fu compiuto ordinatamente, in meno di due ore. Crispi, con pochi volontari, quasi tutti bergamaschi, corse al Municipio. In città non si vedeva nessuno, tranne qualche accattone e un frate domenicano, che, sventolando il fazzoletto, gridava: *Viva l'Italia*. Era di venerdì. Crispi convocò il sindaco e i decurioni; mise guardie alle carceri, perchè nessuno dei detenuti, profittando di quanto avveniva, potesse evadere; s'impadronì della cassa erariale con regolare verbale di consegna e proclamò il governo provvisorio in nome di Garibaldi.

Pentasuglia corse al telegrafo, e puntando un *revolver* sul petto dell'impiegato, s'impossessò della macchina. L'impiegato aveva già trasmessa a Palermo la notizia dello sbarco, con quei particolari che potè procurarsi. Il telegrafo elettrico era in diretta comunicazione col luogotenente, anzi la macchina dell'ufficio di Palermo stava proprio nel gabinetto del Gallotti, il quale aveva alla sua immediazione un telegrafista di fiducia, chiamato De Palma, tuttora vivo. Furono chieste da Palermo maggiori notizie, e soprattutto se la città era tranquilla, al che il Pentasuglia rispose: *Tranquillissima: i due vapori arrivati sono vapori nostri*. La contraddizione lampante con le prime notizie e l'osservazione fatta al Gallotti dal De Palma, che era cambiata la mano del telegrafista, persuasero il primo che lo sbarco di Garibaldi era avvenuto e il telegrafo già passato in mano di lui. Gallotti ordinò allora che fosse rotto il filo fra Palermo e Marsala. Era un'ora dopo mezzogiorno.

Garibaldi, con la sciabola sulla spalla sinistra, portata a modo di bastone, dava ordini e raccomandava a tutti la calma; e quando lo sbarco fu compiuto, e vide che i legni napoletani si accostavano, ordinò di chiudere le porte della città; ma fu inutile, perchè un temuto sbarco di truppe non si verificò e il bombardamento cessò presto. Alcuni giovani marsalesi, nascosti innanzi alla casa comunale, gettarono qualche timido grido di *Viva l'Italia, Viva Vittorio Emanuele.* Garibaldi affidò al municipio il governo politico della città; dettò a Marsala il famoso primo proclama ai siciliani e si occupò del suo esercito, che vedeva tutto schierato per la prima volta sotto i suoi occhi. Che esercito! Non arrivavano a centocinquanta quelli che indossavano la camicia rossa: altri erano in borghese. Giuseppe Sirtori, capo dello stato maggiore, era vestito in nero, col cappello a cilindro: curiosa figura tra il medico e il prete; Nullo portava un mantello bianco, come capo delle guide; Türr vestiva all'ungherese; Bixio indossava l'uniforme di tenente colonnello piemontese: grado ch'egli aveva nel 34° di linea; Crispi anche lui in abito nero; la signora Monmasson vestiva da uomo, e Garibaldi indossava il famoso *puncho*, e sotto il *puncho*, la camicia rossa, e in testa un berretto tondo. Giuseppe Campo portava la bandiera. Nè a Salemi, nè a Vita, nè a Calatafimi crebbe il numero delle camicie rosse; anzi, dopo le disastrose marce che precedettero l'entrata a Palermo, parecchi di quei guerrieri erano così laceri, che loro cadevano a brandelli giubbe e pantaloni.

La cassa dei Mille, quando si partì da Quarto, era di cinquantamila lire; quando si giunse a Palermo, era di ventimila: tutta la marcia non costò che trentamila lire. Nè ufficiali nè militi prendevano paga. Ciascuno aveva un peculio proprio, abbondante o scarso, secondo la

Capitolo IX

condizione rispettiva. I genovesi e i bergamaschi erano i meglio forniti di danaro e aiutavano i compagni, benchè di questi aiuti non si sentisse il bisogno, perchè da Marsala a Palermo non corsero che due settimane. Di armi, non se ne parla: fucili di guardia nazionale, quasi tutti arrugginiti. Solo i carabinieri genovesi, comandati da Mosto, erano benissimo armati. Luigi Cavalli, mio collega alla Camera dei deputati, mi narra che a Calatafimi dovè adoperare ben quindici capsule, perchè il suo fucile sparasse una volta. A Vita quasi tutti lasciarono i mantelli e soffrirono il freddo nella notte. Partirono da Marsala alle cinque della mattina, e la prima tappa fu Rampagallo. Garibaldi, Sirtori, Crispi e i comandanti delle sette compagnie si provvidero di cavalli alla meglio; e a dorso di due muli furono caricate le due famose artiglierie prese ad Orbetello e sulla culatta delle quali si leggeva la data della fusione: una data molto antica, naturalmente.

La giornata di Calatafimi è narrata dal generale Landi con sufficiente sincerità, nei suoi rapporti e nella sua difesa. Egli non immaginava tanta resistenza da parte degli sbarcati. Si battè per otto ore, ma sempre rimanendo sulla difensiva e non avendo altra mira che di lasciarsi libera l'unica strada su Palermo, per tornarvi colla colonna intatta. Non impiegò in battaglia tutte le truppe, che ascendevano a circa quattro mila uomini, compreso il battaglione del maggiore Sforza, che si era unito a lui; e quando verso sera si avvide che il lungo combattimento non faceva indietreggiare i garibaldini, decise ritirarsi, invece di aspettare gli aiuti, considerando la ritirata, come egli dice nella sua ingenua auto-difesa, *la migliore delle vittorie.*[9] Quando le trombe dei regi sul finire del giorno suonarono la ritirata, fu una grande sorpresa, seguita da un'esplosione di gioia, nel campo garibaldino. Non era ritenuta possibile. I Mille avevano consumate le munizioni; erano

[9] *Autodifesa del generale Landi*, manoscritto esistente nell'archivio di sua famiglia.

stanchi del lungo e disperato combattimento; avevano avuti parecchi morti e molti feriti e nessun aiuto dalla squadra del Santanna, che si limitò a guardare dalle creste dei monti quello che avveniva nel basso. Garibaldi stesso era ferito al fianco destro da un sasso, scaraventatogli da un soldato dell'ottavo battaglione Cacciatori, il quale gli aveva per due volte rivolto il fucile a poca distanza, ma l'arma non prese fuoco. Di squadre numerose e armate solo la fantasia del generale borbonico popolava le campagne e i colli attorno Calatafimi. Se il Landi si fosse avanzato e i battaglioni di cacciatori fossero giunti il 13 o il 14 a Marsala, l'impresa di Garibaldi poteva dirsi compromessa; ma il Landi non aspettò, ripeto, gl'invocati rinforzi, e nelle prime ore della sera si mise in marcia di ritirata.

Se il risultato vero di quello scontro fu, come azione militare, che i garibaldini e i regi conservarono le proprie posizioni, moralmente fu un disastro. Calatafimi aprì le porte di Palermo alla rivoluzione. La ritirata del Landi fu la prima *dèbâcle*, alla quale tennero dietro tutte le altre; fu l'inizio di quella profonda demoralizzazione, per cui si capitolò a Palermo con una guarnigione di ventimila uomini e si perdette la Sicilia. Sul capo del Landi si addensarono tremende accuse: si affermò che si fosse venduto a Garibaldi mercè una polizza di quattordicimila ducati; e la sua morte, che si disse improvvisa, accrebbe i sospetti infamanti e questi mutò in certezza, più tardi, il principe di Castelcicala. Il Landi aprì la serie dei generali bollati traditori, prima in Sicilia e poi nel continente. Morì nel 1862, dopo alcuni giorni di malattia, e non già, come dissero gli scrittori borbonici, improvvisamente, e di dolore, dopo che, avendo mandato al Banco a riscuotere i quattordicimila ducati, sentì rispondersi che ne era stata alterata la somma! Uno dei figliuoli scrisse a Garibaldi invocando la sua testimonianza, e Garibaldi lealmente smentì l'accusa.[10] Certo fu

---

[10] I figli del generale Landi, che servirono nell'esercito italiano, furono cinque. Antonio

grave errore aver dato al Landi il comando di maggiore responsabilità, potendosi prevedere che la sua colonna avrebbe con maggiore probabilità affrontato il primo urto di Garibaldi; più grave errore d'avergliraelo dato nelle condizioni riferito; e massimo errore aver richiamato Letizia da Trapani, come fu colpa inescusabile e inesplicabile non aver fatto arrivare in tempo a Marsala i battaglioni chiesti dopo lo sbarco dei Mille. Occorreva un solo governo, e ve n'erano due: a Napoli e a Palermo; occorreva un sol uomo a comandare, ed erano in tanti, sospettosi e gelosi l'uno dell'altro; occorrevano generali pieni di fede e desiderosi di battersi, e un Re amato e temuto, mentre Francesco II non era nè quello, nè questo; e dei generali, ciascuno cercava ripararsi dalla procella come meglio poteva, schivando ogni responsabilità, perchè nessuno era veramente convinto che quello stato di cose valesse la pena di difenderlo, col sacrificio della propria vita, o della propria reputazione!

A Palermo il combattimento di Calatafimi fu saputo nella notte del 16, in maniera curiosa. Il ricevitore generale Ferro venne informato da un suo campiere che il Landi aveva fatta suonare la ritirata. Da Alcamo si erano un po' seguite le vicende della giornata; si era veduto il fumo dei fucili e udito il cannone. Il Ferro, temendo non per sè, ma per la sicurezza del sottoprefetto Domenico Iezzi, mal veduto dai liberali, lo condusse seco in carrozza sino al punto più prossimo della marina di Castellamare, e appena giunti, s'imbarcarono per Palermo e vi giunsero nella notte, informando di tutto il luogotenente e Maniscalco. Il Ferro era nonno materno del presente barone di San Giuseppe, senatore del Regno.

---

venne collocato a riposo nel 1895, col grado di tenente generale; Michele e Niccola pervennero al grado di tenente colonnello; Luigi a quello di capitano, e Francesco morì giovanissimo, tenente di fanteria. I primi quattro presero parte alla campagna del 1866, e due son vivi. Essi conservano la risposta di Garibaldi, fatta pubblicare in un giornale di Napoli.

CAPITOLO X

SOMMARIO: Canofari annunzia la partenza di Garibaldi – Colloquio tra Francesco II e Filangieri – Castelcicala telegrafa a Napoli lo sbarco a Marsala – Consiglio di Stato del 14 maggio – Filangieri e Ischitella rifiutano di andare in Sicilia – Filangieri propone il generale Lanza – Il Re lo accetta – Le dimissioni di Castelcicala – Particolari su Ferdinando Lanza – Un incidente comico – Rapporto di Maniscalco – La situazione che trovò Lanza a Palermo – Suo sconforto – Si manda Alessandro Nunziante – Inettitudine dei generali – Differenza fra i due eserciti combattenti nell'Isola – Confusioni e contraddizioni – Una supposta lettera di Garibaldi – Le bugie del *Giornale Ufficiale* e la *Cronaca degli avvenimenti di Sicilia* – I nobili siciliani a Napoli – Le difese di Castelcicala – Postume lettere sue al generale Bonanno – Continua il mistero – Castelcicala non rivede più il Re.

Alle otto pomeridiane del 6 maggio 1860, mentre in Corte si facevano i preparativi per la visita, che l'indomani il Re avrebbe fatta alla cappella di San Gennaro, giunse un telegramma di Canofari, il quale annunziava essere partiti il giorno innanzi da Genova due vapori carichi di gente armata, diretti per, la Sicilia o per le coste di Calabria. Già da un pezzo, com'è noto, la polizia di Palermo e di Napoli era informata che si preparava uno sbarco di Garibaldi nel Regno. Non ignorava che Garibaldi era a Genova, dove, con Medici, Bixio, Crispi, Bertani e altri suoi fidi, attendeva a raccogliere volontari, emigrati e armi, sollecitando i preparativi d'imbarco per un'impresa in Sicilia o nel continente napoletano; e perciò fin dal 20 aprile, erano state destinate quattordici navi da guerra e due rimorchiatori, a fare un servizio di crociera intorno l'Isola, con quelle istruzioni, che ho minutamente riferite nel capitolo precedente. Il ministero e la Corte erano

Capitolo X

inoltre convinti che il Piemonte aiutava l'impresa, facendo mostra d'ignorarla o di disapprovarla. Altre informazioni, pervenute qualche tempo prima alla polizia, lasciavano credere che Garibaldi fosse a Tunisi.

L'annunzio di Canofari non giunse dunque improvviso; ma il pubblico ne seppe qualche cosa solo la sera del dì seguente, quando arrivò da Genova il vapore il *Quirinale* delle *Messageries*, il quale recò la notizia che a Genova eran tutti in festa, per la partenza di una grossa spedizione in Sicilia, capitanata da Garibaldi. Alle due del giorno 7, il Re, tornato dal duomo a Portici, mandò Nunziante a chiamar Filangieri, e a lui rivelò la cosa e gli chiese alcuni consigli circa la convenienza di far partire nuove truppe per la Sicilia. Era abbattuto e volle che Filangieri pranzasse a Corte. Vi pranzò anche il conte d'Aquila, che mostravasi furioso contro Maniscalco; nè a dir male di Maniscalco era solo il conte d'Aquila. Il principe di Rammacca faceva altrettanto in quei giorni, e il Re gli rispondeva: "*Hai ragione, ma in questo momento non posso cambiare nè il direttore di polizia, nè il comandante della piazza di Palermo, nè tutta la compagnia dei Carega, Puntillo, Chinnici; pazienza dunque, ed aspetta*". Il principe di Rammacca era stato Pari nel 1848, tra i più esaltati, per cui andò fuori dal Regno; ma ad intercessione di Cassisi ebbe grazia dal Re, si convertì, si stabilì a Napoli e andava a Corte.[1]

Il giorno 12, a un'ora dopo mezzogiorno, il principe di Castelcicala annunziò con un telegramma al Re lo sbarco di Garibaldi a Marsala, e il *Giornale Ufficiale*, non potendo più tacere, riferì, quattro giorni dopo, il fatto in questi termini: "Un atto di flagrante pirateria veniva consumato l'11 maggio mercè lo sbarco di gente armata alla marina di Marsala. Posteriori rapporti han chiarito esser la *banda* disbarcata di circa 800, e comandata da Garibaldi. Appena quei *fili-*

---

[1] Archivio Filangieri.

bustieri ebbero preso terra, evitarono con ogni cura lo scontro delle reali truppe, dirigendosi, per quanto ci vien riferito, a Castelvetrano, minacciando i pacifici cittadini, e non risparmiando rapine, e devastazioni di ogni sorta nei comuni da loro attraversati. Ingrossatisi nei primi quattro giorni della loro scorreria con gente da loro armata e profusamente pagata, si spinsero a Calatafimi".

Il 12 maggio, il governo di Napoli inviava ai suoi rappresentanti all'estero questo dispaccio, sottoscritto da Carafa: "*Malgrado gli avvisi dati da Torino e le promesse di quel governo di impedire la spedizione di briganti organizzati ed armati pubblicamente, pure essi sono partiti sotto gli occhi della squadra sarda, e sbarcati ieri a Marsala. Dica a codesto ministero tale atto di selvaggia pirateria promossa da Stato amico*". E nel pomeriggio del 14 maggio, il ministro Canofari rimise al conte di Cavour una nota assai vivace, colla quale si dichiarava responsabile il governo piemontese della spedizione di Garibaldi, e lo si accusava di averla favorita. Rispose Cavour respingendo le accuse, e citando, come prova delle sue affermazioni, il fatto di avere impedita la partenza di altri due legni, carichi di volontari, pronti a raggiungere Garibaldi.

Nello stesso giorno, 14 maggio, si riunì a Napoli il Consiglio di Stato. Per la prima volta, da quando non era più ministro, vi fu invitato il principe di Satriano, e v'intervenne anche il conte d'Aquila. Essendo infermo il principe di Cassaro, riferì per lui Ferdinando Troja. Non si parlò che delle cose di Sicilia, e si fecero da tutti i ministri grandi pressioni su Filangieri, per indurlo ad andare nell'Isola, con pienissimi poteri. Ma Filangieri ricusò, mettendo innanzi la grave età e l'impossibilità fisica di assumere, in momenti così gravi, una tale impresa. Il Re lo scongiurò di salvare una seconda volta la Sicilia alla Monarchia, ma egli persistè nel rifiuto e propose un piano di difesa, che parve eccellente e fu accettato. E poiché non si voleva più il Castelcicala, al quale si faceva risalire tutta la causa di quanto era avvenuto, fu deciso di far partire subito per Palermo il colonnello Barbalonga, con l'incarico di invitare il luogotenente a chiedere il suo richiamo. Ma urgeva provvedere al successore, e il Filangieri stesso propose a tale ufficio, con tutti i poteri dell'*Alter Ego*, prima il generale principe d'Ischitella, che il Re accettò, incaricando lo stesso Filangieri di fargliene la proposta; e poi, quando l'Ischitella rifiutò, perchè, come egli disse, non voleva andare in Sicilia a fare il carnefice,[2] propose il tenente generale Ferdinando Lanza, già suo capo di stato maggiore in Sicilia. Al Lanza, che era siciliano, fu dato, come segretario di Stato, Pietro Ventimiglia, procuratore generale della Corte dei conti di Palermo. Non fu una scelta felice quella del Lanza; ma a chi più tardi ne mosse lagnanza al Filangieri, che lo aveva proposto, Filangieri rispose che non c'era di meglio. Si affermò che la prima idea del Re e del ministero fosse quella di affidare lo stesso incarico al Carrascosa, e che il Re gli avesse detto: "*Caro Raffaele, preparati a partir subito per Palermo con poteri reali, per domare la rivoluzione*"; e che Carrascosa fosse andato a casa a far le valigie. Si disse pure che, per intrighi del Nunziante, quella nomina non avesse seguito, ma io credo la voce infondata, perchè Carrascosa era ancora più vecchio di Lanza e d'Ischitella. Si disse infine e con più fondamento, che il Re, visto Filangieri irremovibile e non meno irremovibile l'Ischitella, volesse mandarvi il Nunziante e che questi vi si rifiutasse; certo è che il giorno seguente il Re mandò a chiamare Filangieri, e tornò a insistere presso di lui, con le più vive espressioni, ma il principe di Satriano non si lasciò vincere, solo facendo intendere che se il giorno 3 aprile, prima della insurrezione della Gancia, il Re gli avesse offerto di andare in Sicilia, egli vi sarebbe andato. Francesco era in ansie, perchè attendeva da un momento all'altro l'annuncio di una

---

[2] *Mémoires et souvenirs de ma vie* - Parigi, 15 marzo 1864.

battaglia. Fu dopo quest'ultimo passo fatto verso Filangieri, che il Re affidò a Lanza la luogotenenza e il comando generale dell'Isola, e lo fece partire quella notte stessa.

Prima di andar oltre nella narrazione, bisogna ricordare che nel marzo il principe di Castelcicala, comandante in capo delle armi nell'Isola, e che aveva ai suoi ordini tre divisioni con tre marescialli di campo e varii generali di brigata, fu chiamato a Napoli. Richiesto dal Re, assicurò che la Sicilia era *tranquillissima*, e si trovava ancora a Napoli quando giunse la notizia dell'insurrezione del 4 aprile. È noto che fu la sorpresa grande e clamorosa in Corte, e Castelcicala ebbe ordine di partire immediatamente con istruzioni severissime per reprimere l'insurrezione: ordini, che il Castelcicala giudicò pericolosi o inefficaci, e non volle assumerne la responsabilità, per cui, il 15 aprile, inviò le sue dimissioni, pregando il Re a volerlo esonerare dall'ufficio, al più presto. Castelcicala era violentemente attaccato dagli zelanti, che lo chiamavano responsabile di tutto: il governo non gli dava forza, ma si rifiutava di accettarne le dimissioni; ma un mese dopo, avvenuto lo sbarco di Garibaldi, lo invitava, per non dire che lo costringeva, a ripeterle. In una lettera al principe della Scaletta, in data 28 maggio 1862, da Parigi, il Castelcicala scriveva:

> Nella notte del 15 maggio 1860, il colonnello Barbalonga si recò presso di me a Palermo per trovar modo di farmi volontariamente rinunziare al comando delle armi in Sicilia, che il Re, dicea Barbalonga, volea affidare al general Filangieri. La notizia di quella missione del Barbalonga fu da lui e da altri sparsa ad arte in tutto quel Corpo d'esercito, onde, venutami meno ogni forza morale essenzialmente necessaria al Comando, dovetti indurmi a condiscendere, ad ogni costo, a quella poco onorevole proposizione. Non dirò quanto soffrii, e come esitai. La devozione all'Augusto Nostro Signore la vinse su tutte le considerazioni personali, e scrissi la lettera voluta, chiedendo il mio rimpiazzo. La

lettera giunse: e fui rimpiazzato non dal Filangieri, ma da Lanza e perchè a me si sostituisse Lanza è a credere che la manovra de' miei nemici, o meglio di nemici del Re fu molto abilmente diretta. Alle conseguenze naturali di quella manovra, che dovette gittar su me il discredito e la diffidenza, io attribuii ed attribuisco tuttavia la Sovrana indifferenza manifestatasi a mio riguardo in momenti solenni, quando cioè trattavasi di distinguere, in faccia al mondo intero, i veri dai falsi servitori della dinastia.[3]

In quel giorno stesso, 15 maggio, il generale Ferdinando Lanza fu dunque nominato commissario straordinario in Sicilia, con tutti i poteri dell'*Alter Ego*. Era, ripeto, la persona meno adatta a coprire questo ufficio. Vecchio a settantadue anni, non aveva i precedenti militari di Castelcicala e di Filangieri, nè era un gran signore di nascita, come i suoi predecessori. L'esser nato a Palermo, ma non dalla storica famiglia dei Lanza o dei Lancia, gli toglieva credito, anzichè dargliene. Era tenente generale da un anno; comandava la piazza e la provincia di Napoli; era stato capo dello stato maggiore del principe di Satriano nella campagna di Sicilia, e si ricordava il caso comico, che gli era capitato nella prima rassegna militare, poche settimane dopo l'ingresso delle truppe regie in Palermo. E il caso fu questo. Ricorrendo il 30 maggio l'onomastico del Re, il principe di Satriano ordinò una rivista al Fôro Borbonico, di tutte le truppe della guarnigione, fra le quali erano due reggimenti svizzeri. Ma in quel giorno, a causa di una pioggia torrenziale, la rivista non potè aver luogo, e il Filangieri l'ordinò per la domenica successiva. E proprio sul più bello, quando tutte le truppe erano schierate, si rabbuiò il tempo dalla parte del monte Pellegrino, e un tremendo acquazzone impedì la continuazione della rivista. Le truppe ebbero ordine di tornare in tutta

[3] Archivio Scaletta.

fretta ai quartieri. Ma le vie di Palermo erano torrenti, e la prima parte di via Toledo, quella che va da porta Felice sino a piazza Marina, chiamata Cassero morto, era divenuta un lago; i soldati ci guazzavano dentro, e i pantaloni bianchi dei soldati svizzeri facevano pietà. Il Lanza, capo dello stato maggiore, era a cavallo, in grande uniforme e decorazioni. Proprio innanzi al palazzo delle finanze, dov'è ora il Banco di Sicilia, il cavallo cadde e trascinò nell'acqua il cavaliere, che ne uscì come un pulcino, perdendo alcune medaglie e il cappello piumato. L'ilarità non ebbe freno, e l'incidente, abbastanza disgraziato per un ufficiale superiore, tornò alla memoria dei palermitani, quando egli vi tornò come *Alter Ego* del Re e mise fuori un proclama dimesso, che parve quasi un atto di scusa e di sottomissione.

La sera del 15 ne fu dato l'annunzio al Castelcicala, che non se ne commosse, anzi firmò l'ultima relazione sullo stato dell'Isola, annunziando nuovi moti avvenuti a Catania, a Girgenti, a Noto e a Cefalù, e da temersi a Messina. Nulla sapeva ancora dello scontro di Calatafimi e relativa ritirata del Landi, che seppe la notte dal Ferro. Castelcicala partì la mattina del 17 e la consegna dell'ufficio, del palazzo, nonchè delle vistose scuderie, delle quali il Lanza molto si compiacque, fu data dal Gallotti. Maniscalco, smesso ogni riguardo, mandò personalmente al Re la sera stessa del 15 maggio un *memorandum* allarmantissimo, che era quasi un atto di accusa contro Castelcicala. Vi si leggeva: "Peggiora lo spirito pubblico di Palermo; la fazione rivoluzionaria, divenuta potentissima, minaccia il massacro dei devoti della monarchia legittima; il terrore invade tutti; gl'impiegati disertano i loro posti; la voce del dovere non è più intesa; vi è una disgregazione sociale; tutti fuggono sui legni in rada per la tema di un generale eccidio, in caso di conflitto. Solo l'esercito conserva piena confidenza, ed è disposto ad ogni sacrifizio per l'onore della reale bandiera; fa d'uopo però di una mano intelligente e vigorosa per ben comandarlo e per rilevare il prestigio del governo quasi del tutto spento. E difatti, la manifesta inazione del luogotenente nel non voler impegnare le colonne separate ad attaccare Garibaldi, fa accrescere la costui importanza in faccia ai siciliani". Ed egli stesso, il direttore di polizia, era così convinto dell'imminente ruina, che mandò la famiglia a Napoli, affidandola alle cure del principe di Satriano, col quale mantenne in quei giorni un vivo carteggio. E la signora Maniscalco coi figliuoletti, dei quali il maggiore aveva cinque anni, prese alloggio in un appartamento alla riviera di Chiaja, che Filangieri aveva fatto fittare, e dove il vecchio generale andava a far visita all'atterrita signora, rassicurandola circa le cose di Palermo, nel tempo stesso che rassicurava Maniscalco che la sua famiglia era al sicuro in Napoli.

Al Lanza si era dato un piano circa il modo di ripartire le truppe e prendere animosamente l'offensiva; ma appena giunto, egli ebbe come prima notizia la ritirata del Landi da Calatafimi, e l'avanzarsi di Garibaldi. Trovò le autorità demoralizzate o atterrite; diffusa e radicata la convinzione, che oramai senza più mistero l'Inghilterra, la Francia e il Piemonte favorivano la rivoluzione. Nella notte egli vedeva illuminati i monti della Conca d'oro, soprattutto dalla parte di Gibilrossa e Misilmeri, ed erano i fuochi delle squadre, le quali, a giudicare da quei fuochi, apparivano tanto numerose. Le notizie più strane si avvicendavano: chi diceva che Garibaldi era alle porte, confortando l'asserzione con l'ordine del giorno pubblicato dopo Calatafimi, e con la lettera a Rosolino Pilo. In tale condizione dello spirito pubblico, Lanza pubblicò, il 18, quello sbiadito e timido proclama, il quale prometteva, come già fece Filangieri nel 1849, un principe della real famiglia per luogotenente generale del Re: promessa che nessuno prese sul serio, anzi si ricordò che Ferdinando II non l'aveva mantenuta nel 1849, come si ricordò il celebre capitombolo nell'acqua piovana del nuovo luogotenente. La sera del 17 egli inviò il suo primo rapporto al Re sullo stato della Sicilia, *quasi tutta insor-*

ta ed invasa da delirio rivoluzionario, ed aggiungeva queste gravi parole: "Palermo attende il momento opportuno per sollevarsi. Vi perdura lo stato d'assedio; la posizione è tristissima; tutti emigrano; strade deserte; comunicazioni interrotte; distrutti i telegrafi; senza notizie: insomma lo stato della città è allarmantissimo, perchè saputosi l'esito del combattimento di Calatafimi". All'arrivo di questo dispaccio il Re e il suo primo ministro, che era sempre il principe di Cassaro, decisero di far subito partire Alessandro Nunziante per Palermo, coll'incarico di persuadere il Lanza a prendere l'offensiva. Il Nunziante lo trovò, secondo riferì al suo ritorno, in uno stato di prostrazione; rifuggiva dall'offensiva; riteneva che non si dovesse sguarnire Palermo: qui egli voleva aspettare Garibaldi e sconfiggerlo, e nel caso che questo piano non riuscisse, ritirarsi su Messina. Lanza non mostrava maggior capacità militare del Castelcicala, anzi appariva in lui un minor ardimento e una prudenza che rasentava davvero la timidità. Il Nunziante non lo risparmiò punto, mentre Maniscalco si doleva che il luogotenente, col pretesto di non fornire al popolo di Palermo nuovi motivi di irritazione, avesse ordinata la chiusura di tutti i corpi di guardia, che egli aveva stabiliti per la polizia, nei quartieri più popolosi e facinorosi della città. Si disse pure che Lanza l'avesse fatto per aiutare la rivoluzione, e che, distribuendo le truppe per la difesa di Palermo, fortificasse la linea nord-ovest, lasciando indifesa la parte sud-est, dalla quale entrò Garibaldi. Lanza fu demolito appena dopo il suo arrivo, sia presso il Re, sia presso il governo di Napoli e di Palermo, che non credevano alle sue parole. Passò anche lui per traditore, ma fu semplicemente inetto. Paralizzato dall'ambiente, non ebbe un lampo d'audacia, anzi si trovò subito in disaccordo coi generali da lui dipendenti, e in primo luogo col Salzano, il quale aveva conservato i poteri ottenuti il 4 aprile, e corrispondeva direttamente col Re e col ministero. Surrogato il Salzano dal brigadiere Bartolo Marra, il Lanza non dette punto corso a quest'ordine, e Salzano restò, e restò anche il Marra, cui fu dato il comando degli avamposti a porta di Termini il giorno 26 maggio; e restarono quasi tutti i generali, la cui incapacità era fuori discussione. Il Re non perdonò mai a Filangieri la scelta del Lanza, e avendolo riveduto il 16 giugno, dopo che la perdita della Sicilia poteva considerarsi definitiva, non gli parlò delle cose dell'Isola, ne delle trattative con Napoleone per una mediazione. Solo gli disse, che aspettava di essere attaccato da Garibaldi sul continente, ma che contava *combattere e difendersi a oltranza*.[4]

I due eserciti, i quali si trovavano di fronte in Sicilia, erano tanto diversi l'uno dall'altro, non solo per numero, ma per lo spirito che li animava e per la causa che difendevano. Da una parte, l'ardimento più cieco, la temerità sino all'eroismo e una fede apostolica nella causa per cui combattevano, e alla quale, salpando da Quarto, i Mille avevano fatto sacrificio della propria vita. Dall'altra, un esercito numericamente grosso, ma senza ideali, senza capi, nè solida organizzazione e destinato a combattere solo per la causa del Re, il quale non era più Ferdinando II.

Da una parte un duce, creduto invitto dai suoi soldati e dai suoi nemici, circondato dalla leggenda e il cui nome ricordava, pur troppo, quella fatale ritirata di Velletri, che non fu una fuga, ma ne ebbe tutta l'apparenza: ritirata, che diè all'esercito napoletano il sentimento della propria impotenza a combattere un nemico, il quale non aveva paura della morte. Dall'altra parte, vecchi generali, brontoloni e scettici, i quali non si stimavano, anzi, con napoletano costume, si diffamavano l'un l'altro, apparendo peggiori di quel che realmente fossero e repugnavano dal fuoco, anzi dai pericoli. La volontà di Garibaldi non si discuteva dai suoi militi, i quali, pur essendo un'accolta di uomini non tutti atti alle armi, o che nelle armi facevano le

---

[4] Archivio Filangieri.

prime prove, consideravano la disciplina militare come una religione. Combattevano con la certezza di avere per sè il favore delle popolazioni di tutta l'Italia, e alle loro spalle il Piemonte, nonchè le simpatie dei popoli liberi del mondo. I soldati napoletani erano certi del contrario.

Di qui i primi sgomenti e le prime incertezze del vecchio Lanza, e il rifiuto di prendere l'offensiva e di accettare quell'altro piano, che il 18 maggio, dopo la giornata di Calatafimi, gli andò a proporre il Nunziante; di qui il suo pensiero di concentrare ogni difesa a Messina, e poi le sue perplessità e le sue manovre sbagliate, e i malumori e gli equivoci tra lui e Salzano e gli urti fra Salzano e Marra, e le disubbidienze di Von-Mechel, che comandava il primo reggimento estero, e i contrasti fra costui e Del Bosco, e la confusione magna, accresciuta dal fatto che ufficiali superiori andavano e venivano da Napoli, con ordini e contrordini.

Il Lanza, dopo pochi giorni, divenne un *Alter Ego* da burla. Egli vedeva la propria autorità disconosciuta dai suoi dipendenti; e scorato dagl'insuccessi militari e dalla demoralizzazione, che già invadeva l'esercito, telegrafò al ministro della guerra, che *"si desiderava la morte a settantatre anni di età, contandone sessantasei di servizio"*. Pochi giorni dopo il suo arrivo, gli era stata recapitata questa lettera, già diffusa per Palermo prima che pervenisse a lui, e che egli credette fosse davvero di Garibaldi, mentre non si potrebbe affermarlo con sicurezza neppure oggi; anzi si potrebbe affermare apocrifa:

Garibaldi al Luogotenente Generale.
Eccellenza,
Spinto da doveri della mia missione vengo ad indirizzarvi poche linee.
– Fra quanti preposti al potere del Re di Napoli voi, o Eccellenza, siete eccezionalmente onesto, e saprete anteporre ai doveri di suddito gli altri più cari di cittadino e d'Italiano. – Sarete persuaso che la causa di

Capitolo X

Francesco II è irrimediabilmente perduta – gli sforzi saranno inutili, la resistenza funesta; perchè io col mio coraggio, e quello di numerosi prodi, e col prestigio della santa causa che difendo, sarò in Palermo, e vincerò.

Risparmiate o Eccellenza, alla Europa lo scandoloso spettacolo di una guerra fratricida, e di vedere scorrere il sangue di uomini che unica favella parlano, che lo stesso sole riscalda.

Se queste esortazioni troveranno un'eco generosa in voi e nella truppa che comandate; se al pari delle guarnigioni di Girgenti e di Trapani, i soldati di codesta capitale fraternizzeranno coi fratelli Italiani, l'onore delle armi, e i debiti riguardi saranno dovuti alla militare divisa. Però ove questi consigli non saranno intesi, mi protesto con voi, e vi dichiaro che so fare la guerra, ma non come all'ordinario, e farò passare a fil di spada chiunque dei vostri sarà fatto prigioniero e non darò quartiere a nessuno. Pensateci!

GARIBALDI.

I soldati napoletani non vincevano che nelle colonne del *Giornale Ufficiale* di Napoli, il quale in quei giorni dovette ricorrere a tutte le risorse della sua rettorica per magnificare il valore delle truppe regie e i loro fantastici successi. Vi era sì il proposito di non far conoscere la verità al pubblico; ma, d'altro canto, il governo e il suo organo erano i primi ad essere ingannati, forse senza malizia, dai capi delle colonne militari che combattevano in Sicilia. Questi, non abituati alla tattica di Garibaldi e non indovinandone mai una mossa, chiamarono disfatta la finta ritirata di lui nell'interno dell'Isola, e, mentre egli meditava l'ardito colpo di mano su Palermo, scrivevano che, sbaragliato e inseguito a Corleone, stava imbarcandosi per lasciar la Sicilia. Il *Giornale Ufficiale*, con una curiosa sicumera, affermava che i garibaldini erano stati sconfitti a Partinico, a Monreale, al Parco, a Piana de' Greci e a Corleone, e che a Partinico era stato fatto prigioniero il *colonnello Bixio, o il figlio stesso di Garibaldi*, e presso Monreale, unica verità, ucciso Rosolino Pilo. Vi si leggevano periodi di questo genere: "Siamo lieti nel ripetere che il valore, col quale le reali truppe affrontano dovunque, combattono e mettono in fuga le bande degl'insorti, in qualsivoglia numero si presentino, è superiore ad ogni elogio". Chi non avrebbe creduto alle parole del foglio ufficiale, quando il generale Nunziante portava a Napoli, come segno di vittoria, due giubbe garibaldine giudicate in Corte non belle, nè brillanti? Tutti concorrevano a rappresentare una parte in questa triste commedia, prodromo della tragedia finale.

Quasi tutti i nobili siciliani, devoti ai Borboni, erano fuggiti a Napoli e circondavano il vecchio principe di Cassaro. Si facevano discorsi sulle cose dell'Isola, variamente congetturando. Non erano quei nobili benevoli a Maniscalco, che pur avevano adulato. Chi asseriva ch'egli coi suoi eccessi aveva provocata la rivoluzione; chi gli dava dell'imprevidente, e chi addirittura del traditore, paragonandolo a Fouchè. Più furioso contro di lui si mostrava sempre il conte d'Aquila. Al Re mancava ogni precisione di concetto; il suo verbo favorito era *sperare*; suo padre aveva accumulato un capitale di odii in Sicilia, ed egli era chiamato a portarne la responsabilità e non se ne rendeva conto, anzi sperava!

Il principe di Castelcicala aveva la coscienza di aver fatto il suo dovere, nè si acquetò alle accuse che gli furono rivolte, quando uscendo dal campo del vago, presero forma concreta e precisa in quella *Cronaca degli avvenimenti di Sicilia*, la quale venne fuori nel 1863, e ch'è una raccolta di documenti autentici circa le cose di quel tempo: libro divenuto oggi rarissimo. L'autenticità di quei documenti mi è occorso più volte di controllare, scrivendo questi volumi. Il Castelcicala riversava, invece, la responsabilità della giornata di Calatafimi da una parte sul *tradimento* del generale Landi e dall'altra sul mancato aiuto di quei due battaglioni, ch'egli aveva chiesto antecedentemente e ch'era sicuro sarebbero sbarcati a Marsala il giorno 12 maggio, mettendo Garibaldi fra due fuochi e tagliandogli la ritirata. Egli era persuaso di aver fatto il suo dovere, avvisando il Re subito che lo sbarco a Marsala era avvenuto, richiedendo i due battaglioni e avendone in risposta che questi sarebbero sbarcati a Marsala il dì seguente. In seguito a tali assicurazioni, egli aveva mandata nella notte analoghe istruzioni al generale Landi e al maggiore Sforza, di concertare i loro movimenti con le truppe che dovevano sbarcare il 12 a Marsala, provenienti da Napoli. Questi battaglioni arrivarono tre giorni dopo, perchè si disse che Nunziante proponesse farli venire dal campo degli Abruzzi. Non due battaglioni di cacciatori, ma quattro battaglioni di fanteria e una batteria di artiglieria furono fatti imbarcare nella notte del 12 maggio a Gaeta, sotto il comando del generale Bonanno, *alla volta di Palermo, dove avrebbero ricevute le istruzioni.* E giunsero a Palermo la mattina del 14, troppo tardi per raggiungere Marsala e servire allo scopo. Ecco le precise parole del principe di Castelcicala, che tolgo dalla sua lettera degli 11 dicembre 1864, diretta all'*Union* di Parigi

> Conformemente al piano fissato da prima, tre battaglioni cacciatori partendo da Napoli dovevano rendersi immediatamente sul posto dove lo sbarco di Garibaldi sarebbesi effettuato. Il 10 maggio io ricevetti il primo avviso dell'avvicinarsi di Garibaldi e lo trasmisi immediatamente alla flotta, il comandante della quale mi accusò ricezione del mio dispaccio. l'11 Garibaldi sbarcò a Marsala. Il giorno stesso il Capo del Governo ne fu avvertito e promise per l'indomani l'invio a Marsala dei battaglioni cacciatori.
>
> Queste truppe non giunsero mai. Vogliano coloro, che si occupano di redigere la storia di questi deplorevoli avvenimenti, ricordare questo fatto la cui importanza fu suprema! Io lo ripeto e lo preciso. L'11 mag-

gio 1860 un'ora dopo mezzogiorno io ricevetti l'avviso dello sbarco di Garibaldi: ad un'ora e dieci minuti trasmisi la notizia a Napoli, domandando i promessi battaglioni; alle cinque e mezza giunse la risposta; si prometteva per l'indomani, 12, l'arrivo a Marsala dei chiesti rinforzi.

Il generale Landi, che comandava in Alcamo, ed il prode maggiore Sforza, che io aveva inviato lo stesso giorno a Trapani con un battaglione, ricevettero nel corso della notte le mie istruzioni per concertare i loro movimenti con quelli delle truppe attese da Napoli. Queste truppe non si videro mai.

Il 13 allorchè acquistai la triste convinzione che non bisognava più contarci, riunii le forze di Landi e di Sforza, dando loro l'ordine di marciare innanzi. L'autore della *Cronaca* dice che il battaglione di Sforza da Girgenti fu spedito in Alcamo per rinforzare Landi. No, no: il battaglione Sforza da Girgenti venne spedito a Trapani, ove restò due giorni, per attendervi l'avviso dell'arrivo dei battaglioni provenienti da Napoli, e fu solo dopo due giorni di aspettativa che il battaglione di Sforza fu spedito da Trapani ad Alcamo per rinforzare Landi.

Si sa quello che Landi fece a Calatafimi (quel Landi che il Re avea nominato generale otto giorni prima) ma è utile che si sappia, che se si fosse tenuta la parola, se non si fosse impedito con perfidi consigli dati all'Augusto mio Sovrano, la partenza dei promessi rinforzi, Landi non avrebbe avuto il tempo di rendere la sua memoria si tristemente celebre.

Giova però osservare che il solo ritardo dei due battaglioni non spiegherebbe la giornata di Calatafimi, poichè in Sicilia non vi erano meno di trentamila uomini, aumentati il giorno 14 dalla brigata Bonanno, la quale invece di sbarcare a Marsala il 12, sbarcò il 14 a Palermo, dove restò quasi inoperosa; e però il Castelcicala scriveva al Bonanno: "Ma, signor generale, nel ricevere l'11 aprile l'ordine di partire per Palermo, non avete voi capito che il Re, voi ed io andavamo ad essere vittime del più orribile tradimento, voi, che sapevate benissimo che annunziando io, lo stesso giorno, lo sbarco di Garibaldi, aveva chiesto l'invio immediato a Marsala dei due battaglioni promessi?" E aggiungeva: "*Aussi, j'ai repoussé comme une amère dérision, l'offre du commandant de la flotte, qui se disait prêt à vous transporter à Marsala: vous y seriez arrivé le 15, c'est à dire quatre jours après le débarquement de l'ennemi, qui avait déjà gagné l'intérieur de l'île, et dont les traces étaient perdues. Vous dites avoir protesté contre mon refus, et je vous crois car vous êtes un soldat d'honneur; mais je regrette, et vous devez le regretter autant que moi, qu'au lieu de protester contre mes ordres à Palerme, vous n'ayez pas protesté à Naples contre cet ordre, qui, en vous éloignant si traîtreusement du terrain de la lutte dans un moment décisif, a permis à Garibaldi, d'avancer, a Landi de trahir*". Per Castelcicala il Landi aveva tradito e lo afferma a chiare note. Fu poi errore, equivoco o anche tradimento, se quella brigata impiegò più di due giorni di viaggio, e si diresse a Palermo, anzichè a Marsala? *Le temps ne favorira pas la traversée,* rispose il Bonanno al Castelcicala, confessando che egli sapeva il motivo di quella partenza improvvisa. Lasciando il porto di Gaeta, *j'appris,* egli scrive, *que Garibaldi était débarqué à Marsala; que de Palerme on avait demandé deux bataillons pour les faire débarquer dans le port, où il était débarqué et pour le poursuivre.* Tutto questo non avrebbe nesso logico con la rotta su Palermo, *pour connaître l'endroit,* secondo egli dice, *où devait débarquer la brigade tout entière, ou deux bataillons seulement.*[5] E perciò anche questo incidente rimane un mistero; e se la responsabilità del fatto debba attribuirsi al Bonanno o al brigadiere Salazar, il quale comandava i cinque vapori da guerra che trasportarono la brigata, non vi è alcun documento che lo attesti.

Il principe di Castelcicala, costretto a chiedere le sue dimissioni, non ebbe, dopo il 16 maggio, alcuna responsabilità diretta o indiret-

---

[5] *Le prince de Castelcicala.* - Paris, Imprimerie de Dubuissons et C., 1866.

ta negli avvenimenti di Sicilia, e tornò a Napoli, dove non fu ricevuto dal Re. Il giorno 22 maggio, primo anniversario della morte di Ferdinando II, egli assistette ai solenni funerali, che furono celebrati nella chiesa di San Ferdinando. Pochi gli rivolsero la parola, volendosi vedere in lui il solo responsabile delle cose di Sicilia. Quella cerimonia fu lugubre sotto ogni rapporto, e parve davvero il funerale della Monarchia. Nominato consigliere di Stato, il Castelcicala ebbe avviso di tenersi a disposizione del governo per una missione di fiducia, che non ebbe più. Lasciò Napoli il giorno 8 settembre, accompagnato dal suo fido segretario Domenico Gallotti, dopo aver invano chiesto di seguire il Re a Gaeta. Egli morì a Parigi nel novembre del 1866, senza aver più veduto Francesco II e fu questo, credo, il maggior dolore della sua vita, che cercò di sfogare in quella lettera al principe della Scaletta, di cui ho riportato innanzi il brano più caratteristico.

CAPITOLO XI

Sommario: Le agitazioni di Palermo e la polizia – Arresti e fughe – Una notizia priva di documenti – Garibaldi entra a Palermo – Primi scontri – Il bombardamento della città – I primi successi dei garibaldini – Il governo municipale eletto da Garibaldi – Il 29 maggio – La prima tregua – L'arrivo della colonna Von-Mechel – Il maggiore Bosco – Le navi napoletane ed estere nel porto – Si conosce a Napoli l'ingresso di Garibaldi – Gli emigrati e la rivoluzione in Sicilia – Una missione in Inghilterra – Documenti interessanti – Consiglio di Stato del 30 maggio – Gravi parole del generale Filangieri – Proposte e deliberazioni – Un giudizio del Re su Garibaldi – Congresso diplomatico alla Reggia – Primo liberalismo di Nunziante – Altri Consigli di Stato – Il piano di Filangieri e il generale Nunziante – Il ministro Brenier – I consigli di De Martino – Filangieri e gli zelanti – Il principe di Satriano si ritira a Pozzopiano – Visita improvvisa del Re – La fine di Carlo Filangieri e l'opera sua – Suo monito al figlio.

A Palermo si viveva in un'agitazione, che si può immaginare, Memorabili giorni di speranze e di sgomenti! Si diceva che Garibaldi, dopo il fatto d'armi di Calatafimi, si avanzava a grandi marce sopra Palermo e che a lui si era unito Rosolino Pilo, con tutte le squadre. Il Comitato invisibile comunicava notizie e mandava ordini, con cartellini stampati alla macchia. Il più curioso fu quello che avvisava un'altra volta la popolazione di non giuocare al lotto. Gli accattoni dei bastimenti nel porto di Palermo ricusavano di accettare l'elemosina data dai marinai napoletani, col patto di gridare: *Viva il Re*. Benchè fossero in vigore le ordinanze sul disarmo, si dissotterravano tutte quelle armi bianche e da fuoco, che si erano potute celare con mille malizie, ed erano state soprattutto nascoste dalla mafia. Nessuno credette che Garibaldi fosse stato sconfitto a Calatafimi, e che Rosolino Pilo fosse stato ucciso a San Martino, il 21 maggio; si seppe e si diffuse invece rapidamente la notizia, che quasi tutte le squadre, ricomposte dopo il 4 aprile, si erano riunite a Misilmeri, intorno a Garibaldi. Marinuzzi vide Garibaldi la prima volta a Misilmeri e gli narrò i particolari della morte di Pilo. A Misilmeri fu passato a rassegna l'esercito delle squadre, che rappresentava il maggior contingente armato, che la rivoluzione siciliana portava a Garibaldi. Erano giovani villani quasi tutti, armati malamente di pali, di forche, di falci e di coltelli e pochi con vecchi fucili: erano caprari e bovari, giovanetti di campagna, *picciuotti*, quasi tutti scalzi, e pochi gli elementi civili. Questi villani non chiedevano per battersi che un *trunco d'albero* o *nu petrone*, per difendersi la faccia e il petto, ed erano entusiasti di Garibaldi, di quel Garibaldi, marito, secondo essi, di una bella signora che si chiamava *Talia*, la quale era figlia di un Re valoroso e potente, che si chiamava Vittorio Emanuele, amico della Sicilia e nemico dei napoletani.

La polizia fece in quei giorni i suoi ultimi sforzi. Il 14 maggio, fu arrestato Martino Beltrami Scalia, il quale aveva potuto sfuggire fino allora agli arresti, perchè erano a Palermo due Martini Beltrami, e si era potuto giuocare di equivoci e di astuzie. Questi due Martini Beltrami erano tipi diversi e militavano in due differenti campi politici. L'attuale senatore genero, come si è detto, del barone Pisani e professore di geografia nell'istituto Daita, era stato uno degli elementi più operosi e più indomiti delle cospirazioni liberali in tutti quegli anni. Il 15 aprile Maniscalco ordinò l'arresto di Rocco Ricci Gramitto, cospiratore animoso e figliuolo di Giovanni Gramitto, uno dei quarantatre esclusi dall'amnistia, e che morì in esilio a Malta nel 1850. Maniscalco credeva che il Ricci Gramitto fosse corso a

Capitolo XI

Girgenti, sua patria, dopo la giornata del 4 aprile, e però in data del 15 inviò all'intendente di quella provincia il seguente ordine: *si piaccia ordinare che il nominato don Rocco Gramitto di Girgenti sia tratto agli arresti, per essere costui un cospiratore.*[1] Ma il Gramitto, messo sull'avviso dai suoi amici, dapprima si nascose e poi il 26 aprile lasciò Palermo e, superando con molte astuzie infiniti pericoli, potè riparare in provincia di Girgenti e sfuggire alla polizia. E anche con la fuga potè sottrarsi agli arresti il barone Narciso Cozzo, una delle figure più geniali del movimento rivoluzionario.

Il barone Cozzo prese le armi il 4 aprile e col Ricci Gramitto e il padre Calogero Chiarenza si avviò verso la Gancia. Furono fermati a mezza via dalle preghiere di Francesco Perrone Paladini, che dall'alto di una finestra disse loro di non proseguire, per evitare un sicuro pericolo, poichè la rivoluzione era stata domata alla Gancia, come loro avevano temuto, quando andati alla *Fiera vecchia*, nelle prime ore di quel giorno, non videro nessuno, e per poco non vennero fatti prigionieri e fucilati. Il Cozzo potè lasciare Palermo e raggiunse Garibaldi al campo di Renne, e con Garibaldi tornò a Palermo il 27 maggio; si battette a Milazzo e morì il 4 ottobre nell'ospedale di Caserta, in seguito a ferita riportata in uno scontro alla Scafa della Formica, sulla riva destra del Volturno. L'ultimo suo duello lo ebbe col cavaliere Camerata, fratello del marchese Limina, perchè in casa Agnetta il Camerata aveva discorso in senso ostile di Francesco Brancaccio, chiuso alla Vicaria per motivi politici. Il Cozzo era amicissimo del Brancaccio.

Qui occorre fermarsi sopra una notizia, che corse a Palermo in quei giorni, e fu registrata in quella *Cronaca* degli avvenimenti di Sicilia,

---

[1] Archivio Ricci Gramitto. - Il Ricci Gramitto è ora consigliere delegato nella prefettura di Roma.

già ricordata. Fu detto, dunque, che alcuni dei pochi nobili rimasti a Palermo avessero aperta qualche trattativa col generale Lanza per ottenere la Costituzione del 1812, assicurando che così la rivoluzione avrebbe avuto termine, e Garibaldi si sarebbe fatto imbarcare a Trapani; ma si voleva la mediazione dell'ammiraglio inglese Mundy. Il pretore di Palermo si sarebbe presentato a Lanza, latore della proposta, e Lanza avrebbe dichiarato di non poterla accettare, ma che qualora egli volesse sottoporre qualche nota rispettosa al Re, egli l'avrebbe rassegnata al real trono. Il pretore allora, si disse, convocò i decurioni, ma nessuno rispose, e solo gli fu fatto sapere che la rappresentanza municipale si sarebbe riunita quando fosse allontanato Maniscalco, e formata una guardia civica. Il Lanza ne avrebbe informato il Re con un dispaccio del 22 maggio.

Il testo del dispaccio, che avrebbe di certo qualche importanza storica, non è pubblicato; e però non si può controllare l'esattezza della notizia in tutti i suoi particolari: esattezza, alla quale contrasta il fatto che dai registri ufficiali, contenenti i verbali delle sedute del Decurionato, nulla risulta relativamente a pratiche di tal genere; anzi l'ultima seduta del Decurionato ebbe luogo l'8 marzo del 1860, quasi un mese prima dell'insurrezione della Gancia. Vi furono trattati affari amministrativi, e la tornata fu preseduta dal pretore, principe di Galati. V'intervennero i decurioni Lello, Bagnasco, barone Attanasio, D'Anna, barone Vagginelli, Fermaturi, Giovenco, Zerega, marchese Torretta, Gramignani, Lombardo, Bertolini, Martorana, Albengo, Ondes, Del Tignoso, Pasqualino, Arduino, Ardizzone, Bruno, Corvaja, Travali, Scribani, Balsano, Silvestri, Viola e Todaro: ventisette sopra trenta. Io non escludo che possa esservi stata qualche riunione privata di decurioni, ma non ve n'è notizia ufficiale, nè alcuno ricorda il fatto riferito dal Lanza nel suo dispaccio del 22 maggio e registrato nella *Cronaca*.

Nonostante la forte guarnigione di ventimila uomini, con quaranta pezzi di artiglieria, con compresa la forte colonna mandata ad inseguire Garibaldi nell'interno, Lanza non lasciava di chiedere a Napoli nuovi rinforzi, e il 26, vigilia della Pentecoste, furono mandati a Palermo altri 1200 soldati dei carabinieri esteri. La polizia aveva tolto da alcuni giorni i batacchi alle campane, e la statua caratteristica del vecchio Palermo era stata chiusa nei magazzini dello "Spasimo". È superfluo ripetere quanto avvenne in quei giorni, e ch'è narrato in numerose pubblicazioni, ma soprattutto con molti particolari dalla *Cronaca*, la quale di tutte le narrazioni di allora è la più esatta e la più documentata

L'ingresso di Garibaldi in Palermo, nelle prime ore della domenica 27 maggio, stupì il mondo. Tutta la città insorge; suonano le campane a stormo; "ogni casa, ogni abituro, scrive la *Cronaca* diviene per gl'insorti una piazza d'armi, per tirare a colpo sicuro sulle regie truppe, mentre queste non possono sparare che contro le mura. Dalle finestre e dai loggiati si fanno cadere sulle truppe stesse, mobili, tavole di marmo e quant'altre masserizie la rabbia rivoluzionaria e il terrore impresso dai capi del movimento, fra gli abitanti può suggerire". Marra, che comanda gli avamposti a porta di Termini, non riesce a far indietreggiare gli assalitori, che sloggiano il nemico dal caratteristico ponte dell'Ammiraglio, sul quale si combatte animosamente da ambo le parti. Il ponte, costruito al tempo di Ruggiero dall'ammiraglio Giorgio Anticcheno, compagno dell'avventuroso normanno, quando l'Oreto era veramente un fiume, è ampio, a schiena d'asino, e con dieci luci, quasi tutte interrate. Oggi è fuori d'uso, essendosi costruito un altro ponte accanto, in piano, ma è benissimo conservato. Di là scende la strada da Misilmeri e da Gibilrossa, ed è detto anche ponte delle Teste, perchè fino al secolo scorso vi si esponevano in una o più gabbiette di ferro, le teste recise dei condannati. A poca distanza vi è il piccolo e sentimentale cimitero dei giustiziati, testimone dello strano culto che la popolazione di Palermo ha per essi, politici o comuni, poco importa, purchè morti per mano di uomo, e creduti perciò purificati col sacrificio della vita. Si va su quelle tombe a interrogarli, e si crede averne le risposte. La fantasia popolare vede di notte le anime dei giustiziati vaganti sulle rive dell'Oreto, dove per vecchia tradizione si va a lavare la lana, che deve servire per il letto degli sposi. Giuseppe Pitrè, il più geniale e profondo illustratore delle tradizioni popolari della Sicilia, ha scritto nel volume quarto della sua *Biblioteca*, uno studio veramente interessante ed emozionante su questo strano culto, dal titolo: *Le anime dei corpi decollati* (*Animi de li corpi decullati*).[2]

Il generale Landi, che dopo Calatafimi aveva ottenuto un inesplicabile comando a Palermo, è sloggiato dalla Gran Guardia, e ripiega al largo del Palazzo Reale, dove si vanno concentrando altre truppe. Letizia si batte al rione Ballerò, ed ha qualche successo, scacciandone i rivoltosi e bruciando le barricate; Cataldo, che comanda a porta Macqueda e al giardino inglese, attaccato con veemenza, chiede aiuti a Landi, che gli manda due compagnie, ma riesce a sostenersi per poco, e poi ripiega ingloriosamente al palazzo Reale; è richiamato da Monreale in tutta fretta il generale Bonanno con la sua brigata. Alle sei si ordina al forte di Castellamare di cominciare il bombardamento, e a mezzogiorno ai legni da guerra di fare altrettanto. Il forte lancia bombe, e da Palazzo Reale si tira a mitraglia. Palermo è un inferno, e quella giornata è forse la più memorabile della sua storia.

Si combatte alle porte, nelle vie, nelle piazze; si prendono d'assalto campanili, conventi, palazzi e barricate; per effetto del doppio bombardamento, che non ha tregua, si sviluppa il fuoco in molti punti della città; le milizie regie si battono con accanimento, pari all'acca-

---

[2] GIUSEPPE PITRÈ, *Biblioteca delle tradizioni popolari siciliane*.

Capitolo XI

nimento disperato, con cui si battono garibaldini ed insorti. Da una parte e dall'altra si comprende esser quella l'ultima carta del gran giuoco. Cade ucciso il colonnello ungherese Tukery al ponte dell'Ammiraglio; Benedetto Cairoli e Giacinto Carini, feriti gravemente, son creduti morti; gli atti di valore e di temerità non si contano; la pugna è tremenda, perchè si fa a corpo a corpo, nelle vie anguste della città; Garibaldi è pari a sè stesso, e dopo trentasei ore di marcia e di combattimento, non mostra stanchezza. Ha il quartiere generale al palazzo Pretorio, nel cuore della città; con calma non umana provvede a tutto ed è certo della vittoria. Sono intorno a lui Crispi, segretario di Stato, che si occupa di organizzare il nuovo governo; Sirtori, Nullo, Manin, Dezza e Missori, che vanno e vengono, portando notizie e ordini. Al palazzo Reale sta il luogotenente immobile e imbarazzato, e con lui sta Maniscalco. Sulla piazza egli ha concentrate molte truppe, delle quali non sa che farsi. Gli avamposti occupano l'arcivescovato, e di là al palazzo Pretorio la distanza è poca cosa. Le notizie, che pervengono al Lanza, non sono liete, perchè nonostante la resistenza delle truppe e il bombardamento non interrotto, la rivoluzione non si dà per vinta, ma egli si mostra indifferente. Alle quattro, Cataldo ripiegando al palazzo Reale lascia sguarnita l'importante posizione dei Quattroventi, e con essa rimangono sguarnite le prigioni. Sbuca da queste una vera fiumana di malfattori, circa duemila, che vanno a rinforzare gl'insorti, dopo essersi impadroniti di quattro cannoni, abbandonati dalle truppe. La ritirata dai Quattroventi segna il primo disastro dei regi in Palermo. La sera di quel giorno, tutta la parte bassa della città è in balìa degl'insorti, tranne il palazzo delle finanze e il forte di Castellamare.

Lanza non sente il bisogno di tentare personalmente qualche cosa, e solo invia corrieri in varie direzioni per richiamare la colonna Von-Mechel, uscita il 21 ad incontrare Garibaldi, e rivela abbastanza sangue freddo in quell'immenso pandemonio del suo stato maggiore. La colonna Von-Mechel era formata da eccellenti truppe, e il comandante era buon militare, più ricco di coraggio che di talento, più di ostinazione che di risoluzione. Egli non riuscì a persuadersi dell'inganno, in cui lo trasse Garibaldi al Parco, quando gli fece credere che, per la via di Corleone, s'internava nell'Isola, abbandonando le artiglierie. Von-Mechel se ne persuase solo quando ebbe dal generale in capo l'ordine di rientrare a Palermo, invasa da Garibaldi. Si disse che il maggiore Bosco, il quale comandava un battaglione di quella colonna, accortosi dell'inganno, consigliasse Von-Mechel a tornare indietro, mettendo Garibaldi fra due fuochi, e sbaragliando la rivoluzione nel piano della Guadagna, ma che il comandante, tenace come tutti quelli della sua razza, (era svizzero) non gli desse retta. Questo giovane maggiore Bosco, che figurò in Sicilia, a Gaeta e poi a Roma come il bollente Achille dell'esercito napoletano e del legittimismo, e da maggiore divenne in pochi mesi colonnello e generale, era pieno di valore, ma in lui la vanità oscurava il valore, perchè non sapeva affermarlo che teatralmente, come se fuori gli occhi del mondo, non vi fossero stimoli o rischi per lui. Era un bel giovane e anche, si diceva, *à bonne fortune*, benchè i malevoli sussurrassero che egli non potesse giovarsi molto di questa fortuna. Si rese comicamente celebre mandando a sfidare Garibaldi, e proponendogli di metter fine così alla guerra, ma è certo che fece il suo dovere e il suo nome va ricordato e onorato. Se una metà degli ufficiali borbonici avesse fatto il proprio dovere, sia pure teatralmente come il Bosco, la fortuna delle armi regie in Sicilia sarebbe stata diversa. Dunque Von-Mechel non volle sentire il consiglio di Bosco, nè prima, nè poi e non tornò a Palermo, che chiamatovi dal Lanza, all'alba del 30 maggio, tre giorni dopo che Garibaldi vi era entrato. Sulle ore tarde della notte andò via via scemando il fuoco, ma tutto lasciava credere che sarebbe stato ripreso l'indomani. Lanza fece interrogare la sera del 27 l'ammiraglio inglese

Capitolo XI

per mezzo del comandante Chretien, se volesse ricevere a bordo due generali incaricati di trattare un breve armistizio per seppellire i morti e curare i feriti. Mundy risponde affermativamente, a condizione che i due generali trattino con Garibaldi. Lanza replica che con Garibaldi non vuol trattare, e all'alba del 28 son riprese le ostilità, ma meno intensamente. Si conservano le posizioni; il forte di Castellamare fulmina a intervalli, e con esso alcuni legni della squadra e particolarmente la fregata *Ercole*, comandata dal Flores, che imboccando via Toledo, tira granate, le quali producono più spavento che danno. Gli altri sono occupati ad agevolare lo sbarco dei due battaglioni di carabinieri esteri, mandati da Napoli, al comando del maggiore Migy. Arrivati il giorno innanzi, non erano potuti sbarcare, a causa del combattimento, che ferveva su tutta la linea. La mattina del 28 giunge da Napoli il colonnello Buonopane, sottocapo dello stato maggiore dell'esercito, con medici, chirurgi, impiegati d'ospedali, materassi e medicinali per curare i feriti. Sono i primi aiuti che invia Napoli; gli altri, in maggior quantità, arrivano il dì seguente, a bordo del *Mongibello*. Buonopane rimane nel forte di Castellamare, dove rimangono pure i due battaglioni esteri, che solo la sera del 29, a baionetta calata e per vie recondite, possono arrivare al palazzo Reale. Il comandante Migy consegna al generale Lanza i plichi d'istruzioni, portati dal colonnello Buonopane.

Benchè si combatta da una parte e dall'altra con meno intensità del giorno innanzi, ma con pari tenacia, la fortuna delle armi comincia ad arridere agl'insorti, i quali riescono a impossessarsi dell'ospedale militare, per viltà del comandante e tradimento del cappellano. La truppa coi malati trova rifugio nel forte di Castellamare. Quel magnifico ospedale fu di grande aiuto ai feriti garibaldini e Garibaldi se ne mostrò singolarmente lieto e non disperò più della vittoria finale. Potè riposare poche ore nella notte dal 27 al 28, in una camera del palazzo Pretorio, dopo aver dettato un enfatico ordine del giorno al popolo di Palermo e dopo aver dichiarato sciolto il municipio, e nominato pretore il duca della Verdura e senatori il principe di San Cataldo, il barone Casimiro Lo Piccolo, Federigo Conte, Vincenzo Favara, Salvatore Caccamo, Giovanni Costantino, Gaspare Lojacono, Ercole Fileti, Francesco Ugdulena, Salvatore Cusa, Paolo Amari e Francesco de Cordova.

Questi dodici senatori avevano l'incarico di provvedere al ristabilimento del Decurionato, che Garibaldi chiamò "Consiglio Civico". Il decreto porta la firma del segretario di Stato, Francesco Crispi. Fu il primo atto di autorità dittatoriale compiuto da Garibaldi, *comandante in capo le forze nazionali*. Il titolo di Dittatore lo assunse qualche giorno dopo.

Il giorno 29 fu disastroso per i regi nelle prime ore. Alle undici, dopo breve combattimento, abbandonano le posizioni dei Benedettini, dell'Annunziata e del bastione di Montalto; alle due gl'insorti occupano il campanile della cattedrale, ad un tiro di fucile dalla spianata del palazzo Reale, dov'è accampato il grosso delle truppe; tirano dall'alto e ammazzano molti soldati, soprattutto artiglieri. Lanza ordina al generale Colonna di riprendere le prime tre posizioni e al generale Sury di scacciare gl'insorti dalla cattedrale; si combatte con accanimento dalle due parti, e ai generali suddetti riesce di riprendere le posizioni. Sono molti i morti, moltissimi i feriti; i regi non hanno più l'ospedale, e per le comunicazioni interrotte non possono ricevere i soccorsi giunti da Napoli. In quel giorno soltanto i soldati feriti salirono a 356. Lanza fa ripetere le proposte all'ammiraglio Mundy di una breve tregua, mentre Garibaldi, non certo perduto d'animo per gli avvenimenti della giornata, decreta la formazione della guardia nazionale; apre una sottoscrizione per provvedere ai bisogni della guerra; stabilisce la pena di morte contro i rei di furto e di saccheggio; vieta di percorrere le strade a mano armata senza essere sotto la direzione di un capo; istituisce un comitato per gli arruolamenti e proibisce di perseguitare gl'impiegati dell'antica polizia. Questi suoi decreti rivelano il bisogno di aver uomini, armi e danaro e di mettere un argine alle violenze di quei malandrini usciti dalle prigioni il 27, che si abbandonano al furto e al saccheggio e accrescono la confusione e il terrore. Oramai si combatte da tre giorni; le provviste sono esaurite da parte degl'insorti; non vi sono più armi; manca il danaro; abbondano i feriti, e gli aiuti promessi dall'interno dell'Isola non arrivano. La giornata del 29 si chiude più tragicamente. Il forte di Castellamare ricomincia il fuoco, e un terribile incendio manifestatosi presso la chiesa di San Domenico, accresce lo spavento nella città, mentre brucia il palazzo Carini, il convento del Cancelliere minaccia rovina, e quello di Santa Caterina, presso il palazzo Pretorio, è in preda alle fiamme.

L'ammiraglio inglese, interrogato dal comandante Chretien, aveva risposto che il Lanza si rivolgesse direttamente a Garibaldi per un breve armistizio. E il Lanza, vincendo le sue incertezze e forse i suoi scrupoli, scrisse a Garibaldi nelle prime ore del giorno 30, chiedendogli una "breve sospensione d'armi, da trattarsi sul legno inglese dai generali Letizia e Chretien, onde sotterrare i morti e imbarcare i feriti". Al Dittatore non parve vera quella richiesta, e si affrettò a rispondere al generale napoletano, che accettava la tregua, e annunziando di aver dato gli ordini apportuni per far cessare il fuoco su tutta la linea.

Quell'armistizio fu la provvidenza della rivoluzione, la quale correva tutte le probabilità di essere sepolta nella città di Palermo, essendo in vista dalle prime ore della mattina del 30 la colonna Von-Mechel, composta di quelle tali truppe vogliose di battersi, con comandanti giovani e di valore. Si avanzava a rapida marcia, cercando di pigliar posizione dalla Flora a porta Sant'Antonino. Fu rimproverato al Von-Mechel di non aver avvisato in tempo il generale in capo dell'arrivo;

altri disse che il Lanza lo sapeva dal giorno innanzi; certo è che la sorte della rivoluzione fu decisa in quella memorabile mattina del 30 maggio; imperocchè la colonna Von-Mechel non incontrò alcuna resistenza entrando nella città; sbaragliò gl'insorti a porta di Termini; prese di assalto otto barricate e s'impossessò della Fiera vecchia, che era il centro della rivoluzione. Dalla Fieravecchia al palazzo Pretorio, dov'era Garibaldi col quartiere generale, la distanza è poca cosa. Furono momenti di trepidazione nello stato maggiore di Garibaldi e si credette persino che Lanza avesse tradito, proponendo l'armistizio; ma non era vero, poichè alle 10 ½ due capitani di stato maggiore, Bellucci e Nicoletti, furono mandati dal Lanza ad ordinare a Von-Mechel di arrestarsi e sospendere le ostilità, poichè si era in armistizio. Il quale fu concluso alle due, a bordo dell'*Hannibal*, fra Garibaldi e il maggior Cenni, da una parte, e i generali Letizia e Chretien, dall'altra; armistizio, o meglio tregua, che gli scrittori borbonici, soprattutto il cappellano militare Buttà, chiamarono il suggello del tradimento di Lanza.[3]

Nella rada di Palermo erano, oltre alla squadra inglese sotto il comando dell'ammiraglio Mundy e formata da tre bastimenti, una squadra francese con tre navi; una squadra austriaca, con due; un legno della flotta sarda, il *Governolo*, comandato dal marchese d'Aste; una fregata spagnola, una americana e nove legni della flotta napoletana. Vi erano inoltre circa cento legni mercantili, sui quali si erano rifugiate molte famiglie. La flotta napoletana ancorava più prossima alla città, fra le prigioni e il quartiere dei Quattro Venti, e fu da quel punto che bombardò Palermo nei giorni 27 e 28, dirigendo i suoi tiri a palazzo Pretorio, ma così malamente, che molte palle e granate andarono a cadere sulla spianata del Palazzo Reale, dove ammazzaro-

---

[3] *Un viaggio da Boccadifalco a Gaeta, memorie della rivoluzione siciliana dal 1860 al 1861.* - Napoli, De Angelis, 1882 (rist. Edizioni Trabant, Brindisi 2010, NdC).

no parecchi soldati sul monastero di Santa Caterina, prossimo al palazzo municipale; e su quello del Cancelliere, dopo i Quattro Canti.

Le squadre estere furono mute spettatrici di quell'eccidio. Delle regie truppe morirono soli quattro ufficiali, 204 fra sottufficiali e soldati, e circa 600 furono i feriti. Fu notata la sproporzione enorme nel numero dei morti e dei feriti tra ufficiali e soldati: circostanza, la quale provocò più tardi da Garibaldi l'arguta osservazione, ch'egli aveva combattuto in Sicilia un esercito senza generali, e sarebbe andato poi a combattere un generale senza soldati, accennando al Lamoricière. Il solo comandante, che dimostrò un certo interesse a far cessare quella carneficina, con manifeste simpatie per gl'insorti, fu l'ammiraglio Mundy. L'occupazione di Palermo giunse a Napoli come un colpo di fulmine; il *Giornale Ufficiale* tentò attenuarla, dicendo che Garibaldi era entrato a Palermo per *disperazione*, dopo le sconfitte subite al Parco, a Piana de' Greci e a Corleone; ma che la colonna, la quale aveva vinto a Corleone, "corse subito a Palermo, e per la porta di Termini, una di quelle per cui il Garibaldi era entrato, forzatala e riconquistatala, entrò in città ed occupò parte delle posizioni due giorni prima prese dalla gente del ridetto Garibaldi, entrato per la porta medesima. Forti perdite hanno a deplorarsi per parte delle Reali truppe, al cui *immenso valore* ha reso luminoso omaggio lo stesso nemico, ma tali perdite sono di gran lunga minori di quelle patite dalle *bande*".

La prima notizia dell'ingresso di Garibaldi a Palermo fu portata in Napoli dall'avviso l'*Amalfi*, partito da Palermo alle dieci della mattina del 27, mentre infuriava il bombardamento. Lanza scrisse due parole, annunciando che Garibaldi era entrato nelle prime ore della mattina, ma che ne sarebbe scacciato subito. Passarono ventiquattr'ore e non si seppe altro. Il Re impaziente venne da Portici la mattina del 29, e ne ripartì subito. Le notizie ufficiali si conobbero la mattina del 29 da una lettera del console inglese di Palermo ad Elliot, lettera portata da un vapore da guerra austriaco, proveniente da colà. Confermava l'entrata di Garibaldi e annunziava il primo armistizio. Il giorno 30, i consoli di Francia, di Spagna, d'Austria e Russia ebbero identici rapporti dai loro colleghi con maggiori particolari, e li comunicarono a Carafa. Nel rapporto inviato a Bermudez, si affermava che Salzano e lo stato maggiore fossero prigionieri. Le notizie produssero a Napoli un'impressione indimenticabile, e la sera del 29 vi fu una piccola dimostrazione, con grida di *Viva la Sicilia, Viva Garibaldi*. Venne dispersa dalla polizia.

La notizia dell'entrata di Garibaldi a Palermo sbalordì e commosse tutta l'Italia e l'Europa liberale. Non si pensò che a rafforzare la rivoluzione. Mentre Agostino Bertani raccoglieva denari e armi a Genova, gli emigrati napoletani e siciliani che erano a Torino, escogitarono un mezzo anche più eroico, proponendo a Medici e a La Farina di mandare in Inghilterra Agostino Plutino, con l'incarico di provvedere di vapori la rivoluzione. Mancavano sì i danari, ma non si arrestarono a tale difficoltà; anzi, conferendo al Plutino l'incarico dell'acquisto, posero esplicitamente a carico del governo da costituirsi in Sicilia, il debito non lieve che si andava a contrarre. Si era perduta ogni misura nel valutare le difficoltà, e n'è prova questo caratteristico documento, che io pubblico integralmente: è il mandato che Medici e La Farina e alcuni dei più autorevoli emigrati dettero al loro amico, in data di Torino, 29 maggio:

> *Il signor Agostino Plutino è incaricato di recarsi in Inghilterra, e colà, provvedere in soccorso della Rivoluzione siciliana, all'acquisto di battelli a vapore a grande velocità e a poca immersione, che verranno posti a disposizione di chi avrà assunto la direzione militare di nuove spedizioni. Il sottoscritto s'interesserà di fare approvare dal Governo, che sarà costituito in*

Sicilia, qualunque stipulazione fosse per essere convenuta a riguardo di detti vapori dal signor Agostino Plutino.

Firmato: G. MEDICI.

E più giù sullo stesso foglio:

Confermo quanto ha scritto disopra il colonnello Medici, e prometto di aiutare l'impresa con i mezzi, che fornirà la sottoscrizione in favori della Sicilia aperta dalla Società Nazionale Italiana.
Il signor Plutino è incaricato pure di trattare in Francia e ovunque volesse.

il Presidente (firmato) LA FARINA.

E più innanzi, sempre sullo stesso foglio:

Il latore della presente e il signor Agostino Plutino, già colonnello della guardia nazionale di Reggio di Calabria e fratello dell'ex-deputato Antonino Plutino, che è partito per Sicilia con la spedizione del generali Garibaldi.
Noi qui sottoscritti e già deputati al Parlamento e cittadini di quelle Provincie conferiamo con la presente al sullodato nostro egregio concittadino Agostino Plutino, pieno mandato con le più ampie facoltà, affinchè promuova la raccolta di tutti i mezzi necessari per sostenere e diffondere il moto nazionale nelle Due Sicilie impegnando la nostra parola di far ratificare il suo operato, e qualunque contratto egli sarà per conchiudere con case inglesi, non appena sarà costituito un Governo nazionale.
Torino, 5 giugno 1860.

Firmati: CARLO POERIO, già deputato al Parlamento di Napoli – DUCA DI CABALLINO, SIGISMONDO CASTROMEDIANO –

PIETRO LEOPARDI, già deputato al Parl. Nap., e inviato straordinario e ministro plenipotenziario presso la Real Corte di Sardegna – GIUSEPPE PISANELLI, già deputato al Parl. Nap. – ANTONIO CICCONE, id. id. – RAFFAELE CONFORTI, id. id. – GIUSEPPE TRIPEPI, nominato nel 1848 Commissario del potere esecutivo nella provincia di Reggio – CAV. RAFFAELE PIRIA.[4]

E in data 1° giugno, Salvatore Tommasi presentava e raccomandava il Plutino ad Antonio Panizzi, perchè lo coadiuvasse nell'impresa.[5]

Il 30 maggio, alle 10 ½ del mattino, fu tenuto un grande Consiglio di stato e di famiglia, al quale intervennero i conti d'Aquila, di Trapani e di Trani, e Filangieri, Troja e Giuseppe Ludolf, ministri di Stato. Filangieri fu mandato a chiamare alle 11 ½. Appena giunto, Francesco II lo invitò a parlare. Filangieri disse, che, anche in quei momenti, così paurosi e gravi, era costretto a ripetere quanto espose altre volte, che cioè la politica napoletana doveva trasformarsi, abbandonando l'Austria e seguendo la Francia; che tale trasformazione avrebbe dovuto compiersi fin dal giorno che il Piemonte e la Francia vinsero a Magenta e a Solferino, e fin d'allora concedere una Costituzione imperiale, e di accordo col Piemonte e con Napoleone, occupare le Marche, per togliere al Piemonte l'occasione d'invaderle, dal momento che il Papa aveva raccolti a sua difesa i legittimisti di tutta Europa, e datone il comando al generale Lamoricière. "*Ma le mie convinzioni*, soggiunse, *non convinsero il Re, e n'ebbi gran dolore, perchè presentii le sventure che ora ci sovrastano. Mi son permesso già da tempo di sottomettere al Re la mia opinione, cioè che in Sicilia non si*

---

[4] Archivio Plutino.
[5] Id. id.

compie un'insurrezione, ma tutta una rivoluzione, e le rivoluzioni non si combattono col cannone, ma si cerca conquistarle moralmente".[6]

Propose di mandare a Parigi persona adatta per trattare con l'Imperatore, e ottenerne le necessarie guarentigie per l'integrità del Regno, o almeno delle provincie continentali. Il generale Carrascosa lealmente gli disse: "*Se l'Eccellenza Vostra fosse partita il 4 aprile per la Sicilia, la causa del Re sarebbe trionfata nell'Isola*". Filangieri gli rispose: "*V'ingannate, generale. Quando io abbandonai il 30 settembre 1854 la Sicilia, portai meco la convinzione, che il sistema di governo, che si voleva imporre da Cassisi a quel paese, l'avrebbe fatto presto o tardi perdere alla Monarchia napoletana*".[7]

Il conte d'Aquila aderì con grande disinvoltura a Filangieri, dichiarando che Brenier gli aveva detto più volte, che se il Re avesse dato uno Statuto a tipo imperiale, la Francia avrebbe garantita l'integrità della Monarchia. Vi aderì anche il vecchio Cassaro, presidente del Consiglio e vi aderirono Carafa e Comitini, però dichiarando non credere opportuno mandare persona a Parigi: potersi trattare direttamente con Brenier. Il Re incaricò Carafa di convocare i ministri esteri per assodare la circostanza riferita dal conte d'Aquila.

Sulla proposta di un mutamento radicale nella politica interna ed estera, lunga e vivacissima fu la discussione. Chi era per la resistenza ad ogni costo; chi si contorceva come il conte di Trapani; chi si teneva la testa fra le mani e non diceva verbo, come il conte di Trani; chi, invece, diceva delle bestialità come Ajossa. Il Re non sembrava molto preoccupato; anzi fu in quel Consiglio, che rivelò le sue tendenze fatalistiche quando disse: "*Don Peppino* – così egli chiamava Garibaldi – *ha le mani nette, ma egli è un sipario; dietro di lui stanno le potenze occidentali e il Piemonte che hanno decretata la fine della*

---

[6] Archivio Filangieri.
[7] Id. id.

dinastia". Venuti ai voti sulla proposta Filangieri, votarono a favore il conte d'Aquila, il principe di Cassaro, Winspeare, Gamboa, Scorza, il principe di Comitini, il conte Ludolf, ed egli stesso, Filangieri, coi direttori Rosica, Ajossa e Carafa; la respinsero Troja e Carrascosa, tenaci sino all'ultimo; si astennero, cioè non risposero nè sì, nè no, il conte di Trani, il conte di Trapani e il direttore De Liguoro. Filangieri comunicò i punti essenziali del suo Statuto, proponendo che l'inviato straordinario ne informasse minutamente Napoleone. Un altro congresso seguì, un'ora dopo, ma fu tutto diplomatico. Si riunirono alla Reggia, invitati da Carafa, i ministri esteri, che erano quelli di Francia, d'Inghilterra, di Sardegna, di Spagna, di Russia, d'Austria, di Prussia, degli Stati Uniti e il nunzio pontificio. Carafa espose il motivo della riunione, e Brenier fece dichiarazioni più restrittive: concesso lo Statuto, egli sperava che l'Imperatore avrebbe dato delle guarantigie; Elliot disse di non avere istruzioni e doverne riferire al suo governo; gli altri opinarono che i rispettivi governi avrebbero garantita l'integrità della Monarchia, e questa dichiarazione, o meglio *opinamento* dei ministri, parve senza consistenza, non avendo alcun potere per farla.

Il giorno seguente vi fu nuovo Consiglio di Stato; Carafa riferì l'esito della riunione dei ministri esteri, ma nulla d'importante vi fu deciso.

Un vapore francese, giunto alle cinque di quel giorno, portò le notizie più recenti di Palermo, confermando il primo armistizio. Il bombardamento era cessato; aveva distrutto sessantaquattro case e parecchi edifizii, e uccisa molta gente in città. Rotta ogni comunicazione col mare, erano concentrati attorno a Palazzo Reale da dieci a dodicimila uomini. La situazione non pareva disperata, ma del Lanza non si avevano nuove dirette, e il telegrafo tra l'Isola e il continente seguitava ad essere interrotto. Le notizie produssero molta agitazione; pattuglie di guardie di polizia e di cavalleria erano schierate a Toledo, a Chiaja e a Santa Lucia. I liberali ripetevano una frase di Garibaldi: *fra quindici giorni a rivederci a Napoli*. Questa frase era stata ripetuta anche in Corte, e Nunziante, cominciando in quel giorno a liberaleggiare, diceva che il Re dovesse fare delle concessioni; che il maledetto vapore austriaco era stato l'uccello del malaugurio, e l'Austria, come sempre, la rovina di Napoli!

Il 1° giugno, vi fu nuovo Consiglio di Stato per decidere se si dovesse proporre al Re la concessione dello Statuto. Troja, Carrascosa, Scorza e Ajossa si mostrarono più che mai avversi. Fu riferito che Brenier avesse detto dovere prima il Re dare la Costituzione, e poi egli scriverebbe a Walewski per chiedere la promessa e desiderata guarentigia. Venne deciso di affidare a Filangieri, Gamboa e Carafa l'incarico di formulare un progetto di Costituzione, il quale fosse un mezzo termine tra quello proposto l'anno innanzi da Filangieri, la Costituzione bozzelliana del 1848 e la sarda. Dopo il Consiglio, il Re si trattenne a parlare coi principi reali, con Filangieri e Carafa, delle cose di Sicilia. Erano arrivati quella mattina da Palermo il generale Letizia e il colonnello Buonopane, inviati da Lanza, e avevano riferito al Re tutto ciò che vi era accaduto, dal 27 al 30 maggio, descrivendo con colori molto oscuri lo stato dell'esercito e le condizioni di Palermo e concludendo che, allo stato delle cose, non vi era altro da fare che ritirarsi. Il principe di Satriano espose al Re tutto un piano per la ritirata, consigliando il concentramento delle truppe ai Quattro Venti, come il punto più adatto anche per un eventuale imbarco di queste. Il piano fu approvato dal Re, che ordinò di far ripartire il giorno stesso Letizia e Buonopane, con la *Saetta*. Ma, nella notte seguente, Filangieri venne chiamato in gran fretta a Portici, e vi trovò col Re, Nunziante e Latour. Il Re gli disse che Letizia e Buonopane non erano ancora partiti, perchè Nunziante e Latour, due di quelli, che Filangieri chiamava per ironia gli *strateghi*, consigliavano un altro piano, e questo era di far muovere le truppe per la pianura della Guadagna, in prossimità del mare, verso sant'Erasmo; di formare in quel punto un campo trincerato; di tenere il forte di Castellamare e la batteria del molo, perchè al momento opportuno si potesse ricominciare il bombardamento della città. Filangieri disapprovò vivacemente questo piano; disse pericolosa, anche perchè malsana, la pianura della Guadagna: solo luogo di concentramento per una ritirata essere i Quattro Venti. E poichè Nunziante faceva delle osservazioni, Filangieri lo invitò bruscamente ad andare lui ad eseguire quel piano, di cui si rivelava l'autore. Nunziante confessò di essersi ingannato, e aderì al giudizio di Filangieri, il quale, a proposito del bombardamento, osservò che l'insurrezione non era più domabile col cannone, e scongiurò il Re a non dare questi ordini, i quali avrebbero risollevate contro di lui le ire dell'Europa liberale. Il Re parve persuaso. Uscendo dalla sala del Consiglio, Latour disse ad alcuni, che erano in anticamera: "*Filangieri ha avuto due torti: nel 1848 di non aver rasa Palermo, ed ora di non volerla far bombardare per salvare il suo maggiorasco*". Alle cinque della mattina ripartì la *Saetta* per Palermo, con istruzioni esplicite date a Letizia e a Buonopane, di far eseguire la ritirata ai Quattro Venti, e niuna istruzione esplicita circa il bombardamento.[8]

Il giorno 4, Letizia e Buonopane tornarono di nuovo a Napoli, a bordo dello stesso legno. Vennero a chiedere altre istruzioni, poichè Garibaldi, protetto dalla flotta inglese, imponeva una regolare capitolazione, collo sgombero di Palermo da parte delle truppe regie. Letizia si lodava molto dei modi e delle forme di Garibaldi, e il Re lo ascoltava con curiosità e quasi con compiacenza! Disse anche che gli ufficiali napoletani, passati a Garibaldi, erano soli dodici, e tra essi, due capitani. Ripartirono il giorno stesso, con istruzioni che le trup-

---

[8] Archivio Filangieri.

Capitolo XI

pe uscirebbero da Palermo con tutti gli onori militari, imbarcandosi con equipaggi, bagagli e materiali da guerra, ai Quattro Venti per Napoli: convenzione, la quale poi venne sottoscritta il 6 giugno da Garibaldi, Letizia e Buonopane. Il Lanza non vi ebbe parte, e se ne chiamò irresponsabile.

Gli avvenimenti incalzavano. Nella notte dal 4 al 5 giugno, Brenier ebbe una lunga conversazione col Re, la quale si protrasse sino alle 2 ½ della mattina. Si parlò delle cose di Sicilia e del progetto di Costituzione, e degli studii che vi faceva la commissione incaricata di redigerlo. Brenier andò a trovare Gamboa, e questi gli disse essere divenuto necessario modificare parecchie disposizioni del progetto Filangieri in senso più liberale, cercando di conciliare quel progetto con lo statuto piemontese, e con quello di Napoli del 1848; ma che il Re era ancora incerto circa l'opportunità di concederlo. Brenier confermò a Gamboa le sue dichiarazioni, non nascondendo che uno statuto di tipo non imperiale, concesso in quelle condizioni del Regno e di tutta Italia e accompagnato dall'amnistia, avrebbe potuto produrre gravi conseguenze, ma che il non darne alcuno sarebbe maggior pericolo.

Il giorno 5, era giunto Giacomo De Martino da Roma. Vide subito il Re, presente Carafa, e gli disse che il non aver voluto sentire i consigli della Francia e di Filangieri l'avevano condotto al punto in cui si trovava; che egli, un mese prima, quando venne a Napoli, era latore dei voleri della Francia, accettati da Cavour. La Francia, avrebbe detto De Martino, chiedeva riforme politiche e amministrative; voleva che il Re di Napoli occupasse le Marche e l'Umbria come armata italiana e nazionale, e non come birri del Papa, e in ricambio gli avrebbe garantita l'integrità dei suoi Stati; il Re, rifiutando, aveva sacrificato tutto ad una falsa politica austro-papale: ora essere troppo tardi, anche perchè il Papa era divenuto il più forte istrumento del partito legittimista in Francia, per cui dubitava dell'efficacia e sincerità di aiuti da parte dell'Imperatore: ad ogni modo si dichiarava pronto a partire. Così egli riferì di aver parlato al Re, ma è da credere, conoscendo l'uomo, che il suo linguaggio fosse stato meno esplicito e soprattutto men duro.

I borbonici più incorreggibili, i quali non ebbero mai per Filangieri alcun sentimento di benevolenza e neppure di giustizia, e non lo lasciarono immune da sospetti oltraggiosi e da inique calunnie, dissero e scrissero che il principe di Satriano aveva contribuito più di tutti a far perdere la Sicilia, perchè egli, salito al governo col nuovo Re, aveva come primo atto licenziato Cassisi, sostituendolo con Paolo Cumbo, sostituito alla sua volta, quando Filangieri si fu dimesso, dal principe di Comitini; perchè si era rifiutato di tornare nell'Isola coi pieni poteri, e perchè, infine, aveva proposto, in sua vece, il vecchio e incapace Lanza. Il rifiuto di andare in Sicilia era giustificato dal fatto, che il Filangieri si sentiva vecchio, con la moglie inferma e intendeva quanto i tempi fossero mutati. L'aver suggerito il Lanza, dopo il rifiuto d'Ischitella e di Nunziante, potrebbe parere inesplicabile a chi ignora quanto misera fosse la condizione militare del Regno: tutti generali vecchioni, che non valevano più di Lanza, e in Sicilia occorreva mandare un vecchio generale, preferibilmente siciliano. Il Filangieri, che lo aveva avuto per suo capo di stato maggiore nella spedizione di Sicilia, portava di lui opinione un po' diversa, e riconosceva che l'arrivo del Lanza a Palermo era stato in coincidenza con la vittoria di Garibaldi a Calatafimi, la quale distrusse quel po' di morale rimasto nell'esercito. Rideva anche lui, Filangieri, di alcune ingenuità del Lanza, il quale, giunto a Palermo, proprio l'indomani di Calatafimi, chiedeva con interesse a Domenico Gallotti, che gli dava la consegna del palazzo Reale, se le carrozze e i cavalli, che erano nelle scuderie, gli appartenevano; e avutone in risposta che gli appartenevano come luogotenente, incaricava lo stesso Gallotti di telegra-

Capitolo XI 283

fare ai figli a Napoli che vendessero i cavalli e le carrozze di casa.

Il principe di Satriano che portava a Francesco II sincero affetto, tornò a visitarlo, il giorno 16; ma il Re non gli parlò di politica e il vecchio generale ripartì per quella stessa villa De Luca, a Pozzopiano, odiato dagli zelanti e dagli *strateghi*, intimi, ascoltati e funesti consiglieri di Francesco; ma non volendo prender partito coi liberali antidinastici, perchè egli era dinastico e voleva l'autonomia del Regno, ma di potente e civil Regno, con una Costituzione, la quale limitasse sì alcuni poteri del principe, ma rendesse i ministri responsabili solo verso di lui.

Pochi giorni dopo il suo ritiro a Pozzopiano, avvenne un altro incidente. In un pomeriggio di giugno, mentre, disteso sopra una poltrona, il principe di Satriano leggeva il suo favorito *Journal des Débats*, un servo gli annunziò che una lancia a vapore della regia marina si accostava alla villa, e che nella lancia aveva veduto il Re. Filangieri si ritirò nella sua camera. Francesco II si trattenne con lui più di un'ora, in colloquio segreto. Quando il Re andò via, Gaetano Filangieri corse dal padre, e lo interrogò sul colloquio. Ma il vecchio rispose: "*J'ai réfusè*" e non disse altro, nè altro si seppe di quella visita. Lasciò Napoli il giorno 11 agosto, diretto, con la moglie inferma, per Marsiglia. Da circa due mesi non aveva più veduto il Re. Lasciava Napoli con la convinzione, che non vi era più scampo per i Borboni, e vi tornò nel 1862, poche ore prima che vi morisse sua moglie, nè da Napoli si mosse più. Rifiutò unici ed onori dal nuovo governo, ma non rimpiangendo i Borboni, che egli credeva essere stati artefici ciechi della propria rovina. Si spense nel 1867 a San Giorgio a Cremano, a ottantatre anni, non di vecchiaia, come si disse, ma di una polmonite che contrasse, volendo rendere un favore a un suo congiunto. La condotta di questo valoroso vecchio soldato, che ebbe di certo dei difetti, ma che fu l'unica testa politica, che abbia avuto il Regno di Napoli nell'ultimo secolo, mutati i tempi, fu ancora più nobile. Egli non imitò tanti altri, i quali, dopo avere sfruttati i Borboni sino all'ultimo, si affrettarono a passare, armi e bagaglio, nel campo nemico, rinnegando la vecchia bandiera, o abbandonarono l'inesperto Re al suo fato. Certo, se Carlo Filangieri ebbe grandi soddisfazioni nella vita, sofferse pure grandi e profonde amarezze, per le calunnie, alle quali lo fecero segno le leggerezze, le invidie e le malignità dei suoi concittadini. Onde non è maraviglia se nelle sue carte, io leggessi, scritte di suo pugno, come monito al figlio Gaetano, queste terribili parole: *"....credimi, per chiunque ha un po' d'onore e un po' di sangue nelle vene, è una gran calamità molte volte nascere napoletano..."* [9]

---

[9] Archivio Filangieri.

CAPITOLO XII

SOMMARIO: Alla vigilia dell'Atto Sovrano – Intrighi di Corte – Rapporti di Antonini e De Martino da Parigi e parole di Napoleone III – Il liberalismo del conte d'Aquila – La sua intimità col Brenier – Una rivelazione – Il Consiglio di Stato del 21 giugno a Portici – Parole del principe di Cassaro e di Carrascosa – Il Re manda De Martino a Roma – I consigli di Pio IX – L'Atto Sovrano del 25 giugno – Il nuovo ministero – I primi disordini – L'aggressione del ministro francese – Il proclama di Liborio Romano – La guardia cittadina – I nuovi direttori e i principali ministri – Spinelli, Manna, Torella, De Martino, De Cesare e Giacchi – Si richiama in vigore lo Statuto del 1848 – Commissioni e riforme – Destituzioni e nuove nomine – L'amnistia e la serata al San Carlo – Il ritorno dei liberali esiliati – Malumori contro l'esercito – La giornata del 15 luglio – Pianell ministro della guerra – Proclami di Francesco II e strana circolare di Pianell – La Guardia Nazionale – Don Liborio Romano – Maria Teresa a Gaeta – Maria Sofia e donna Nina Rizzo.

L'Atto Sovrano, approvato in massima nel gran Consiglio di Stato e di famiglia del 30 maggio, non venne fuori che il 25 giugno. Sarebbe molto difficile tener conto minuto di tutto quell'insieme di dubbi e di perplessità da parte del Re; d'intrighi, di sospetti e di paure da parte degli zelanti; ed anche delle pressioni diplomatiche del Brenier, con cui aveva stretto intimi rapporti il conte d'Aquila, il quale, divenuto ad un tratto, come si è visto, costituzionale e liberale, cercava di oscurare la fama del fratello, il conte di Siracusa, che, il 8 aprile, aveva scritta al Re la celebre lettera, la quale levò tanto rumore in Italia e in Europa. La conversione del conte d'Aquila alle idee liberali si rivelò dopo la catastrofe di Palermo. Divenne costituzionale arrabbiato e con lui quasi tutto il partito retrogrado. Il duca di Bivona diceva: *"Senza la Costituzione non si può andare avanti"*. Si verificava questo caso curioso, che i retrogradi diventavano costituzionali, e i vecchi liberali, unitarii tutti. Giorni memorabili furono quelli, nei quali uno dei drammi più caratteristici, che la storia ricordi, si svolse nella Corte, nel governo e nell'animo stesso del Re, in preda alle più opposte correnti, ma rassegnato e quasi inconsapevole; dramma familiare e politico, che interessava non solo il Regno, ma tutta l'Europa, perchè tutta l'Europa aveva gli occhi su Napoli, sperando o temendo le varie nazioni che il fuoco rivoluzionario, comunicandosi dalla Sicilia al continente, mandasse in fiamme la dinastia e il Regno. De Martino partì la sera del 6, accompagnato dal generale Roberti, e questa compagnia diede luogo ad ameni commenti, perchè era noto che Roberti non sapeva una parola di francese. S'imbarcarono per Marsiglia sulla *Saetta*, e giunsero a Parigi il giorno 11.

De Martino era latore di una lettera autografa di Francesco II per Napoleone, e di un lungo dispaccio con documenti per Antonini e Thouvenel; nè più tardi del giorno successivo all'arrivo, 12, fu con Antonini ricevuto a Fontainebleau. Il Re e il ministero, intanto, sia per i fatti di Sicilia, sia per agevolare la riuscita della missione di De Martino, cominciarono a fare delle concessioni. Il 9 giugno uscirono da Santa Maria Apparente alcuni detenuti politici, fra i quali il noto avvocato Giuseppe Saffioti. E tre giorni dopo, il maresciallo duca Caracciolo di San Vito fu chiamato a sostituire, come direttore di polizia, l'Ajossa, licenziato in una forma, che fece a tutti molta impressione. La mattina del 12 giugno, andando infatti al ministero all'ora solita, trovò il suo posto occupato dal nuovo direttore. Si disse che il licenziamento di lui fosse opera di Brenier, e non è inverosimile. Ajossa non trovò un amico in quella occasione, la più triste della sua vita, nè, dopo di allora, occupò altri ufficii; e, mutati i tempi,

Capitolo XII

andò a chiudersi in Calabria, nel suo borgo d'origine, dove si spense nell'oscurità nel 1876, dopo aver fatto tremare il Regno ed essere stato il terrore specialmente delle provincie, da lui amministrate. In quei primi giorni della sua disgrazia era addirittura furioso. Il 16 giugno, incontrato Gaetano Filangieri, gli disse che l'ingratitudine dei Borboni era proverbiale, e che dopo vent'anni di servizio era stato trattato come Intonti e Del Carretto. Filangieri gli rispose, con aria di scherzo, che lui aveva minato Casella, ed era stato minato alla sua volta. Ajossa diceva corna di Nunziante, attribuendo a lui gli ultimi eccessi della polizia.

Il maresciallo Caracciolo di San Vito era uomo giusto e onesto, ma povero d'ingegno e d'energia. E poichè era sordo, si disse che almeno avrebbe avuto il vantaggio di non porgere ascolto alle delazioni. Il giorno dopo la sua nomina uscirono da Santa Maria Apparente altri quarantadue detenuti politici, e tutta la compagine della vecchia polizia n'ebbe una scossa abbastanza forte. Prima per telegramma, e poi con rapporti speciali del 13 e del 15 giugno, diretti a Carafa, il marchese Antonini rese conto particolareggiato del colloquio avuto a Fontainebleau, riferendo, di tanto in tanto, le parole stesse dell'Imperatore, piene di benevolenza per la persona del Re, ma punto rassicuranti circa le intenzioni sue, riguardo alla proposta di mediazione fattagli dai delegati napoletani. *"La Sardegna sola può arrestare la rivoluzione, disse l'Imperatore; piuttosto che a me, è al re di Sardegna che avreste dovuto dirigervi; è, contentando l'idea nazionale, che potreste solo arrestare la corrente; le concessioni interne, separate da quella, per sè stesse, non avrebbero scopo; nessuno le accetterà"*. I dispacci di Antonini produssero viva impressione a Napoli; ma, al solito, gli zelanti della Corte e del governo accusavano il De Martino di avere, d'accordo con l'Antonini, caricate le tinte, per forzare la volontà del Re. Le parole di Napoleone: *"il faut s'entendre avec Turin"*; e queste altre: *"è troppo tardi, un mese fa le riforme avrebbero potuto prevenir tutto, ora è troppo tardi; la Francia è in una posizione difficile; le rivoluzioni non si arrestano con parole, ed ora la rivoluzione esiste e trionfa; è a Torino, è a Torino che bisogna agire; date a Cavour un argomento di fatto, un'arma valida, un interesse a sostenervi, e lo farà; una lotta ulteriore in Sicilia è impossibile*"; queste frasi, dunque, aggiunte a quelle del secondo rapporto di Antonini: "*spero mi si renderà giustizia che non ho mai fatto concepire alcuna speranza*" furono dagli zelanti interpretate come esagerazioni interessate. Quando il De Martino tornò a Napoli e confermò i particolari del lungo colloquio di Fontainebleau, ebbe, quindi, fredda accoglienza dal Re, dai ministri e dai cortigiani intimi.

In Corte i sospetti e le paure crescevano di giorno in giorno. Per spiegare le premure del Brenier e la sua intimità col conte d'Aquila, si affermava che a lui, corto a quattrini, don Luigi promettesse danaro e titolo di duca, qualora fosse riuscito ad indurre il Re a dare lo Statuto. Il conte d'Aquila sperava in tal modo, secondo le voci, di avere nelle cose del Governo quell'ingerenza o influenza, che non ebbe mai. Altri asserivano che, persuaso che la Costituzione avrebbe affrettata la catastrofe del nipote, egli meditasse una sua reggenza. Certo, il liberalismo di fresca data di don Luigi, ritenuto fino allora il capo della camarilla, non si credeva sincero e offriva argomento alle più strane congetture. Egli, da principio, trattò col Brenier, per mezzo del barone Aymé, primo segretario della legazione francese, e poi direttamente. L'Aymé era mezzo napoletano, come dissi, perchè figliuolo di un generale di Murat e di una principessa di Caramanico, e aveva col conte vecchia amicizia. Ad alcuni suoi intimi, ed a persona di riguardo, che a me l'ha riferito, l'Aymé raccontava che il Brenier insistesse presso Francesco II per una sollecita concessione dello Statuto, e per un mutamento radicale nella politica, non perchè tali fossero le istruzioni esplicite, che egli riceveva da Parigi, ma nello in-

Capitolo XII

teresse personale del conte di Aquila, e di pieno accordo con lui; ciò che conferma naturalmente i sospetti, ai quali ho dianzi accennato.

Ma la verità su tal punto non si saprà mai. Certo il Brenier agiva con una insistenza, da legittimare dei sospetti; certo maggiori ne destava il liberalismo improvviso del conte d'Aquila. Io riferirò un aneddoto, che narrava il barone Aymé, morto a Napoli, dieci anni or sono, e che, se fu un uomo di intelligenza e di cultura appena mediocri, aveva la memoria fresca, ed era signore di nascita e di maniere. Egli dunque narrava, che, stabiliti gli accordi fra il Brenier e il conte d'Aquila, questi, in una sera di giugno, nella casa di una sua amante, al palazzo Torlonia a Mergellina, abbozzò, presente l'Aymé, l'Atto Sovrano, e formò la nota dei possibili ministri. Poi, sempre con l'Aymé, si recò dal Brenier a mostrargli la bozza dell'Atto Sovrano e la lista dei nuovi consiglieri della Corona. Brenier approvò tutto; solo disse opportuno sostituire alle parole: *ampia amnistia*, queste altre: *generale amnistia*. Nella medesima notte, lasciato il Brenier, il conte e l'Aymé si recarono dalle persone designate come ministri, che tutti, eccetto De Sauget, preconizzato ministro della guerra, accettarono. Andarono poi da don Liborio Romano, che abitava al palazzo Salza, ora Bagnara, alla Riviera, designato come prefetto di polizia. Il Romano nelle sue *Memorie* accenna a questa visita notturna, senza però dire, che gli fu fatta dal conte d'Aquila, qualche giorno *prima* dell'Atto Sovrano. Don Liborio era a letto; ricevè i visitatori in veste da camera, e accettò, con palese compiacenza, il posto offertogli, e che ottenne difatti.

Il conte di Trapani, informato delle pratiche del conte d'Aquila, non lo accompagnò però in queste gite notturne, ma stabilì col fratello di recarsi l'indomani a Portici, dov'era il Re, per proporgli l'Atto Sovrano. Ma, il domani, seppero che il principe di Cassaro, presidente del Consiglio, avvertito di quanto meditavano i due principi, aveva deciso, per istigazione della Regina madre, di farli arrestare al ponte della Maddalena. Chiesero ed ottennero una carrozza della legazione francese, e insieme con loro vi salirono l'Aymé e il marchese Troiano Folgore, colonnello di marina. Mossero verso Portici, la sera. Al ponte della Maddalena la polizia fermò la carrozza, ma l'Aymé dichiarò che apparteneva alla legazione di Francia, e protestando contro ogni possibile offesa, ottenne di proseguire. Videro subito il Re, che si dichiarò contrario a qualunque mutamento; ma quando i due zii gli ripetettero le esplicite assicurazioni del Brenier, aggiungendo, come prova, il fatto di essere là andati nella carrozza della legazione francese, ed insieme al segretario di questa, egli ne parve scosso e lasciò sperare una risoluzione diversa. In tutto questo racconto c'è del verosimile, ma manca sinora la base storica.

La promulgazione dell'Atto Sovrano, da farsi il 24 giugno, fu decisa in un Consiglio straordinario di Stato e di famiglia, che ebbe luogo a Portici, il 21 di quel mese, dopo il ritorno del De Martino da Parigi, e con l'intervento dei tre principi suddetti, dei ministri, dei direttori e dei consiglieri di Stato, che presero parte a quello del 30 maggio, tranne Filangieri che non vi fu invitato. In questo Consiglio si lessero i dispacci di Antonini, i quali fecero profonda impressione, soprattutto per le parole che chiudevano il secondo di essi: "*Non sono chiamato a dare consigli, ma il real governo o ha ancora una forza bastante a reprimere la rivoluzione; o altrimenti non ha tempo a perdere, per accettare le condizioni, sotto le quali l'Imperatore vuole far credere di prendere la mediazione presso i suoi alleati*".

Il Consiglio di Stato, con undici voti favorevoli e tre contrari, decise di proporre al Re di tradurre in atto le tre proposte, cioè: Costituzione del 1848, accordo col Piemonte e istituzioni speciali per la Sicilia. Sempre tenaci nelle loro opinioni, Troja, Scorza e Carrascosa furono contrarii a tutto. Il principe di Cassaro motivò il suo voto, dichiarando che, avverso per principii alle concessioni,

Capitolo XII

soprattutto nelle circostanze presenti, il primo effetto di esse sarebbe di togliere forza al Governo, nel momento in cui ne aveva maggior bisogno; ma poichè non vi era più scelta nei mezzi di resistenza, avendo i ministri degli esteri, della guerra e della polizia dichiarato di averli tutti esauriti, ed essendo la posizione disperata *in faccia alla sentenza dell'Europa e della necessità, ogni considerazione o sentimento doveva cedere al dovere di salvare il trono e la dinastia, e tale dovere imponeva quest'ultima prova, per quanto fosse pericolosa e difficile.* Carrascosa non esitò ad affermare, che la Costituzione sarebbe la *tomba della Monarchia*.

I ministri, prima di separarsi, discussero se, concedendo il Re la Costituzione, essi dovessero cedere il posto a un nuovo gabinetto. Alcuni riconobbero doveroso il rimanere, ma la maggioranza fu favorevole alle dimissioni. Il Re non fu presente al Consiglio, perchè dal giorno 18 era a letto con febbre, che si disse biliosa. Da qualche giorno egli era divenuto triste, come se un'interna voce gli dicesse che, dando la Costituzione, la dinastia era spacciata. Il generale Letizia che, tornando da Palermo la sera del 7, andò subito a trovarlo, disse che il Re era molto perplesso ed agitato su quel che dovesse fare; ma che avendo ricevuto una lettera di Pio IX scritta di suo pugno, nella quale lo consigliava di resistere e di nulla concedere, ogni esitazione era stata in lui vinta. Il giorno 17, che era domenica, il Re non volle ricevere il conte d'Aquila, il quale del rifiuto era furiosissimo, e ricorse allo stratagemma innanzi raccontato. Quando Francesco II fu informato delle deliberazioni prese dai ministri, si lasciò dire che le approvava; ma, la sera stessa, di sua iniziativa fece ripartire De Martino per Roma, desiderando di avere un altro consiglio dal Papa, prima di decidersi. Il risultato del colloquio del De Martino con Pio IX fu quello, che veramente decise Francesco II a pubblicare l'Atto Sovrano. Il Papa volle essere a lungo informato della missione compiuta dal De Martino a Parigi, e la loro conversazione, ondeggiante di argomento in argomento, fu più accademica che politica, più sentimentale che concludente. Il rapporto del 24 giugno del De Martino rivela tutto l'*affannoso* imbarazzo, in cui egli si trovò innanzi al pontefice, e gl'imbarazzi dello stesso Pio IX, il quale approvava l'amnistia; riconosceva necessario dare istituzioni separate a Napoli e alla Sicilia, ma faceva vivaci riserve sulla proposta di alleanza col Piemonte, per la parte che riguardava i diritti della Santa Sede "*diritti,* egli diceva, *che una tale alleanza avrebbe compromessi, e coi diritti sacrosanti della religione non vi è mai transazione a farsi*". I consigli del Papa vinsero dunque anche le ultime riluttanze del Re, il quale, la mattina del 25, si decise a sottoscrivere l'Atto Sovrano, e lo firmò da solo, senza neppure la controfirma del presidente dei ministri che cessava dall'ufficio, nè di quello che lo assumeva. Nella notte dal 22 al 23 fece chiamare Filangieri, che giunse a Portici la mattina di buon'ora. Informatolo di quanto era avvenuto, gli chiese, se anche lui era dello stesso avviso dei suoi ministri. Filangieri gli rispose, che al punto cui si era pervenuti forse non era da fare altro. E la sera del 24 volle anche interrogare il padre Borrelli, dicendogli: "*La Regina e quelli, che la consigliano, vogliono che io dia la Costituzione, tu che ne pensi?*" Il padre Borrelli lo scongiurò a respingere tale consiglio: "*La Costituzione avrebbe affrettata la rivoluzione*". Il Re rispose: "*Non posso seguire le tue idee, benchè le creda giustissime*"; e il frate: "*Si ricordi Vostra Maestà di questo giorno, ch'è il 24 giugno, festa di S. Giovanni, l'ultimo giorno, forse, che io bacio la mano al Re di Napoli*".

Il *Giornale Ufficiale* pubblicò, la sera del 25, il tanto atteso Atto Sovrano, che era questo:

ATTO SOVRANO.
Desiderando di dare a' Nostri amatissimi sudditi un attestato della nostra Sovrana benevolenza, Ci siamo determinati di concedere gli ordi-

ni costituzionali e rappresentativi nel Regno in armonia co' principii italiani e nazionali in modo da garentire la sicurezza e prosperità in avvenire e da stringere sempre più i legami che Ci uniscono a' popoli che la Provvidenza Ci ha chiamati a governare.

A quest'oggetto siamo venuti nelle seguenti determinazioni:

1° Accordiamo una generale amnistia per tutti i reati politici fino a questo giorno;

2° Abbiamo incaricato il commendatore D. Antonio Spinelli della formazione d'un nuovo Ministero, il quale compilerà nel più breve termine possibile gli articoli dello Statuto sulla base delle istituzioni rappresentative italiane e nazionali;

3° Sarà stabilito con S. M. il Re di Sardegna un accordo per gl'interessi comuni delle due Corone in Italia;

4° La nostra bandiera sarà d'ora innanzi fregiata de' colori nazionali italiani in tre fasce verticali, conservando sempre nel mezzo le armi della nostra Dinastia;

5° In quanto alla Sicilia, accorderemo analoghe istituzioni rappresentative che possano soddisfare i bisogni dell'Isola; ed uno de' Principi della nostra Real Casa ne sarà il Nostro Viceré.

Portici, 25 giugno 1860.

firmato: FRANCESCO.

Il dì seguente, il *Giornale Ufficiale* s'intitolò *Giornale Costituzionale del Regno delle Due Sicilie*, e il 27, annunziò il nuovo ministero, così costituito: Antonio Spinelli, presidente del Consiglio; Giacomo de Martino, ministro per gli affari esteri; Gregorio Morelli, per la giustizia; il principe di Torella, Niccola Caracciolo, per il culto, ed, interinalmente, per la pubblica istruzione; Giovanni Manna, per le finanze; Federigo del Re, per l'interno e polizia generale; il maresciallo Giosuè Ritucci per la guerra; il vice-ammiraglio Francesco

Saverio Garofalo per la marina; il marchese Augusto Lagreca per i lavori pubblici; l'avvocato Liborio Romano, prefetto di polizia. Il De Martino era ministro di Napoli a Roma; Morelli, procuratore generale della Corte criminale di Salerno; Del Re, controllore generale alla tesoreria; il maresciallo Ritucci, uno dei più vecchi generali, e il retroammiraglio Garofalo, uno dei più vecchi ammiragli, fratello del maresciallo barone Gaetano, e che, come questi, aveva servito in gioventù sotto Murat, ed era stato ufficiale sulla nave comandata dal Bausan, la quale, accerchiata dalla flotta inglese, riuscì a traversarne le fila ed entrare nel porto di Napoli; e, da ultimo, il principe di Torella era succeduto da pochi anni nel titolo a suo padre Giuseppe, che fu ministro di Ferdinando dopo il 15 maggio. Del vecchio ministero restò soltanto Carafa per pochi giorni, mal rassegnandosi a non più ricevere il corpo diplomatico. I nuovi direttori furono nominati più tardi.

Erano nel porto sette legni francesi e due inglesi, che presero parte alle salve. Brenier diceva che le due flotte erano in rada per evitare possibili saccheggi da parte della plebe reazionaria, ed anche un possibile bombardamento, qualora, non decidendosi il Re a dare la Costituzione, fosse scoppiata la rivoluzione a Napoli. Elliot assicurava persino che Mazzini era in Sicilia, e certo le preoccupazioni del governo erano tali, che, la sera del 18, seimila uomini usciti dai Granili, andarono ad accamparsi tra Bagnoli e Pozzuoli, temendosi colà uno sbarco di rivoluzionarii.

La mattina del 26, il Re e la Regina tornarono a Napoli in carrozza scoperta. Il Re cercava di mostrarsi ilare, ma era pallido ed abbattuto per le febbri sofferte. Lungo il percorso furono rispettosamente salutati, ma non ebbero le clamorose accoglienze che si aspettavano. Il giorno 27, tra le salve dei legni ancorati nel porto, s'inalberò la bandiera tricolore sui castelli e sulle navi da guerra. Nella scelta dei nuovi ministri ebbe non piccola parte il conte d'Aquila, o almeno grande fu

Capitolo XII

il suo affaccendarsi perchè così si credesse. Avrebbe voluto che Giuseppe Ferrigni fosse ministro di giustizia, ed ebbe all'uopo frequenti colloquii con lui; ma il Ferrigni non volle saperne. Si narra che allo Spinelli, il quale insistette anche la sua parte perchè egli entrasse nel ministero, il Ferrigni rispondesse essere Francesco II un moribondo, al che si aggiunse pure che lo Spinelli avrebbe replicato: "*Ma noi da medici pietosi cerchiamo di prolungarne le ore*". L'aneddoto è riferito in un opuscolo, venuto alla luce nel 1895 e dedicato alla memoria del Ferrigni; e vi è pur pubblicato il testo della letterina che il Ferrigni scrisse al conte d'Aquila in data del 26 giugno.[1] Al marchese Rodolfo d'Afflitto fu offerto il ministero dell'interno, che non volle accettare, perchè l'alleanza col Piemonte non era assicurata, e la Costituzione, data precipitosamente, parvegli che distruggesse il vecchio governo senza la possibilità di formarne uno nuovo.

Per il 28 il Re dispose che vi fosse gran gala, con le consuete salve e l'illuminazione dei pubblici edifici e dei teatri. A questa letizia ufficiale non rispose la letizia pubblica, perchè, mentre da una parte il Comitato dell'Ordine consigliava ed imponeva di accogliere la Costituzione con freddezza, dall'altra parte, nella stessa giornata del 26, scoppiarono i primi tumulti a Napoli, contro la polizia e divennero gravissimi il 27. Furono aggredite e ferite alcune pattuglie di *feroci*; investiti i commissariati di polizia; manomessi gli archivii; bruciate le carte; ucciso un odiato spione; feriti alcuni commissarii e ispettori, e compiuti non pochi atti di saccheggio a danno di privati, soprattutto nei quartieri bassi, per cui molti negozi si chiusero, molti forestieri fuggirono e molti cittadini ripararono nelle città vicine. Alle 8 della sera del 26, ci fu di peggio. Mentre il ministro Brenier usciva

---

[1] Luigi Antonio Villari, *Cenni e ricordi di Giuseppe Ferrigni*. Napoli, tipografia Priore, 1895.

nella sua carrozza dal palazzo del Nunzio, fu malamente percosso due volte sul capo con mazza di ferro, e ferito; nè mai si seppe l'autore e meno ancora, lo istigatore dell'aggressione, la quale destò indignazione e paura ad un tempo. Il Re mandò subito al palazzo della legazione francese i suoi due aiutanti Ischitella e Sangro, a chiedere notizie e ad esprimere il suo rammarico per quanto era avvenuto; il conte d'Aquila vi tornò due volte, trattenendovisi sino alle due e mezzo della mattina; i vecchi e i nuovi ministri mandarono o portarono le condoglianze; e un indirizzo, sottoscritto da parecchi cittadini, manifestò l'indignazione dei napoletani per l'ignobile attentato.

L'attentato a Brenier fu creduto dai liberali opera della reazione, poichè egli era stato uno dei più insistenti sollecitatori della Costituzione. Su denunzia non si sa di chi, il prefetto Romano fece imprigionare i fratelli Manetta, che avevano fama di incorreggibili reazionari e di gente audace e manesca, ritenendoli addirittura gli autori del triste fatto. Il processo fu istruito dallo stesso presidente della Gran Corte criminale, Ezio Ginnari. Nessuna prova però si potè raccogliere, nonostante una circolare rimasta famosa, con la quale il detto presidente invitava gli Eletti ad indicare i nomi dei più noti camorristi delle varie sezioni, per chiamarli a deporre sul fatto. Del resto, quando Brenier, caduti i Borboni, lasciò Napoli, mandò una lettera ufficiale al Pisanelli, guardasigilli della dittatura, proclamando l'innocenza dei Manetta e reclamandone la liberazione. Nondimeno il nuovo procuratore generale De Falco emise il suo atto d'accusa contro costoro *per crimine di eccitamento alla guerra civile, accompagnato da ferita che aveva prodotto deturpamento permanente* (secondo il giudizio del perito Palasciano), *sulla persona dell'ambasciatore di Francia, signor Brenier*, reato che dal codice napoletano era punito coi ferri dai ventiquattro ai trent'anni. I Manetta furono validamente difesi dall'avvocato Francesco Bax. Avendo Garibaldi concessa un'amnistia per i reati politici, non congiunti a reati comuni, il De

Capitolo XII

Falco sostenne essere l'amnistia inapplicabile ai Manetta; ma dopo l'arringa di Bax in pubblica udienza e dopo che Enrico Pessina, divenuto coi nuovi tempi sostituto procuratore generale, si associò alle argomentazioni di lui, la Corte criminale ordinò la scarcerazione degli accusati, i quali si ritirarono a Malta e vi stettero più anni. Si disse anche, che Brenier chiedesse per indennità dell'aggressione un milione di ducati, ovvero il palazzo reale del Chiatamone. Ma egli veramente non chiese nulla, tranne che fossero fatte al suo Sovrano speciali scuse dell'insulto, di cui era stato vittima.

Temevansi, nel giorno seguente, peggiori disordini e altre scene di sangue. Si diceva che il partito reazionario avrebbe profittato di quell'occasione per rinnovare la Santafede, indurre il Re a ritirare la Costituzione e a nominare un ministero di resistenza. Nella notte dal 27 al 28, fu proclamato lo stato di assedio, dandosi al generale Caracciolo di San Vito il comando della piazza. La mattina del 28, il nuovo prefetto di polizia, Liborio Romano, pubblicò il suo primo manifesto, col quale proibiva gli attruppamenti *e le grida di ogni specie, che potrebbero ingenerare tumulti*. Il manifesto cominciava così: "*Le novelle istituzioni promettitrici e garanti al nostro bel paese d'un lieto e prospero avvenire non possono convenientemente radicarsi e produrre frutti soavi* (sic), *se il popolo non dà prova di averle meritate, aspettando con pazienza le nuove leggi e il tempo dell'oprare, rispettando l'ordine pubblico, le persone e la proprietà*". Il ministero costituzionale iniziava la sua opera, proclamando lo stato d'assedio, ma ciò faceva per garantire l'ordine e per avere il tempo di formare una guardia cittadina, a tutela della pubblica quiete, così come disse nella sua prima ordinanza il nuovo ministro dell'interno, Federico del Re. Furono date, difatti, il dì seguente, le necessarie istruzioni agli Eletti della città, per preparare le liste della guardia nazionale.

Il ministero del 27 giugno era formato quasi tutto di uomini miti e dottrinari, non atti a lottare contro la marea che incalzava da ogni parte e dalla quale furono addirittura travolti, quando all'Atto Sovrano seguì, quattro giorni dopo, l'amnistia che spalancò le carceri e iniziò il ritorno degli emigrati. Si è veduto che Napoli fu in preda di gravi tumulti nelle sere del 26 e del 27 giugno, tanto che si fu costretti a ricorrere allo stato d'assedio, per pochi giorni. La vecchia polizia era sparita, e una *guardia cittadina* si andava formando. Liborio Romano, si disse, per consiglio di un vecchio generale borbonico, ebbe l'idea di reclutarla fra i camorristi e fra quei guappi, mezzo patrioti e mezzo camorristi, amnistiati anche loro e usciti dalla Vicaria e da San Francesco, o tornati dalle isole. Credeva facile cosa poterli disciplinare e s'illudeva forse di redimerli. I *picciotti di sgarro* sostituirono i *feroci*; e ogni capocamorrista, *Michele 'o Chiazziere*, lo *Schiavetto*, il *Persianaro*, *Salvatore de Crescenzo*, detto *Tore 'e Crescienzo*, e altri non meno celebri divennero gli entusiasti e romorosi capisquadra di questa nuova e strana guardia, senza uniforme e senz'armi, che solo portava un nodoso bastone in mano e una coccarda tricolore al cappello.

Fu un atto ardito e forse necessario per garantire, in quei giorni, l'ordine pubblico: atto probabilmente consigliato al Romano dalla disperata condizione delle cose, e che se da principio impedì peggiori disordini, tenne nonpertanto la città, prima che fosse formata la guardia nazionale, in uno stato di paurosa sovraeccitazione. Napoli era in balìa dei camorristi; e se non mancarono atti di probità e di generosità, specialmente nei primi tempi, non tardarono i malanni. Cominciarono, specie da parte dei mezzo camorristi, cioè dei guappi patrioti, le minacce e le estorsioni a danno dei borbonici o dei presunti borbonici, le vendette private, il contrabbando alla dogana e alle barriere; e crebbe enormemente il giuoco clandestino del lotto. Bisognava passar sopra a tutto, anche perchè quella polizia finì per servire ai due Comitati dell'Ordine e di Azione, soprattutto a questo,

Capitolo XII

che più la carezzava e mostrava di tenerla in qualche conto. L'atto di don Liborio ebbe il suo bene e il suo male e potè essere giustificato dalle circostanze; ma il male peggiore fu quello di avere inquinata la nuova polizia, in guisa che, quando Spaventa, ministro sotto la luogotenenza del principe di Carignano, volle epurarla, la camorra, facendo causa comune con le guardie nazionali di più bassa lega, e con le quali aveva maggiori contatti, insorse violentemente, e il coraggioso ministro per poco non vi lasciò la vita.

La prima nomina di direttore, con decreto del 6 luglio, fu quella di Carlo de Cesare, che contava trentasei anni e aveva fatto il letterato nella sua prima gioventù, e poi, datosi a studii di scienze economiche e sociali, si era acquistato bel nome ed aveva vinto, due anni prima, in pubblico concorso, il premio istituito da Michele Tenore, all'Accademia Pontaniana. Era intimo del Manna, il quale lo volle suo collaboratore nel ministero delle finanze. Durante il decennio, aveva sofferte persecuzioni; era stato imprigionato e confinato; si era aperto contro lui e contro i suoi fratelli e altri egregi cittadini di Spinazzola, un processo di cospirazione per la setta dell'unità d'Italia; era stato attendibile, e la sua persona e la sua casa, al vico Sergente Maggiore, accanto a quella di Ferdinando Mascilli, erano state dalla polizia tenute sempre d'occhio. Liborio Romano scelse per direttore il suo antico amico, Michele Giacchi, avvocato civile di grido, che fu deputato di Campobasso nel 1848 e, nei primi anni della reazione, potè sottrarsi ai processi per la protezione del generale Lecca, di cui era avvocato; ma poi fu confinato per qualche anno a Sepino, sua patria, e potè tornare a Napoli per le insistenze dello stesso generale Lecca, cui il Re voleva bene, e chiamava, celiando, il *mio fido greco*, per la sua origine. Romano aveva alla sua volta sofferte maggiori persecuzioni: era stato prima confinato a Patù, suo borgo nativo, dopo i moti del 1820; prigioniero in Santa Maria Apparente prima e dopo il

1848; esule in Francia per qualche anno, e nel 1859 sottratto dal conte d'Aquila ad una nuova prigionìa.

Romano, De Cesare e Giacchi rappresentavano nel ministero una specie di tratto d'unione fra il nuovo governo e i liberali che tornavano dall'esilio, o uscivano dalle prigioni. Si aggiunga che ministro effettivo per l'interno era Giacchi, il quale aveva testa più organica di don Liborio; e ministro delle finanze fu, quasi dal primo giorno, Carlo de Cesare, perchè il Manna, alla metà di luglio, andò a Torino per trattare la lega, e non ne tornò che a Regno finito. Furono anche direttori: Giuseppe Miraglia, alla grazia e giustizia; Michele Capecelatro, alla marina, e il barone di Letino, Salvatore Carbonelli, ai lavori pubblici; ma questi non avevano colore politico accentuato. Miraglia fu, più tardi, presidente della Corte di Cassazione di Roma, ed ora è in riposo; Michele Capecelatro era fratello maggiore di Alfonso e di Antonio; e il barone di Letino, rimasto fedele ai Borboni, fu ministro per le finanze nel ministero di Gaeta. Il barone di Letino e il Miraglia sono i soli superstiti, credo, di quel ministero.

Dei nuovi ministri, la maggior forza morale era il presidente del Consiglio, don Antonio Spinelli. Questi era vissuto dodici anni fuori della vita pubblica, ma era stato sopraintendente degli archivi di Stato; consultore, ministro di agricoltura e commercio, e incaricato di stabilire trattati di commercio con le principali potenze di Europa. Aveva pubblicati importanti lavori sulle opere pie della città di Napoli e, fra gli altri, un'inchiesta rimasta famosa per profondità di vedute e coraggio civile, e della quale Ferdinando II ebbe quasi paura, tanto da lasciarla cadere in oblìo. Era uomo di forte carattere e di grande dirittura di animo. Sperò, accettando la presidenza del ministero costituzionale, in una resurrezione del Regno di Napoli, confederato col Piemonte; ma, al punto a cui erano giunte le cose, non se ne nascondeva le difficoltà. Il conte d'Aquila, che si dette un gran da fare per mettere insieme quel ministero, andò a chiamarlo, da parte

Capitolo XII

del Re. Lo Spinelli era alla sua villa di Barra e, pur sentendo tutta la gravità del sacrifizio che gli s'imponeva, accettò, con la coscienza di sacrificarsi al bene del paese. Liberale e costituzionale convinto, disse agli amici che gli facevano premura di accettare, costargli molto l'annullamento della sua persona, perchè, ove mai la rivoluzione trionfasse, egli non sarebbe venuto mai meno agli obblighi morali, che eran per legarlo alla dinastia pericolante. E così fu. Coi nuovi tempi non accettò alcun ufficio, ma fu largo di consigli a quanti glie ne richiesero, e più volte il principe di Carignano si rivolse non indarno a lui, per essere esattamente informato su uomini e cose del Napoletano, durante la luogotenenza. È da registrare a proposito di lui un aneddoto curioso e doloroso ad un tempo. Il giorno, che i camorristi di Napoli insorsero contro Spaventa, poco mancò che lo Spinelli non vi lasciasse la vita. Lo scambiarono per Spaventa, assalirono la carrozza, in cui egli era, presso il palazzo De Rosa a Toledo, pugnalarono un cavallo, ferirono il cocchiere e, senza l'intervento coraggioso di un ufficiale dello stato maggiore, sarebbe caduto sotto i colpi di que' farabutti. Dal giorno che Francesco II partì, egli rientrò nella vita privata, non volle onorificenze e neppure la nomina a senatore del Regno. Morì a ottantotto anni, nell'aprile del 1873, assistito amorevolmente dai suoi figliuoli e rimpianto dai molti amici. Gli scrittori borbonici accusarono anche lui di tradimento, ma mai accusa fu più stolida. Lo Spinelli si sacrificò ad una situazione, tanto nuova storicamente, quanto difficile, e la cui non remota fine egli stesso, accettando il ministero, aveva preveduta. Era un uomo di coscienza, non uno scettico vanitoso e inconsapevole, come Liborio Romano. Giovanni Manna era stato ministro nel 1848; ma, pur volendo l'autonomia del Regno, non moriva di tenerezza per i Borboni, e il principe di Torella, fratello maggiore di Cammillo Caracciolo, era un brav'uomo, nervosissimo, liberale a suo modo, molto religioso e municipale schietto. Lo dicevano assai versato nel diritto canonico, e fu forse per questo che lo nominarono ministro per il culto. Giovanni Manna non aveva occupato alcun ufficio nel decennio; era vissuto tra i suoi studii, e con pochi e fidi amici, dovendo alla sua parentela col generale Sabatelli, di cui era genero, se non fu processato, soprattutto perchè aveva conservato vivo il suo culto per Carlo Troja e la sua amicizia con i colleghi del ministero del 3 aprile, esuli in Piemonte. Spinelli e Manna erano le maggiori autorità del ministero; ma, fra tutti, si riteneva più destro il De Martino, uomo di talento di certo, ma la cui azione diplomatica, come ministro costituzionale, fu una serie d'insuccessi, nonostante la fede, da lui fin troppo e apertamente dimostrata, che sarebbe riuscito a impedire lo sbarco di Garibaldi sul continente, interessando tutta l'Europa alla conservazione del Regno. Contava molte amicizie nella diplomazia, e riusciva simpatico per la persuadente loquela e la vivace fantasia meridionale, ma in fondo era scettico e repugnava, un po' meno dei suoi colleghi, da qualunque misura concludente contro quelli che cospiravano e si agitavano per mandare in fiamme e Regno e dinastia.

Nel primo giorno di luglio, il ministero, in una sua relazione al Re, lo aveva invitato a richiamare in vigore lo Statuto del 1848, *il quale Statuto*, essi dicevano, *se dopo qualche tempo si trovò sospeso in conseguenza di luttuosi avvenimenti che non accade ora rammentare, non però fu mai abrogato*. E con decreto dello stesso giorno, Francesco II lo richiamava in vigore, convocando i collegi elettorali per il 19 agosto, e il Parlamento per il 10 settembre. Da questo momento l'attività del ministero sembrò esclusivamente rivolta a nominar commissioni, per preparare progetti di legge e riforme. Il 2 luglio, il maresciallo Cutrofiano dichiarava tolto lo stato d'assedio, anche perchè in quel giorno corse voce che fosse stata conclusa la lega col Piemonte, onde gran folla attese innanzi alla Reggia il Re, che si diceva sarebbe uscito in carrozza con Villamarina e Brenier. Si affermava che il Re di

Capitolo XII 303

Piemonte avesse risposto: "accettare l'alleanza e attendere con gran piacere la missione straordinaria, che gli s'inviava per trattare la lega; pregare il Re di avere in vista più le idee nazionali che le particolari franchigie; desiderare la cooperazione dei buoni ufficii della Corte di Napoli fra lui e la Santa Sede; non opporre nulla alla condizione di non riconoscere l'annessione delle Romagne". Il 3 luglio, il principe di Torella chiamava Leopoldo Tarantini, Saverio Baldacchini, Carlo Toraldo e Raffaele Lucarelli a far parte della commissione per preparare il progetto di legge sulla stampa. Ad elaborare la legge elettorale, il ministro dell'interno nominava Giuseppe Aurelio Lauria, Giuseppe Colonna di Stigliano, il marchese Rodolfo d'Afflitto e Costantino Crisci; e, due giorni dopo, Antonio Troysi, Gaetano Ventimiglia, Giuseppe Gallotti, Gabriele Capuano, Carlo de Cesare, Costantino Baer, Tito Cacace, Francesco Sorvillo, Luigi Balsamo e Alessandro Gioca venivano chiamati a studiare i progetti finanziari da presentarsi alle Camere. Il 7 luglio, erano limitate le funzioni di polizia alla punizione dei reati, e si prometteva di conservare degli antichi impiegati solo quelli, che *per la loro morale ed intemerata condotta, non avessero demeritato della pubblica opinione*. Il 10 luglio, il Consiglio di Stato aboliva la pena delle legnate.

Cominciò l'ecatombe dei vecchi uomini. Nell'intendenza di Napoli, al principe di Ottaiano succedeva Giovanni Cenni; e vennero messi al ritiro gl'intendenti Mandarini, Sabatelli, Sozi Carafa e Dommarco; il segretario generale della prefettura, Merenda e i commissari di polizia, Macdaloni, Morbillo, De Spagnolis e Campagna. Salvatore Murena era "discaricato" dall'ufficio di professore di diritto amministrativo nell'Università, e da quello di consultore di Stato; anzi alla Consulta si compiva una vera rivoluzione, poichè nuovi consultori furono nominati Giovanni Vignali, Giuseppe Aurelio Lauria, Luigi Dragonetti e Rodolfo d'Afflitto; mettendosi in riposo, oltre al Murena, il duca di Serracapriola, Roberto Betti, Leopoldo Corsi,

Raimondo de Liguoro, Vincenzo de Sangro e Giuseppe de Marco.

Il decreto d'amnistia per i condannati politici, promesso nell'Atto Sovrano, fu pubblicato il 3 luglio: amnistia completa, non a solo beneficio di quelli che erano ancora sotto processo, ma di tutti gli altri, rinchiusi nelle prigioni o esiliati in perpetuo dal Regno. Si pensò subito a soccorrere i detenuti e i deportati poveri e si stabilì di dare, a loro beneficio, uno spettacolo al *San Carlo*. Questo ebbe luogo la sera di sabato, 21 luglio. La compagnia drammatica dei Fiorentini si prestò gratuitamente a recitarvi una commedia. Si eseguirono due balli: il *Mulatto* e la *Margherita Gauthier*; furono cantati da Ruggiero Antonioli, Vera Lorini, dal Guicciardi, da Bertolini e da Marco Arati alcuni pezzi dei *Foscari*, dei *Lombardi,* dell'*Attila* e della *Favorita*; ed i coristi eseguirono il coro dei *Lombardi*, fra strepitosi applausi. Il teatro, manco a dirlo, era fitto di spettatori. La vendita dei biglietti fruttò oltre a mille ducati, e le offerte volontarie più di cinquecento. Il Re largì duemila ducati, e ottocento i principi, e l'intero prodotto ascese a ducati 4 371,19. Nonostante queste manifestazioni di letizia, la tranquillità pubblica in Napoli e in molte provincie era ogni momento turbata da dimostrazioni ed eccessi di ogni specie. Cresceva il panico nella città. Si ritiravano i depositi dal Banco; si vendeva la rendita, e i cambiavalute non cambiavano più polizze in oro. Il napoleone valeva cinque ducati, cioè quasi una lira e mezza più del suo valore reale. Il cambio dell'argento in oro salì dal 3 all'8 %: la rendita scese di parecchi punti.

Quel turbolento entusiasmo, provocato in gran parte dalla guardia cittadina, composta, come si è veduto, di camorristi e di guappi patrioti, e tenuto vivo, per interesse e per bisogno tutto meridionale, di estrinsecarsi, si manifestava in ogni occasione, anche futile, ma soprattutto per il ritorno degli emigrati, più accentuatamente antidinastici. Non passava giorno, che all'Immacolatella non avvenissero scene, che degeneravano in tumulti. All'arrivo di Poerio, di Settembrini, di Pisanelli, di Spaventa, d'Imbriani, di Mariano d'Ayala, di Sandonato, di Conforti, di Mancini e di altri, notissimi, un'onda di popolo correva clamorosamente a festeggiarli; e Ferdinando Mascilli, relegato a Capri, fu al suo arrivo, portato in trionfo addirittura. Il grido di quelle dimostrazioni era sempre: *Viva l'Italia* e *Viva Garibaldi*. Un giorno, una dimostrazione guidata dai giovani Alfonso Capitelli e Carmine Senise, rompendo i cordoni della truppa, mosse dallo Spirito Santo per la villa Tommasi, a Capodimonte, dove abitava Villamarina. Il ministro sardo non si lasciò vedere, ma i dimostranti furono lietamente accolti dai segretarii della legazione, e incitati a proseguire. La complicità della legazione sarda al movimento unitario appariva fin troppo palese.

Le provocazioni alla truppa erano continue, essendo essa in sospetto di cospirare contro la libertà. Nelle ore pomeridiane del 15 luglio, i granatieri della guardia reale, provocati, si disse, da una di quelle dimostrazioni, reagirono con violenza, sciabolando parecchia gente al grido di *Viva il Re*, saccheggiando qualche bottega e destando il terrore nella città. Tra quelli, che patirono violenza, son da ricordare il ministro di Prussia e l'ammiraglio francese Le Barbier du Tinan. I ministri, impauriti dal gran fermento dello spirito pubblico, si dolsero col Re di quanto era avvenuto, credendo anche loro che i granatieri avessero agito per consiglio della setta reazionaria. Don Liborio diceva di aver documenti per provarlo, ma non provò nulla.

Dopo questo incidente, il ministro della guerra Ritucci cedè il posto al generale Giuseppe Salvatore Pianell, o *Pianelli*, come i borbonici lo chiamavano e seguitarono a chiamarlo per dileggio, sostenendo che il suo vero cognome fosse *Pianelli*, e che per vanità ne avesse egli soppressa l'ultima lettera. Contemporaneamente usciva dal ministero Federigo del Re, uomo eccellente e colto, ma di nessuna attitudine politica, e gli succedeva Liborio Romano. Un proclama reale dello stesso giorno lodava il contegno dei sudditi, che non si erano abbandonati ad eccessi; ed in esso il Re si augurava, che "*la difficile arte del governare ci verrà come spianata e fatta più facile da' lumi di una stampa saggia e veramente nazionale, e dal concorso di tutti gli uomini di alto senno politico e civile, che sederanno nelle Camere legislative*". Altro, più caldo, fu nello stesso giorno pubblicato per l'esercito e per l'armata, e vi era scritto: "*Voi entrerete, lealmente, in questa nobile e gloriosa via, e vi unirete al patto Costituzionale, che ci lega in una sola famiglia; voi sarete campioni di giustizia, di umanità, di disciplina, d'amor di patria, voi la speranza dei vostri concittadini, sarete saldo sostegno del Trono e delle nuove istituzioni e strumento della grandezza e prosperità nazionale*".

Ma il documento, che, in solennità enfatica e in una stranezza singolare di stile, superò tutti gli altri, fu la circolare diretta, sempre il 15 luglio, dal nuovo ministro Pianell, all'esercito. Concludeva così: "*Gli uffiziali generali e di qualunque rango, i sottouffiziali e soldati, abbiano perciò in mente, che Re costituzionale, alleanza italiana, autonomia propria, bandiera italiana, ormai ci riuniscono come in una sola famiglia, onde dimostrare che siam tutti mallevadori delle novelle istituzioni, profittevoli all'universale, e segnatamente a quanti sono o s'incamminano nella gloriosa carriera delle armi*". Il giorno 20 luglio, Gregorio Morelli era sostituito da Antonio Maria Lanzilli, insigne magistrato, e Raffaele Farina veniva nominato prefetto di polizia.

Ma l'uomo onnipotente in quel difficile periodo era don Liborio Romano. Un esempio di popolarità, così generale e indiscussa, non si trova che nei pochi giorni del potere di Masaniello; ma quelli furono giorni, e la potenza di don Liborio durò, incontestata, circa tre mesi. La camorra, divenuta polizia mercè di lui, lo inneggiava senza tregua; la guardia nazionale, forte, il 17 luglio, di seimila uomini e, due giorni dopo, di circa diecimila, lo chiamava il suo *papà*. Il Re aveva nominato generale di quella milizia il principe d'Ischitella, già ministro

Capitolo XII

della guerra e marina con Ferdinando II, e che aveva il privilegio, unico nel Regno, e assolutamente eccezionale nell'esercito, di portare tutta la barba. Era vecchio e vanitoso, e affermò nelle sue *Memorie* di essere stato *forzato* dal Re a prendere quel comando, perchè il paese aveva fede nelle sue opinioni liberali, mentrechè di questo liberalismo nessuno veramente si era mai accorto! Il capo dello stato maggiore fu il duca di Cajaniello; e i primi dodici capi di battaglioni furono il barone Giuseppe Gallotti, Gaetano Mezzacapo, il barone Pietro Compagna, Giacomo Giannuzzi-Savelli, Luigi Giordano, Giuseppe Gallone, principe di Moliterno, Vincenzo Pignatelli, principe di Strongoli, Niccola de Siervo, Luciano Serra, il barone Federico Bellelli, Francesco Pirelli e Domenico Ferrante. Alcuni non accettarono, e fu tra questi Luigi Giordano, il quale era tanta parte del Comitato dell'Ordine, e che lealmente credette di non poter conciliare il nuovo ufficio con quello di cospiratore indomabile e coraggioso per l'unità nazionale. Gli successe don Paolo Confalone. Il giorno 17, uscirono le prime pattuglie, accolte da applausi strepitosi; e, la sera stessa, l'entusiasmo non ebbe freno, quando don Liborio, da due giorni promosso ministro, andò con Ischitella a visitare i quartieri delle diverse sezioni. Il 23 luglio, il comandante in capo e i comandanti dei dodici battaglioni, gli fecero un ampolloso indirizzo, salutandolo *liberatore della patria* e paragonandolo a Demostene.

Don Liborio era una sfinge. Egli, che si lasciava trascinare, per amore di vanità, dalla corrente, perchè impotente a frenarla, aveva per tutti una parola cortese e un sorrisetto benevolo, che sembrava malizioso e profondo: l'aveva per gli esuli che tornavano; per i prigionieri che uscivano dalle prigioni, quasi tutti suoi vecchi amici, colleghi o clienti: tutti antidinastici, sia che fossero cavurriani, garibaldini o mazziniani. A tutti lasciava intendere ch'egli, nuovo cittadino di Gand, stesse lì per conto di Cavour o di Garibaldi. Al Re, ai ministri, ed agli autonomisti diceva poi, ma più faceva dire dagli altri, che egli solo era capace di salvare la dinastia ed il Regno, e di consolidare gli ordini liberi. L'uomo era scettico e vano, avvocato per giunta, e ricco di quella malizietta italo-greca, insinuante e carezzevole, che è propria dei suoi conterranei, noti in Puglia col nome di *capustieddi*. Patù è nel Capo di Lecce. Veramente don Liborio non fece nulla, nè per affrettare gli avvenimenti, nè per ritardarli, nè per dirigerli a un fine preciso, nè per attenuarne gli effetti, perchè egli non aveva alcun concetto politico e rifuggiva, per temperamento, da ogni violenza o rischiosa responsabilità. Quell'onda popolare, incalzante e turbolenta, se ne lusingava tanto la vanità, in fondo lo lasciava freddo. Era vecchio, e non v'era pericolo che il sangue gli salisse al cervello. Egli si è dipinto da sè nelle sue *Memorie* e non è colpa di nessuno, se apparisce in quelle pagine mediocrissimo uomo, senza ombra di coscienza politica.

Il terrore aveva invasa la Reggia. La Regina madre se ne andò a Gaeta coi figliuoli e col padre Borrelli, imbarcandosi al Granatello, a bordo della *Saetta*, comandata dal fido Raffaele Criscuolo. Fuggirono i gesuiti, e parecchi dignitarii di Corte, tra i quali il principe di Bisignano. Il Re era calmo e sorridente, e pareva tranquillo delle sue sorti. Maria Sofia continuava la sua vita di prima, e faceva i suoi bagni e relativo *zumbo*, nelle acque del porto militare. Alcuni anni dopo, donna Nina Rizzo diceva ai suoi intimi, che la sola a non aver paura, in quei momenti, fu la Regina. La Rizzo ne aveva guadagnato interamente l'animo; e Maria Sofia la colmava di doni, come di doni colmava anche la figliuola maggiore di lei, che spesso si vedeva passeggiare nella Reggia con abiti di lusso, regalatile dalla Regina. Un giorno, fu veduta traversare Toledo in ricchissimo abito bianco da ballo, e tutti si domandavano chi fosse quella ragazza stravagante. Nella Reggia le stranezze della piccola Rizzo, la quale non aveva quindici anni, erano anche maggiori e muovevano il riso: unica nota amena, fra tanta tristezza. Francesco II, il quale non aveva simpatie per la Rizzo, non riuscì mai ad ottenere dalla Regina che ne moderasse il contegno.

CAPITOLO XIII

SOMMARIO: Nuovi intendenti e sottointendenti – Il patriziato legittimista – Il Re e il ministero – Le dimissioni del generale Nunziante – Il giuramento degl'impiegati e delle truppe – La libertà di stampa – I principali fogli politici – Un'ordinanza del comandante la piazza di Napoli e lo espediente dell'*Omnibus* – Il programma del ministero – Disordini nelle Provincie – Fatti di Taranto e di Bari – La persecuzione dei vescovi – Il vescovo di Muro e il vescovo di Castellaneta – Attentato contro quest'ultimo – Un rapporto del sottointendente di Gaeta – Documenti caratteristici – Protesta degli Acquavivesi contro monsignor Falconi – Una nota dell'intendente di Bari – Rapporto di Giacchi al ministro di polizia contro i vescovi d'Ariano, di Muro, di Bitonto, di Bovino e contro monsignor Falconi – Telegramma del maresciallo Flores contro l'arcivescovo di Bari – Il vescovo di Sessa parte dalla sua diocesi – La ribellione del seminario di Matera – I vescovi di Trani, di Molfetta e di Conversano.

Il *Giornale Ufficiale* seguitava a pubblicare liste di proscrizione. Il vecchio mondo si veniva sfasciando, inesorabilmente. Tutti gl'intendenti, parecchi sottointendenti, procuratori generali, presidenti di Corti criminali, giudici e impiegati minori di altri ministeri, venivano dispensati dal servizio, o *messi in ritiro* o *in attenzione di destino*. Erano queste le formole di uso, mentre quella, rimasta famosa: *destituito in omaggio alla pubblica opinione*, fu introdotta dalla dittatura. I ministri, specie don Liborio, presentavano lunghe liste di proscrizione al Re, il quale cercava diminuire il numero dei colpiti, od attenuarne gli effetti. Qualche volta diè prova di fermezza, scrivendo accanto ad alcuni nomi: *no, no*; e altre volte cancellandoli di suo pugno. Ma queste liste, che furono ben povera cosa rispetto a quelle, veramente silliane, che si pubblicarono sotto la dittatura, mentre non accontentavano i liberali più esigenti, alienavano dal Re gli ultimi fedeli, i quali lo accusavano di debolezza nel subire le pressioni del ministero, e soprattutto di Romano e di Giacchi, senza contare, naturalmente, le ire dei colpiti, che arrivavano al cielo. Oramai le provincie avevano nuovi intendenti, nuovi capi della magistratura e, soprattutto, nuovi capi di polizia. Filippo Capone, da qualche anno reduce dall'esilio, fu nominato intendente di Avellino; Domenico Giannattasio, a Salerno; Alfonso de Caro, a Lecce; Giuseppe Tortora-Brayda, a Campobasso; Giuseppe Dentice di Accadia, a Reggio; Pasquale Giliberti, a Cosenza; Cataldo Nitti, a Potenza; il conte Francesco Viti, a Caserta; Pasquale de Virgilii, a Teramo; Ignazio Larussa, a Catanzaro; il barone Coppola, a Bari: tutti sinceramente costituzionali, ma sospetti, quasi tutti, agli unitarii, perchè partigiani della confederazione; nè sospetti soltanto, ma tenuti d'occhio in tutte le loro mosse, e perciò in condizioni molto difficili, politicamente, anzi pericolose addirittura, e quasi umilianti per essi. I ministeri subivano grandi mutazioni nel personale, principalmente quello di polizia. Si può affermare che di questo ministero, e dei vecchi suoi funzionarii, non rimanesse quasi nessuno in carica.

Il patriziato legittimista, il quale, dal giorno che venne concessa la Costituzione, fu posto da parte, si credeva in dovere di manifestare la sua napoletana indifferenza per quel che avveniva. Parecchi di quel patriziato lasciavano Napoli un po' alla volta, e i rimasti non si tenevano dal mostrare al Re il loro dispetto, nè, potendo altrimenti protestare contro di lui e contro gli atti del suo Governo, decisero di togliergli il saluto. Quando lo incontravano per via, o lo cansavano, o fingevano non vederlo, nè si conciliarono con lui, che qualche anno dopo, a Roma. Potrei fare dei nomi, ma è meglio lasciarli nella penna.

Capitolo XIII 311

Al Re erano riferite tutte queste cose, e sinceramente se ne affliggeva. Notava che ogni giorno il vuoto si faceva maggiore intorno a lui. Oramai dei vecchi amici non se ne vedeva intorno che pochi, e dei nuovi non si fidava. Fra i ministri, mostrava predilezione per Spinelli e Torella, e una relativa fiducia nei De Martino, il quale, con le due missioni di Manna e Winspeare a Torino, e di La Greca a Parigi, contava di far argine alla rivoluzione invadente e salvare alla dinastia le provincie continentali. Diffidava, in modo fin troppo palese, del Romano, che chiamava familiarmente *don Liborio*; e per celia, qualche volta, *tribuno romano*; ma non osava far atto di resistenza, perchè intendeva che in quel momento don Liborio era più forte di lui. Lo subiva, e solo magramente se ne vendicava, motteggiandolo in segreto.

Ma ciò che afflisse veramente Francesco, fu l'evoluzione improvvisa e imprevedibile di Nunziante, di quell'Alessandro Nunziante, che, colmato di onori e di benefizi da Ferdinando II, del quale fu, in dieci anni, l'amico intimo e il consigliere fido, era stato da lui, Francesco, nominato suo aiutante, incaricato d'importanti missioni, come fu l'ultima in Sicilia e consultato in ogni emergenza. Nunziante, Latour, Sangro e, qualche volta, Ferrari, erano, come ho detto, gli *strateghi*, che il Re consultava a preferenza, e purtroppo aveva ascoltati un anno prima, quando respinse il programma di Filangieri, i consigli di Napoleone e le proposte di Salmour. Il 2 luglio, Nunziante mandò al Re le sue dimissioni da generale; e poichè questi indugiava a rispondere, quindici giorni dopo gli dresse un'altra lettera, insistendo. E avendogli il ministro della guerra partecipato, che il Re gli aveva concesso il ritiro e la facoltà di andare all'estero, Nunziante protestò e volle ad ogni costo le *dimissioni*, anzi rimandò, teatralmente, i diplomi e le insegne cavalleresche a lui conferite, scrivendo di non poter *"più portare sul petto le decorazioni di un governo, il quale con-*

fonde gli uomini onesti, retti e leali con quelli, che meritano soltanto disprezzo". Contemporaneamente sua moglie, donna Teresa Calabritto, duchessa di Mignano, scriveva al Re: *"Sire, il posto di dama di Corte non mi appartiene; e però restituisco a V. M. il brevetto di nomina"*. Nè contento di questo, Nunziante dirigeva due ordini del giorno ai battaglioni dei cacciatori da lui comandati, e alla divisione mobile, prendendo da loro commiato, e loro inculcando sentimenti patriottici e italiani.

Queste lettere e questi ordini del giorno, che i giornali non mancarono di pubblicare, produssero fortissima impressione in tutto il Regno, anzi in tutta Italia; suscitarono molti e varii commenti e avrebbero, secondo si afferma dal Nisco, determinato il conte di Cavour, al quale il Nunziante partecipò pure le sue dimissioni, con ampie dichiarazioni di sensi unitari, ad agire prontamente e apertamente, per porre la rivoluzione napoletana *sotto la bandiera della monarchia di Savoia, e l'esercito e l'armata del Napoletano a difesa d'Italia*. La sera del 3 agosto, Niccola Nisco tornò a Napoli e, per incarico di Cavour, andò subito a trovare il Nunziante. Lo trovò costernato, perchè, venuto in sospetto di promuovere un "pronunciamento" tra i cacciatori, gli era stato ingiunto di partire, tra ventiquattr'ore, per l'estero. Difatti partì, la mattina dopo, assicurando il Nisco che, a qualunque costo, ad ogni avviso di Cavour sarebbe tornato, *per servire la causa italiana*. Andò in Isvizzera; fu richiamato di là, dopo pochi giorni, da Cavour; tornò a Napoli, ma restò a bordo della *Maria Adelaide* col Persano, come appresso si dirà.

Caratteristici sono i due giuramenti prescritti dopo l'Atto Sovrano, per gl'impiegati e per i militari. Il giuramento, che dovevano prestare gl'impiegati, fu redatto l'otto luglio e merita di esser riferito:

"Prometto e giuro innanzi a Dio fedeltà ed ubbidienza a Francesco II, Re del Regno delle Due Sicilie, ed esatta ubbidienza ai suoi ordini; pro-

metto e giuro di compiere, col massimo zelo e con la massima probità ed onoratezza, le funzioni a me affidate; prometto e giuro di osservare e di fare osservare la Costituzione del 10 febbraio 1848, richiamata in vigore da S. M. il Re N. S. con R. Decreto 1° luglio 1860; prometto e giuro di osservare e di far osservare le leggi, i decreti e i regolamenti attualmente in vigore; e quelli che saranno sanzionati e pubblicati in avvenire nei termini della Costituzione medesima; prometto e giuro di non volere appartenere ora nè mai a qualsivoglia associazione segreta. Così Dio mi aiuti".

Ai militari, schierati nelle città dov'erano di presidio, i comandanti leggevano ad alta voce la Costituzione, e gridavano, prima, tre volte, *Viva il Re*; poi, tre volte, *Viva la Costituzione*: grida che i soldati dovevano anche tre volte ripetere. Il giuramento, dato dalle truppe a Gaeta, fu cagione, come si vedrà, di denunzie e di accuse, perchè, tranne quello d'artiglieria, gli altri reggimenti non vollero ripetere *Viva la Costituzione*; e al triplice grido di *Viva la Costituzione*, risposero invece con un triplice grido di *Viva il Re*.

Della libertà di stampa si abusava in tutti i sensi. Videro la luce giornali e giornaletti d'ogni formato, quasi tutti, per non dir tutti, antidinastici, unitari, cavurriani, garibaldini, mazziniani, tutto insomma, fuor che dinastici e costituzionali. Solo foglio costituzionale fu l'*Italia*, che lealmente sostenne la federazione e il regime costituzionale, cioè il programma del ministero. La dirigeva Francesco Rubino, antico liberale, che fece parte, nel 1848, della spedizione di Venezia con Guglielmo Pepe, e aveva sofferte, al suo ritorno, non poche molestie e lunga prigionìa nel castello di Bari. Era uomo di geniale cultura e scrittore di versi e di drammi, amico intimo di Carlo de Cesare e polemista valoroso. I suoi articoli del 1860 non si rileggono, oggi, senza riconoscervi un senso quasi profetico. Egli antivedeva le conseguenze di un'unità senza preparazione, la quale non s'intendeva che come ingrandimento del Piemonte. Rubino occupò, più tardi, alti uffici amministrativi, ed è morto da pochi anni a Napoli sinceramente rimpianto. Ruggiero Bonghi, tornato dall'esilio, fondò nell'agosto il *Nazionale*, che, apertamente unitario e cavurriano, polemizzava con l'*Italia*, e iniziò subito quella vivacissima guerra a don Liborio, che non ebbe tregua. Scrivevano nel *Nazionale* Diomede Marvasi, Federico Quercia, Emilio Pascale, Antonio Turchiarulo, Eduardo Fusco, Aniello Vescia e altri giovani animosi. Marvasi e Quercia erano anch'essi tornati di fresco dall'esilio. Proprietario del giornale era Annibale Laudi, nipote del generale, e vi era un comitato direttivo preseduto da Silvio Spaventa. La guerra mossa a don Liborio era provocata dal sospetto che questi non fosse sincero; e che, mentre assicurava i cavurriani di essere con loro, cercasse disfarsene, anche con la violenza, facendone, una volta o l'altra, arrestare i più audaci. Era pure unitaria l'*Opinione Nazionale*, fondata da Tommaso Arabia e scritta da lui e da Vincenzo Cuciniello, quasi esclusivamente. I fogli letterari divennero politici e antidinastici, quasi tutti, e ricorderò l'*Iride*, dove seguitarono a scrivere i fratelli De Clemente. Ma questi fogli, insieme al *Nazionale* e all'*Opinione Nazionale*, non vanno confusi con quella folla di giornaletti, eccessivi e sfrenati, e di foglietti volanti, per i quali il prefetto di polizia non trovava parole sufficienti di biasimo. "*Miserabili scritture*, egli li chiamò in un pubblico proclama, *senza concetto, senza forma di stile, non dico italiano, ma umano, condannate all'oblìo, prima quasi di venire alla luce della pubblicità*". Un'eccezione va fatta per il *Tuono*, giornaletto quotidiano umoristico, che vide la luce nella prima metà di luglio ed era diretto da Vincenzo Salvatore, diciottenne, con la collaborazione di Michelangelo Tancredi. Il *Tuono* ebbe un momento di celebrità per aver ripubblicato i graziosi versi del *Fischietto*, all'indirizzo di Manna e Winspeare, andati a Torino a trattare la lega. Quei versi avevano per titolo: *Tanti saluti a casa*, e sarà bene esumarne alcune strofe davvero spiritose. La prima diceva:

Capitolo XIII

> Signori stimatissimi!
> Rispetto e convenienza
> di salutare impongono
> chi muove alla partenza.
> Per cui servo umilissimo,
> togliendosi il berretto,
> a farvi i convenevoli
> accingesi il *Fischietto*.
> La musa egli solletica,
> che di nuovo estro invasa,
> vi si prosterna, e v'augura:
> Tanti saluti a casa!

E seguitava così:

> Forse, chi sa, partendosi
> di là con aria lieta
> voi credevate facile
> una diversa mèta?
> Forse, tra i fumi e i brindisi,
> vedendolo gaio e arzillo,
> vi parve malleabile
> assai papà Cammillo?
> L'anima forse candida
> non era persuasa,
> che alfine vi dicessero
> Tanti saluti a casa?

E l'ultima era questa:

> Or via, tornate subito

con rassegnato piglio!
Tornate; e se v'interroga
di messer Bomba il figlio,
non iscordate il semplice
notissimo versetto,
che in oggi a voi ripetono
Torino e il *Fischietto*.
Gli dite: Italia libera
vuol far tabula rasa!
Ecco la porta! – ditegli
Tanti saluti a casa!

Il *Tuono* ripubblicò i versi, sol mutando

Di messer Bomba il figlio

in quest'altro:

Quel povero coniglio.

Ma questa pubblicazione non andò immune da conseguenze. La città, essendo di nuovo in istato di assedio, il comandante della piazza, che era il Cutrofiano, ordinò l'arresto del direttore e mandò alla tipografia De Angelis, dove si stampava il *Tuono*, una pattuglia di soldati con un ufficiale. Pochi momenti prima vi era giunto un ispettore della nuova polizia creata da don Liborio, certo Falangola, ad avvertire il Salvatore che si mettesse in salvo. E questi fece appena in tempo ad uscire dalla tipografia, col Falangola stesso, incrociandosi con la pattuglia che vi entrava, la quale non sospettò neppure poter essere il giornalista, quel giovane sbarbatello, che ne usciva in compagnia di un ispettore di sicurezza. E sul finire di agosto lo stesso giornaletto cominciò il suo primo articolo coi noti versi del *Trovatore*:

Miserere di un'alma già vicina
Alla partenza, che non ha ritorno.

E allora fu soppresso, ma ricomparve il dì seguente, con un nuovo titolo: *I Tuoni*, e la soppressione servì di argomento agli altri giornali, ma soprattutto al *Nazionale*, di protestare contro la violenza alla libertà di stampa! Salvatore scrisse in altri giornali serii e umoristici; fu corrispondente da Firenze del *Piccolo*, della *Patria* e della *Perseveranza*; poi entrò nel Banco di Napoli, e ne diresse, con probità, intelligenza e fermezza, le sedi di Bari, di Venezia e di Genova, come ora dirige quella di Milano.

Il ministero si vide costretto a stabilire una cauzione per ogni giornale politico, dando facoltà al comandante di piazza di metter fuori un'ordinanza, comminante la sospensione dei fogli politici, i quali non avessero adempiuto al versamento di quella cauzione in tremila ducati, da depositarsi in contanti, o in rendita iscritta. Appena uscita l'ordinanza, il *Nazionale* versò la cauzione, mentre l'*Italia* potè sottrarsene, mediante un permesso speciale. Ma la misura era grave e sollevò tanto rumore, che il ministero accolse un mezzo termine burlesco, suggerito dall'*Omnibus*, di accettare, cioè, per cauzione un *biglietto di tenuta* di ducati tremila, dando *due mesi* di tempo per adempiere alle disposizioni di legge. Con tale ripiego, non meno di quindici, tra giornali e giornaletti, seri ed umoristici, seguitarono a vedere la luce in Napoli. L'ordinanza del comandante di piazza fu in data 16 agosto; ma, per lo spediente dell'*Omnibus*, essa restò quasi lettera morta, perchè il *biglietto di tenuta* fu facile a quasi tutti quei giornali di procurarselo. La libertà della stampa, con i suoi eccessi, costituì la vera debolezza del ministero costituzionale, le cui buone intenzioni erano sospette, o addirittura calunniate, e la cui opera, incerta e inefficace, ispirava non minori diffidenze.

L'onda incalzava, e il ministero cercava frenarla, ma non vi riusciva. Il 4 agosto, pubblicò il suo programma, dal quale molto si attendeva. Cominciava col dichiarare, che avrebbe difesa la religione, proposte le riforme comunali, riattivate le opere pubbliche, e prometteva attuazione *piena e sincera* della Costituzione. Continuava, in curioso stile polemico: "*il Governo eccita il patriottismo di quanti vi ha uomini onorandi ad agevolarlo con l'opera loro, e ricorda le parole di un grande italiano: non dichino* (sic) *gli uomini: io non feci, io non dissi, perchè comunemente la vera laude è di poter dire: io feci, io dissi*". Prometteva, riguardo alla politica estera, la lega col Piemonte. "*Il ministero*, soggiungeva, *è pronto e deciso a tutto intraprendere, tutto operare per raggiungere il grande scopo del consolidamento della monarchia costituzionale e della italiana indipendenza*". E concludeva, augurandosi che la futura rappresentanza "*sarà l'opinione legale della vera maggioranza, cui solo è dato sperdere diffinitivamente le incertezze, annullare fin l'eco importuna del passato, e farsi guida delle giuste e legali aspirazioni*".

Questo programma, al contrario, non produsse effetto: troppa era l'esaltazione degli animi, e troppo rapidamente correvano le cose verso il destino fatale. Non si ebbe il tempo di eleggere i deputati; e solo i giornali pubblicarono liste di candidati, fra i quali preferiti erano gli esuli e i prigionieri di più accentuata fede unitaria. Per il distretto di Trani ricordo che furon candidati Saverio Baldacchini, Felice Nisio, Sabino Scoccherà, Lorenzo Festa Campanile, Ottavio Tupputi, l'abate Vito Fornari, Giuseppe Antonacci, Giuseppe Beltrani, Simone de Bello. Compilate che furono le liste, Liborio Romano, il giorno 11 agosto, inviò agl'intendenti la seguente circolare:

Capitolo XIII

Signore! – Il giorno delle elezioni de' Deputati al Parlamento si avvicina, ed è d'uopo che il governo le dia istruzioni capaci di dirigere la sua condotta in circostanza così imponente pel nostro avvenire. Prima di tutto che il Paese sia libero intieramente da ogni influenza estranea alle proprie convinzioni degli elettori. Il Governo non intende di proporre candidati, ma intende ed ha il dovere di evitare ogni pressione da qualunque parte essa venga sulla volontà dei votanti. Ella quindi vigilerà affinchè nessuno intrigo si formi, nessuna consorteria abbia luogo a fine d'imporre un uomo anzichè un altro. Quello che il Governo desidera, quel che il Paese attende è che dall'urna elettorale escano nomi di persone specchiate per la loro onestà, incapaci di viltà politiche, e soprattutto attaccate a' principii della Indipendenza Italiana e della Monarchia Costituzionale che ci regge. A tal fine Ella adoperarà i suoi consigli, badando alla stretta esecuzione della legge elettorale, o mantenendo intatto l'ordine pubblico, senza di cui nessuna libertà può esistere. Il Governo sa che varie liste di nomi corrono attorno per essere raccomandate agli elettori: senza voler entrare menomamente a discutere il merito delle persone proposte, sente nondimeno il debito di dichiarare, che esso è stato totalmente estraneo alla formazione di quelle liste. Mercè la solerzia che ella userà, mercè soprattutto il buon senso del Paese, il Governo ha quasi la certezza che il giorno delle prossime elezioni sarà benedetto come quello che avrà dato al Regno una Camera onesta, prudente, indipendente e monarchicamente costituzionale.

Per il 19 agosto, vennero convocati i collegi, ma ne fu prorogata la convocazione al 26; il 20 agosto, si ebbe un'altra proroga sino al 30 settembre, perchè i *disordini, verificatisi in Sicilia e in Calabria, non erano favorevoli ad una libera elezione*, come diceva il decreto.

Nelle provincie regnava tutt'altro che ordine e tranquillità. Sospetti e denuncie di promuovere la reazione si succedevano senza tregua; se gl'intendenti erano stati mutati, rimanevano in carica tutt'i vecchi sottointendenti, paralizzati, intimoriti e privi di ogni autorità. I più perseguitati erano i vescovi; quei vescovi, che, prima dell'Atto Sovrano, si erano mostrati più devoti all'antico regime e, dopo, meno teneri delle istituzioni liberali, e si fantasticava che promovessero cospirazioni reazionarie. Rapporti ufficiali e denunzie private li dipingevano al ministero dell'interno e polizia, come perturbatori della pubblica quiete. Alcuni furono espulsi dalle loro sedi; altri, temendo l'ira popolare, se ne allontanarono. Il sindaco di Muro, in Basilicata, Decio Lordi, denunziava il 25 luglio il suo vescovo, pregando il ministro a richiamare "*a rigor di posta nella capitale il prelato, che freme all'ombra delle costituzionali franchigie, che arma in questi luoghi una possente reazione guidata dai pregiudizi religiosi*". Contro il vescovo di Castellaneta, monsignor D'Avanzo, che *minava lo statuto costituzionale,* scrisse al ministro, due giorni dopo, il 27 luglio, un canonico chiamato don Francesco Rizzi. Il vescovo lo sospendeva *a divinis* ed istruiva contro di lui un processo per mostrarlo macchiato di peccati carnali; ma poi, costretto a fuggire, fu salvo per miracolo. Andando in carrozza da Castellaneta a Gioia, in un punto solitario, uno sconosciuto gli sparò contro una fucilata. La palla colpì la croce pettorale, e il vescovo se la cavò con grandissimo spavento. Più tardi, D'Avanzo fu cardinale e morì nel 1884, in Avella sua terra d'origine.

A tale eccesso si spingevano i sospetti contro i vescovi, che se ne sorvegliava ogni passo. Udite il curioso rapporto, *riservatissimo oltremodo*, diretto il 2 agosto dal sotto intendente di Gaeta al ministro dell'interno:

> Eccellenza! – Ieri in Sessa, oggi in Gaeta. Ò conosciuto che jeri mattina partiva da questa piazza diretto per costà monsignor Gallo con un prete di seguito e don Gaetano Talizia: giunto nell'albergo della posta di Sant'Agata di Sessa, ove si rinfrescano i cavalli, calò da quest'ultimo

Capitolo XIII

Comune il vescovo monsignor Girardi, uomo notissimo oltremodo per le sue idee antiliberali; ebbero un'ora circa di abboccamento, e poscia ciascuno prese la sua via. Mi è stato impossibile di conoscere di che trattavasi. Ho però istituita in Sessa su di quel Prelato e di qualche suo cagnotto la più stretta ed accurata sorveglianza. Ne gradisca l'intelligenza.

Il sottintendente
firmato: GAETANI.

Maggiori erano le ire contro monsignor Falconi, prelato palatino di Acquaviva e Altamura e devotissimo, come si è veduto, alla dinastia regnante. Giuseppe Capriati, sindaco di Bari da due anni, e nominato intendente provvisorio della provincia, il 14 agosto, rimetteva al ministero dell'interno una supplica, firmata da circa sessanta cittadini di Acquaviva, *galantuomini, artigiani e contadini*, i quali, rifacendo la vita di monsignor Falconi e dipingendolo, con iperbole rivoluzionaria, quale dilapidatore delle casse pie e religiose, disturbatore di monache e reazionario furente, chiedevano che fosse allontanato.[1]

E il Capriati confortava di sua autorità questo *memorandum* con una sua nota *riservata* e *pressante*, che val la pena di riferire, come segno dei tempi:

Eccellenza,
poichè Vostra Eccellenza si degnava onorarmi delle provvisorie funzioni d'intendente in questa Provincia, fu mio primo pensiero il richiamare convenientemente i Sindaci e Comandanti le Guardie Nazionali dei Comuni, al sacro dovere di spiegare tutto lo zelo e l'energia perchè la pubblica tranquillità non venisse nelle rispettive giurisdizioni meno-

---

[1] Pubblicai nella prima edizione il testo di questo documento, notevole non per le verità che contiene, ma per le esagerazioni e le volgarità che vi abbondano.

mamente compromessa per opera dei tristi reazionari, inculcando la maggior solerzia per isventare a tempo e reprimere ogni reo conato.

Di risposta a queste premure il Sindaco di Acquaviva in data 12 volgente, mi ha diretto il seguente uffizio:

Di riscontro al suo foglio riservatissimo del 10, andante mese, mi pregio assicurarla che qui, per la solerzia della Guardia Cittadina e dei liberali, non è stato finora turbato l'ordine pubblico. Non però i tristi reazionari al margine segnati: 1° Giudice Regio; 2° parroco don Giuseppe tesoriere Iacovelli; 3° D. Giovanni Antonio barone Molignani, ex capo urbano; 4° D. Francesco barone Molignani; 5° D. Francesco Saverio Spinelli; 6° D. Francesco canonico Cirielli; 7° D. Francesco sacerdote Cirielli, instancabilmente agiscono, spargendo voci sediziose presso il volgo; ed attendono il momento opportuno per spingerlo ad una ribellione contro l'attuale ordine politico, nella speranza che potesse ritornare il tempo della vecchia opprimente polizia. Essi non pertanto, anzichè agire per proprio conto, seguono l'impulso, e le disposizioni del famigerato reazionario monsignor D. Giandomenico Falconi, prelato ordinario delle Reali Chiese di Altamura ed Acquaviva, essendovi una perenne diurna corrispondenza di corrieri tra i due paesi.

Il detto prelato non soddisfatto di avere instancabilmente gravato la mano sul ceto de' liberali per il corso di circa dodici anni, con persecuzioni ingiuste e tiranniche, si sforza ora di farli bersaglio all'ira popolare. Ed è stato per questo motivo che questi onesti cittadini hanno levato la loro voce al Governo, dirigendo valevolissima rimostranza a S. E. il Ministro della Polizia Generale, ad oggetto di ottenere l'allontanamento del prelato medesimo, monsignor Falconi, come unico, ed esclusivo mezzo di ridonare la pace a questa sventurata popolazione.

Ed io unendo i miei piati (*sic*) ai loro, prego caldamente l'autorità di lei d'interporre i valevolissimi suoi uffici presso il lodato Eccellentissimo Ministro, perchè si ottenga il desiderato allontanamento del riferito prelato da questa diocesi, nel fine di prevenirsi positivi disordini, che potrebbero da un giorno all'altro verificarsi; tanto maggiormente che lo stesso ha in pronto vistosi mezzi peculiari (*sic*) valevoli a concitarne la plebe.

Io quindi, nello adempiere a sommettere all'E. V. tutto ciò, non saprei che uniformarmi allo avviso del funzionario suddetto, intorno alla necessità di doversi impreteribilmente allontanare da quella Diocesi e Giudicato il Prelato Palatino, e Giudice Regio don Ferdinando Massari, mentre per gli altri denotati al margine, la pregherei a volermi dettare le misure di sorveglianza, reclamate dalle circostanze.

Il sindaco di Bari funzionante da intendente
firmato: GIUSEPPE CAPRIATI.

Come potè avvenire che il sindaco di Bari divenisse, ad un tratto, intendente? E come, da intendente e sindaco, concorresse a dar forza alla rivoluzione? Bisogna sapere che l'intendente funzionante Coppola era stato richiamato, e nominato in sua vece intendente di Bari Mariano Englen; ma questi, non potendosi recar presto nella nuova sede, il ministero fu obbligato a trovare, su due piedi, un capo interino della provincia, e nominò a tale ufficio il Capriati, che era sindaco durante la dimora della Corte a Bari, ed era stato insignito della croce di Francesco I, in occasione del matrimonio del duca di Calabria. Era giovane, d'idee temperate, di famiglia benestante e di naturale talento, simpatico a tutti. Cumulò per un mese i due uffici e diè prova di fermezza. E poichè nel circondario di Barletta, che era il più agitato, anzi tutto in fermento rivoluzionario, occorreva un sottointendente risoluto e di vecchia fede liberale, e il nuovo sottointendente Pacces, destinatovi da Rossano, non si decideva a recarsi in residenza, il Capriati propose a tale ufficio, e il ministero approvò, Giuseppe Beltrani, da tre giorni rinominato sindaco di Trani, dopo di essere stato da quella carica destituito nel 1848, per non aver voluto firmare l'indirizzo per l'abolizione dello Statuto; e quindi attendibile e sorvegliato negli ultimi dieci anni. Era uomo di molta sagacia amministrativa, di carattere risoluto, di ricca e signorile famiglia e legato da vecchia amicizia al Capriati. Il 9 agosto, questi gli telegrafò: *"si compiaccia immediatamente e senza il menomo indugio recarsi a Barletta, e intimare a quel sottointendente che il ministero gli accorda un mese di congedo. Nello stesso tempo ella assumerà le funzioni di sottointendente del distretto, confidando nel suo patriottismo, probità ed influenza, che l'ordine e la pubblica tranquillità vengano confermati e garantiti dagli attacchi di ogni estremo e nemico partito. Il presente telegramma le varrà di credenziale presso tutte le autorità del distretto"*. Il Beltrani, eseguendo l'ordine ricevuto, il dì appresso, 10 agosto, si recò a Barletta; e, fatte le debite comunicazioni al sottointendente De Bellis, il giorno 11 assunse le nuove funzioni, seguitando a essere sindaco di Trani, anzi cumulando i due uffici fino al 20 settembre, nel qual giorno il governatore della provincia autorizzò il sindaco di Barletta ad assumere lui le funzioni di sottointendente, che tenne fino al 29 di quel mese, quando giunse il titolare Pacces.

Il direttore Giacchi informava de' reclami degl'intendenti contro i vescovi il ministro, con una relazione interessantissima e inedita. Essa porta la data del 18 agosto e la riferisco integralmente nel suo stile solenne:

> Eccellenza,
> Il principio di autorità e di obbedienza alle leggi umane, sublimato a dovere verso Dio, e la franca esplicazione delle naturali doti e facoltà all'uomo largite dallo stesso Dio fecero di tutt'i tempi la divina religione di Cristo, fondamento di ordine e di libertà. Il perchè quelli che ai dì nostri, o che sono a nostra memoria, i quali nell'ordine civile vollero fondare alcunchè di stabile e duraturo, sempre dalla religione ne presero il principio; e con i loro ordinamenti vollero alle sue cose procacciar

lustro e protezione, e le persone dei suoi ministri circondare di rispetto e venerazione, come buoni figliuoli a padri amorevoli e virtuosi. E drittamente operarono; e per non uscire dalla storia dei giorni in cui viviamo, mai in nessun tempo l'episcopato fu fatto segno a tanta considerazione in Italia come ora, nè mai se ne addimostrò più meritevole; perciocchè se non mancarono di quelli che qua e là male operando e contro lo spirito del Vangelo, recaronsi in atto di attraversare ed impedire la santa impresa della italiana nazionalità ed indipendenza, il maggior numero bene ha potuto dire col maestro: "*Ego sum pastor bonus et cognosco oves meas et cognoscunt me meae*". Costoro, conoscenti delle lor pecorelle e conosciuti da esse, seppero e sanno guidarle nella via della salute, non plaudendo al dispotismo, negazione d'ogni dritto, e del Vangelo che è il dritto per eccellenza; ma predicando la legge di carità, che fratelli ci vuole e liberamente cospiranti al sublime scopo, cui verge l'umanità tutta quanta, il regno dei giusti sulla terra, del regno imperituro dei cieli, caparra promessa e desiderata.

A questi fondamenti affidate le nostre sorti, esse non possono pericolare.

Ma non possiam neppur torcere lo sguardo da una trista esperienza, la quale c'insegna non far tanto di bene dieci buoni vescovi, che più non possa far di male un solo cattivo. Il che se per tutti è vero, molto è più vero per noi, i quali viviamo in un paese uscito pur ora da un sistema governativo assurdo sopra tutti, in cui non poca parte si ebbe l'episcopato spesso della legge di carità mal ricordevole, al punto di farsi, se non sempre strumento, certo laudatore, e nelle coscienze dei semplici ed ignoranti strenuo difenditore della maggior tirannide che mai ci fusse. In questo stato di cose m'è forza chiamare l'attenzione di V. E. sul contegno che alcuni vescovi, certo non quelli del Vangelo, serbano a riguardo de' rinnovellati ordini costituzionali, contegno non evangelico, non civile, pieno di scandali, funestissimo alla cosa pubblica, per la Chiesa stessa fonte di discredito e di disamore, se sopra le persone non stessero le cose e le promesse infallibili del divin Redentore.

Un fatto ho da segnalare a V. E. quasi universale, e che in modi più o meno espressi si ripete, in presso che tutte le diocesi del Regno; ed è che i Vescovi si scuoprono, generalmente parlando, avversi al nuovo ordine di cose. Solamente ci ha differenza nel modo, che alcuni fanno allo Statuto una opposizione quasi direi passiva, non consentendo che si svolga con quelle libertà ed in quella larga maniera, che si richiede a voler che porti frutti degni della maturità dei tempi in che siamo. Altri poi, più vivo contrasto facendogli, e quasi la divisa vestendo di congiuratori, dimentichi ad un tempo e dell'ufficio sacerdotale e del debito di cittadini, colla parola che è possente sulle loro labbra, e con atti scopertamente ostili, si fanno centri di reazione, e gli onesti liberali inducono a pensieri che non ebber mai, togliendo forza al Governo, ed il paese ponendo in sullo sdrucciolo di cadere nell'anarchia. Costoro, Eccellentissimo Signore, non vogliono essere più a lungo tollerati, senza richiamarli al dover loro di pastori e di cittadini. Ed io, che molti potrei additarne, per ora ne addito questi pochi, che più degli altri, per pubblici fatti, vennero in fama di non buoni coltivatori della vigna del Signore.

Il vescovo d'Ariano[2] ha dovuto fuggire dalla sua sede. Egli dirà forse che il lupo entrò nel gregge e disperse pecore e pastori; ma il lupo sono essi i cattivi pastori, che il gregge ribellano alla pastoral verga. Nè perchè manchi il vescovo, sappiamo che nella diocesi d'Ariano la religione abbia sofferto danno o detrimento alcuno. Ciò vuol dire, quello che è pur di fede, che alla Chiesa, se i suoi pastori l'abbandonino, non venne, nè mai verrà meno l'assistenza dell'invisibile universal Pastore.

Ma se questo è vero, non sarà men certo che ripetendosi fatti di tanta gravità, la morale pubblica, e la disciplina della Chiesa debba patirne non poco. Sarebbe uno scandalo da non potersi mettere in dubbio, ed

---

[2] Si ricordi ch'era monsignor Caputo, il preteso avvelenatore di Ferdinando II.

è debito di quelli, che seggono al timone dello Stato, il fare che non avvenga. Con questo intendimento, e nel fine ancora di togliere materia a' disordini le cui conseguenze mal si saprebbero misurare, prego l'E. V. fare in modo che tosto sia allontanato dalla sua sede monsignor Falcone, prelato delle chiese di Altamura ed Acquaviva, un tempo liberale per ambizione, poscia per ambizione persecutore di liberali, laudatore impudente del governo dispotico, ed oggi, per non poter cancellare tanti profondi vestigi di dispotico operare, macchinatore indefesso di reazione assolutista. Sia pur dalla sede sua allontanato il vescovo di Muro, non meno del Falcone, a parole ed a fatti, pericoloso nel novello ordine di cose. Siano infine allontanati i vescovi di Bitonto e Bovino, pastori anche essi immemori del sublime lor ministerio, cittadini ribelli alle leggi dello Stato, e nel popolo seminatori di scandali e turbolenze pericolosissime.

Queste cose, che ho l'onore di rassegnarle, l'E. V. le abbia per ferme. Non può il ministero di Polizia rispondere della pubblica tranquillità, se le cause de' disordini non sian rimosse con prudenza e fermezza ad un tempo; e tra queste cause prima è il contegno dell'Episcopato rimpetto al rinnovato Statuto Costituzionale. Cessi questo contegno, ed il paese è salvo, in quanto umanamente possa esser salvato.

Sono di V. E.

Il direttore dell'interno e polizia
firmato: M. GIACCHI.[3]

Non erano ancora stati presi tutti i provvedimenti chiesti dal Giacchi, che, in data 29 agosto, il maresciallo di campo Flores dirigeva da Bari ai ministri della guerra e dell'interno il seguente telegramma:

---

[3] Archivio Giacchi.

"*È impellente che sgombri da Bari l'arcivescovo, che è universalmente abborrito, ed il resto dei gesuiti qui rimasti. Prego dare ordini impellenti, non volendo compromettere la tranquillità del paese, la quale è nella massima velleità* (sic). *Dia ordini per non avere scandali compromessi* (sic)".

Per il 2 settembre il vescovo di Sessa era chiamato a Napoli *ad audiendum verbum*; ed egli fu fatto partire dalla sua residenza, scortato da guardie nazionali, per salvarlo dall'ira del popolo che lo accompagnò sin fuori il paese, con grida di *fuori* e di *abbasso*, con fischi e minacce, e sparando mortaletti e fucili in segno di giubilo. Molti vescovi lasciarono le sedi, per paure immaginarie; altri per paure reali, come quello di Foggia, assai malviso. Monsignor Iannuzzi, vescovo di Lucera, restò in diocesi sino al 10 settembre, ma s'impaurì, quando, in una dimostrazione dopo l'entrata di Garibaldi, fu chiamato al balcone del palazzo vescovile a benedire le bandiere tricolori. Si affermò che, in quell'occasione, parecchi facinorosi gli scroccassero delle somme, per calmare, dicevano, gli spiriti inaspriti, e forse fu questa non l'ultima causa che determinò la sua partenza. Andò in Andria, sua patria, e non tornò in Lucerà che nel settembre del 1865 e vi morì il 21 agosto del 1871. Il vescovo Frascolla, spirito battagliero, fu condannato dalla Corte di assise di Foggia, il 30 settembre 1862, a due anni di carcere e a lire 4500 di multa, insieme al canonico penitenziere don Vincenzo Chiulli, per avere entrambi pubblicato scritti provocanti disubbidienza alle leggi dello Stato. Per grazia sovrana, la pena fu commutata in un anno di esilio, che scontò a Como. L'arcivescovo di Matera e Acerenza, monsignor Rossini, fuggì da Matera, dopo la ribellione dei seminaristi che lo detestavano. Fra i più vivaci ribelli all'autorità dell'arcivescovo, era stato il seminarista Michele Torraca, oggi deputato. I vescovi, rimasti nelle diocesi, furono ben pochi e incorsero poi, ingiustamente, nelle ire di Roma. Oltre al seminario di Matera, erano focolari di cospirazione unitaria quelli

Capitolo XIII

di Molfetta e di Conversano; ma il vescovo di Molfetta, monsignor Guida, non era nè carne nè pesce in politica, e fu tra quelli che lasciarono la sede per timori immaginarii; mentre monsignor Mucedola era adorato dai suoi seminaristi, dalle cui fila erano usciti, da poco tempo, due giovani di grande valore e a lui carissimi, Pietro de Bellis, che poi fu preside e provveditore agli studi, e Domenico Morea, il lodato autore del *Chartularium Cupersanense*.

Fra i pochi vescovi, che non abbandonarono la diocesi in quei giorni, furono quelli di Trani e di Conversano. Don Giuseppe Bianchi Dottula, vescovo di Trani, era un signore di nascita e di maniere, di limitata capacità, ma pio e caritatevole e non aveva nemici. Di famiglia devotissima ai Borboni, dopo l'attentato di Agesilao Milano, indisse una processione straordinaria, in ringraziamento di essere stata preservata la vita del Re, e invitò alla processione, che doveva aver luogo il 20 dicembre di quell'anno il sindaco, i decurioni di Trani e altre autorità. Fece girare la lettera tra i decurioni, con invito di apporvi la firma a margine, ma salvo quattro di essi, tutti gli altri si dichiararono *impediti* o *indisposti*. Trani fu sempre città liberale nella sua gran maggioranza, anzi *frondista* più che liberale, veramente. Lo stesso arcivescovo aveva fatto celebrare solenni funerali nella sua diocesi a Ferdinando II, invitandovi le autorità e i cittadini di maggior nome, con una lettera che si chiudeva così: "*Non abbiamo bisogno di lunghe parole, per esortare tutti all'adempimento di questi pietosi uffizii. Più eloquenti delle nostre parole sono le grate reminiscenze, per le quali il nome dell'augusto Ferdinando II ha meritato nella storia una grande pagina gloriosa ed il compianto universale*". Ma ciò non tolse che, partito Francesco II, si lasciasse indurre dai liberali tranesi a mandare a Vittorio Emanuele il seguente indirizzo:

"*L'arcivescovo di Trani e Nazaret, nel proprio nome e del suo gregge, supplica V. M. a venire in Napoli per suggellare la grande opera dell'unità italiana e per restaurare la tranquillità e la pace tra i popoli di queste ridenti contrade. Si degni ascoltare questi voti supplichevoli, ed il Signore degli eserciti ricolmi la M. V. delle sue celestiali benedizioni"*.

Monsignor Niccola Guida, vescovo di Molfetta, aveva natura timidissima. Restò in diocesi sino a tutto il settembre, quando partì di Molfetta anche don Vito Fornari, che gli era di scudo contro i liberali più esaltati, quantunque neppur tra costoro contasse proprio de' nemici. I professori liberali del seminario non avevano infatti avuto molestie da lui, anzi aveva tollerato che Girolamo Nisio tenesse uno studio privato, che era una piccola fucina di cospirazione.

Monsignor Mucedola, indirizzò il 29 agosto, una patriottica pastorale al suo clero "A voi, egli diceva, a cui spetta, per ragione del ministero, aprir la mente agl'ignoranti, rivolgomi con tutto zelo, perchè insegniate loro, che governo libero va bene congiunto a ragione, a virtù, a legge, a religione, anzi di essa è base e fondamento. Insegnino i ministri dell'Altare, che il bene comune è sempre da preferire al bene individuale, che necessariamente debbono andare in giù gl'interessi privati, messi a confronto agli interessi della madre comune, la Patria. Smetta ognuno quell'*Io*, che tanto è pregiudizievole ad ogni maniera di beni; sia libero sì, ma onesto, ma giusto, ma virtuoso; impari che la vita dell'uomo è vita di sacrifici, di abnegazione secondo gl'insegnamenti del Redentore". Questa pastorale levò gran rumore.

CAPITOLO XIV

SOMMARIO: Il Comitato dell'Ordine e il Comitato d'Azione – Giacchi chiama Spaventa e De Filippo – Paure generali ma infondate – Particolari curiosi – Il funerale a Guglielmo Pepe – Tutti divengono liberali – La condizione del ministero – Colloquio fra D'Ayala e Pianell – Pianell rifiuta il *pronunciamento* dell'esercito – Maniscalco a Napoli e sua partenza per Marsiglia – Il passaporto – La guerra ai reazionarii – La Guardia Nazionale – Alcuni Consigli di Stato – La situazione nelle provincie – A Taranto – Due rapporti del sottointendente d'Isernia – La famiglia reale – Un rapporto su Murena, Palumbo, Governa e De Spagnolis – Gaeta centro di reazione – La sorveglianza su Maria Teresa – Sospetti sul conte d'Aquila – Pretesa cospirazione di lui e suo esilio dal Regno – Una lettera di Luigi Giordano – Il conte di Siracusa – La sua lettera del 24 agosto al Re – Dopo la sua morte – La contessa di Siracusa e Giuseppe Fiorelli – I rapporti di Manna e di Lagreca – In Sicilia – Depretis prodittatore – Garibaldi a Messina e il manifesto di Emanuele Pancaldo – L'attentato contro il *Monarca* – Lo "squagliamento" della Marina – Anguissola e Vacca – I pochi fedeli – Il giudizio della storia – Sintomatica circolare di Giacchi e un proclama reazionario.

Erano giorni di esaltazione e di generale trepidazione insieme. Spaventa aveva assunta la direzione effettiva del Comitato dell'Ordine, che si ricostituì con Pier Silvestro Leopardi, per presidente, Gennaro Bellelli per segretario, e con un Consiglio direttivo, formato da Rodolfo d'Afflitto, Andrea Colonna, Saverio Baldacchini, Giuseppe Pisanelli, Antonio Ranieri, Cammillo Caracciolo, Giuseppe

Vacca, Gioacchino Saluzzo, Antonio Ciccone, Luigi Giordano, Costantino Crisci, Mariano d'Ayala, e lui, Spaventa, che spingeva, con grande energia, quasi sfidando il governo, il lavoro diretto a far insorgere le provincie continentali, soprattutto la Basilicata e la Calabria, prima che Garibaldi sbarcasse sul continente, o almeno prima che arrivasse a Napoli. Il Comitato mandò Gennaro de Filippo a Messina, per assicurare il dittatore che sul continente, tutto si disponeva secondo il suo desiderio di quei giorni: fare, cioè, insorgere le Provincie prima del suo sbarco in Calabria. Il Comitato d'Azione venne su quando il Comitato dell'Ordine, rifatto il 9 luglio, dopo il ritorno degli esuli, assunse un contegno decisamente cavurriano, onde per reazione si accentuò garibaldino, con una tinta di mazziniano e di municipale. Lo fondarono e ne furono la maggiore forza Giuseppe Libertini, Giuseppe Ricciardi, Filippo Agresti, Niccola Mignogna, nonchè Giacinto Albini e Giuseppe Lazzaro. Pietro Lacava restò come tratto d'unione fra i due Comitati, che si trovavano però d'accordo nel promuovere l'insurrezione nelle provincie prima dello sbarco di Garibaldi; e poichè la provincia, la quale si assicurava meglio apparecchiata ad insorgere, e dalla quale si chiedevano capi militari e civili, era la Basilicata, il Comitato dell'Ordine fece partire per Corleto, dove aveva sede un Comitato insurrezionale, il colonnello Cammillo Boldoni e Pietro Lacava, ai quali si unirono il Mignogna e l'Albini del Comitato d'Azione. Il Mignogna era stato dei Mille, e Garibaldi lo aveva inviato sul continente per affrettarvi l'insurrezione, con Giuseppe Pace, Domenico Damis, Ferdinando Bianchi e Francesco Stocco. Gli altri quattro restarono in Calabria, dove furono utilissimi all'insurrezione: Pace e Damis, nel circondario di Castrovillari; Bianchi in quello di Cosenza e Stocco in provincia di Catanzaro, dove pure si era costituito un Comitato insurrezionale il 24 agosto, che proclamò la rivoluzione, e il 26 indisse il plebiscito per la nomina dei prodittatori.

Capitolo XIV

Il maggior pericolo per le istituzioni lo rappresentava il Comitato dell'Ordine, che aveva più seguito e più credito a Napoli e nelle provincie, disponeva di molti mezzi ed era in diretta relazione con Cavour, coi suoi agenti di Napoli, con Villamarina e, dopo il 3 agosto, con Persano. Non era possibile che il ministero mostrasse più oltre di non vedere, e fu deciso di dare qualche esempio di energia. Giacchi chiamò Spaventa e De Filippo, e col suo fare paterno, loro fece intendere che, seguitando a condursi in quel modo, il governo si sarebbe trovato nella dolorosa necessità di arrestarli e allontanarli da Napoli. Spaventa rispose che non prometteva nulla: poche settimane ancora, aggiunse, e la rivoluzione sarebbe compiuta; ma Giacchi tornò a raccomandargli calma e prudenza, confortando le sue parole con massime di Tacito, com'era suo costume. Anche gli amici raccomandavano prudenza a don Silvio, e lo consigliavano ad allontanarsi di casa, assicurandolo che la polizia o l'autorità militare, una notte o l'altra, l'avrebbe arrestato; e, seguendo il consiglio, Spaventa, dormì parecchie notti or qua or là. L'arresto di Niccola Nisco, proposto, secondo egli afferma, dal ministro De Martino, non fu eseguito, per l'opposizione del presidente del Consiglio, Antonio Spinelli. Il timore di essere arrestati invadeva singolarmente i capi del movimento unitario. Giunse in quei giorni a Napoli, si era alla metà di agosto, Giuseppe Devincenzi, mandatovi da Cavour per adoperarsi con Visconti Venosta, Mezzacapo, Finzi e Nisco, perchè l'esercito, ad imitazione del toscano, si pronunziasse per la causa nazionale. Prima di lasciarlo partire per Napoli, Cavour gli aveva date due lettere di presentazione, una per Persano, l'altra per Villamarina, dicendogli queste precise parole: "*Eccovi le due lettere, ma tenete a mente questo che vi dico; quando volete conchiudere, andate da Persano; e quando non volete concludere, andate da Villamarina*". Il Devincenzi era tenuto d'occhio dalle varie polizie. Egli sinceramente afferma che in alcune notti, non dormì neppur lui in casa sua; e che anzi, una la passò in carrozza, con Pisanelli, Gioacchino Saluzzo e Cammillo Caracciolo. Temevano la polizia segreta della Corte, che veramente non c'era; temevano quella del Romano, e più che ogni altro, temevano quest'ultimo, perchè era stato loro assicurato che don Liborio volesse farli arrestare, condannare e fucilare, per alto tradimento, dichiarandoli complici di Nunziante. Questi era tornato a Napoli, ma rimaneva a bordo della *Maria Adelaide*, e di là, con le istruzioni avute da Cavour, non lasciava di lavorare per il pronunciamento dell'esercito, ma senza conclusione. A tale scopo, vide più volte il Devincenzi e il Nisco, nonchè i capi del Comitato dell'Ordine, ed una volta anche Antonio Ranieri, che Devincenzi era andato a chiamare, e il quale di malavoglia si recò a bordo della *Maria Adelaide*, senza tornarvi più. A bordo della *Maria Adelaide* si rifugiarono per alcune notti, il Nisco, Gioacchino Saluzzo, il colonnello Carrano, ed altri che più si tenevano malsicuri.

La verità è, che tutti avevano motivo di temere: i reazionarii temevano i liberali; i liberali, i reazionari; gli unitarii cavurriani temevano garibaldini e mazziniani; questi come quelli; i militari temevano i borghesi, e questi, i militari, e il governo temeva tutti senza esser temuto da alcuno. Nessuno si sentiva veramente sicuro del domani, e lo stesso don Liborio, così popolare e potente, temeva per la sua vita, immaginando che gli elementi della vecchia polizia, pagati dalla Corte, potessero assassinarlo di notte. E questi timori egli comunicò ai suoi amicissimi e conterranei, Mariano e Giuseppe Arlotta, chiedendo loro di passare la notte negli uffici della loro banca, ch'era allora dov'è oggi, nel palazzo Ottajano a Monteoliveto. Per alcune sere don Liborio scendeva in carrozza chiusa dalla sua villa a Posillipo, e andava a casa sua, al palazzo Salza alla Riviera di Chiaja, dove cambiava gli abiti, e poi ne usciva in altra vettura, che lo lasciava al vicolo Calzettari, alla Corsea, dove riesce una scala secondaria del palazzo Ottajano. Un antico e fido custode della banca Minasi e Arlotta gli apriva l'uscio di questa scala di servizio, ed egli passò così alcune notti nei deserti locali della banca, scrivendo, leggendo e concedendo poche ore al sonno. Giacchi, mandata la famiglia a Sepino si era procurato un passaporto inglese e uno *chèque* di duemila sterline sopra una banca di Londra, e portava sempre con sè e l'uno e l'altro, per ispiccare il volo, quando occorresse. Anche Nunziante, nelle poche volte che scendeva dalla *Maria Adelaide*, era guardato a vista da agenti del Comitato dell'Ordine. Il patriota De Grazia, che fu poi delegato di polizia, uomo coraggioso e aitante della persona, vegliava alla sicurezza di Nunziante.

Non erano tutti timori immaginari. Il ministero non aveva più forza; sentiva mancargli il terreno sotto i piedi, venirgli meno la fiducia del Re, ma repugnava da concludenti misure di rigore, le quali forse non erano neanche più possibili. I ministri, specie don Liborio e De Martino e un po' anche Spinelli e Torella; e i direttori, specie De Cesare e Giacchi, erano circondati dagli esuli di maggior conto, amici loro, i quali ne paralizzavano l'azione, assicurandoli che dietro Garibaldi c'era il Piemonte e c'erano le potenze occidentali, e che per i Borboni non vi era più scampo. Mariano d'Ayala ruppe gl'indugi e andò a proporre al Pianell, suo vecchio amico e camerata, la dedizione dell'esercito alla causa nazionale, com'era avvenuto in Toscana, ma n'ebbe in risposta: "*I tuoi ragionamenti sono troppo sublimi, e io non li intendo*". D'Ayala faceva la sua propaganda, incessante e coraggiosa, nell'alto mondo militare, ma nessuno gli dava retta. Con parole ispirate apriva nel *Lampo* una pubblica sottoscrizione, per *cittadini funerali all'anima benedetta di Guglielmo Pepe*. Le esequie furono celebrate, la mattina dell'otto agosto, nella chiesa dei Fiorentini, e riuscirono solenni per concorso di liberali, di tutti gli esuli, di popolani mutilati a Marghera, e del conte di Siracusa, che vi assistette, in compagnia di Giuseppe Fiorretti. Ma il prefetto di polizia non permise che fosse esposta nella chiesa l'epigrafe scritta da Antonio Ranieri, che era questa:

> ITALIANI DI NAPOLI
> IN QUESTO TEMPIO SI FANNO SOLENNI FUNERALI
> A GUGLIELMO PEPE
> SOLDATO GENERALE E MARTIRE
> ED EROE SEMPRE
> DIFESE NEL LXXXXIX VIGLIENA NEL XLIX VENEZIA
> E FORTE DI QUELLA FEDE CHE TRIONFA DI TUTTO
> INCARNÒ TANTO IL NOME SUO IN QUELLO D'ITALIA
> CHE TORNERÀ SPONTANEO SOPRA OGNI LABBRO
> QUANDO IL PENSIERO DI VII SECOLI
> SARÀ COMPIUTO
>
> NACQUE IN ISQUILLACE A DÌ XXIII DI FEBBRAIO MDCCLXXXIII
> MORÌ IN TORINO A DÌ VIII AGOSTO MDCCCLV

Finita la messa, tutti, uscendo dalla chiesa, ruppero nel grido: *Viva l'Italia*. In tale ambiente, si può immaginare quale effetto potevano produrre queste enigmatiche parole, che il nuovo prefetto di polizia, Giuseppe Bardari, pubblicò in un suo proclama del 20 agosto: "*E pertanto*, egli diceva, *lealtà per lealtà! Pronto io ai sacrifizi e alle spine delle funzioni che mi sono affidate, sarà tutta dei miei concittadini la gloria se nel tempo che mi sarà dato sostenerle, potrò, mercè il concorso delle loro virtù, compirle con alcuna lode*". Parole, parole, parole! Il Bardari era calabrese; nella prima gioventù era stato amico di Michele Bello, fucilato nel 1847 a Reggio e aveva scritto dei melodrammi, tra i quali la *Maria Stuarda*, musicata dal Donizetti; fu giudice regio a Monteleone nel 1848, e per la parte presa nei rivolgimenti di Calabria, dopo il 15 maggio, fu destituito e processato. A Napoli esercitava l'avvoca-

Capitolo XIV

tura con discreta fortuna, era intimo di Romano e non moriva di tenerezza per i Borboni. Fu prefetto di polizia sino agli 8 settembre e poi consigliere della Corte dei conti.

A Napoli erano divenuti tutti liberali, con questa sola differenza, come si è detto, che i borbonici erano costituzionali, e i vecchi liberali, tutti unitarii con Casa di Savoia. Il ministero era con costoro d'accordo solo nell'invocare e prendere misure di rigore contro i reazionari, veri o supposti, delle provincie; contro i vescovi e contro gl'impiegati del vecchio regime. Però il Comando della piazza di Napoli era come sottratto al ministero, perchè aveva una specie di giurisdizione propria, e comandava, occorrendo, alla guardia nazionale. Da quel Comando partivano ordini di perquisizioni e anche di arresti, all'insaputa del ministero; e il giorno 23 agosto, per ordine di detto Comando, venti guardie nazionali del primo battaglione, e un plotone di cacciatori della guardia reale, col comandante di piazza in persona e un giudice, procedettero alla perquisizione in casa del noto liberale calabrese, Salvatore Correa, al palazzo Cirella. La perquisizione riuscì infruttuosa: il comandante del primo battaglione, facendone rapporto al ministro dell'interno, osservava, che "*tali visite essendo state replicate volte eseguite, e sempre collo stesso risultato, non fanno molto favorevole impressione nello spirito della Guardia Nazionale, tuttoché la disciplina farà sempre ciecamente obbedire i comandi che potranno venire dal comando della Real Piazza*". Il comandante del primo battaglione era Achille di Lorenzo, succeduto al barone Gallotti, dimissionario. Nell'agosto, dei capi della guardia nazionale, cioè di quei primi capibattaglione, che avevano firmato nel luglio il magniloquente e comico indirizzo a don Liborio, rimaneva il solo Domenico Ferrante. I nuovi erano: Achille di Lorenzo, Gioacchino Barone, Francesco Caravita di Sirignano, il marchese di Monterosso, Raffaele Martinez, il marchese di Casanova, Paolo Confalone,

Michele Praus, il marchese Paolo Ulloa, il duca d'Accadia e Giovanni Wonviller, anzi Giovannino Wonviller, come lo chiamavano gli amici. Allora era giovane elegante, galante, uno dei *lions* alla moda.

Con gli animi così agitati, le voci più balorde trovavano credito, e le paure più puerili erano all'ordine del giorno. Il 16 agosto, una pattuglia di truppa regolare s'incontrò al largo della Carità, con un'altra di guardia nazionale e la prima cedette all'altra la destra, secondo il regolamento militare. Per questo fatto, la sera in tutta Napoli si raccontava che l'ufficiale della truppa aveva ordinato il fuoco contro la guardia nazionale, ed era dovuto all'opposizione del sergente, se al largo della Carità non fosse succeduto un massacro. Le cannonate per salve di gioia o per saluti erano sempre cause di terrori. In una mattina, verso la metà d'agosto, mentre nella chiesa della Sanità, affollata di gente, si celebrava la messa, rimbombarono alcune cannonate: il prete fuggì dall'altare, i devoti dalla chiesa, molti furono feriti e una donna abortì. Anche a Sant'Agostino degli Scalzi, il prete che celebrava la messa, cadde svenuto e la gente raccolta in chiesa si diede disordinatamente alla fuga.

A ripristinare l'ordine e la tranquillità, fra tanta insanabile e crescente turbolenza, che quella polizia, affidata all'alta e alla bassa camorra, non concorreva certo a scemare, i ministri si mostravano impotenti. Nè è senza un profondo stupore, che si ripensa di quali e quante cose disparate, e fin puerili, si occupassero quei ministri nei varii Consigli di Stato. Per darne una idea, riferirò gli argomenti discussi in tre Consigli alla fine di luglio. In quello del 18 si deliberò d'imbarcare sopra un legno a vela e inviare alle isole Tremiti, *per mettere in salvo le loro vite minacciate*, le guardie di polizia, siciliane e napoletane, espulse dal servizio e accantonate, per misura di sicurezza, ai Granili. Fu discusso e deciso che il procuratore generale, don Niccola Rocco conservasse l'ufficio di revisore della *Civiltà Cattolica*; e poichè gli impiegati, licenziati nel 1849, chiedevano con alte grida di esser riammessi in servizio, e a quei gradi, che avrebbero raggiunti qualora avessero servito nei dodici anni, i ministri, *attese le difficili condizioni della finanza*, deliberarono di restituirli semplicemente ai posti, che lasciarono al tempo della loro destituzione. Provocarono così proteste, ire ed accuse iperboliche di traditori e di reazionarii, soprattutto da parte di quelli, che erano stati in esilio o in prigione.

Nel Consiglio del 21 luglio era stato dato incarico al ministro dell'interno di scrivere agl'intendenti, perchè mandassero rapporti *sulla condotta dei vescovi e del clero, specialmente in ordine alle novelle istituzioni*, e si son veduti i resultati di tale inchiesta. Nello stesso Consiglio si stabilì che ciascun ministero acquistasse quindici copie del *Manuale del cittadino costituzionale*, edito dal Perrotti; e si discusse sopra una speciosa domanda di alcuni impiegati e ufficiali, i quali chiedevano un giudice, che rivedesse le obbligazioni da loro contratte con gli usurai! La domanda fu respinta, donde nuove cagioni di malcontento. Nel Consiglio del 22 luglio venne deliberato di allontanare da Napoli, *per salvare gli individui e la pubblica quiete*, gli ex ministri Troja, Scorza e Murena, l'ex direttore e l'ex prefetto di polizia Mazza e Governa, il colonnello D'Agostino e gli ex agenti di polizia, Schinardi, Barone, Jervolino, Doria e Maniscalco. Quest'ultimo, arrivato il giorno 8 giugno, aveva preso alloggio presso la sua famiglia, in un appartamento alla Riviera, a poca distanza dal palazzo Salza, dove abitava don Liborio Romano, vivendovi ritirato e senza veder nessuno, tranne Filangieri e suo figlio Gaetano. All'ordine di partire comunicatogli personalmente da don Liborio, rispose che sarebbe andato a Marsiglia, e partì infatti con la famiglia il 28 luglio. Il passaporto rilasciatogli dal ministro degli affari esteri, diceva così: "Partendo per Marsiglia il cav. don Salvatore Maniscalco di Messina, di anni 47, con la moglie, la madre, cinque piccoli figli ed un domestico, Salvatore Romano ecc.". E conteneva i seguenti connotati: "*proprietario, statu-*

ra giusta, viso regolare, capelli biondi". Giunse a Marsiglia il 31 luglio, e il 6 agosto di quell'anno stesso andò in Avignone, come si rileva dallo stesso passaporto. Maniscalco, oltrechè della medaglia d'oro per la campagna di Sicilia, era insignito di quasi tutti gli Ordini cavallereschi di Europa, e la lettera con la quale Drouyn de Lhuys gli comunicava la nomina, a nome dell'Imperatore, di uffiziale della Legion d'onore, era piena di cortesie. Perchè indicasse sua patria Messina, nessuno ha saputo dirmi, neppure il figliuolo. Inoltre il ministero deliberò di rinnovare la metà dei Decurionati, togliendo i più vecchi decurioni di nomina, e scegliendo i nuovi fra gli eleggibili, o secondo la nuova legge elettorale, o secondo quella del 1848; e deliberò infine di nominare sindaci le persone di maggiore onestà, capacità ed *attaccamento agli attuali ordini costituzionali*. Tale ricomposizione per il 5 agosto avrebbe dovuto essere compiuta; ma non se ne fece nulla, e il Decurionato di Napoli restò tale e quale fino all'ingresso di Garibaldi.

Nelle provincie regnava maggior disordine, che nella capitale. I devoti all'antico regime, anche i più pacifici, erano sospettati, spesso fantasticamente, di favorire la reazione. Il 15 agosto, a Bari, si disse insultata la guardia nazionale. Ci furono molti arresti, e con la solita iperbole pugliese, si affermò che i disturbatori fossero pagati dall'arcivescovo, dai gesuiti e da alcuni cittadini in fama di borbonici, a sei carlini per uno! Più gravi e veri, i fatti di Taranto. Un gruppo di popolani, prendendo pretesto da un caricamento di grano, cominciò a tumultuare, e per due giorni non solo impedì il caricamento, ma ruppe in violenze contro i legni e contro i marinai di questi. Vi furono inoltre minacce di saccheggio alle case dei principali cittadini. L'autorità politica, rappresentata dal sottointendente Giovanni de Monaco, non spiegò l'energia necessaria. Il De Monaco, rimasto in ufficio, si mostrava apertamente contrario alla concessa Costituzione, nè più della sua fu energica l'azione de' gendarmi, comandati dal

Capitolo XIV 341

tenente Attanasio, de' quali si disse anzi che provocassero quei moti. La sera del 17 luglio, quando ogni agitazione era cessata, poco innanzi l'avemaria, una pattuglia di soldati di riserva, passando innanzi al caffè *Moro*, sulla piazzetta di Santa Caterina, luogo d'ordinario convegno dei più distinti cittadini, si fermò e intimò ai molti, che in quell'ora erano lì seduti, di sgombrare. Rimasto l'ordine ineseguito, i soldati, dopo aver scambiate vivaci parole coi cittadini, passarono innanzi, ma poco dopo sopravvenne una pattuglia di gendarmi, comandata dal tenente Attanasio, la quale, appena fu sulla piazzetta, si fermò, ed al comando a brevi intervalli, dato da quell'ufficiale di: "*alt, front, fuoco*" lasciò partire molte fucilate, tirate però, a quanto poi parve dall'altezza delle traccie rinvenute sulle pareti, più con animo di far paura che di far male. Il ferito fu un solo, piuttosto lievemente e di rimbalzo. Venne però attestato da alcuni signori, che la pattuglia si diresse, a passo celere, verso il quel caffè, dopo essersi incontrata, in piazza San Costantino, col sottointendente De Monaco, dal quale avrebbero sentito pronunziare la parole: "Fate fuoco". Vera o falsa questa circostanza, certo è che il De Monaco, udendo le fucilate, non mostrò maravigliarsene, nè si recò sul luogo dell'avvenimento. Il fatto eccitò vivamente la cittadinanza, la quale nel dì seguente chiese ed ottenne dal maggiore De Cornè, comandante la piazza, persona ben veduta ed amica dei maggiorenti della città, che venisse armata la guardia nazionale coi fucili delle truppe di deposito nel castello. L'armamento della guardia nazionale ristabilì l'ordine e impaurì il De Monaco, il quale, smessa la consueta arroganza, chiese il patrocinio di alcuni influenti cittadini, ed ottenne così di partire qualche giorno dopo con la numerosa famiglia, di notte tempo, da Taranto.[1]

---

[1] Ne seguì un lungo processo. Il De Monaco riparò a Roma, e nel 1862 fu condannato in contumacia a 14 anni di lavori forzati, per reato di complicità in mancata strage. Il suo procu-

L'opera dei Comitati insurrezionali, specie di Cosenza e di Basilicata, mirava a persuadere il popolo che Francesco II, alla prima occasione, avrebbe ritirata la Costituzione. I Comitati lasciavano vedere dovunque reazioni e congiure, e così si sfogavano vendette e vecchi rancori. Ma la città, che più dava da fare al ministero, era Gaeta, dove la truppa, come ho detto, non aveva voluto gridare *Viva la Costituzione*. Questo fatto destò tali inquietudini, che quel sindaco scrisse direttamente al ministero perchè fossero allontanati gli ufficiali reazionari D'Emilio, Candela e Prato; i camorristi Niccola e Paolo Gallo, Paolo Freiles, Salvatore Saggese, Antonio Esposito e alcune guardie della vecchia polizia, e fossero nel tempo stesso mandate armi per la guardia nazionale. Arresti ed esilii di reazionarii si succedevano a Reggio, donde venivano espulsi *"gli sbirri siciliani, arrestati e minacciati di vita, insieme al boia, don Vincenzo Siclari, di questa città, che aveva stretta relazione colla detta sbirraglia"*. Così scriveva l'intendente di Reggio al ministero; e Giacchi decretava a margine del rapporto: *"bello esempio di patria carità e di energia in aver così celermente salvato il proprio paese da sicuro disastro. Se ne abbia per ora lodi senza fine"*.

Le guardie nazionali, sorte in fretta e in furia, mancavano generalmente di disciplina e di armi, ed erano impotenti a mantenere l'ordine. Il sottointendente d'Isernia chiedeva truppe, quasi presago dei futuri eccidii del 30 settembre; truppe domandava l'intendente di Avellino, dichiarando di non potere rispondere dell'ordine pubblico senza mezzi per provvedervi, e quando *"le guardie nazionali sono mal organizzate ed armate, e spesso fan parte di quegli stessi che commettono abusi"*. L'intendente di Foggia implorava, con vive parole che si aumentasse la guardia cittadina nei comuni, dov'era maggiore il biso-

---

ratore don Michele Quercia di Trani chiese che lo si ammettesse alla reale indulgenza del 17 novembre 1863. Ma la domanda fu rigettata dalla Sezione d'accusa, e l'avvocato Bax ne sostenne il ricorso in Cassazione.

Capitolo XIV

gno, soprattutto dopo i primi tentativi di reazione a Bovino, a Sansevero e a Montefalcone; e facendo un quadro desolante della provincia, in balìa dei partiti estremi, il rivoluzionario e il reazionario, dichiarava apertamente, che, ove la forza pubblica si allontanasse, egli se ne lavava le mani. Non altrimenti scrivevano quasi tutti gli altri intendenti. Il sindaco e il comandante della guardia nazionale di Lucera telegrafavano al ministro dell'interno che in quel carcere erano 600 detenuti, fra i quali 160 reazionarii di Bovino; e che, partita la gendarmeria e mancando la guardia nazionale di armi e di attitudini, il carcere rimaneva senza custodia. Dal comandante della guardia nazionale quei 160 reazionari di Bovino erano chiamati addirittura *vandali*.

Riferisco integralmente due rapporti, l'uno del 25 agosto, e l'altro del 27, tutt'e due di Giacomo Venditti, sottointendente d'Isernia, a meglio mostrare lo stato delle provincie e la condizione di quelle autorità.

Questo del 25 agosto fu diretto, riservatamente, a Giacchi:

Signor Direttore,
Quantunque da qualche giorno mi trovo a capo di questo distretto, pure mi fo il dovere dirle che in generale lo spirito reazionario non è del tutto sopito, ed oltre i fatti deplorevoli di Carpinone, di tratto in tratto si manifestano nelle plebaglie rozzi sentimenti di avversione all'ordine costituzionale, non mai scevri da quelli, forse principali, di rapina e saccheggio, che anzi io credo che si faccia entrare nella mente delle plebi l'idea di potersi arricchire impunemente a nome, e sotto l'usbergo del Realismo. Ma tra tutti i paesi del distretto, Isernia presenta il gravissimo sconcio di una ladronaia, sostenuta da ladruncoli, che, travisandosi, svaligiano i viandanti, e tornano alle proprie case a godersi la fatta rapina. Un siffatto guaio fu sostenuto dalla passata polizia, e da qualche galan-

tuomo protettore, e che ne ha fatto sin'ora buon prò. Così nella sera del di 21 corrente una carrozza fu fermata su la strada postale, e due signori cognominati Bonois e Valentini, che venivano d'Abruzzo, furono rubati di ducati 400, ed altri oggetti, e percosso il cocchiere, cui furono tolti carlini quattro. Le più energiche misure sono già prese per porre un argine a tanto malanno, fino a farlo scomparire del tutto. A che fare mi è indispensabile il positivo concorso della forza pubblica e nazionale, e delle altre autorità e tutti mi promettono assistenza, massime questa guardia cittadina la quale per l'oggetto dev'essere accresciuta di altre persone.

Ma debbo pregarla francamente che deve scomparire in questo luogo ogni traccia della vecchia polizia, la quale è troppo mal vista. E però mi fò il dovere di proporle ad ispettore di polizia di questo distretto il signor don Gerardo Cimone, del fu don Raffaele, nativo d'Isernia, patrocinatore del Tribunale Civile di Napoli, ivi domiciliato, il quale riunisce tutti i numeri, onestà, energia, istruzione, e ciò che più interessa, un'opinione vantaggiosa, e ben meritata in questo distretto.[2]

Ed io mi attendo con tutta fiducia, che Ella si compiaccia accogliere questa mia proposta, e nominarlo subito per lo bene positivo di questa gente.[3]

L'altro rapporto era del seguente tenore:

In Fornelli l'ordine pubblico veniva minacciato fin da ieri l'altro, e fui richiesto di una forza da spedirsi il mattino di domenica, giorno designato dai perturbatori. La forza vi è andata composta di tre gendarmi e circa 30 guardie nazionali d'Isernia. Il mattino fu calmo, nelle ore pom. il popolo si è riunito minaccioso variamente armato contro i nazionali.

---

[2] Il Cimone, ottimo funzionario di P. S., è morto da alcuni anni questore di Firenze.
[3] Archivio Giacchi.

Capitolo XIV

> Il caponazionale di Fornelli mi ha chiesto per apposito mezzo altra forza per ristabilire l'ordine ed ho ricevuto l'uffizio ad un'ora circa di notte. L'arciprete di là ne è stato l'istigatore giusta l'uffizio sudetto. Reduci di colà i suonatori della filarmonica d'Isernia ed esaminati, han detto: *che dopo scritto l'uffizio l'azione si è fortemente impegnata. A capo de' popolani i gendarmi che, sventolando i loro bonnets, a nome del Re, aizzavono il popolaccio contro i nazionali.* Dopo inutili tentativi di pace si è impegnata l'azione. I nazionali si sono rinchiusi nelle case. Si dice qualche morto o ferito, non sapendosi precisare da qual parte.
>
> Un gendarme, fuggito di là, e qui giunto, ore 3 italiane, ci ha detto che i nazionali erano assediati nelle case, e che ci voleva altra forza regia. Ho disposto sul momento tutta questa d'Isernia; cioè 9 gendarmi, 4 guardie doganali e 12 nazionali, comandate dal tenente Basile, che sonosi recati colà, ed aspetto il buon esito dopo di aver raccomandato al tenente medesimo tutta la possibile energia sotto la più stretta responsabilità. In altri paesi viene pure minacciato l'ordine pubblico. Isernia si è commossa pel pericolo dei suoi, e ci vuol molto per poterla mantenere.
>
> *Ore 5 della notte*: – I corrieri postali interni ritornano, perchè una mano di ladri li hanno battuti e tolte le valigie. Qui vi è bisogno di molta e prontissima forza militare. Si daranno più precisi dettagli.[4]

La famiglia reale, com'era da prevedersi, diè l'immagine della discordia e del più ingiustificabile egoismo, via via che si appressava l'ora finale. Si è veduto come, dopo la morte di Ferdinando II, l'unione domestica fosse più apparente che reale. Invece di raccogliersi tutta intorno al Re e far causa comune con lui che rappresentava la Monarchia e la dinastia, consigliarlo sinceramente e sorreggerlo, o cadere con lui, la famiglia reale, tranne il conte e la contessa di Trapani, si condusse ben altrimenti. Come ho detto, fin dai primi

---
[4] Id. id.

giorni di luglio la regina Maria Teresa se ne andò con i suoi figliuoli a Gaeta, imbarcandosi al Granatello. Restarono a Napoli il conte di Trani e il conte di Caserta. L'ex Regina era il *babau*, non tanto dei vecchi, quanto dei nuovi liberali, ed è superfluo ripetere che i liberali non si numeravano più, e i più accesi eran quelli, naturalmente, i quali non avevano levato un ragno dal buco.

La partenza dell'ex Regina con la famiglia per Gaeta fece penosa impressione nella Corte. Molti cominciarono a far preparativi di partenza, dicendo che anche il Re aveva intenzione di abbandonare Napoli. Il principe d'Ischitella, il quale, lasciato il comando supremo della guardia nazionale, aspettava l'altro, che non ebbe mai, di comandante generale dell'esercito, vedeva il Re tutti i giorni e lo scongiurava di non prendere quella risoluzione di abbandonare Napoli. Francesco II lo assicurò che non sarebbe partito, e anzi era risoluto a difendersi, e a tal fine voleva mettere lui, Ischitella, a capo dell'esercito per dar battaglia a Garibaldi nel piano fra Salerno ed Eboli. Narra l'Ischitella che fu per questo, ch'egli diè le dimissioni da comandante della guardia nazionale ed attribuisce al *tradimento di Pianelli* (sic) se non ebbe quel comando.

Andata dunque Maria Teresa a Gaeta, e ricoveratisi colà alcuni funzionarii destituiti e alcuni bassi arnesi della vecchia polizia, subito cominciarono nei giornali e nei caffè le querimonie che Gaeta diventava un covo di reazionari. Le voci erano confermate ed esagerate, naturalmente, dal già accennato rifiuto di quelle truppe a giurare la Costituzione. A Gaeta si trovavano tra gli altri, l'ex ministro Murena e l'ex ispettore di polizia Palumbo; a Castellone, l'ex consultore Governa e ad Itri, l'ex commissario De Spagnolis. Il ministero credeva a quelle voci, o almeno le insistenze erano tali, da muoverlo ad agire come se vi credesse. E perciò Giacchi dispose un servizio di speciale sorveglianza su quelle persone, affidato al sottointendente di Mola, Gaetani. Anche il Dentice d'Accadia, sebbene promosso inten-

Capitolo XIV

dente a Reggio, per la conoscenza che aveva di Gaeta, dove per molti anni era stato sottointendente, mandò in proposito qualche rapporto speciale e confidenziale.

Pubblico integralmente, perchè assai caratteristico, quello del 21 agosto, relativo a Murena, a Palumbo, a Governa, a De Spagnolis e alle guardie della vecchia polizia. Si legge nella sua genuina ortografia:

> Il ministro al ritiro sig. commendatore Murena recavasi non è guari nella Real Piazza di Gaeta, e dopo di essere stato ospitato con la intera sua famiglia per qualche giorno nell'Episcopio dall'arcivescovo monsignor Cammarota suo affine, à ivi appigionato una casa, ove attualmente dimora. Il suo contegno è riservatissimo, indifferente, e sotto ogni rapporto non censurabile.
>
> Trovasi pure in quella piazza l'ex Ispettore di Polizia sig. Palumbo il quale à richiamato presso di sè anche la famiglia. Si ànno di lui non favorevoli prevenzioni, essendo fama che in carica siasi condotto assai tristamente. Ciò nonostante vive ora in Gaeta ritirato e circospetto.
>
> Dimorano anche in quella R. Piazza le Guardie di Polizia che prestarono servizio alla dipendenza del comm. sig. Faraone. Avendo il di loro contegno dato luogo ad apprensioni per confabulazioni con sotto uffiziali e soldati della guarnigione ritenuti per camorristi, il Sindaco sig. cav. Ianni non à mancato di farne gli opportuni rilievi presso il sig. Maresciallo Governatore, il quale per mezzo dello Ispettore locale di Polizia sig. Rogano, si è limitato alla minaccia di espulsione dalla Piazza, qualora non serbassero condotta riservata ed irreprensibile.
>
> In Mola poi, e propriamente in Castellone, à preso stanza con la sua famiglia il Consultore al ritiro sig. comm. Governa, ove à locata una casa. Essendo stato a dimora per più anni in quel Comune, quando esercitava la carica di Giudice Regio, vi acquistava non poche relazioni e vi lasciava nel dipartirsene la popolazione amica. Nell'attualità si mantiene senza riserva alcuna nelle relazioni stesse.

Finalmente anche l'ex commissario signor De Spagnolis venne nel cadere del passato mese in Itri, ove à parenti, e si è mantenuto per alquanti giorni nascosto. Vuolsi che ora siasi da colà allontanato prendendo la volta del vicino Stato Pontificio, o quella degli Abruzzi.[5]

Ma i timori crescevano, e persona *degna di fede* scriveva da Gaeta ad Enrico Costantino, ufficiale del genio e questi la comunicava al ministero, una lunga lettera su Gaeta, *che oggi*, vi era scritto, *sembra un centro di reazione*. Non potendo resistere oltre alle pressioni, che venivano da ogni parte, il 29 luglio Giacchi scriveva, tutta di suo pugno, una *riservatissima* all'intendente di Caserta, conte Viti, la quale cominciava così: "*Gaeta e quelli che vi son dentro* (e, si noti, c'era quasi tutta la famiglia reale) *richiamano tutta l'attenzione del Governo*". E, parlando del giuramento delle truppe, continuava: "*Viva il Re, che è buono e benefico, ma viva anche la Costituzione, che ci ha liberati da tanti istrumenti di tirannide, nemici del loro paese, non pure, ma dello stesso Re, che essi disservivano, servendo solo a sè stessi*".[6] E conchiudeva, ordinando che si arrestassero l'ex ispettore Palumbo, i camorristi, denunziati antecedentemente dal sindaco di Gaeta e dieci guardie della vecchia polizia. Questi ordini vennero eseguiti e, contemporaneamente, gli arrestati furono tutti accompagnati dai gendarmi al confine pontificio.

Anima della cospirazione reazionaria si riteneva che fosse la Regina madre; e perciò Giacchi aveva stabilito un altro servizio speciale di polizia, per tener d'occhio lei e la sua gente, incaricandone lo stesso sottointendente, il quale aveva alla sua dipendenza un commissario di polizia molto abile, chiamato Portillo. Per avere un'idea di quanto fosse accurata la sorveglianza su Maria Teresa, pubblico anche questo

---

[5] Archivio Giacchi.

[6] Id. id.

rapporto, inviato, il 7 agosto, dal Gaetani al direttore dell'interno:

> poichè conosco che questo telegrafo elettrico è sotto la dipendenza del generale governatore, e quindi si sanno tutti i dispacci, così debbo incomodarla per via di lettere, come meglio posso adempiere al mio difficile incarico. Questa mane le ho segnalato, che alle ore 11 antim. giungeva la Corvetta Spagnuola " Villa de Bilbao": al momento, che sono le ore 24, giunge a mia notizia che S. M. la Regina, la quale non à voluto vedere finora alcuna autorità di qualunque ramo, non escluso il generale governatore, riceverà dimani il Comandante del legno spagnuolo. Conoscendo altro, lo porrò subito a di lei conoscenza.[7]

Non meno della Regina madre, erano sorvegliati in Napoli tutt'i i membri della famiglia reale, ad eccezione del conte di Siracusa, caldo più che mai d'italianità. Erano sorvegliati dalla polizia di don Liborio e da quella del Comitato dell'Ordine, e la maggiore sorveglianza si esercitava sul conte d'Aquila e sul conte di Trapani. Il conte d'Aquila, già capo della camarilla, e poi intimo del Brenier e fautore della Costituzione aveva, da qualche settimana, mutato contegno, ed equivocamente si agitava, ingenerando nel ministero il dubbio ch'egli meditasse qualche colpo di testa, forse una congiura, allo scopo di spodestare il nipote, liberarsi di qualche ministro e farsi proclamare reggente. Il conte aveva natura più turbolenta che risoluta, ed era malviso. Furono sequestrate in dogana alcune casse di armi e di abiti militari, giunte all'indirizzo di lui; abiti ed armi, che confermarono le apparenze della cospirazione, ma da quali elementi fosse questa avvalorata e su quali probabilità si fondasse, neppure oggi si conosce con precisione. Don Liborio propose quindi, in Consiglio dei ministri, l'allontanamento del conte, e il Re vi aderì. E la mattina dopo il prin-

[7] Id. id.

cipe riceveva la seguente comunicazione, che tentava salvare almeno le apparenze: *"Altezza, S. M. il Re, seguendo il parere del Consiglio dei ministri, e pensando ai bisogni del servizio della sua reale marina, ordina che V. A. s'imbarchi immediatamente sul Reale Vapore "Stromboli", ove troverà istruzioni in piego suggellato, cui V. A. potrà aprire, quando sarà lontano venti miglia da terra; e ciò affine di compiere commissioni concernenti la reale marina* – firmato GAROFALO".

Il conte si recò subito alla Reggia, ma non potè vedere il Re. Gli scrisse e non ebbe risposta. Alle sei della sera, il generale Palomba, antico precettore del principe, andò da lui, e gli ripetette in nome del Re, l'ordine d'imbarcarsi senza indugio. E nella mezzanotte del 14 agosto, don Luigi lasciò Napoli sulla goletta il *Menai*, protestando contro la violenza cui soggiaceva. Da bordo scrisse una lettera d'addio al Re e salpò direttamente per Marsiglia, dove giunse la sera del 17.

Liborio Romano consacrò il fatto nelle sue *Memorie*, magnificando, come usava, la importanza dell'atto da lui compiuto. Il conte di Trapani fu alla sua volta sospettato come partecipe del tentativo di reazione, fatto da un prete legittimista francese, certo De Sauclières, in casa del quale si rinvennero duemila copie di un proclama: *Appello di salvezza pubblica*, affisso in alcuni quartieri nella notte del 29 agosto. Il De Sauclières fu arrestato e processato, senza però che dal processo si scoprisse nulla riguardo al conte di Trapani. Ma la partenza del conte d'Aquila fu oggetto di strani commenti e di più strane paure. A darne un'idea, gioverà pubblicare un brano di lettera, che Luigi Giordano, animoso tramite tra il Comitato dell'Ordine e il Comitato insurrezionale di Cosenza, scriveva a quest'ultimo, in data 13 agosto:

> La nostra situazione è tristissima poichè siamo minacciati dalla reazione, e ieri nella capitale si passò una giornata ed una notte spaventevole per tutti. Il conte di Aquila, cioè il principe don Luigi, avea orga-

nizzato il più terribile e schifoso moto reazionario, assoldando circa 6000 galeotti come lui, ed incitandoli alla santafede, protetti forse da qualche corpo militare a lui devoto. Il ministero, e soprattutto don Liborio Romano, si è portato egregiamente, poichè oltre all'avere sequestrate nella darsena molte casse di fucili e revolver, dirette al principe suddetto per armarne i suoi adepti, si portò unitamente agli altri ministri e al corpo diplomatico a palazzo, e obbligò il Re a cacciare un ordine di bando per il signor zio. Questa notte dovea partire, ma vi è qualche dubbio sulla sua partenza; opperò al momento che scrivo la capitale è tuttavia in allarme, e potrebbe nascere da un momento all'altro qualche terribile crisi. Gli ammiragli però piemontese, inglese e francese han promesso al primo segnale di allarme di far sbarcare dalle flotte 4000 uomini. La Guardia nazionale pure è ammirevole pel servizio che presta, ed è così affiancata dal popolo, che ci dovran pensar bene a far la santafede i così detti reazionari. Con tutto ciò l'agitazione è universale, o lo spavento de' timidi è giunto al colmo.[8]

Di questa cospirazione del conte d'Aquila non mi è riuscito avere alcun particolare storicamente vero. Il Nisco la dà come certa, ed aggiunge che in quella cospirazione fossero l'Ischitella, il principe della Rocca e Girolamo Ulloa, chiamato prima dal Re per affidargli il comando supremo dell'esercito, e poi non più datogli, per le vivaci proteste, si disse, del colonnello Bosco. L'Ischitella non ne fa motto nelle sue memorie, anzi si dichiara fedelissimo a Francesco II e attribuisce a sè il merito di averlo consigliato a mandare un'altra missione a Parigi, per pregare l'Imperatore a salvare il Regno e la dinastia. Afferma pure che il Re accettò il suo consiglio e lo incaricò della missione, ma che fu da lui rifiutata perchè *troppo tardi*, aggiungendo di aver proposto invece il duca di Caianiello, che accettò. E conchiude poi così: *...era a*

---

[8] Archivio Morelli.

Napoli che avrei potuto essergli utile, se avesse voluto.... avevamo quarantamila uomini riuniti attorno alla capitale, che non avrebbero nè disertato, nè tradito, se avessero avuto alla loro testa qualcuno su cui poter contare. Il Nisco, alla sua volta, pare che confonda l'incarico dato dal Re ad Ischitella di formare un nuovo ministero negli ultimi giorni di agosto, *un dieci giorni prima che il Re partisse*, come afferma l'Ischitella stesso, col preteso complotto del conte d'Aquila, del quale complotto nulla, insomma, lo ripeto, si sa di certo e di concludente, e a me sembra del tutto inverosimile che entrasse a farne parte principale Girolamo Ulloa. Il complotto avrebbe dovuto avere per fine una Saint-Barthélemy dei liberali, e la proclamazione del conte, prima a Reggente e poi a Re. Partito il conte d'Aquila, restarono soli centri borbonici in Napoli, i ritrovi presso il conte di Trapani, presso il conte Leopoldo Latour, Ernesto Carignano, Somma di Circella, Caracciolo di Castelluccio, la farmacia reale Ignone in via di Chiaja e la bottega da parrucchiere di Germain a Toledo. La polizia teneva d'occhio questi ultimi due locali, i quali, a misura che la rivoluzione si avanzava, diventavano meno frequentati: negli ultimi giorni poi non vi era più alcun centro apparente. I commenti nell'alta società napoletana erano i più diversi, e vivacissime le recriminazioni. Una sera il ministro inglese Elliot disse profeticamente ad alcuni intimi: "*Tutto è colpa della ritardata Costituzione. Francesco II perderà la Sicilia, perderà Napoli; e poi l'Italia unita attaccherà la Venezia*". Un'altra sera, i Ludolf dicevano orrori di Castelcicala in casa Torella, e la principessa di Torella protestò vivacemente, dicendo: "*Ma non è stata opera vostra e della camarilla il richiamo di Filangieri e l'invio di Castelcicala?*"

Della famiglia reale l'unico, che i liberali non sospettassero di propaganda reazionaria, era il conte don Leopoldo di Siracusa, il quale, smesso ogni riguardo, fraternizzava con essi, nè era parco di rimproveri e di accuse al nipote, che non vedeva più. Ripeteva sovente: "*Era

Capitolo XIV

destino che la dinastia di Carlo III dovesse finire con un imbecille!".
Entrato, per mezzo del Villamarina, in intime relazioni col Persano, giunto nelle acque di Napoli fin dal 3 agosto, non gli nascose i suoi sensi altamente italiani. E poichè l'ammiraglio si maravigliava con Fiorelli di questo principe borbonico, zio del Re e così tenero dell'unità d'Italia, il Fiorelli lo informava dei precedenti del principe e della lettera scritta, ai primi di aprile, al nipote perchè entrasse nella via liberale, dipingendogli così l'uomo, la cui *indole aperta ed aliena da ogni infingimento non gli permetteva di ciò nascondere, come forse sarebbe stato conveniente*. Ma, giudicata oggi con imparzialità storica, la condotta di questo principe, il quale, protetto dalla squadra piemontese, dava, nell'ora del pericolo, il calcio dell'asino a suo nipote, fu assai volgare, per non bollarla con più aspra parola. E a compiere l'opera gloriosa, don Leopoldo, seguendo il consiglio di Persano e di Cavour, il quale, si disse, gli avesse fatta offrire la luogotenenza di Toscana, il 24 agosto inviò al Re questa lettera: documento degno di essere ricordato, per mostrare il lacrimevole spettacolo, che offrivano i Borboni di Napoli in quel momento supremo!

> Sire,
> Se la mia voce si levò un giorno a scongiurare i pericoli che sovrastavano la Nostra Casa, e non fu ascoltata, fate ora che presaga di maggiori sventure trovi adito nel vostro cuore, e non sia respinta da improvido e più funesto consiglio. Le mutate condizioni d'Italia, ed il sentimento della unità nazionale, fatto gigante nei pochi mesi che seguirono la caduta di Palermo, tolsero al governo di V. M. quella forza onde si reggono gli Stati, e rendettero impossibile la Lega col Piemonte. Le popolazioni della Italia superiore, inorridite alla nuova delle stragi di Sicilia, respinsero co' loro voti gli ambasciatori di Napoli, e noi fummo dolorosamente abbandonati alla sorte delle armi, soli, privati di alleanze, ed in preda al sentimento delle moltitudini, che da tutti i luoghi

d'Italia si sollevarono al grido di esterminio lanciato contro la Nostra Casa, fatta segno alla universale riprovazione. Ed intanto la guerra civile, che già invade le provincie del continente, travolgerà seco la dinastia in quella suprema rovina, che le inique arti di consiglieri perversi hanno da lunga mano preparata alla discendenza di Carlo III Borbone; il sangue cittadino, inutilmente sparso, inonderà ancora lo mille città del Reame, e voi, un dì speranza e amore dei popoli, sarete riguardato con orrore, unica cagione di una guerra fratricida.

Sire, salvate, che ancora ne siete in tempo, salvate la Nostra Casa dalle maledizioni di tutta l'Italia! Seguite il nobile esempio della Regale Congiunta di Parma, che allo irrompere della guerra civile sciolse i sudditi dalla obbedienza, e li fece arbitri dei proprii destini. L'Europa ed i vostri popoli vi terranno conto del sublime sagrifizio; e Voi potrete, o Sire, levare confidente la fronte a Dio, che premierà l'atto magnanimo della M. V. Ritemprato nella sventura il vostro cuore, esso si aprirà alle nobili aspirazioni della Patria, e Voi benedirete il giorno in cui generosamente vi sacrificaste alla grandezza d'Italia.

Compio, o Sire, con queste parole il sacro mandato, che la mia esperienza m'impone; e prego Iddio che possa illuminarvi, e farvi meritevole delle sue benedizioni.

Di V. M.

Napoli 24 agosto 1860

Affezionatissimo zio
LEOPOLDO CONTE DI SIRACUSA.

Commentando questa lettera, il *Nazionale* diceva: "Ogni provincia d'Italia muore, l'Italia nasce".

L'ultimo giorno di agosto, il conte di Siracusa s'imbarcò sulla *Costituzione*, messa ai suoi ordini dal Persano e partì per Genova e Torino. La luogotenenza di Toscana gli rimase in gola e morì l'anno dopo nel marzo, a Pisa, dov'è sepolto.

Capitolo XIV

A proposito della fine del conte di Siracusa, piacemi riferire un aneddoto intimo. Il conte di Cavour incaricò il Fiorelli d'annunziare, coi debiti riguardi, la morte del conte alla contessa sua moglie, la quale era, com'è noto, una principessa di Savoia, sorella del principe Eugenio di Carignano e aveva nome Maria Vittoria Filiberta. Dopo la catastrofe dei Borboni, ella restò a Napoli, nel suo bel palazzo alla Riviera, da tutti rispettata. Quel matrimonio non fu modello di felicità, troppa essendo la difformità di carattere nei coniugi. Il conte di Siracusa era un volgare buontempone, tutto napoletano; scettico e superstizioso, in fatto di religione; impressionabile, mobile, loquace, femminiero, con una larga dose di quella familiarità caratteristica dei Borboni, e che spesso degenerava in mala educazione. Portava lunga la barba, quasi per sfidare la polizia che alle barbe lunghe muoveva guerra. Quando viaggiava in ferrovia, se era di estate e vedeva chiusi gli sportelli della carrozza del treno, ne rompeva i vetri con la punta del bastone. La contessa, invece, era un'asceta; viveva ritiratissima; schivava le compagnie, e mentre suo marito liberaleggiava, essa era una retriva furente, non per animo triste, ma per eccessivi scrupoli religiosi. Aveva una figura molto comune, anche perchè, non si seppe mai se per umiltà o per avarizia, vestiva assai dimessa. Il conte non le era stato fedele mai. Ho riferito l'aneddoto del colpo apoplettico, dal quale fu preso nel 1858; e che, rinnovatosi a Pisa, gli troncò la vita a quarantott'anni. Fiorelli andò, dunque, dalla contessa; e, prendendo le cose un po' alla larga, le disse che il conte si era gravemente ammalato a Pisa, e che....; ma la contessa gli spezzò la parola, dicendogli, secca secca: "*Eh! bien; fai compris; il est mort*"; e al cenno affermativo di Fiorelli, rimasto interdetto dinanzi a tanta indifferenza, soggiunse: "*Il l'a voulu*"; e, voltandogli le spalle, piantò, senz'altro, il fido segretario di suo marito. Di questa morte ella non si afflisse punto, e seguitò a vivere a Napoli, una vita da convento fino a che vi morì dopo il 1870.

La lettera del conte di Siracusa, scritta dal Fiorelli, produsse, com'era da prevedere, un effetto immenso. Erano giorni quelli di continue sorprese stupefacenti, e i giornali liberali portarono alle stelle don Leopoldo. Si era così perduta la misura del senso morale, che questi atti trovavano laudatori entusiastici. I ministri ne furono impensieriti, ma il Re si mostrò quasi indifferente. Di fronte a questa interna decomposizione, il lavoro diplomatico a Torino e a Parigi andava in fumo. Invano il Manna e il Winspeare, a Torino, e il Lagreca a Parigi, chiedevano che la Francia e il Piemonte ottenessero da Garibaldi una tregua di sei mesi, per condurre a termine le trattative di un'alleanza col Re di Sardegna e per riunire il Parlamento napoletano. Cavour, presa nelle sue mani la direzione del movimento nazionale, e messo a disposizione del Persano un milione di lire, che questi, come confessa nel suo *Diario*, non spese che in piccola parte, aveva tenuto a bada i due delegati napoletani, tanto che il Manna, accortosi della corbellatura, la sera del 10 agosto partì per Parigi, seguito, dopo pochi giorni, da Canofari che andava a surrogare Antonini, il quale, stanco alla sua volta degl'insuccessi e più di essere lasciato senza istruzioni, aveva mandate le sue dimissioni. Manna fu uno degli invitati al pranzo diplomatico, che il ministro Thouvenel diè, il 15 agosto, ai rappresentanti esteri per la festa dell'Imperatore. A quel banchetto assistette anche il Lagreca, il quale, privo di qualunque attitudine diplomatica, non aveva saputo o potuto far nulla, anzi si era smarrito nelle riserve impostegli, quando partì da Napoli. Le quali riserve furono anche cagione del suo insuccesso, secondo confessò più tardi il conte di Persigny al barone di Letino, Carbonelli, direttore dei lavori pubblici, anzi reggente di quel ministero, durante l'assenza del Lagreca. Le relazioni negative di Manna e di Lagreca erano argomento di tristezza per i ministri, più ancora che per il Re, il quale non mutava il suo contegno, ora apatico e fatalistico, ora sospettoso e sarcastico. Nei Consigli di Stato egli udiva le relazioni dei ministri e dei direttori, e faceva le sue osservazioni, spesso acute e

Capitolo XIV

argute, senza però curarsi se erano accolte o no. Qualche volta si divertiva, facendo pallottole di carta e buttandole in aria, o cincischiando con la matita sui fogli, che gli erano dinanzi. Solo prorompeva in qualche raro scatto d'ira contro il Piemonte, contro il Persano e contro il Villamarina, i quali cospiravano sotto i suoi occhi, senza ritegno, ma era ben lungi dal provocare contro essi misure severe.

Dopo la sanguinosa giornata di Milazzo, che fu il 20 luglio, e la capitolazione di quel forte e poi di quella di Messina, la Sicilia, tranne le fortezze di Messina e di Augusta, ubbidiva tutta a Garibaldi, che vi aveva nominato suo prodittatore il Depretis. Il quale, ricevendo il municipio o Senato di Palermo, non dubitò di parlare esplicitamente del *nuovo Regno d'Italia*, che si sostituiva e della sua capitale, che doveva esser Roma, sino a pubblicare lo Statuto del Piemonte e ad imporre ai funzionarii pubblici questo giuramento: "*Giuro di esser fedele a S. M. Vittorio Emanuele, di osservare lealmente lo Statuto e le leggi dello Stato, e di esercitare le mie funzioni nel solo scopo della difesa del Re e della patria*". Contro questi atti protestò il De Martino con nota alle potenze, in data del 21 agosto; protesta che dal Bonghi fu chiamata nel *Nazionale* "il canto del cigno". Garibaldi entrò a Messina con Cosenz e Bixio, il giorno 30 luglio e vi nominò governatore Emanuele Pancaldo, che poi fu deputato di estrema sinistra: una testa accesa, che diresse ai suoi concittadini, nell'assumere il potere, questo incredibile manifesto:

> Messinesi! – Il Dittatore, creandomi vostro governatore, ritenne ciò che io gli significai: cioè, che nella sola vostra convergenza *(sic)* mi reputai idoneo e sufficiente alla Dittatura distrettuale che indosso *(sic)*. Vi prego dunque accordarmi la vostra efficienza *(sic)* e presentarvi meco solidali *(sic)* al cospetto de' gravi doveri, che mi circondano, senza sopraffarmi quando la vostra convergenza *(sic)* mi rende eguale alla vostra corporativa dignità *(sic)*. In quanto a me posso somministrarvi due elemen-

ti *(sic)*, e rendermi in essi solo risponsabile di tutte le mie operazioni, la più perfetta abnegazione di me stesso e il buon volere. Tutt'altro che mi è d'uopo lo invoco da voi, ed in questa fiducia mi pongo all'impresa.

Da quel giorno, Messina divenne il centro dei preparativi per la campagna sul continente.

I lavori per la spedizione erano condotti innanzi con febbrile attività. Le forze garibaldine si concentravano tra Messina e Punta di Faro, e i contatti tra la riva sicula e la calabrese erano frequentissimi, malgrado la presenza di alcune navi regie nello stretto. Il giudizio della storia sulla condotta della marina napoletana nel 1860, dal principio alla fine del gran dramma rivoluzionario, sarà, forse, severissimo. Fin dal 10 luglio, Amilcare Anguissola, comandante della fregata *Veloce* nel porto di Messina, incaricato di scortare il vapore *Brasile*, che portava truppe a Milazzo, fece rotta per Palermo, dove si diè a Garibaldi che l'accolse con festa. Garibaldi mutò nome alla nave, dandole quello di *Tukery*, e fu il terzo battesimo, perchè, bisogna ricordare, quella nave fu comperata nel 1848 dal Governo siciliano in Inghilterra e si chiamò *Indipendenza*. Ebbe un nuovo comandante in persona del Burone-Lercari, che apparteneva alla marina sarda, e che col Lovèra, col Canevaro ed altri ufficiali di quella marina, era corso volontariamente in Sicilia a prestar servizio nella nuova flotta, che Garibaldi organizzava. In questa entrarono pure, col grado di tenenti, gli ex-alfieri di vascello Accinni, Cottrau e Libetta, i quali si erano correttamente dimessi in luglio. Fecero tutta la campagna con Garibaldi; e Paolo Cottrau, come ho altrove ricordato, è morto da due anni, col grado di viceammiraglio, vivamente rimpianto.

Il Depretis, prodittatore, nominò ministro per la marina sicula, il Piola Caselli, alto ufficiale nella flotta sarda; ma organizzatore effettivo di quella improvvisata marina fu l'Anguissola. Il *Tukery*, che aveva

Capitolo XIV

contribuito al successo della giornata di Milazzo, ebbe poi l'incarico di catturare le navi regie, in rotta fra la Sicilia e Napoli e catturò infatti l'*Elba*, che da Messina portava uffiziali a Napoli, e il *Duca di Calabria*, che veniva da Napoli.

Giovanni Vacca, comandante del *Monarca*, il maggior legno da guerra della marina napoletana, e che era in allestimento a Castellamare, offrì al Persano di lasciar prendere il bastimento, lui assente, a condizione però che l'assalto avvenisse di notte e fosse compiuto con abilità e audacia. Il Persano comunicò il disegno al Depretis, che incaricò il Piola stesso della impresa: impresa assolutamente pazza, anche se fortunata, perchè il *Monarca* non era bastimento da poter servire in quelle circostanze, e perchè mezzo disarmato. Il tentativo non riuscì, perchè il *Tukery* sbagliò manovra, avendo un cilindro della macchina che non funzionava. L'assalto, dato con impeto, fu respinto, per la valorosa e onorata difesa che fecero del bastimento il comandante Guglielmo Acton, il quale nella mischia restò ferito da una palla di moschetto al ventre, e l'uffiziale Cesare Romano. Il *Tukery* ebbe undici morti e molti feriti; ma, quel che fu più doloroso, due sue imbarcazioni, cariche di carabinieri genovesi, i quali dovevano dare un altro assalto al *Monarca* vennero capovolte nella rapida manovra per dare indietro. Quasi tutti perirono. Il *Monarca* fu ribattezzato poi col nome di *Re Galantuomo*. Erano a bordo del *Tukery*, in quella notte, che fu dal 13 al 14 agosto, oltre al Piola, al Burone, al Lovera e al Canevaro, piemontesi, il giovane Trefiletti, siciliano, e i due fratelli Cottrau, Paolo e Giulio: il primo, promosso in quei giorni tenente di vascello; e il secondo, volontario dilettante, che, per bisogno di emozioni e per affetto fraterno, si era imbarcato a Palermo per quella spedizione. In seguito al tentativo contro il *Monarca*, il giorno stesso fu proclamato a Napoli lo stato d'assedio; ma questo non rallentò l'azione dei due Comitati, non moderò il linguaggio della stampa unitaria, e non frenò le cospirazioni di Villamarina e di Persano, di Visconti Venosta e di Finzi, di Ribotty e di Mezzacapo, di Nisco e di Devincenzi e di tutti i liberali unitarii, nè lo sfacelo progressivo della marina militare.

A proposito del tentativo sul *Monarca*, Luigi Giordano scriveva al Comitato di Cosenza:

> La scorsa notte, nel porto di Castellamare, si è appressato un legno. Interrogato, ha risposto: *Legno francese, che áncora.* Nessuno vi ha più badato. Intanto sopra due lance discesero degl'individui, fra' quali, dicesi, Garibaldi han tagliato le gomene del vascello napoletano il *Monarca*, di 80 cannoni, e poscia han cominciato a tagliare, mercè di scalpelli, la gran catena. La guardia del vascello si taceva, sicchè si è creduto dagli uomini della scialuppa che il legno era senza guardia. Agivano quindi da disperati e senza molti riguardi. Uno di loro disse: *Questa maledetta catena non vuol cedere.* Allora la guardia del vascello si è accorta, che i colpi del martello erano su la catena del *Monarca*, mentre credevali sul legno, che avea dichiarato di voler ancorare. Si gridò all'arme! I soldati, accorsi al loro posto, si avvidero dell'inganno, e s'impegnò un attacco fra le scialuppe, i soldati e il fortino di Castellamare. Le scialuppe, dopo breve resistenza, si ritirarono, ed avvicinatosi il vapore il *Veloce*, imbarcò gli uomini e prese il largo.[9]

Fosse patriottismo estemporaneo, o volgare egoismo, o febbre rivoluzionaria che tutti invadeva, anche col pericolo della propria vita, o effetto delle sue tradizioni antidinastiche e dei ricordi di Caracciolo e di Murat; o fossero tutte queste cose riunite insieme, certo è, che sulla marina da guerra, fin dal giorno che Garibaldi sbarcò a Marsala, Francesco II non potè più contare. Data la Costituzione, la marina fu perduta alla dinastia dei Borboni. Il comandante del *Capri*, Marino

---

[8] Archivio Morelli.

Capitolo XIV

Caracciolo, scriveva a Persano di attendere i suoi ordini per inalberare la bandiera nazionale, che poi inalberò, andando, dopo l'entrata di Garibaldi a Napoli, a conquistare il forte di Baia, il cui comandante, al Caracciolo che gl'intimava la resa in nome del Dittatore ricusò di arrendersi, dicendogli: "*A qualunque altro si; a voi, no*". Gli ufficiali superiori Vitagliano, Burone e Scrugli, invitati a prestar servizio, si rifugiarono sulla *Maria Adelaide*, e non ne scesero che dopo l'entrata di Garibaldi.

Pochi rimasero fedeli alla causa del Re. Ricordo, tra questi, il Lettieri e il Pasca, i quali andarono a Gaeta. Il Pasca, che comandava la *Partenope*, si distinse nella difesa della fortezza e fu uno dei tre ufficiali superiori, che, per la piazza di Gaeta, sottoscrissero la capitolazione. Egli ebbe grado di "generale della Real Marina", ed è morto di recente. Altri ufficiali, tra i quali il Ruggiero, il Bargagli, il Rivera, il Flores, il Vergara, il Carbonelli, il Bracco, il Rocco, ancora giovani, non vollero entrare nella marina nazionale; e i più vecchi, ammiragli o capitani di vascello, Garofalo, Palumbo, Mollo, Lavia, Capecelatro, Miceli, Marin, Iauch, Cossovich si ritirarono volontariamente dal servizio.

Fra le varie interpretazioni, date per spiegare lo *squagliamento* della marina, vi fu quella che l'armata napoletana fosse tutta ascritta alla massoneria. Ma non è vero. I massoni erano ben pochi, e solo ostentava di esserlo il conte d'Aquila, grande ammiraglio, il quale portava un anello al dito, e facendone mostra nei giorni del suo liberalismo, lasciava intendere che egli era liberale e frammassone. Non fu dunque la dissoluzione della marina opera di setta o di denaro, nè proposito deliberato di tradimento; fu effetto dell'ambiente, come si direbbe oggi, ossia di quella generale frenesia, per cui tutto venne manomesso ed offeso da parte di tanti, i quali avevano giurata fede ai Borboni, e che al giuramento credevano non venir meno, passando nelle fila dei nemici loro; e fu anche effetto di quel certo senso di leggerezza o irrequietezza, che distingueva la marina napoletana e un po' della sua tradizione. Francesco Caracciolo aveva fatto altrettanto nel 1799.

Alla richiesta di armi, di truppe, di gendarmi, da parte degl'intendenti, alla dissoluzione crescente, ai parziali sbandamenti militari, ai disordini, alle diserzioni variamente provocate, che non mancavano, il governo tentò provvedere, in ultimo, con questa circolare, diretta il 29 agosto da Giacchi agli intendenti e sottointendenti, e che è importantissima, come la constatazione ufficiale dello sfacelo e dell'impotenza del ministero:

> Le condizioni in che versiamo, non sono le più felici, e sarebbe follia farsi illusione del contrario. Da tutte parti vengono a questo Ministero novelle di disordini e domande che vi si provvegga, mandando forze regolari, per contener gli animi nella moderazione e nel rispetto dovuto alla pubblica potestà ed ai diritti dei singoli cittadini. Ma sciaguratamente sembra che i mandatari del potere non s'abbiano formata un'idea giusta dello Stato, del paese e de' mezzi che sono in poter loro, per resistere alla piena delle passioni politiche, che meglio si direbbero egoistiche, le quali spingono alla reazione da un lato, a contrarii eccessi dall'altro. L'esercito (dovrebbero essi saperlo) non è in grado di molto operare per la quiete interna del Regno, distratto com'è contro le esterne aggressioni, nè d'altra parte gioverebbe sempre usare il braccio militare a reprimere e contenere i perturbatori dell'ordine pubblico, quando a conseguire lo stesso scopo vi fossero altri modi più civili e più alle presenti condizioni accomodati.[10]

E loro consigliava di mettersi d'accordo con gli uomini d'ordine,

---

[10] Archivio Giacchi.

Capitolo XIV

con i proprietari di terre, con gli ecclesiastici, e di usare della guardia nazionale. "*S'informino le signorie loro,* continuava, *a questo gran principio della* SALUTE PUBBLICA, *ed io spero, anzi me ne vanto certo, troveranno, fino ne' più piccoli villaggi, tanto che basti a tener testa a tristi sommovitori de' popoli contro il presente ordine di cose*". E concludeva: "*Degli effetti ne terrà loro gran conto la patria*".

Questa circolare è proprio la fotografia del momento. L'*Omnibus* notò che essa rivelava l'impotenza del governo e aggiunse: "*tal'è la condizione presente, e noi crediamo che in tal condizione di cose il partito più logico sia quello che non cerca di affrettare gli avvenimenti, inevitabili pur troppo, ma che li attende*". E in verità, lo sfacelo irreparabile, che invadeva tutti i rami dell'amministrazione, e che l'opera dei due Comitati aiutava in tutt'i modi, e nel tempo stesso lo sbarco di Garibaldi a Melito e le sue prime fortune; l'azione palese e risoluta del Piemonte; la condotta della famiglia reale rispetto al Re e lo sbandamento dell'esercito erano tutti segni chiarissimi che si era alla vigilia della catastrofe. Ma ancora si aveva fede in una resistenza nelle Calabrie, dov'erano più di ventimila uomini, tra Bagnara, Monteleone e Cosenza, con un maresciallo in capo e cinque generali.

La sera di quello stesso giorno 29, vi fu grande allarme in Napoli e la città fu tutta corsa da pattuglie di cavalleria e fanteria. Benchè si succedessero i bollettini delle vittorie di Garibaldi in Calabria, pubblicati dai fogli liberali a lettera di scattola, correva voce e allarmava tutti, che il governo avesse sequestrati nella strada di Santa Teresa a Chiaja molte armi, le quali dovevano servire al partito reazionario, per tentare un ultimo e decisivo colpo in Napoli. E veramente la polizia sequestrò quella notte alcuni *revolvers*, nonchè quarantamila copie di un proclama che i giornali si affrettarono a pubblicare, inneggiando a don Liborio, come a salvatore della patria. Il proclama diceva:

Sire!

Quando la patria è in pericolo, il Popolo ha diritto di domandare al suo Re di difenderlo, perchè i Re son fatti per i Popoli, e non i Popoli per i Re. Noi dobbiamo loro ubbidire, ma essi debbono sapere difenderci; e per questo Iddio loro ha dato uno scettro ed una spada.

Oggi, o Sire, il nemico è alle nostre porte; la Patria è in pericolo. Da quattro mesi, un avventuriere, alla testa di bande reclutate in tutte le nazioni, ha invaso il Regno, ed ha fatto scorrere il sangue dei nostri fratelli. Il tradimento di alcuni miserabili l'ha aiutato; una diplomazia più miserabile ancora, l'ha secondato nelle sue colpevoli intraprese. Fra giorni, questo avventuriere c'imporrà il suo giogo odioso, perchè, i suoi disegni li conosciamo tutti, e Voi ancora, o Sire. Quest'uomo, d'altronde, non ne fa alcun mistero: sotto pretesto di unificare quel che non è stato mai unito, egli vuole farci Piemontesi, per meglio scattolicarci e quindi stabilire un governo repubblicano sotto l'odiosa Dittatura di un Mazzini di cui sarà egli anche il braccio e la spada.

Ma, Sire, noi siamo napoletani da secoli: Carlo III, Vostro immortale bisavolo, ci tolse per l'ultima volta dal pesante giogo straniero. Noi vogliamo dunque oggi restare e morire napoletani con la bella civilizzazione che con tanta saviezza questo Re ci donò. Il figlio di Ferdinando II non potrebbe tenere con mano ferma lo scettro che ha ereditato da suo padre di gloriosa rimembranza? Il figlio della venerabile Maria Cristina ci abbandonerebbe vilmente al nemico? Francesco II, nostro dilettissimo Sovrano, non avrebbe le virtù e le qualità del più umile dei Re? No, no, ciò non può essere.

Sire, salvate dunque il vostro Popolo! Noi ve lo domandiamo a nome della religione che vi ha consacrato Re, a nome della legge ereditaria del Regno che vi ha dato lo scettro dei vostri antenati, a nome del diritto e della giustizia che vi fanno un dovere di vegliare continuamente alla vostra salvezza e, se è necessario, di morire per salvare il vostro Popolo. Ma la Patria in pericolo vuole quattro cose; eccole:

1° Il vostro Ministero tutto intero vi tradisce; i suoi atti ne fanno fede; le sue relazioni coi Giudei e i Pilati lo attestano. Che il vostro Ministero sia dunque sciolto e surrogato da uomini onesti e devoti alla vostra Corona, ai vostri Popoli ed alla Costituzione.

2° Molti stranieri cospirano contro il vostro trono e contro la nostra nazionalità. Che questi stranieri siano espulsi dal Regno.

3° Numerosi depositi di armi esistono nella vostra capitale. Che un disarmamento sia ordinato.

4° La Polizia è tutta intera devota al nemico. Che la Polizia sia sciolta e surrogata da una Polizia onorevole e fedele.

Sire, ecco quel che vi domanda il vostro Popolo napoletano. La vostra Armata è fedele tanto quanto è brava. Prendete dunque una spada e salvate la Patria! Quando si ha per sè il diritto e la giustizia, si ha con sè Iddio!

Viva il Re nostro Francesco II! Viva la Patria! Viva la brava Armata napoletana.

In quei giorni stessi il Governo credè necessario sostituire l'intendente di Catanzaro Giannuzzi Savelli con Luigi Vercilli; e il Capone di Avellino, col conte Onorato Caetani.

CAPITOLO XV

SOMMARIO: Ultimo numero del *Giornale di Sicilia* sotto i Borboni e primo numero sotto la Dittatura – Monsignor Naselli, arcivescovo di Palermo e suoi rapporti con Garibaldi – Garibaldi nella cattedrale di Palermo e Giudice della Monarchia – La liberazione dei nobili – Feste ed entusiasmi popolari – La condotta dei giovani patrizi – La guardia del palazzo dittatoriale – Graduati e militi – I siciliani a Milazzo – Il principe di Scalea ed Emanuele Notarbartolo di San Giovanni – Ricordi interessanti – Caricature ed epigrammi sull'esercito – Il colonnello Buonopane e suoi precedenti – Le accuse contro di lui – Gli altri generali borbonici in Sicilia – Confessioni di Maniscalco a Gaetano Filangieri – Il generale Clary – Particolari e sue lettere postume – Il capitano *Sciacquariello* – Giudizi sull'opera militare nell'Isola – Le *Memorie* di Pianell – L'opera di Cavour a Napoli – Sue inquietudini – Manda Visconti, Finzi, Bibotty, Devincenzi, Nisco, Mezzacapo e Schiavoni – Particolari inediti o curiosi – Svanisce il disegno di un *pronunciamento* militare – Confessioni di Emilio Visconti – Una lettera di Cavour, portata da Niccola Schiavoni.

L'ultimo numero del *Giornale di Sicilia* vide la luce il 26 maggio 1860, vigilia della Pentecoste e dell'ingresso di Garibaldi; e l'ultimo decreto, pubblicato in prima pagina, in corpo dodici fu quello, col quale don Angelo Maniscalco, in data del 9 maggio, veniva nominato *effettivamente* ricevitore della dogana di Messina. Era il primo figliuolo del Maniscalco e contava cinque anni. Quel decreto, riguardante un bambino, aveva tre volte la firma del principe di Cassaro, presidente del Consiglio dei ministri e ministro per la Sicilia, nonchè la firma del

Capitolo XV

Lanza, col titolo di commissario straordinario con l'*Alter Ego*, e quella del Bracci, per *certificato conforme*. La nomina del piccolo Maniscalco a quel posto assai lucroso era stata il regalo di battesimo fattogli da Ferdinando II. Il *Giornale di Sicilia* ricomparve il 7 giugno nello stesso formato, ed in quel primo numero, al posto dello stemma borbonico, c'era quello di Savoia; al posto del decreto per il figliuolo di Maniscalco, il decreto da Salemi, col quale Garibaldi si proclamava dittatore, in nome d'Italia e Vittorio Emanuele. Al Ventimiglia, partito per Napoli, succedeva nella direzione Isidoro La Lumia, col dottor Giuseppe Lodi. Della vecchia redazione rimasero Girolamo Ardizzone, il quale era stato il collaboratore più assiduo, ed a cui il giornale fu affidato poco tempo dopo; Giuseppe Antonio Arioti, Luigi Corvaja e Francesco Scibona Battolo. In quella guisa, che, avvenuto l'ingresso di Filangieri a Palermo e dopo l'attentato di Agesilao Milano, il *Giornale di Sicilia* pubblicò per mesi interi gli indirizzi di fedeltà e di felicitazioni da parte dei comuni tutti dell'Isola a Ferdinando II, lo stesso giornale iniziò la serie degl'indirizzi degli stessi comuni a Garibaldi, perchè s'investisse della dittatura, che aveva assunta sin dal 14 maggio a Salemi. E negli avvisi teatrali dello stesso foglio si cominciò a leggere dal 25 giugno, anche questo: "*Teatro Nazionale a San Ferdinando: SALVATORE MANISCALCO, DRAMMA E BALLO*". Il teatro nazionale era il presente teatruccolo "Umberto"; ma prima del 27 maggio era semplicemente "teatro San Ferdinando". È inutile dire che quella rappresentazione era tutta una sfuriata contro l'ex direttore di polizia, la cui persona, al comparire sulla scena, era salutata da un uragano di fischi e da un coro selvaggio d'imprecazioni.

L'arcivescovo di Palermo, monsignor Naselli, non si mosse dal suo posto nei giorni terribili, nei quali a Palermo si combatteva e si moriva; e quando il nuovo ordine di cose fu stabilito, egli non esitò a riconoscerlo e andò a visitare il dittatore, così come questi, consapevole della forza del sentimento religioso in Palermo e in tutta la Sicilia, nonchè dell'intimo accordo esistente fra il clero e il laicato, si limitò a pubblicare soltanto il decreto che sopprimeva i gesuiti e i liguorini, come già fece la rivoluzione nel 1848. Se nell'esecuzione di quel decreto vi furono eccessi vergognosi, ch'è meglio non ricordare, la colpa non si può far risalire a Garibaldi, ma ad alcuni di quegli elementi indigeni, per i quali la libertà era profitto e violenza. Garibaldi anzi tenne in quei giorni un contegno di austera moderazione e tolleranza: andò in pellegrinaggio alla grotta di Santa Rosalia al Monte Pellegrino, e nella festa della Santa assistette alla messa pontificale; anzi, assumendo la dignità di legato apostolico e giudice della Monarchia, montò sul trono in camicia rossa, e alla lettura dell'Evangelo snudò la spada per la difesa della fede cattolica. Tanto poteva in lui la forza dell'ambiente: un ambiente di vivace e quasi primitivo sentimento religioso, per cui il sacerdote, prete o frate, è ritenuto anche oggi in Sicilia non diverso, ma superiore ai membri degli altri ordini sociali. Il sentimento religioso fu una delle ragioni del successo della rivoluzione. Il popolino di Palermo attribuiva a Garibaldi un potere soprannaturale e lo riteneva persino congiunto di Santa Rosalia, la quale, secondo la tradizione, era figliuola di un conte siciliano, di nome Sinibaldo. La somiglianza fra i due nomi suggellava la credenza.

Prima del 27 maggio, quando i soldati regi partivano da Palermo, i marinai siciliani, saliti sulle antenne dei loro bastimenti, davano loro la malandata col grido *fuori, fuori, assassini, per non più tornare*; ma dopo quel giorno l'odio verso i soldati napoletani era di molto scemato, anzi erano frequenti i casi, nei quali questi fraternizzavano nelle bettole coi popolani e insieme gridavano: *Viva Garibaldi*. L'esercito borbonico, giova ripeterlo, era formato da una sola delle Sicilie, cioè dalla continentale: l'Isola godeva il privilegio di non aver

Capitolo XV

leva, e nell'alta gerarchia militare erano pochi i generali siciliani. Ricorderò fra essi il Lanza, tenente generale e ultimo luogotenente; il conte Giuseppe Statella, che morì in Roma nel 1862 e il principe della Scaletta, morto egli pure a Roma, nel 1889. L'esercito napoletano era sinceramente odiato in Sicilia anche per questo, e l'odio veniva, con eguale sincerità, ricambiato da parte dei militari, che assumevano in Sicilia aria da conquistatori e prepotenti.

Dopo l'ingresso di Garibaldi, l'avvenimento maggiore nella città di Palermo fu la liberazione dei sette giovani nobili, arrestati in seguito alla tentata sommossa del quattro aprile. La loro prigionia durò sino all'ultimo momento, cioè fino al 19 giugno, nel qual giorno partì da Palermo il grosso delle truppe regie col generale Lanza. Quei prigionieri furono considerati come ostaggi di guerra, e corsero più volte il pericolo di essere fucilati. Il 19 giugno, dunque, il Lanza, prima d'imbarcarsi per Napoli, andò ad aprir loro le porte delle prigioni, rivolgendo ai prigionieri queste parole: "*Sono dolente di essere stato strumento involontario delle loro sofferenze*". Portati in trionfo da una folla plaudente, andarono a ringraziare Garibaldi, che li accolse con grande effusione. Egli aveva preso alloggio da pochi giorni al palazzo Reale, ma di questo occupava soltanto il quartiere ch'è sulla porta Nuova, oggi detta di Calatafimi: quartiere modesto, dal quale si gode una vista stupenda da Monreale al mare, attraverso la via Toledo. Quei giovani, tranne il padre Lanza, infermo, chiesero al Dittatore di seguirlo come volontarii, e Garibaldi li accettò. La loro liberazione fu causa di una dimostrazione che ancora si ricorda. Il *Giornale Ufficiale* della dittatura pubblicava in proposito un articolo magniloquente, che diceva così:

> I prigionieri politici del forte di Castellamare, quei giovani eletti per cui abbiamo palpitato in mezzo alle varie vicende d'una lunga e procellosa lotta, sono resi alle nostre braccia. La tirannide gli strappava alle proprie case, alle proprie famiglie, e credeva umiliarne la fiera e dignito-

sa alterezza facendo dei loro lacci spettacolo alla città fremebonda: il popolo li ha ricondotti in trionfo. Onore a quei giovani! a quei rampolli di una aristocrazia cittadina, che, con unico esempio, mezzo secolo addietro immolava spontanea alla patria i suoi privilegi feudali; e poi, confusa nel popolo, divideva per tanti anni i dolori, gli oltraggi, le speranze e le fortune del popolo.

Dalla moltitudine affollata oggi sulla piazza della Vittoria, in mezzo al rimbombo dei sacri bronzi, al lieto suono di militari strumenti, allo sventolare di cento bandiere, un grido di riconoscenza e di affetto si è levato all'eroico Liberatore dell'Isola.

Questa sera la città scintillante di fuochi ha veduto un popolo intero d'ogni età e d'ogni classe, versarsi nella via principale, e abbandonarsi al sereno tripudio di una di quelle feste che non hanno nome nè luogo nei calendari ufficiali, ma che sono destinate a rimanere durevoli nelle pagine della storia.

La condotta di questi nobili è ben degna di essere ricordata anche oggi. Il Lanza, il Pignatelli, il Niscemi, il Riso, il Cesarò, il Notarbartolo e il Giardinelli appartenevano alle maggiori famiglie dell'Isola; rivelarono dignità e coraggio durante la prigionia, rifiutando l'indulto e mostrarono all'Europa che la rivoluzione in Sicilia non era opera delle classi infime, non degli elementi più compromessi moralmente, non degli esuli desiderosi di tornare in patria, non dei mazziniani, nè degli autonomisti, come diceva e ripeteva la diplomazia napoletana; ma era vero e unanime movimento popolare, suscitato sì da varie cagioni, ma tutte ispirate politicamente da un sentimento unico: l'indipendenza da Napoli e l'unione all'Italia, con un governo moralmente migliore. Di quei giovani patrizi del 1860 sono superstiti il principe di Niscemi, senatore del Regno, il barone Giovanni Riso, il principe di Giardinelli e Giovanni Notarbartolo, fratello del povero Emmanuele.

Capitolo XV

Un decreto del 30 giugno, che portava le firme di Garibaldi dittatore e del segretario di stato della guerra, Vincenzo Orsini, diceva: "volendo annuire alle reiterate istanze fatte da molti tra i benemeriti cittadini, che prepararono e coadiuvarono il movimento siciliano": veniva istituito un corpo speciale, che si chiamò col nome poco felice di "Guardie del palazzo dittatoriale". Venne formato difatti dai cittadini più noti e più animosi, che prepararono e coordinarono il risorgimento siciliano ed erano centoventi. Di questo corpo eletto fu comandante, col grado di capitano, Gaetano La Loggia; il principe Antonio Pignatelli ne fu luogotenente; il barone Giovanni Riso, sottotenente; Corrado Niscemi, Martino Beltrami Scalia e Casimiro Pisani, juniore, ne furono sergenti; il principe di Giardinelli e Giovanni Notarbartolo di San Giovanni ne furono caporali; e Gabriele Cesarò, che era forse il più giovane, milite, ma i militi erano pareggiati a sottotenenti, e via via gli altri graduati. In questa compagnia di onore, che ricordava le cento guardie di Napoleone, e le guardie del Corpo dei Borboni, entrarono, anche come semplici militi, Enrico Albanese, Andrea Rammacca, Francesco Brancaccio di Carpino, Paolo Paternostro, Narciso Cozzo, Mariano Indelicato, Francesco Perrone Paladini, Rocco Ricci Gramitto. Giambattista Marinuzzi ne fu il furiere. Corpo veramente eletto, che in quei giorni rese buoni servigi anche alla sicurezza pubblica. I più giovani si arruolarono addirittura con Garibaldi e si batterono a Milazzo e sotto le mura di Capua. E qui occorre ricordare, che Francesco Lanza di Scalea, oggi senatore del Regno, ed Emmanuele Notarbartolo di San Giovanni, del cui efferato assassinio in questo momento tanto si parla, in vista dei grandi avvenimenti che si preparavano, avevano preso servizio volontario, nel febbraio del 1859, nell'esercito sardo; e Cavour, per il nome delle loro famiglie e il significato politico, che rappresentava il loro atto, li aveva indotti ad entrare nella scuola militare d'Ivrea, donde uscirono sottotenenti, il Lanza dei granatieri e il Notarbartolo della brigata Aosta. Si erano dimessi appena saputo lo sbarco di Garibaldi e corsero nell'Isola a prender parte alla rivoluzione. Scalea partì con Medici, e Notarbartolo fece parte di quella fortunosa spedizione, che, catturata dal *Fulminante*, venne rimorchiata a Gaeta. Quella spedizione era partita da Cornigliano presso Genova, la notte dall'8 al 9 giugno, sul *Charles-Jeanes, clypper* americano, rimorchiato dal vaporino l'*Utile* con bandiera sarda. Era un migliaio di volontari sotto il comando di Clemente Corte, poi generale e deputato, morto senatore del Regno, il quale allora aveva grado di maggiore, ed avrebbero dovuto raggiungere a Cagliari il resto della spedizione Medici, e colà ricevere armi, munizioni e uniformi. La cattura avvenne nella notte dal 9 al 10, e la nave, condotta a Gaeta, ancorò sotto il tiro delle batterie del porto. Ma poichè i volontari passavano per emigranti, il Piemonte e gli Stati Uniti protestarono, ma invano. La cattura durò sino ai primi di luglio, quando, concessa la Costituzione, il governo di Napoli si affrettò a liberarli, e poterono quei giovani prender parte alla battaglia di Milazzo. Emmanuele Notarbartolo vi trovò tanti suoi amici di Palermo, e basterà ricordare Narciso Cozzo, il Brancaccio, i due fratelli Ricci Gramitto, Rocco e Innocenzo, Stefanino de Maria, Pietrino San Martino, e vi trovò pure Francesco Scalea, Achille Basile e Corrado Niscemi, che la signora Mario fece poi morire a Cajazzo! [1] E fra quelli, che dopo aver seguito Garibaldi al Volturno, entrarono poi nell'esercito, ricorderò Francesco Brancaccio di Carpino, che si battette a Custoza e vi guadagnò la medaglia al valor militare. Lanza di Scalea entrò in diplomazia.

Una caricatura dello *Charivari* aveva riassunta la situazione dell'esercito napoletano in Sicilia, dipingendo un'armata, nella quale i soldati avevano le teste di leone, gli ufficiali la testa d'asino, e i gene-

---

[1] JESSIE WHITE MARIO, *La vita di Garibaldi*, vol. I, cap. XXV, pag. 26.

Capitolo XV

rali erano acefali, con questa annotazione in piedi: *Voilà l'armée du roi de Naples en Sicile!* Feroce caricatura, ma non immeritata, rispetto ai generali che dettero così desolante prova d'incapacità e di scetticismo. Non furono traditori, ma incredibilmente inetti e noncuranti, non solo della causa che difendevano, ma della loro stessa reputazione: primo fra tutti, il Lanza, il quale non ebbe un sol lampo di risoluzione, e che chiusosi in palazzo Reale dal suo arrivo a Palermo, non ne uscì che per sottoscrivere il secondo armistizio, dopo un iniquo e inutile bombardamento!

Si è parlato del Lanza e del Landi, ma sarà bene spendere una parola per gli altri. Il colonnello Cammillo Buonopane, che in quei giorni fece da spola fra Napoli e Palermo e sottoscrisse con Garibaldi la convenzione finale, veniva ritenuto il più dotto ufficiale dell'esercito, ed era sottocapo dello stato maggiore. Aveva precedenti liberali, e prima del 1848 era stato amico di Mariano d'Ayala e di Niccola Schiavoni, ma dopo il 1848, divenne assolutista convinto. Era intimo dell'abate don Mauro Minervini e aveva in moglie una baronessa Garofalo. Ricordo che quando, dopo il 1860, Niccola Schiavoni tornò dall'esilio, rivide il Buonopane in casa del Minervini. I due amici si narrarono a vicenda i proprii casi; e il Buonopane, rimasto borbonico, benchè dopo la convenzione del 6 giugno, sospettato di tradimento, fosse relegato in Ischia, non nascose allo Schiavoni tutta l'amarezza sua per sì ingiusti sospetti. Morì nell'agosto del 1862. Egli non aveva nessuna delle qualità acconcie per il posto che occupava, nè gli riuscì di formare un piano di guerra contro Garibaldi, e quando gli fosse riuscito, non sarebbe stato possibile farlo accettare dal Lanza, la cui incapacità era soltanto superata dalla testardaggine di voler fare a modo suo, e ch'egli disprezzava. Capo dello stato maggiore era il generale Ischitella, il quale valeva meno del Buonopane, e che in quei giorni rappresentò, in modo così perfetto, la parte del confusionario, che interloquiva su tutto e non riusciva a far indovinare che cosa veramente volesse. Il Letizia pareva il più risoluto, e benchè vecchio, rivelava vivacità giovanile, ma il suo spirito era più vivace che illuminato, anzi scettico e leggiero nel fondo: non aveva paura, ma neppure iniziativa. Sotto il comando di un generale intelligente e audace, il Letizia si sarebbe fatto onore; lasciato a sè stesso, fu travolto nel vortice della comune rovina. I cognomi di Letizia e di Buonopane davano luogo ad epigrammi, da parte dei liberali. Uno dei più ripetuti era, che non si poteva perdere con *letizia* e *buono pane*, o che si sarebbe perduto... allegramente!

I generali Giovanni Salzano e Gaetano Afan de Rivera non difettavano di qualità militari: il secondo possedeva più cultura generale che militare, era figliuolo del celebre idraulico e cugino di Rodrigo, generale di artiglieria; ma aveva poco tatto e a Messina si era bisticciato col Russo. Primerano e Cataldo non avevano alcuna reputazione, neppure nell'esercito, anzi al Cataldo si rimproverò l'abbandono della posizione ai Quattro Venti, che rese impossibile ogni resistenza in Palermo. A tal proposito, Maniscalco, giunto a Napoli l'otto giugno, diceva a Gaetano Filangieri che l'abbandono dei Quattro Venti, da parte del Cataldo con quattromila uomini, senza essere stato aggredito; la ostinazione di Von-Mechel di continuare con la sua colonna la marcia su Corleone, invece di girare sopra Misilmeri e piombare addosso a Garibaldi; l'esitazione di questa colonna nell'attaccare, di ritorno, Palermo dalla parte meridionale, nonchè l'abbandono da parte del generale Landi della Gran Guardia, in piazza Bologni, erano state le principali cagioni dell'avvenuto disastro. E aggiungeva: "rovinoso fu il primo armistizio, ed anche più il secondo. La mattina del primo armistizio gli attacchi di Garibaldi erano molto rallentati, perchè egli mancava di munizioni; Palermo, durante i primi armistizi, si fortificò, construendo innumerevoli barricate e tutte le saettiere aperte nelle case; l'incertezza, l'esitazione di Lanza erano tali da non farsi un'idea".[2]

Capitolo XV

Il Clary, che comandava a Catania, aveva discrete qualità militari; era *blagueur*, non quanto Bosco, ma un po' gli somigliava. Da Catania fu mandato a Messina, dopo l'ingresso di Garibaldi a Palermo; e da Messina, dopo la capitolazione, fu mandato a Napoli; poi seguì Francesco II a Roma, generosamente, non avendone pensione, nè assegno. Da Roma, venuto in sospetto delle autorità francesi, fu ricacciato in secondo esilio a Civitavecchia. Morì borbonico impenitente, convinto che la causa del disastro era dovuta al tradimento di Nunziante e di Pianell principalmente, e poi di tutti gli altri. Egli si condusse bene a Catania, resistendo il 31 maggio al tentativo di rivoluzione; ma la sua condotta a Messina non andò immune da accuse. Si era a oltre mezzo giugno, e la Sicilia, tranne Messina, Siracusa e Augusta, ubbidiva a Garibaldi. A Messina il Clary formò un piano arditissimo per rioccupare Palermo e Catania, e andò a proporlo al Re, il quale era a Portici. Nell'anticamera avvenne una scena molto vivace tra lui e il vecchio conte Ludolf, suocero di Pianell, alla quale presero parte Alessandro Nunziante e Rodrigo Afan de Rivera, i quali, col Ludolf, credevano doversi accordare la Costituzione, mentre il duca di Sangro era di diverso parere. Il piano del Clary fu approvato dal Re, ed egli ebbe il comando di tutte le truppe raccolte a Messina; ma quando si trattò di eseguirlo, prese tempo, affacciò delle difficoltà e non se ne fece nulla. Il 28 luglio capitolò con Medici, e il 2 agosto ebbe a Messina un caratteristico colloquio con Garibaldi, che fu da lui riferito in un dispaccio al Re. Garibaldi gli avrebbe manifestate in quel colloquio le seguenti intenzioni: "non voler fare tregua; esser deciso che l'Italia dovesse essere una; volersi prima disfare del Regno di Napoli, poi attaccare il Papa, e dopo, la Venezia, e questa liberata, passare a riprendere Nizza dalla Francia; disfarsi del Re di Napoli, o col combatterlo o col farselo alleato, e con esso fare il resto;

[2] Archivio Filangieri.

in ogni caso il Re di Napoli non dovrebbe che, o restare sotto Vittorio Emanuele, o andarsene".[3] Il 13 dello stesso mese, il Clary s'imbarcò per Napoli, lasciando il comando della cittadella al generale Fergola. I suoi rapporti sono interessanti per chi voglia penetrar meglio i fatti di quei giorni, e spiegar come, oltre al combattimento di Milazzo, non vi fosse più alcuna resistenza da parte delle regie truppe in Sicilia. Giungendo a Napoli il 14 agosto, sul vapore *Maria Teresa*, il Clary si presentò al Pianell, ministro della guerra, dal quale "fu ricevuto con molto sussiego, e si sentì annunziare che la patria aveva molto a dolersi di lui". La stessa *Cronaca* continua: "Clary chiede militarmente un consiglio di guerra che non è però mai convocato; il colonnello Anzani gli fa sentire che non può essere ricevuto in avvenire dal Re. Presenta da ultimo i documenti della sua gestione contabile negli uffici del ministero della guerra per liquidare un credito di ducati 18 000, oltre di altri ducati 7500 per diverse spese".[4]

Dopo tanti anni, sono capitate sotto i miei occhi alcune lettere inedite del generale Clary, datate nel 1863 da Civitavecchia, dove, così egli confessa, i francesi lo tenevano *prigioniero*. In una narra quel che avvenne a Catania, dopo il 31 maggio ed è bene riferirla:

> Dopo la vittoria di Catania (31 maggio 1860) venne la colonna comandata dal signor maresciallo di campo Afan de Rivera, la quale si divise in due porzioni, una s'imbarcò con lui, e andiede a rafforzar la guarnigione di Messina, l'altra rimase con me, in aumento alle mie truppe. La mattina del 1° giugno 1860 comparve un vapore che portava il brigadiere Rodrigo Afan de Rivera e il colonnello Sponsilli, i quali mi ordinarono di ritirarmi. Risposi che non potevo, risposi chiaramen-

---

[3] *Cronaca*, pag. 233.

[4] *Id.*, pag. 241.

te ed *impertinentemente* "che simile disposizione non poteva venire che da nemici del Re N. S., che alla fine de' conti Sua Maestà mi avea scritto pochi giorni prima, *che mi fossi sostenuto fino all'ultimo*" e ora, dopo un esito tanto felice, io non credea di dover ubbidire, tanto più che se fossi stato sconfitto per la strada (giacchè io mi disponevo a marciar sopra Palermo) avrei ripiegato o a Siracusa o a Trapani. Infine non volea partire, ecco l'assunto. Soggiunsero tutti due (Rodrigo Afan de Rivera e Sponsilli) – *Generale, mettete il vostro rifiuto per iscritto – Subito*. – In presenza loro, nella stanza del telegrafo elettrico, gli scarabocchiai un solenne rifiuto. Partirono il giorno stesso per Siracusa ed Augusta. Cosa fossero andati a fare non lo so; ma so che s'inquietarono pure con il maresciallo Rodriguez (che fu sbalzato al ritiro pochi giorni dopo). Ritornarono a Catania, si presero le armi, le bandiere ch'io avea prese sul nemico, e mi dissero che un dispaccio loro giunto "mi metteva in istato d'insubordinazione, e ch'io doveva ritirarmi sopra Messina subito". Chiamai tutti gli uffiziali Capi de' Corpi (tra quali vi era *Sciaquariello* figlio unico di Afan de Rivera che comandava la batteria di obici a trascino) e loro dissi il volere del Re, che que' signori erano portatori. Tutti, eccetto De Biasio capitano d'artiglieria, Gabriel tenente d'artiglieria, due capitani de' lancieri e cacciatori a cavallo, tutti gli altri cominciarono a gridare che essendo questa la intenzione del Re, essi non volevano *parer ribelli*. Allora dichiarai alto a Rodrigo Rivera e Sponsilli ch'io intendeva che mi mettessero in iscritto gli ordini sovrani. Ciò fecero, e conservo questo documento; ma sapete che le carte non sono presso di me. Presso a poco eccolo:

"Signor Generale,
È volere di Sua Maestà il Re N. S. ch'Ella con tutte le truppe di suo comando, ripieghi sopra Messina, ove riceverà ulteriori ordini.
     Il Brigadiere all'immediazione di S. M. il Re
      firmato: RODRIGO AFAN DE RIVERA".

Nello stesso tempo essendo il telegrafo impedito, mandai dove si poteva fare un segnale, e scrissi a Severino, che mi rispose: *Eseguite*.

Sciacquariello, ricordato in questa lettera, era un giovanetto diciottenne, tenente di artiglieria che comandava una batteria di obici a trascino, e aveva avuto dai compagni quel nomignolo per il vivace e festoso ingegno, l'agile persona e la graziosità dei modi. Si era distinto il 31 maggio a Catania, nella sanguinosa repressione di quella sommossa, e aveva riportata una ferita alla gamba destra. Tornato a Napoli dopo lo sgombero di Catania, fu promosso capitano di stato maggiore e divenne aiutante di campo del generale Pianell, ministro della guerra. Più tardi andò a Gaeta dov'era il padre, e fece il dover suo. Figlio unico del brigadiere Rodrigo Afan de Rivera, aveva compiti i suoi studi nel collegio militare. *Sciacquariello* si chiamava Achille, ed oggi è deputato di Napoli, luogotenente generale e fu ministro dei lavori pubblici per due settimane.

Quale interesse vi era, dunque, perchè fosse abbandonata Catania alla rivoluzione, e le truppe col loro comandante si ritirassero a Messina? Nelle altre lettere lo stesso Clary chiama *dolorosissimo* il ritiro a Messina e afferma aver poi avuto ordini da Pianell "di cedere Messina e di entrare in trattative col nemico, di fargli la proposta della cessione dell'Isola con tutte le piazze forti, purchè lasciasse libero il continente". Dichiara di aver dato *solenni* rifiuti a questi ordini, aggiungendo inoltre di avere avuto direttamente dal Re ordini di cedere Siracusa ed Augusta, e di essere andato in Napoli *per impedirlo, e ne fu impedito* – sono sue parole – *però il documento sta in mano mia, e non esce*. E così poi conchiude: "Pianell non ha mai scritto di andar in soccorso di Bosco, anzi mi toglieva tutt'i mezzi per soccorrerlo. Se avesse regolarmente esternata la volontà che un soldato doveva esternare per l'onore delle armi e del paese, io avrei pagata cara la infamia che si fece compire a Milazzo". Questa lettera, contiene tutta una serie di recriminazioni e di spavalderie; e ciò facilmente si spiega, imperocchè il Clary, non vedendo le cose che sotto il prisma di Catania e di Messina, perdeva il concetto del disastro irreparabile, che si andava maturando. Le lettere di lui sono sottoscritte *D'Artagnan*, e datate tutte da Civitavecchia nel luglio del 1863, quando il De Sivo apparecchiava la sua celebre storia. Egli ignorava che il Pianell aveva formato tutto un piano di resistenza sul continente, poichè in quanto alla Sicilia, così egli che i suoi colleghi del ministero e il Re erano di accordo che non si potesse più difenderla. La riuscita del piano del ministro della guerra esigeva, come condizione imprescindibile, che il Re si mettesse alla testa delle truppe; ma non fu potuto eseguire per le incertezze di costui. Achille Afan de Rivera, aiutante di campo del generale Pianell, mi afferma ch'egli andò tre volte a fare imbarcare i cavalli del ministro per Pizzo e per Sapri, e tre volte ordinò che fossero sbarcati. Le esitanze del Re furono caratteristiche in quei giorni, esitanze militari e politiche, che fecero veramente trionfare la rivoluzione da Reggio a Napoli. Certo la condotta del Pianell si presta agli attacchi dei suoi nemici e soprattutto di quelli in mala fede. Al Pianell non uomo politico, e per giunta ministro costituzionale, sfuggiva il solo concetto esatto, che per rimediare in modo concludente a quello sfacelo, bisognasse far fronte indietro: ritogliere la Costituzione, rimandare gli esuli fuori del Regno, fucilare Liborio Romano e far marciare il Re nelle Calabrie a capo dell'esercito. Altro rimedio non era possibile per salvare il Regno. Ma mancava l'uomo, mancava il principe, e non si sentiva più il pungolo del proprio dovere, soprattutto dai militari. Tutti concorrevano a far precipitare le cose perchè nessuno mostrava di avere più interesse a conservare quell'ordine politico. L'edifizio crollava da ogni parte. Il Pianell ha lasciate le sue *Memorie*, con obbligo che non dovessero pubblicarsi che alla morte dei suoi coetanei, e le *Memorie* sono in potere della vedova di lui, tuttora vivente. L'Afan de Rivera, che ha conservato per il Pianell sincero affetto, mi dice che più volte egli ha fatto vive premure perchè fossero pubblicate, ritenendo che la condotta del generale in quei tristi giorni ne uscirebbe pienamente giustificata.

L'esercito e la marina furono rovinati, è vero, dalla Costituzione, che scompigliò ogni vincolo di gerarchia, ma anche da quello spirito d'indifferentismo, di tolleranza e di falsa pietà, radicato, anzi connaturato all'indole meridionale. Compatimento scambievole, per cui era attutito il senso del lecito e dell'illecito, potendo la pietà per le persone farne perdonare i vizii, e anche le colpe. Se poi queste persone erano in conto di fedeli, allora si chiudevano tutti e due gli occhi. Indifferentismo giustificato anche da questo: dall'opinione divenuta generale che il Regno delle Due Sicilie dovesse scomparire dalla storia, e che perciò non valesse la pena di riscaldarsi per una dinastia, la quale non aveva più difensori, nè amici in Europa.

I momenti erano di una difficoltà eccezionale; Cavour lo capì da principio e non ebbe pace. Ordinò al Persano di andare a Napoli con la flotta, e, giunto ch'ei vi fu, la presenza dell'armata sarda accrebbe l'ardire degli unitarii e degli uomini di ordine. Prima ancora del Devincenzi, del Nisco e del Nunziante, aveva mandato a Napoli, a breve distanza l'uno dall'altro, Emilio Visconti Venosta, Giuseppe Finzi, Ignazio Ribotty e Carlo Mezzacapo, per farli cooperare al pronunciamento militare e al compimento della rivoluzione sul continente prima dell'arrivo di Garibaldi, e prima che sorgessero complicazioni diplomatiche, che egli aveva ben motivo di temere. Ma il pronunciamento, che pareva a Cavour il solo mezzo per giustificare la rivoluzione innanzi all'Europa, non fu possibile. Quel che narra il Nisco, a proposito della conversazione che ebbero il Devincenzi e il D'Afflitto col De Sauget ed altri ufficiali superiori nel quartiere di Pizzofalcone, mi è confermato, con nuovi particolari, dal Devincenzi.

Capitolo XV

Sono notevoli le gravi parole, con le quali il vecchio De Sauget pose termine al colloquio: "*lui e i suoi colleghi, ancor che il volessero, non potrebbero per verun modo salvare l'esercito napoletano. Non aver da gran tempo essi più alcuna autorità sull'esercito; non essere in modo alcuno più sentiti i loro consigli; più essi erano elevati nei gradi, meno erano possenti; poichè l'alito corrompitore di ogni ordine nello Stato, quello della polizia, s'era introdotto nell'esercito; il soldato faceva la spia al caporale, il caporale al sergente, il sergente al tenente, questi al capitano.... Spero*, soggiunse, *che noi siamo andati esenti da questa tabe*".

Emilio Visconti Venosta, il più autorevole degli agenti di Cavour a Napoli, aveva appena trent'anni, ma rivelava vecchia serietà di cospiratore. Giunse colà pochi giorni dopo la promulgazione dell'Atto Sovrano, prima che Garibaldi sbarcasse in Calabria e prima della battaglia di Milazzo. Cavour, che molto l'apprezzava, lo mandò a chiamare, e nel colloquio seguito fra loro, alla presenza di Farini, ministro dell'interno, gli fece intendere che egli aiutava Garibaldi; ma nel tempo stesso si preoccupava dell'avvenire, se Garibaldi, e forse con lui i partiti estremi, rimanessero padroni di metà dell'Italia, e più ancora, se il movimento italiano sfuggisse alla direzione del governo del Re. Egli aggiunse che i pericoli maggiori si potevano probabilmente prevenire, se Napoli, prima dell'arrivo di Garibaldi, avesse fatta la sua rivoluzione in nome dell'unità e della dinastia nazionale, rappresentata laggiù, come altrove in Italia, dagli elementi temperati; e se soprattutto al moto popolare si fosse unito il moto militare, la manifestazione nazionale dell'esercito, come era avvenuto a Firenze. Il Cavour era persuaso esser questo l'unico modo per impedire che l'esercito napoletano si sfasciasse, e per averlo, come una forza organizzata e pronta nel caso, allora non improbabile, che l'Austria attaccasse. E perciò incaricava il Visconti Venosta di andare a Napoli, per indagare se questo piano avesse probabilità di riuscita, e per informarlo del vero stato delle cose.

Emilio Visconti giunse a Napoli con Carlo Mezzacapo, colonnello di stato maggiore nell'esercito dell'Italia del nord, ed oggi generale e senatore. Il Mezzacapo aveva da Cavour la missione speciale, come napoletano, di valersi delle sue numerose relazioni tra gli antichi compagni d'armi, per penetrarne le intenzioni e indurli a riconoscere la necessità di salvare l'esercito, facendolo dichiarare per l'unità nazionale. Alcuni giorni dopo, inviato pure da Cavour, giunse Giuseppe Finzi, uomo di azione e con propositi deliberati ad agire. Egli prese alloggio all'albergo di Roma, dov'era Visconti, ed entrambi procedevano d'accordo col Comitato dell'Ordine. Pochi giorni appresso arrivò mandato pure da Cavour, il generale Ignazio Ribotty, già capo militare dell'infelice rivoluzione calabrese nel 1848, e poi prigioniero per alcuni anni nelle carceri di Sant'Elmo.

Tutto questo armeggio, quasi alla luce del sole, non poteva sfuggire al ministero, e il ministro De Martino mandò a dire al Visconti, confidenzialmente, che lasciasse Napoli, non volendo il governo sentirsi costretto a farlo arrestare. Rispose il Visconti che egli era un deputato, e l'arresto di un membro del Parlamento avrebbe offerta al conte di Cavour una favorevole occasione diplomatica. Egli non ebbe più molestie, e non ne ebbero il Finzi, il Ribotty ed il Mezzacapo; anzi tutti seguitarono a cospirare sotto gli occhi del Re, benchè il fine vero della cospirazione non fosse raggiunto, per la decisa opposizione del Pianell a permettere il *pronunciamento*.

Nelle relazioni, che Visconti Venosta mandava a Cavour, sin dal principio scrisse, che il timore manifestato da taluni esuli napoletani a Torino, che l'annuncio della Costituzione e della lega col Piemonte avrebbe fatto sorgere un partito municipale, non esisteva; che l'opinione pubblica a Napoli era, nella grandissima maggioranza, dominata da una forte corrente unitaria e annessionista, ma che nel tempo stesso gli pareva poco probabile una rivoluzione a Napoli, perchè i

Capitolo XV 383

liberali più avanzati preferivano aspettare Garibaldi; e i moderati temevano, tentando un moto insurrezionale, che si ripetesse il 15 maggio. E neppure nascondeva, sebbene non sconsigliasse di tentarlo, che a Napoli nulla si sarebbe concluso per iniziativa militare. Piuttosto consigliava, come mezzo più pratico e sicuro, di promuovere l'insurrezione nelle provincie, singolarmente in Calabria e in Basilicata, per effetto della quale Garibaldi, giungendo sul continente, avrebbe trovata la rivoluzione compiuta, o quasi compiuta.

Giuseppe Finzi, al contrario, con l'energia e la tenacia del suo carattere, volle esaurire tutti i tentativi e tutt'i mezzi per vedere se un moto popolare a Napoli fosse possibile. Ma non tardò a convincersi che non lo era, se non associandolo ad un moto militare, ed in questo caso, il solo corpo dell'esercito, che mostrasse qualche spirito di nazionalità, era quello dei cacciatori, e il solo uomo, il quale potesse avere su di esso un'influenza, credeva fosse il Nunziante, già partito da Napoli quando Finzi vi giunse. E furono le lettere del Finzi, che determinarono l'invito fatto da Cavour al Nunziante, ch'era nella Svizzera, di tornare a Napoli per promuovervi un moto militare.

Il Ribotty poi aveva ideato lo strano progetto di impadronirsi, da solo, di Castel Sant'Elmo, con la complicità di taluni tra gli ufficiali del forte. A tal fine si recava di notte lassù, e aveva abboccamenti con gli ufficiali, i quali, strano sintomo della condizione morale dell'esercito, consentivano a parlare con lui della proposta, pur non sapendo risolversi a nulla. Finalmente, il 2 agosto, con Gioacchino Saluzzo, principe di Lequile, si recò dal maggiore Gennaro de Marco, comandante del forte, e a nome di Cavour, gli propose a bruciapelo di cedere il castello alla guardia nazionale, che vi avrebbe inalberata la bandiera tricolore, prima che Garibaldi entrasse a Napoli. Offriva in compenso al De Marco il grado di colonnello, ma il fiero ufficiale rispose: *"L'onore di un soldato non si compra; prima di essere soldato io fui cittadino, quindi giuro sul mio onore, che a costo della vita non mi opporrò mai al movimento nazionale*".

L'unica azione veramente efficace, esercitata dai mandatarii del conte di Cavour, fu quella consigliata da principio dal Visconti Venosta: promuovere l'insurrezione nelle provincie, intendersi coi capi e inviare armi. Negli ultimi giorni però, dopo lo sbandamento delle truppe regie in Calabria, e quando il governo perdeva sempre più forza e prestigio, si pensò di tentare una manifestazione allo scopo di dare il tratto alla bilancia: far partire il Re e nominare un governo provvisorio, sotto gli auspicii di Vittorio Emanuele. Ma era tardi. Il conte di Cavour, con un dispaccio al Persano, fece sapere che un'azione diversa e distinta da quella di Garibaldi sarebbe stata, al punto a cui eran giunte le cose, senza effetto e capace forse di far sorger qualche grave discordia. Il conte aveva preso il suo partito e decisa la spedizione nelle Marche e nell'Umbria. Si era ai primi di settembre. Ho voluta riassumere qui l'opera di Cavour a Napoli, perchè meglio si possa giudicarla nel suo complesso, e perchè nessuno ne ha scritto finora con esattezza, e assai meno il Persano. Devo all'amicizia di Emilio Visconti Venosta se ho potuto farlo con esattezza e precisione.

E devo egualmente all'amicizia di Niccola Schiavoni un altro particolare, che rivela ancora di più l'inquietudine febbrile di Cavour in quei giorni. Non contento di aver mandato a Napoli il Visconti Venosta, il Finzi, il Ribotty, il Mezzacapo, il Nisco, il Devincenzi, il Nunziante, egli non era punto tranquillo circa gli avvenimenti, che con tanta rapidità si succedevano nelle Provincie meridionali. Sapendo da Poerio e da Massari che il loro amico Niccola Schiavoni, reduce da Londra, doveva recarsi a Napoli, li pregò di fargli sapere che desiderava vederlo. Schiavoni, giunto a Genova, trovò una lettera di Poerio che lo chiamava in fretta a Torino. Vi giunse e trovò

Massari che l'aspettava alla stazione, e lo condusse da Poerio. Tutti e tre andarono dal ministro a casa, e trovatolo che andava a pranzo, vi furono da lui invitati. Diede poscia allo Schiavoni una lettera scritta tutta di suo pugno, e diretta al Devincenzi, raccomandando allo Schiavoni stesso di partir subito e consegnarla al destinatario, dopo che di essa gli ebbe per sommi capi riferito il contenuto, ch'era questo: tentare ogni via per ottenere un pronunciamento militare, per cui Garibaldi trovasse compiuta le rivoluzione al suo arrivo in Napoli. Schiavoni partì subito, giunse a Napoli negli ultimi giorni di agosto, consegnò a Devincenzi la lettera di Cavour; insieme andarono da Villamarina, ma questi rispose loro: *troppo tardi!* Si era difatti al 2 settembre e le cose precipitavano con una rapidità spaventosa. Garibaldi già marciava su Napoli, senza ormai trovare più alcuna resistenza nel suo cammino.

CAPITOLO XVI

Sommario: L'insurrezione nello provincie – Il Comitato di Basilicata – Gl'insorti a Potenza e l'intendente Nitti – Documenti inediti e postume rivelazioni – Il Comitato di Cosenza – Discorso di Donato Morelli – Il Comitato di Terra di Bari – Strano tipo di Sottointendente – Movimenti in Abruzzo – Gl'insorti d'Avellino e la reazione di Ariano – La legione del Matese – Il Comitato di Benevento – Il decreto che dichiara decaduto il governo temporale del Papa – Aneddoti – Il clero rivoluzionario – Rapporti di intendenti e sottointendenti – Relazioni del comandante di Altamura, dell'intendente di Lecce e del sottointendente di Vallo – Garibaldi in Calabria – La presa di Reggio – Un biglietto caratteristico – La morte del colonnello Dusmet – Inazione di Vial, di Briganti e di Melendez – Vial in casa Gagliardi – Leggerezze e volgarità – Un motto di De Sauget – Giovani ufficiali che disertano e partono per il Piemonte – I capi delle bande insurrezionali – La marcia di Garibaldi – Lo sbandamento di Soveria e il telegramma d'Acrifoglio – Il generale Flores in Puglia – Sua marcia avventurosa per Napoli e suo arresto a Grottaminarda – Disordini e confusione – Il governo perde la testa – Il Consiglio di Stato del 25 agosto – Gravi parole di Antonio Spinelli e di Carrascosa – Le incertezze del Re e dei ministri – Maria Sofia – Si respinge l'offerta di Girolamo Ulloa – Precedenti dubbii di questo generale – Le dimissioni del ministero – Tentativi per formarne un altro – Nessuno accetta – Pianell e Ischitella – Pianell lascia Napoli – Don Liborio Romano e il suo "memorandum" – L'opera sua – Fu un traditore?

Prima ancora che Garibaldi e Bixio, nella notte sopra il 20 agosto,

Capitolo XVI

sbarcassero a Melito; e Cosenz e Assanti, all'alba del 22 sbarcassero a Favazzina, tra Scilla e Bagnara, la rivoluzione era matura nelle popolazioni calabresi e lucane. Il Comitato insurrezionale di Basilicata, il quale aveva sede a Corleto, giunti che furono colà Boldoni, Albini, Mignogna e Lacava, proclamò, la sera del 16 agosto, in casa Senise, la rivoluzione, al grido di *Garibaldi dittatore, Italia e Vittorio Emanuele*; affidò il comando delle forze insurrezionali al Boldoni e nominò capo dello stato maggiore Carmine Senise, oggi senatore e già prefetto di Napoli. Da casa Senise uscì il drappello rivoluzionario, preceduto dalla bandiera tricolore, con la croce di Savoia che le signorine di quella famiglia avevano cucita con le loro mani. Anima della insurrezione era Giacinto Albini di Montemurro, il quale, intermediario tra il Comitato dell'Ordine e i non molti patriotti della provincia, era stato con suo fratello Niccola, Carmine Senise, dianzi ricordato, e Pietro Lacava, a capo della decennale cospirazione. Il Comitato di Corleto, del quale faceva parte anche Domenico de Pietro, aveva larghe diramazioni in tutta la provincia; avendo fino dall'anno innanzi istituito de' sottocomitati rivoluzionarii, con uno o più capi. A Miglionico c'era Giovan Battista Matera; a Montescaglioso, Francesco Lence; a Saponara, Giulio Giliberti; a Potenza, Orazio Petruccelli, Cammillo Motta e il prete Rocco Brienza; a Pietragalla, Saverio de Bonis; ad Avigliano, Niccola Mancusi; a Genzano, Federico Mennuni; a Rotonda, Berardino Fasanella; a Saponara, il padre Serafino da Centola; a Castelsaraceno, il padre Giuseppe da Canfora. Di tutti i componenti non ricordo i nomi, ma sono esattamente registrati nella *Cronistoria* di Michele Lacava, miniera ricchissima di documenti di quel tempo, e nel libro del Racioppi sui moti di Basilicata. E dicasi altrettanto di parecchie altre provincie del continente, nelle quali, dove più, dove meno, esistevano Comitati dell'Ordine, che contavano affiliati tra le diverse classi dei cittadini, principalmente nella borghesia agiata. I comandanti delle guardie nazionali vi erano ascritti, generalmente; e ascritti, quasi tutti gli studenti, e quanti erano giovani dai sedici ai trenta anni; nè mancavano preti, frati e seminaristi; ed in tutti era una gara nel raccogliere danaro e armi, e nell'apparecchiarsi a insorgere.

Il primo drappello d'insorti, giunto a Corleto, fu quello di Pietrapertosa, comandato da Francesco Garaguso. Era partito tra canti e suoni, e il giovane Michele Torraca ne salutò la partenza declamando, vestito da seminarista, sulla piazza del suo borgo alpestre, una poesia patriottica. Un'altra colonna d'insorti si concentrava a Genzano, sotto il comando di Davide Mennuni e un'altra ad Avigliano sotto il comando di Niccola Mancusi, prete. La colonna di Genzano, oltre ai genzanesi, raccoglieva gl'insorti di Forenza, Acerenza, Mascheto, Palmira e Spinazzola: in tutto, 286 uomini, dei quali trenta erano spinazzolesi, giunti a Genzano la sera del 17 agosto, sotto il comando di Vincenzo Agostinacchio. La colonna di Avigliano raccoglieva volontari di Avigliano, Ruoti e Rionero. Col capitano Castagna, che comandava i quattrocento gendarmi della provincia, da lui raccolti a Potenza, dove il 12 agosto era giunto il nuovo intendente Cataldo Nitti, avevano iniziate pratiche per una capitolazione Giovanni Giura ed Emilio Petruccelli, ufficiali della guardia nazionale. Il Castagna aveva loro risposto: "Io non deporrò le armi; se gli insorti saranno in tal numero, che io non possa affrontarli con la certezza di batterli e disperderli, mi ritirerò; ma in caso opposto li attaccherò, essendo questo il mio dovere; in ogni caso risparmierò la città". Gl'insorti, dei quali parlava il Castagna e che si riteneva sarebbero i primi arrivati a Potenza, la mattina del 18, dalla parte opposta a quella donde si attendevano gl'insorti di Corleto, erano le colonne del Mennuni e del Mancusi.

Il Castagna era dunque sull'avviso da parecchi giorni; e poichè correvano voci inquietanti per la città, e da un momento all'altro si attendevano gl'insorti, si era dapprima rifiutato all'invito del procuratore generale, Michelangelo de Cesare, oggi senatore del Regno, di mandare a Matera dei gendarmi per ristabilirvi l'ordine, dopo la carneficina dell'otto agosto. E fu solo più tardi, che pentito del rifiuto, e spinto da nuove insistenze del De Cesare, ne spedì una quarantina con un tenente. E fu provvidenziale, perchè pochi giorni dopo, in quella città, dove era rimasto il vecchio sottointendente Frisicchio, si fu a un punto di veder rinnovate le scene di sangue, potute evitare anche mercè l'opera del ricevitore distrettuale, barone De Flugy, giovane elegante e animoso, il quale corse dal sottointendente e chiamò responsabili lui e l'ufficiale dei gendarmi di quanto poteva accadere. Nè il Frisicchio nè l'ufficiale erano disposti a far nulla, e probabilmente una seconda carneficina avrebbe insanguinata Matera; ma le coraggiose parole del De Flugy indussero quei due a disporre che i gendarmi, divisi in drappelli, sciogliessero i gruppi di contadini minacciosi e, arrestandone alcuni, riuscissero a mantenere l'ordine. Il De Flugy, figliuolo del generale, vive tuttora, ed è il padre Romarico de Flugy d'Aspermont, abate generale della Congregazione Cassinese della primitiva osservanza.

Le colonne del Mennuni e del Mancusi marciarono su Potenza la sera del 17 e accamparono a poca distanza dalla città. La mattina del 18, il Castagna raccolse i suoi gendarmi sulla spianata di San Rocco, per andar loro incontro o per eseguire una ricognizione innocente, come disse. I cittadini di Potenza credettero invece che si allontanasse per non tornarvi più. Ma, dopo poco tempo, ecco che i gendarmi inopinatamente rientrano in città in attitudine minacciosa, fanno fuoco sui cittadini, che erano corsi alle armi, ammazzano una diecina di persone e poi se la battono verso Pignola, Tito e Picerno, dove furono, di mano in mano, disarmati da poche guardie nazionali di Tito, comandate dall'intrepido Ulisse Caldani, una delle più simpatiche e generose figure di quel periodo. Molto verosimilmente il

Castagna, viste dalle alture di San Rocco le bande accampate, comandò l'occupazione della città e del quartiere della guardia nazionale; altrimenti la sua mossa non avrebbe spiegazione. Ma, incontrata l'impreveduta resistenza in città, e temendo di trovarsi fra due fuochi, ordinò la ritirata, che in breve divenne sbandamento. Avevano appena i gendarmi lasciata la città, erano le dieci antimeridiane, che i liberali di Potenza mandarono Giovanni Corrado e Rocco Brienza a chiamare gl'insorti, i quali non si fecero attendere. Entrò prima la colonna di Genzano, poi quella di Avigliano; e verso sera, gl'insorti di Corleto, con Boldoni, Senise e Mignogna.

L'intendente Nitti convocò tutte le autorità, per consigliarsi sui provvedimenti da prendere. E di quell'adunanza ecco il verbale, redatto, dal sottointendente, che fungeva da segretario, Raffaele Ajello: documento caratteristico che vede qui la luce per la prima volta:

> Noi Cataldo Nitti, intendente della provincia di Basilicata, abbiamo fatto venire alla nostra presenza i signori don Luigi Cioffi, maggiore funzionante da comandante le armi nella provincia pel titolare infermo; don Raffaele d'Agnese, presidente della Gran Corte criminale; don Francesco Guidi, presidente del Tribunale civile; don Michelangelo de Cesare, procuratore generale funzionante; don Raffaele Piscione, regio procuratore funzionante; i giudici criminali: don Giuseppe Martino, don Michelangelo Durante, don Giuseppe Altobelli e don Leopoldo de Luca; il giudice civile don Francesco Barone; il giudice regio don Luigi Scorza, il supplente don Giovanni Andrea Bononati; il sindaco don Luigi Lavanga; il commissario di polizia don Giovanni Pepe, ed i signori don Raffaele Ajello, sottointendente destinato a consigliere, don Francesco Berni e don Carmine Montesano, consiglieri; ed abbiamo loro fatta la seguente proposta:

Signori!

La condizione attuale della Provincia è pur troppo nota alle SS. VV., perchè i gravissimi fatti che la costituiscono in questo stato, si sono compiuti, e si compiono tuttavia sotto gli occhi di tutti.

I contingenti di uomini armati, che da tutt'i Comuni della Provincia son qui arrivati, e che per diverse direzioni si spingono innanzi, indicano abbastanza qual'è lo spirito di essa, e lo dichiarano vieppiù i sanguinosi fatti, che nella giornata di ieri si sono in questa città compiuti.

I capi di questo movimento si sono a me presentati questa mane, e mi hanno dichiarato ch'essi sono risoluti ad assumere il governo provvisorio della Provincia, per attuarlo secondo i loro principii, ed allontanare i mali dell'anarchia.

Obbligato a rispondere nel più breve termine, ho creduto mio dovere convocare le SS. VV., onde manifestarvi che non essendovi come conservare lo stato normale che perdurò sino a ieri mattina, sorge la necessità di deporsi da noi intendente i nostri poteri.

Gl'intervenuti tutti convengono che lo stato di questa città e della Provincia è quale si è prospettato dal signor intendente, e stimano che nell'attualità ogni opposizione non farebbe che richiamare maggiori mali, e comprometter̀e la pubblica tranquillità.

firmato: CATALDO NITTI.

Seguono le altre firme. Una copia conforme all'originale fu sottoscritta dal segretario sottointendente Ajello.

La notte del 18 agosto, in casa Viggiani fu costituito il governo prodittatoriale. Si pensò prima di formare un governo provvisorio di cinque persone, del quale avrebbero fatto parte Giacinto Albini, Niccola Mignogna, Cammillo Boldoni e Carmine Senise; ma, essendo insorte difficoltà per la scelta del quinto nome, si addivenne alla prodittatura, e Boldoni e Senise ebbero il comando militare.

La mattina del 19, fu proclamato difatti il governo prodittatoriale con Albini e Mignogna prodittatori, e Boldoni comandante in capo delle forze insurrezionali. Fu anche fondato un giornale ufficiale, che si chiamò *Il Corriere lucano*. L'intendente, invitato a prender parte al nuovo governo, dignitosamente rifiutò; e, non riconoscendo altra autorità legittimamente costituita, che quella del municipio, ad esso rimise il governo della città. Come a Napoli pervenne la notizia dei fatti di Basilicata, il ministero ordinò al sesto reggimento di linea, di stanza a Salerno, di muovere immediatamente per Potenza a combattere l'insurrezione. Era un reggimento estero, formato in gran parte da bavaresi. Partì infatti; ma, giunto ad Auletta, fu richiamato, chi disse per riunirlo alle forze che si concentravano a Salerno, e chi affermò, per effetto di una lettera dell'Albini a Liborio Romano. La verità è, che, giunta la notizia che il reggimento era in marcia su Potenza, fu grande la commozione nella città, prevedendosi un eccidio e forse la fine dell'insurrezione, la quale disponeva di vecchie armi e di non molti armati. Il governo prodittatoriale fece quindi partire per Napoli, nella notte dal 20 al 21, Pietro Lacava, dando a lui, non una lettera, come si disse, ma la copia degli atti dell'insurrezione che il Lacava nascose in fondo alla vettura. E partì. Giunto in Auletta, si trovò in mezzo ai soldati bavaresi, che lo avrebbero fucilato, se fosse stata perquisita la carrozza. Lo salvò un vecchio prete chiamato Caggiano, il quale diè a credere agli ufficiali che quel giovane era figliuolo del giudice Baccicalupi, destituito dal governo insurrezionale. E fu così che il Lacava passò. Giunto a Napoli, andò subito da don Liborio, a casa, e gli espose la gravità della situazione e tutt'i pericoli di un eccidio, perchè il governo insurrezionale disponeva, come fece intendergli, di molte forze, e aveva il favore delle popolazioni di tutta la provincia. Don Liborio però non rispose e non promise nulla. Lacava non mancò d'informare di tutto anche i due Comitati, invocando il loro concorso per scongiurare il pericolo che correva la rivoluzione.

Capitolo XVI

Intanto le forze insurrezionali si erano concentrate a Vietri di Potenza, a poca distanza da Auletta, ed avendo il colonnello Boldoni deciso l'attacco delle truppe borboniche per la notte dal 22 al 23 agosto, queste abbandonarono precipitosamente il campo e si misero in ritirata verso Salerno. Il 23, la cavalleria insurrezionale che le inseguì, potè solo impadronirsi di molti carri della retroguardia, con vettovaglie e foraggi. Due giorni dopo furono richiamati da Eboli due reggimenti bavaresi, che vi avevano formato una specie di campo trincerato, e così rimase libero il passo alla rivoluzione fino a Salerno. Questa si allargò in tutta la Basilicata e si estese nella vicina provincia di Avellino, senz'altra difficoltà. Il traffico ordinario per quei luoghi era aperto e continuato, e senza veri pericoli, nonostante l'accampamento dei soldati borbonici. Da Napoli vi andavano ogni giorno volontarii e gente d'ogni colore, e a Napoli si accedeva liberamente, senza subire arbitrii polizieschi nè sorveglianza di sorta.

A Cosenza, il Comitato rivoluzionario, composto da Donato Morelli, Pietro e Carlo Compagna, Francesco Guzolini e Domenico Frugiuele, era divenuto governo di fatto. Intestava i suoi decreti: *Italia e Vittorio Emanuele*, faceva dai Comuni della provincia proclamare decaduta la dinastia, mentre a Cosenza erano tremila uomini di guarnigione, comandati dal brigadiere Caldarelli. L'intendente Giliberti, vecchio liberale, repugnando da misure di rigore, mandò le sue dimissioni il 22 agosto, e il municipio, a titolo di onore, gli conferiva la cittadinanza cosentina. La sera del 25, lui presente, e presenti due colonnelli della guarnigione, il Comitato insurrezionale, seguito da una folla di rivoluzionarii e di gridatori, si riunì nell'Intendenza, dove Donato Morelli, dopo aver descritte le miserande condizioni dell'esercito in Calabria, e annunziato che Garibaldi si avanzava fra i tripudii delle popolazioni e gli sbandamenti dei regi, propose che la guarnigione fraternizzasse col popolo. L'intendente dimissionario non fiatò, e i due colonnelli promisero di riferir tutto al comandante in capo.

Il Comitato insurrezionale di Terra di Bari, preseduto da Luigi de Laurentiis, e di cui facevano parte, tra gli altri, Candido Turco, sindaco di Altamura, Pietro Tisci di Trani, Riccardo Spagnoletti di Andria, Raffaele Rossi di Spinazzola, Vincenzo Rogadeo di Bitonto, Girolamo Nisio di Molfetta, Cammillo Morea di Putignano, il francescano padre Eugenio da Gioia, e Ottavio Serena, che ne era il segretario, aveva aderito, sin dal giorno 21, al Comitato dell'Ordine, cioè *all'unità nazionale con Vittorio Emanuele, Re dell'Italia una ed indipendente*. Il 30, proclamò il governo provvisorio, con un triumvirato, composto da De Laurentiis, Rogadeo e Teobaldo Sorgente. Il giorno 22 era giunto intanto in Altamura il nuovo sottointendente Francesco Campanella, ex giudice regio, destituito nel 1849 per le sue opinioni liberali. Alto, magro e non senza qualche pretesa di eleganza, questo curioso tipo di sottointendente costituzionale non turbò affatto l'opera del Comitato rivoluzionario, anzi, chiusosi in casa, scrisse, prima un manifesto e poi un sonetto.... a Vittorio Emanuele, chiedendo il permesso al segretario Serena di stampare e l'uno e l'altro nella tipografia, che il Comitato aveva aperta nei locali terreni della sottointendenza. Il manifesto *sospingeva tutti alla mèta, cui il dito di Dio ci ha incamminati*; e il sonetto, piuttosto arrembato, cominciava:

> Principe invitto, cui sta tanto a cuore
> Il ben d'Italia che arrischiar la vita
> Non paventi per lei, con vivo ardore
> Chiede essa ancor dal tuo potere aita.

Questo Campanella era già membro del Consiglio direttivo del Comitato di Putignano, dove, prima ancora dello sbarco di Garibaldi, era stato trasferito da Trani il Comitato centrale della provincia, per sospetto di tradimento, che si era avuto da parte dì un tale, che fu visto un giorno uscire dal palazzo dell'Intendenza di Bari.

Quando ad Altamura si costituì il governo provvisorio, i regi, sotto il comando del Flores, erano accampati a Toritto e la città mancava di armi e munizioni. Boldoni avea un bel dire: *armatevi, armatevi*, ma dentro Altamura non si trovava che Mennuni con pochi uomini male armati e peggio equipaggiati, e si trovavano pochi volontarii, venuti da alcune città della provincia. Gli altamurani temevano quindi da un momento all'altro un assalto da parte dei regi; quando a rassicurarli, Girolamo Nisio loro promise che avrebbe mandato da Molfetta due vecchi cannoni di trabaccolo, che servivano per gli spari della festa di San Corrado. Difatti, tornato a Molfetta, il Nisio ottenne da Tommaso Panunzio, impiegato regio e console d'Austria, quei cannoni, e a sue spese, sotto la scorta di suo fratello Luigi, volontario della colonna di Trani, li mandò in Altamura. I due cannoni furono impostati alla porta di Bari; ma se gl'insorti, i quali con quei due pezzi da museo si credevano invincibili, li avessero adoperati, mal sarebbe colto loro, anzichè ai nemici. In Capitanata il Comitato dell'Ordine temeva si volesse proclamare il governo provvisorio, sotto l'influenza del Comitato d'Azione, che vi aveva proseliti, e inviò colà Cesare de Martinis per impedirlo. Il De Martinis, nativo di Cerignola, benchè giovanissimo, aveva molto seguito in quella provincia; egli vi andò con commendatizie e duemila ducati datigli dal D'Afflitto, per conto del Comitato dell'Ordine. Ebbe a superare non poche difficoltà, ma riuscì a non far proclamare a Foggia il governo provvisorio. I danari servirono ad ottenere lo sbandamento di alcuni ufficiali e di parecchi soldati della colonna di Flores, che dalle Puglie tornavano a Napoli, anzi tutta la somma fu audacemente offerta allo stesso generale da Achille de Martinis, padre di Cesare e sindaco di Cerignola. Il Flores rifiutò, dichiarando che non avrebbe mai rivolte le armi contro i patrioti, ma non avrebbe neppur permesso lo sbandamento della colonna, che riportò quasi intatta sino ad Ariano, benchè uno squadrone del secondo reggimento dei dragoni avesse gran voglia di buttare le armi. La maggior parte della somma fu restituita dal De Martinis al D'Affitto.

L'Abruzzo pareva tranquillo. L'insurrezione vi scoppiò più tardi, ma vi covava da qualche tempo. Nella provincia di Chieti vi eran tre Comitati, uno per circondario. Di quello di Chieti era anima Raffaele de Novellis; del Comitato di Lanciano, Tommaso Stella; e di quello di Vasto, Silvio Ciccarone, che comandava la guardia nazionale. Questi egregi cittadini, e specialmente il Ciccarone e il De Novellis, erano devoti a Silvio Spaventa. A Teramo l'azione divenne più apparente, dopo che uscirono dalla fortezza di Pescara i patrioti che vi erano stati chiusi. La fortezza restò vuota per lo sbandamento della guarnigione, avvenuto dopo il conflitto fra il 12° cacciatori e alcune compagnie di zappatori minatori. Aquila pareva tranquilla, ma quella tranquillità non affidava.

Dopo l'occupazione di Reggio e i primi successi militari, la rivoluzione si affermò nelle tre Calabrie e nelle provincie di Bari, Potenza, Avellino e Benevento. I pochi divennero molti, e poi tutti. Fosse improvviso sentimento d'italianità, o desiderio del nuovo, o paura di navigar contro la corrente, certo è che si raccoglievano in larga copia armi e danari; si scrivevano proclami incendiarii; si armavano giovani; si mobilizzavano guardie nazionali; si sottoscrivevano impegni e obblighi di fornire contingenti armati, e questi si armavano con fucili d'ogni specie, con pistoloni, colubrine, vecchi fuoconi, picche, forche, spiedi e mazze con coltelli attaccati in cima: era tutto l'arsenale del 1820 e del 1848, che rivedeva il sole.

Ad Avellino, che ubbidiva esclusivamente al Comitato dell'Ordine, dirigevano il movimento, oltre al De Concily, il professor Francesco Pepere, Raffaele Genovese, Florestano Galasso, Angelo Santangelo, Cesare Oliva, Vincenzo Salzano, Vincenzo de Napoli, che fu uno dei più ardenti e dei più generosi, e che dopo il 1860 organizzò pure e mantenne a sue spese una compagnia per combattere il brigantaggio, e poi Onofrio Parente, Pasquale Piciocchi e il padre Nitti: tutti giovani di rispettabile posizione sociale. Cesare Oliva, tornato dall'esilio, era corso nella sua provincia natìva a portare l'aiuto del suo braccio e della sua mente. Il padre Nitti era scolopio, rettore del collegio e faceva da cassiere del Comitato. Francesco Pepere aveva chiuso lo studio, ed era andato tra i suoi conterranei ad aiutare il movimento, soprattutto come intermediario fra il Comitato dell'Ordine e i liberali avellinesi. Ad Avellino era avvenuto, qualche tempo innanzi, un doloroso conflitto tra i cittadini e i soldati bavaresi, i quali avrebbero insultati o provocati alcuni operai, che addobbavano il quartiere della guardia nazionale o, secondo altri, sarebbero stati da costoro malamente offesi. La verità non si è saputa ancora con certezza. Il conflitto avrebbe potuto degenerare in un eccidio, se il colonnello Santamaria, comandante lo squadrone di carabinieri a cavallo, di stanza in quella città, non si fosse interposto con i suoi uomini; e se il giorno dopo, i bavaresi non avessero lasciato Avellino, per raggiungere il proprio reggimento a Nocera dei Pagani. I rivoluzionarii mossero, la notte del 2 settembre, con altri insorti alla volta di Ariano, per proclamarvi il governo provvisorio, mettendovi a capo il vecchio colonnello De Concily; ma, la mattina del 4, quei terrazzani, messi su dai reazionarii, che avevano dato loro ad intendere che gl'insorti volevano portar via la statua d'argento di Sant'Oto, patrono della città, assalirono le squadre insurrezionali, che arrivavano alla spicciolata, e ne fecero una strage. Rimasero sul terreno oltre duecento morti. Da Ariano i superstiti, col De Concily a capo, con Vincenzo Carbonelli, destinato al comando dell'esercito rivoluzionario irpino, con Rocco Brienza, delegato del governo provvisorio di Basilicata e con altri animosi, uscirono in gruppo e coi fucili spianati, riparando a Greci, dove si fermarono una notte e un giorno, ma furono costretti a sloggiarne per l'avvicinarsi del generale Flores e della sua colonna. Il 6 settembre proclamarono il governo provvisorio a Buonalbergo.

Beniamino Caso aveva organizzata a Piedimonte d'Alife, sua patria, la *legione* del Matese che era una compagnia di 120 uomini, duce Giuseppe de Blasiis, il quale aveva per suoi ufficiali Pasquale Turiello, Francesco Martorelli, Gioacchino Toma ed Eduardo Cassola, divenuti poi notissimi, per ufficii occupati e opere d'ingegno. De Blasiis era stato spedito dal Comitato dell'Ordine. Questa *legione*, armata di buoni fucili, di cui l'aveva provveduta una nave sarda, ancorata nel porto di Napoli, era la sola banda insurrezionale da Napoli in su; e i paesi, nei quali operava, non erano favorevoli, come la Calabria, la Puglia e la Basilicata, anzi vi erano più frequenti le reazioni delle plebi contro la borghesia liberale. Essa proclamò a Benevento la caduta del potere temporale dei Papi nel Regno di Napoli, e contribuì a domare la reazione di Ariano.

A Benevento, sin dai primi giorni di agosto, il governo pontificio, che nell'ultimo decennio era stato equanime e mite, del che gli va resa giustizia, come è debito pur renderla anche all'ottimo arcivescovo cardinal Carafa, non esisteva che di nome. Le poche truppe, ivi di guarnigione, avevano abbandonate le caserme, e sui monti di Paupisi si erano unite al De Marco. Il Comitato insurrezionale era composto di Salvatore Rampone presidente, Domenico Mutarelli, Giacomo Venditti e Francesco Rispoli segretario. Il Rampone, uomo ardito e tenace, il quale nel 1849 aveva servita la repubblica romana, era in continui carteggi coi due Comitati di Napoli; e dal Comitato di Azione riceveva il 26 agosto questa lettera caratteristica, che val la pena di riferire:

> Il Comitato Unitario Nazionale, conoscendo che cotesto Comitato di Benevento da più tempo operosamente lavora per raggiungere l'unità e la libertà d'Italia, sotto lo scettro costituzionale di Vittorio Emanuele, dichiara che tenendosi da costà unità di azione con le provincie del Regno, fin da ora si considera come capoluogo di provincia napoletana,

Capitolo XVI

e quindi questo Comitato farà sì che ad ogni costo si realizzi tale promessa, non abbandonando giammai i Beneventani alla discrezione del governo pontificio.

In quella città, i preti, gli scolopii e perfino gli stessi domenicani, favorivano le aspirazioni liberali: tutti i cittadini, atti alle armi, erano divisi in sezioni e armati. Il decreto, col quale fu proclamata la caduta del potere temporale del Papa, porta la data del 3 settembre, ed eccolo, nella sua integrità, pubblicato qui la prima volta:

In nome di Vittorio Emanuele Re d'Italia – Dittatore Garibaldi – Provincia di Benevento: "*Le forze insurrezionali beneventane hanno dichiarato decaduto il governo pontificio, ed hanno costituito un governo provvisorio, composto dei cittadini Salvatore Rampone, Giuseppe de Marco, Domenico Mutarelli, Niccola Vessichelli, marchese Giovanni de Simone, Gennaro Collenea*".

Appena questo decreto fu sottoscritto, Giuseppe de Marco, che aveva gran seguito in quei luoghi e fu benemerito della causa liberale, capovolse il ritratto di Pio IX, che pendeva da una parete della stanza dov'erano; e Martorelli e Cassola vi posero innanzi due baionette incrociate. È rimasto celebre, tra i superstiti della "legione" del Matese, un motto del Turiello, grave e solenne anche allora, che era quasi ventenne. Uscendo la compagnia da Piedimonte, abbatté gli stemmi borbonici nel primo paesello per il quale passò; e, compiuto l'atto rivoluzionario, Turiello uscì gravemente in queste parole: "*Ed ora, o signori, siamo fucilabili*". Il moto rivoluzionario di Benevento, se non ebbe importanza intrinseca, contribuì forse a far abbandonare il piano di difesa proposto da Pianell, di attendere Garibaldi fra Eboli, Salerno e Avellino. In uno degli ultimi consigli di guerra, preseduto dal Re stesso, il Von-Mechel manifestò il timore, che, attuandosi quel piano, potesse l'esercito essere tagliato fuori dalla ritirata sopra Capua per opera delle colonne rivoluzionarie del Beneventano. Però nè il Von-Mechel, nè il governo avevano un'idea esatta di quelle compagnie, le quali erano quattro in tutto, e non arrivavano a mille uomini male armati e tutti nuovi alle armi.

A rendere più generale il movimento, contribuiva il basso clero in Calabria e in Basilicata. Preti e frati gettavano l'abito e vestivano la camicia rossa; e cingendosi di un gran nastro tricolore il cappello, si creavano cappellani delle squadre insurrezionali, o predicatori nelle piazze. Si distinguevano gli Ordini mendicanti e i preti delle chiese ricettizie, o quelli che non facevano parte di capitolo e avevano abbracciato il sacerdozio per crearsi uno stato. In Calabria, specie in provincia di Cosenza, parecchi cleri, ed anche alcune comunità monastiche si mescolarono in mossa al movimento.[1] Era una generale frenesia, e i documenti di quell'epoca non si rileggono senza maraviglia, mista a tenerezza. Quanta fede, quanta audacia, quanta noncuranza di pericoli, e che puri ideali, e affascinanti illusioni! Il Turiello calcola, e forse non a torto, che il numero degl'insorti fra le Calabrie, le Puglie, la Basilicata, l'Avellinese, il Salernitano e la Campania, fosse non inferiore ai 18 000.

Per avere un'idea dell'effetto che tutta questa agitazione produceva sulle autorità militari distaccate nelle provincie, basterà leggere un dispaccio del 25 agosto, inviato dal comandante le truppe di Altamura al generale Flores che era a Bari, e da Flores, il 27, trasmesso al ministero. Sparsasi in Altamura la notizia che tremila garibaldini, comandati da Boldoni, marciavano verso la città, il comandante delle truppe, gli ufficiali, il sindaco e l'ispettore di polizia si riunirono a consiglio presso il sottointendente Campanella; "e, scrive il comandante,

---

[1] Vedi: *Una famiglia di patrioti*, di R. DE CESARE. - Roma, Forzani, 1889.

Capitolo XVI 401

venutosi alla disamina dei fatti in questione, ne fu dato rimarcare una soverchia tendenza in persona della su enunciata prima autorità, perchè noi fossimo addivenuti alla comune volontà di cedere le armi alla venuta di essi Garibaldesi (sic); oppure metterci di consenso con essi, soggiungendo che non si sarebbero chiamati responsabili nel caso opposto, poichè non aveano a fidarsi sul movimento popolare. Tutti i militari si sono francamente opposti a tanto baldanzoso consiglio, anzi han divisato rimanere in città fino a quando sarebbero comparsi i precitati Garibaldesi (sic), ma siccome ai detti il sindaco aggiungeva di far bandizzare (sic) la venuta dello Straniero, ho stimato più conducente per ovviare ogni qualunque sinistro, riunire la truppa, ed accompagnarla militarmente non molto lungi dal paese, per osservare tutte quante le operazioni vi si possono praticare".

Da Lecce, l'intendente Alfonso de Caro mandava, il 28 agosto, un rapporto allarmante, che cominciava così: "La rivolta delle Calabrie, il governo provvisorio attuato in Basilicata, le voci che corrono sulla possibilità di simile avvenimento nella limitrofa Bari, han suscitato grave fermento in questa provincia di mia amministrazione". Anche più allarmante era il rapporto inviato, il 31 agosto, dal Giannattasio intendente di Salerno, comunicante al ministro dell'interno un altro, speditogli da Giuseppe Giannelli, sottointendente a Vallo, il quale dopo il 1860 fu consigliere delegato e funzionò da prefetto a Trapani, ed ora vive a Nocera dei Pagani. Uditelo nella sua integrità:

Eccellenza,
Con due telegrammi ho rassegnato a V. E. ciò che mi ha riferito il sottointendente di Sala qui giunto quest'oggi, e ciò che mi ha scritto il sottointendente di Vallo circa i gravi avvenimenti succeduti ieri in que' distretti. Col primo di essi le soggiunsi che domani lo stesso sottointendente di Sala avrebbe avuto l'onore di conferirsi in Napoli presso l'E. V. ad oggetto di ragguagliarla dei particolari di tali avvenimenti. Con l'al-

tro le dissi che avrei in seguito comunicato a V. E. il rapporto del sotto-intendente di Vallo, che ora le trascrivo, per essere così concepito:

"La calma e la tranquillità nell'ordine pubblico di questo distretto, e specialmente di questo capoluogo, stato eccezionale nei passati giorni, è finita tutta ad un tratto questa mattina 30 agosto. Verso mezzogiorno numerose masse di gente armata sono venute da varii punti del distretto in questo capoluogo, ed al loro arrivo i tamburi della Guardia Nazionale hanno suonato a raccolta. Quindi un gran numero di uomini ricchi, poveri, vecchi, giovani *specialmente quelli che si reputavano attaccatissimi alla dinastia Borbonica*, sono convenuti in armi nella pubblica piazza, ove spiegata una bandiera con lo stemma della Real Casa di Savoja e coi colori italiani, ordinati ed armati in maniera assai regolare, sono partiti di qui al grido di *Viva Vittorio Emanuele*".

Lo stesso pare che sia avvenuto anche in altri siti, o che sia prossimo ad avvenire, benchè niun rapporto uffiziale mi sia ancora pervenuto. Qui intanto i più notevoli cittadini provvedono alla tranquillità pubblica. Comprenderà bene quale difficoltà abbia la mia posizione attuale. Ciononpertanto debbo assicurarla che la pace ed i diritti costituiti dei privati sono oltremodo rispettati. Tutti spinti dal solo sentimento politico, e coloro che tengono la somma delle cose, sono assai scrupolosi pei mezzi che si propongono usare, imperocchè hanno assunto per loro divisa di sagrificar tutto per la patria, tranne l'onore. Del resto tengono il concorso personale e pecuniario dei più ricchi del distretto, come già diceva; hanno armi e munizioni a sufficienza; epperò non sembra che siano da temersi violenze ed eccessi contro la gente pacifica. È d'uopo finalmente io le avverta, che un movimento così generale, così spontaneo, come questo, io non credo sia mai avvenuto, e che sarebbe cosa assai improvvida dargli il carattere di quelle turbolenze che avvengono per una data occasione, anzichè per una coscienza di opinione politica da lunga pezza preconcetta.

Il giorno dopo, un altro allarmantissimo rapporto spediva lo stesso sottointendente di Vallo, e fu questo:

> Dopo averle rassegnato il rapporto della data di ieri, intorno alla sollevazione di gente armata verificatasi in questo capoluogo, mi è arrivata notizia, che un simile movimento ha avuto luogo in tutto il distretto, dimodochè l'insurrezione può dirsi esservi divenuta generale, ed esser partite numerose bande di armati da molte parti di esso verso le alture. Non posso specificarne le particolarità, perchè mi mancano sull'obbietto rapporti uffiziali; ma son fatti oramai di cui non è a dubitarsi. Unico ne è lo scopo: la proclamazione di Vittorio Emanuele a Re d'Italia, ed all'uopo concordemente s'innalza la bandiera di Casa Savoja. Stimo mio debito informarne l'Autorità di Lei per gli effetti di risultamento.[2]

Così scrivevano quasi tutti i sottotintendenti agl'intendenti, i quali trascrivevano integralmente i rapporti al ministero, a scanso di responsabilità, chiedendo istruzioni, o anche non chiedendone. Non c'era più che soltanto l'ombra d'un governo! Il ministero non aveva ordini da dare, nè provvedimenti da consigliare, nè aiuti da spedire, e cercava invano di provvedere con la circolare Giacchi e con l'invio di segreti agenti nelle provincie, per ridestarvi la fede negli ordini costituzionali. A Cosenza, don Liborio, tanto per continuare a rappresentar la commedia, mandò La Cecilia, Cognetti e Mosciaro, con la missione di promettere, da parte del Re, opere pubbliche e benefizi d'ogni sorta, e di eccitare le autorità a far argine alla rivoluzione; ma il Comitato insurrezionale, saputo lo scopo che li guidava, li fece arrestare e li rimandò indietro.

Nella notte dal 19 al 20 agosto, Garibaldi e Bixio sbarcarono a Melito sulla costa calabrese; e, all'alba del 22, Cosenz e Assanti a

---

[2] Archivio Giacchi.

Favazzina. Già fin dal giorno 8, era sbarcata la prima banda garibaldina ad Alta Fiumara, per impadronirsi del forte di Torre Cavallo. La formavano 350 uomini, e ne erano ufficiali Missori, Musolino, Mario, Nullo. Agostino Plutino, da pochi giorni reduce dalla sua missione in Inghilterra; la raggiunse verso Aspromonte conducedonvi un buon manipolo di volontari calabresi. Due giorni prima Antonino Plutino, che si apparecchiava a discendere con Garibaldi in Calabria, avvisò suo fratello Agostino, che tra il 19 e il 20 sarebbero sbarcati a Melito, e che perciò la banda si tenesse pronta a marciare sopra Reggio o sopra Melito per unirsi a Garibaldi. Questa lettera fu portata al campo di Aspromonte da Fabrizio Plutino oggi prefetto del Regno e allora diciottenne, a suo padre. La banda, accampata nella contrada Montalto, accolse la notizia con festa e si mise in assetto di partenza. E quando nella notte dal 19 al 20 Garibaldi sbarcò, Antonino Plutino ne diè avviso al nipote Fabrizio con un biglietto curioso, scritto col lapis su carta molto ordinaria, e che diceva così: *"Garibaldi è sbarcato con ottomila uomini. Avvisate Agostino subito subito che scendano sopra Reggio* – firmato: NINO PLUTINO, e con un poscritto più curioso: *il corriere che viene fatelo fare colazione"*.[3] Non vi fu bisogno di mandare alcun avviso agli insorti di Aspromonte, i quali, saputo che Garibaldi era sbarcato, per le vie dei monti scesero a Melito, si unirono a lui ed entrarono con lui e con Bixio a Reggio. Non arrivavano in tutti a tremila. Entrarono in Reggio nella notte del 21, e al loro appressarsi, vi fu da principio lo scambio di alcune fucilate con le truppe accampate sulla piazza del duomo, sotto il comando del colonnello Dusmet, e poi un vero combattimento, con molti morti e feriti. Il Dusmet, circondato dai suoi ufficiali, era nel portone del palazzo Ramirez. All'appressarsi dei garibaldini, ordinò all'artiglieria di avanzarsi, e dandone egli stesso

---

[3] Archivio Plutino.

Capitolo XVI

l'esempio, si slanciò ad affrontare il nemico. Colpito a tradimento da una fucilata quasi a bruciapelo, cadde, e cadde morto con lui nel breve combattimento, un suo figliuolo ventenne. Unico esempio di personale valore nell'esercito regio, dal giorno che Garibaldi sbarcò a Melito, sino a Napoli. Il grosso della guarnigione si ritirò nel forte, comandato dal vecchio generale Gallotti, il quale, si disse dagli scrittori legittimisti, che facesse entrare per tradimento i garibaldini nella città, ma non fu vero. La piazza si arrese il 22.

Tutte le forze regie in Calabria, sotto il comando del maresciallo Vial, che aveva il quartier generale a Monteleone, ascendevano a circa ventimila uomini. Giambattista Vial, figlio del vecchio generale, non era mai stato al fuoco; era lettore appassionato di romanzi, suonatore di piano e ballerino discreto. Si godeva i sontuosi pranzi di casa Gagliardi, a Monteleone; e la sua noncuranza arrivò al punto, che, se in mezzo alla conversazione gli veniva recapitato un dispaccio, egli, senza aprirlo, lo cacciava in tasca dicendo: *"poi se ne parla"*.

Occupata Reggio, mentre Garibaldi, a rapide marcie, si dirigeva su Monteleone, i generali Melendez e Briganti, accampati tra Villa San Giovanni e Bagnara, non si mossero, e solo il Briganti mandò due compagnie in ricognizione sulla via di Reggio. Queste scambiarono poche fucilate inconcludenti coi garibaldini, che tornarono indietro e poi capitolarono. Erano circa tremila uomini. È noto che il Briganti nella marcia di ritirata sopra Monteleone fu ucciso dai suoi soldati, esasperati da tanta viltà, sulla piazza di Mileto. E per giudicare meglio chi fosse il generale in capo, basterà sapere che, stando egli a tavola in casa Gagliardi, non si tenne dal chiedere sorridendo al padrone di casa: *"Questo posto lo destinate a Peppiniello?" "Di certo*, rispose il marchese Enrico Gagliardi, *se voi l'abbandonate"*. E pochi giorni prima, con burbanzosa spavalderia, aveva detto che egli avrebbe *pescato Peppariello*, qualora osasse passare lo stretto! Il Vial non voleva uscire da Monteleone e pretendeva invece che agissero i generali da lui difendenti, ma questi non erano men di lui sdegnosi di pericoli. Vecchia ruggine esisteva tra Vial e Pianell, e tra Vial e Melendez. Fu certo grave errore aver affidato il comando supremo delle forze in Calabria al Vial, il quale non aveva alcuna reputazione nel mondo militare, dove si diceva che avesse fatta carriera per la protezione di suo padre, il vecchio generale Pietro Vial, di cui si è parlato.

Il Pianell aveva dato al Vial, il giorno stesso che questi partì per Pizzo, il 22 luglio, tutto un piano di difesa, le cui linee generali erano queste: impedire qualunque sbarco di garibaldini sulle coste calabresi; e avvenuto lo sbarco, disperderli rapidamente; tenere il quartier generale a Monteleone, col grosso dell'esercito, perchè così avrebbe potuto, per via di terra o di mare, venire in aiuto di Gallotti, di Briganti e di Melendez, se assaliti da forze maggiori, tra Reggio e Bagnara. Pianell non aveva forse preveduto uno sbarco, anzi il maggiore sbarco d'insorti, con Garibaldi alla testa, a Melito, tra il capo Spartivento e il capo dell'Armi, quasi alle spalle di Reggio. Ma Vial, sorpreso, non eseguì quel piano, nella stessa guisa che il Melendez e il Briganti non ubbidirono a lui. Melendez non si mosse da Bagnara, come si è detto, e Vial, esaurite tutte le vie per richiamarlo all'obbedienza, lo abbandonò a sè stesso, esclamando: "*È un c..., che non vuol sentire; si vada a far buggerare*". Nè questi disaccordi erano la sola debolezza dell'esercito regio. Oramai, nè soldati, nè ufficiali sentivano più la forza del proprio dovere; l'ambiente che li circondava, era veramente ostile, ma la fantasia meridionale faceva loro vedere pericoli e nemici più di quanti ve ne fossero davvero. Il nome di Garibaldi esercitava un fascino misterioso sui loro animi, mentre la Costituzione aveva fatto divenire fazioso il grido di *Viva il Re!* Dappertutto vedevano gente in armi, comitati e governi provvisorii; leggevano giornali e proclami rivoluzionarii; udivano prediche nelle chiese e nelle piazze, mentre crescevano le diserzioni, le seduzioni e la paura di cader vittime del furore popolare o del tradimento dei pro-

Capitolo XVI 407

prii commilitoni. I comandanti, senza istruzioni precise del governo, o a queste dissubbidendo, avevano finito col persuadersi che non era veramente il caso di pigliarsela calda per una causa da tutti abbandonata. Uno dei De Sauget in un gruppo d'ufficiali, alludendo al Re, fu udito un giorno esclamare: *"Ma se l'Europa non lo vuole, perchè dobbiamo farci ammazzare per lui?....".*

I capi delle bande insurrezionali, militari improvvisati, e i capi dei Comitati e dei governi provvisorii appartenevano ad alta posizione sociale, circondati dalla pubblica stima. In Basilicata, Davide Mennuni, anima calda di patriottismo, era un ricco possidente di Genzano; Vincenzo Agostinacchio, che comandava il contingente degli Spinazzolesi mossi alla volta di Potenza insorta, era avvocato e benchè di gracile salute, aveva indomita forza d'animo; avvocato era Teobaldo Sorgente; possidente, Luigi de Laurentiis; prete, che aveva gettata la sottana, Niccola Mancusi; e ricchi il marchese Gioacchino Cutinelli, che morì senatore del Regno d'Italia; Domenico Asselta, che fu deputato; e così Niccola Franchi, gli Scutari e i Sole, cugini del poeta, e così tanti altri, in Puglia, in Basilicata, ma principalmente in Calabria, dove milionarii, come i Morelli, i Compagna, gli Stocco, il Guzolini, i Quintieri, i Labonia, i Barracco, erano a capo dei Comitati o li sovvenivano. Non erano certo bande di straccioni, perchè la borghesia più eletta vi dava largo contingente. La rivoluzione si compiva in nome dell'idea morale; e i ricordi storici, e le poesie patriottiche infiammavano di ardore lirico quei cospiratori e quei soldati. Disfarsi dei Borboni, conseguire la libertà durevolmente, tradurre in atto il pensiero di Dante e di Machiavelli e confidare in una rigenerazione morale ed economica da un nuovo stato di cose, che non fosse Repubblica, ritenuta sinonimo di disordini, ma Monarchia costituzionale e nazionale, con un Re, divenuto anche lui una leggenda: ecco l'ideale che sfuggiva alle analisi e alle riflessioni, e mutava la conservatrice e ricca borghesia in forza rivoluzionaria; ideale non fumoso, anzi in via di realizzazione per un provvidenziale concorso di circostanze. Altri giovani di civili e ricche famiglie correvano in Sicilia sotto mentito nome. Ricordo, fra gli altri, Francesco Spirito, oggi deputato; Giuseppe Mondella, di Benevento; Silvio Buonoconto, Achille Napolitano e Giovanni Bardari, figlio del prefetto di polizia. Spirito, Buonoconto, Napolitano e Bardari s'imbarcarono a Napoli per Messina, battezzandosi per suonatori ambulanti diretti a Giarre, in Sicilia. Disertarono sul finire di luglio e corsero in Piemonte ad arruolarsi i fratelli Francesco e Michele de Renzis, ufficiali, il primo del genio e il secondo degli usseri; Rodolfo Acquaviva e Gaetano Pomarici, guardie del corpo e Giovanni Garofalo, ufficiale di fanteria. Queste diserzioni fecero molto effetto nell'esercito e nella società napoletana, per l'alta posizione sociale dei disertori. Ebbero una lettera di presentazione dal Villamarina per Cavour, che li accolse a braccia aperte e li fece immediatamente entrare nell'esercito piemontese: Francesco de Renzis nel genio, Michele de Renzis e Garofalo in Genova cavalleria, Acquaviva in Nizza cavalleria e Pomarici in Piemonte Reale. Quest'ultimo si uccise a Firenze qualche anno dopo; Rodolfo Acquaviva è morto da parecchi anni, e dei due De Renzis, Francesco è ambasciatore a Londra, e Michele è deputato di Capua e generale di cavalleria in posizione ausiliaria.

Da Reggio a Napoli non fu più tirato un colpo di fucile, e Garibaldi, dapprima con la sua avanguardia e poi precedendo questa, con poche guide e cavalieri e con Enrico Cosenz sempre vicino, da lui nominato ministro della guerra, proseguiva la sua marcia, acclamato come il Dio della vittoria. Trovava dovunque lo Stato disciolto, e a lui si arrendevano generali abbandonati dai proprii soldati. Quella campagna, o per dir meglio, quella marcia trionfale, attraverso le Calabrie, è stata narrata da me con documenti inediti e interessanti in altro mio libro.[4] Si arresero Melendez e Briganti e fu ucciso quest'ultimo dai suoi soldati, perchè sospettato di tradimento; capitolò Vial che s'imbarcò a Pizzo per Napoli; capitolò Caldarelli col Comitato di Cosenza; si sbandò Ghio con diecimila uomini a Soveria Mannelli; e così la strada sino a Salerno, spazzata degli ultimi avanzi di difesa, restò libera allo incedere del glorioso manipolo, il quale non si trovò tra i piedi che soltanto de' gruppi di soldati paurosi o inermi, che salutavano, con terrore, i vincitori, al loro apparire. Lo sbandamento di Soveria fu l'episodio decisivo di quella campagna, per il quale si affermò il trionfo della rivoluzione sul continente, e che ispirò a Garibaldi il celebre telegramma, da lui dettato a Donato Morelli, la mattina del 31 agosto, nella casa rustica di Acrifoglio: "*Dite al mondo che ieri coi miei prodi calabresi feci abbassare le armi a 10 000 soldati, comandati dal generale Ghio. Il trofeo della resa fu dodici cannoni da campo, diecimila fucili, trecento cavalli, un numero poco minore di muli e immenso materiale da guerra. Trasmettete a Napoli, e dovunque, la lieta novella*".

Anche in Puglia l'esercito non diè prova di maggiore energia; ma se per la Calabria la neghittosità delle truppe fu principalmente da ascriversi, come si è veduto, all'inettezza dei capi; al maresciallo di campo Filippo Flores, che comandava la colonna delle Puglie, non potè veramente attribuirsi l'insuccesso completo dell'opera sua. Il Flores, al quale fu mossa l'accusa di aver ordinato alle sue truppe l'atto di sottomissione al nuovo ordine di cose, spiegò la sua condotta in un piccolo opuscolo venuto alla luce il 10 luglio 1862, ed ora raro per quanto interessante. Flores disponeva di poche forze per mantenere la calma in tre provincie, mentre ordini e contrordini da Napoli paralizzavano l'azione di lui. Tutta la sua colonna, divisa fra le provincie di Bari, di Capitanata e di Terra d'Otranto, si riduceva a uno squadrone

[4] R. DE CESARE, *op. cit.*

di gendarmeria, un battaglione di gendarmeria a piedi, due squadroni del secondo reggimento dragoni e due di carabinieri, incompleti di uomini e di cavalli, oltre a mezza batteria di obici. C'erano bensì delle compagnie di riserva, ma potevano considerarsi come uno scheletro di soldatesca. Alla mancanza di uomini si aggiungeva quella delle munizioni; e per quanto il Flores insistesse per avere altri soldati, non gli fu mandato che il generale Bonanno con alcune compagnie del tredicesimo di linea, *Lucania*, il cui spirito militare era addirittura spento, dopo i disastrosi eventi di Sicilia. Al generale Bonanno, che gli manifestava non avere le sue truppe *altra munizione da guerra, che semplicemente quella di "dote" esaurita la quale, la fucileria e i pezzi sarebbero rimasti in perfetto stato d'inazione*, Flores non seppe che cosa rispondere.

L'ultimo ordine, che il Flores ricevesse da Napoli, fu di "lasciar la gendarmeria in tutti quelli luoghi, ne' quali occorresse tener guardia alle prigioni, e tutelar l'ordine per quanto lo si potesse; e col restante delle schiere muovere a raggiungere in Avellino il generale Scotti, che ne avrebbe assunto il superiore comando". E si noti, che quest'ordine si mandava al Flores, quando questi aveva già date le sue dimissioni, col seguente telegramma del 26 agosto: "Domando il mio ritiro, e chieggo a chi rassegnar la mia missione, che non posso più onorevolmente disimpegnare". Queste dimissioni furono anche provocate dal fatto, che il governo avea sospeso il richiamo dei due squadroni di dragoni, proposto dal Flores, perchè indisciplinati, come ancora dalle diserzioni del tredicesimo di linea, le quali crescevano di giorno in giorno. E proprio sul momento di muovere per Avellino essendo giunto a Flores l'ordine di estrarre dal Banco di Bari le somme di regio conto, egli rispondeva così: "Questo Banco, mi assicura l'intendente, non contiene che numerario di pertinenze particolari, nè estrarre si potrebbe denaro senza ordini diretti dal ministro delle finanze, e senza serio allarme di tutte le popolazioni".

Capitolo XVI

A misura che il Flores eseguiva la ritirata su Avellino, i governi provvisori si proclamavano via via alle sue spalle. Ogni paura cessava. Flores dovè continuare la ritirata senza risorse; spirata la quindicina, sarebbero mancati alle truppe i viveri, de' quali non avrebbe potuto, senza violenza, provvedersi dai Comuni, nè, il maresciallo, cui le condizioni di salute non consentivano neppure di reggersi a cavallo, poteva fidarsi dei suoi uomini, tranne che della mezza batteria e dei due squadroni incompleti di carabinieri. A quattro miglia da Ariano, da parte del generale Bonanno, gli veniva consegnato un *urgentissimo messaggio*, recato da *apposita staffetta*, contenente l'ordine di recarsi a Napoli; ed egli dovè proseguire il viaggio con la moglie ed i figli in carrozza, perchè, pochi giorni prima, caduto a terra per un male sopravvenutogli, si era ferito a un ginocchio. Giunto nelle prime ore della notte a Grottaminarda, fu fermato sulla via da un drappello d'insorti avellinesi, mandato dal De Concily ad arrestarlo. Comandava il drappello, sprovvisto completamente di armi, Francesco Pepere, e ne facevano parte Florestano Galasso e Vincenzo Salzano. Gli insorti trattarono con ogni riguardo il generale e la sua signora, e lo condussero alla presenza del vecchio De Concily, che lo trattenne, e due giorni dopo, il 9 settembre, lo lasciò prosegure per Avellino, già occupata dal generale Türr. Di là, il Flores scrisse al generale Bonanno il quale aveva preso il comando della colonna, "che il prodigare inutil sangue riputava folle provvedimento, senza punto vantaggiare quella causa debellata in Sicilia pria, a fronte delle migliori truppe delle quali il Regno disponesse, e di poi in tutti li punti del Napoletano; e massime negli Abruzzi, nelle Calabrie, che offrivano ben altri elementi a poter resistere; eppure nulla erasi operato da migliorare un avvenire inevitabile". Consigliava quel generale, *di non menare a selvaggia carneficina un pugno di gente che dovea infallibilmente soccombere*, e concludeva che, se lui, Bonanno, *abbisognasse di un ordine, per siffattamente governarsi, gl'impartiva l'ordine e ne assumeva la responsabilità.*

Chiudendo il suo scritto, il maresciallo Flores accenna alle cause generali che resero impossibile ogni seria resistenza militare in Sicilia, prima e poi nel continente; e giova riferire le sue parole, perchè esse confortano autorevolmente, nella bocca di un uomo che prese parte a quegli avvenimenti, quanto io ho detto. "Si dovè cedere, scrisse il Flores, perchè impossibile era resistere; perchè l'elaborata opera della Rivoluzione era consumata; perchè la truppa difettava dove impellente erane il bisogno; soverchiava dove non era necessaria; ordini e contrordini succedevansi; tutto era messo in opera per disgustare ed alienare quelli che sempre dato avean saggio di devozione e di fedeltà; infine, era suonata quell'ora fatale designata dal destino, in cui il Trono dovea crollare". Per invito del De Sanctis, nominato governatore di Avellino dal dittatore, Flores si recò poi a Napoli, dove Garibaldi lo ricevette al palazzo d'Angri, dichiarandosi soddisfatto della condotta di lui. Flores morì nel 1868.

Dopo lo sbandamento di Ghio e la dissoluzione di tutto l'esercito in Calabria, il ministero non si raccapezzò più. Il giorno innanzi, cioè il 29 agosto, nel Consiglio di Stato era stato deciso di resistere a Garibaldi e di attaccarlo, ove ne fosse il caso, tra Eboli e Salerno o tra Salerno e Napoli. Fra le truppe di Calabria, i battaglioni stranieri distaccati fra Napoli e Salerno, e la guarnigione di Napoli, si poteva disporre di 50 000 uomini, con abbondanti provvigioni da guerra e da bocca, alle quali si sarebbe potuto anche più largamente provvedere con una parte dei sei milioni di ducati, del prestito fatto con Rothschild. "Io non dissimulo, disse Spinelli in quel Consiglio, che sventuratamente il nostro esercito è demoralizzato e sconfidato; ma quando il Re si porrà alla testa, esso riprenderà il coraggio e la disciplina, e si rifarà delle patite sconfitte. E se pur sarà destino il soccombere, cadremo con onore, e ci salveremo dall'onta di fuggire d'innanzi ad un pugno di uomini, i quali altra forza non hanno, che il prestigio

Capitolo XVI

dell'ardito loro capo". E soggiunse: "Che se V. M. pensasse invece lasciar la capitale, e provvedere altrimenti alla difesa dello Stato, lo faccia pure; ma prenda immediatamente le opportune disposizioni ed operi con la massima energia, perchè ogni istante, che si perde, può compromettere le sorti del Regno". Il ministro della guerra, che vedeva sfumato il suo piano di difesa in Calabria, ne fece un altro per la difesa presso Salerno, ma proponeva che il Re marciasse a capo delle truppe, al fine di rialzare il morale dei soldati, dopo l'effetto disastroso, che i fatti di Calabria avevano prodotto sulle milizie. Il vecchio Carrascosa, chiamato a consiglio, disse al Re: "Vostra Maestà monti a cavallo, e noi saremo tutti con Vostra Maestà; o cadremo da valorosi, o butteremo Garibaldi in mare". Anche Ischitella era di questo avviso, ma voleva per sè il comando supremo dell'esercito, e parve molto irritato di non ottenerlo, dopo che il Re gli fece discutere il piano di battaglia col ministro Pianell, e ne lesse la relazione, firmata solo da lui, Ischitella, poichè Pianell, non approvando la nomina di costui, non volle sottoscriverla. Si detestavano a vicenda i due uomini, e l'Ischitella non risparmia il Pianell nel suo opuscolo, il quale rivela ancora una volta nello scrittore un uomo vanitoso e romoroso, che aveva servito Murat e Ferdinando II fino alla morte, e che, generale della guardia nazionale con don Liborio Romano, lasciò questo ufficio; aspettando il comando supremo dell'esercito per combattere Garibaldi. Quanto pronto di favella, tanto egli era inetto all'azione, ombroso e collerico, ma nell'insieme, non privo di soldatesca sincerità. Passarono così alcuni giorni, sino a che, nella notte dal 30 al 31, si seppe l'inconcepibile sbandamento di Soverìa, e lo incedere trionfante della rivoluzione in Calabria e in Basilicata. I generali non credettero più di sicura riuscita il disegno di Pianell, perdettero la bussola anche loro, e di altro non si parlò che di tradimenti, di oro piemontese e di causa disperata. Una nuova spedizione di truppe in Calabria fu creduta inutile. Gli ordini erano stati dati, ma proprio nel momento dell'imbarco giunse il contrordine, provocato dalle solite esagerazioni, che Garibaldi, dopo lo sbandamento di Soverìa, marciasse, senz'altri ostacoli, su Napoli, e vi potesse arrivare da un momento all'altro.

Il Re mostravasi calmo, come persona che mediti qualche nuovo disegno. La regina Maria Sofia, più risoluta, accettava senza discuterlo qualunque piano di azione, e insisteva che il Re si mettesse a capo dell'esercito, offrendosi di seguirlo. Francesco II assisteva passivamente ai consigli dei generali; ma questi non venivano, in maggioranza, ad altra conclusione che non fosse la loro sfiducia nell'esercito e nel ministro della guerra; che anzi il Bosco, promosso da poco a generale, arrogante quanto loquace, perchè si era battuto con valore in Sicilia, criticava senza mistero il piano del ministro e osservava che, uscendo il Re da Napoli, vi sarebbe scoppiata la rivoluzione e il Re si sarebbe trovato fra due fuochi. Queste critiche ed osservazioni del Bosco riuscivano assai gradite al Re, il quale usava molto familiarmente con lui e lo chiamava *Ferdinandino*. Ischitella, che vedeva Francesco II tutt'i giorni, contribuiva con le sue esagerazioni e contraddizioni, a confondergli la testa. Egli consigliava bensì un'azione vigorosa col Re a capo dell'esercito, ma sconsigliava di lasciar Napoli. Ed il Pianell, allora, visto che le sue proposte non venivano accolte e che il Re non si decideva a nulla, e visto dall'altro lato che Garibaldi e la rivoluzione si avanzavano senz'altro ostacolo, manifestò a Spinelli il proposito di dimettersi da ministro e da generale, e lasciar Napoli.

Le incertezze del Re contribuivano a rendere più difficile l'opera dei ministri, i quali, eccetto il Romano, erano profondamente inquieti. Il presidente del Consiglio, che aveva accettato il governo, come il compimento di un sacro dovere, appariva preoccupato e triste; il principe di Torella, nervoso più del consueto; e De Martino, pur mostrandosi disinvolto e sorridente, rivelava anche lui di aver perduta ogni fede nella diplomazia. I ministri intendevano che il fatale momento si appressava, e non si dissimulavano che l'autorità loro presso il Re andava ogni giorno diminuendo, e che l'azione civile del governo quasi non esisteva più. L'azione era tutta militare, se azione poteva dirsi. I consigli di generali si succedevano, ma si rifuggiva, come s'è visto, da ogni risoluzione, nè sarebbe proprio possibile ricostituire la storia precisa di quei giorni famosi, perchè, coloro che vi ebbero parte, la narravano ciascuno a modo suo, e ciascuno aveva ragione, mentre la verità è che tutti si mostrarono inferiori alla singolare gravità del caso. Avvenivano le cose più strane. Il generale Ritucci si era dimesso da comandante della piazza di Napoli, e nonostante che il ministero si fosse opposto alla nomina del generale Cutrofiano a successore di lui, il Re la volle. Era il Cutrofiano tenuto in conto di retrivo e di uomo violento, e nella sua nomina si vide una minaccia di reazione. Il ministero lasciò intendere al Re che si sarebbe dimesso, anzi presentò le dimissioni. Francesco non ne parve spaventato, e per un momento sembrò deciso a nominare un ministero di resistenza, e a farla finita con la rivoluzione. Non a Pietro Ulloa, ma ad Ischitella diè l'incarico di formare il nuovo ministero, ma al solito, quando si fu all'esecuzione, il vecchio generale non seppe cavarsela, *perchè*, come egli confessa, *tutti si rifiutavano di essere ministri in quel momento, in cui si vedeva la dissoluzione del Regno, e nessuno voleva compromettersi.* Interpellò Stanislao Falconi, Pietro Ulloa e Niccola Gigli, i quali tutti e tre, sia per la gravità della situazione, sia per la poca serietà di lui, risposero di no.

Erano giorni di tristezza e di confusione nella Reggia e nel governo. Consigli diversi, proposte contradittorie, paure, sospetti, malignazioni e soprattutto esagerazioni, che s'incrociavano, mentre i *fedeli* continuavano a disertare la causa e il numero degli unitarii cresceva in ragione geometrica. Si affermava, e io credo con qualche fondamento, che il generale Girolamo Ulloa, venuto a Napoli in quei giorni, e bene accolto dal partito legittimista, avesse fatto proporre al Re di assumere il comando in capo delle truppe, per dar battaglia a Garibaldi nella pianura di Eboli. L'Ulloa aveva alta reputazione militare. Si era battuto a Venezia con Pepe; era stato dieci anni in esilio a Firenze, dove ebbe il comando dell'esercito toscano dal governo provvisorio, dopo la partenza del Granduca. In questo comando non fece buona prova, anzi diè origine a sospetti di varia natura, avvalorati dalla circostanza che, durante l'esilio, era vissuto in intimità con l'elemento più retrivo di Firenze, rivelando per le cose di Napoli opinioni non decisamente nazionali e unitarie, anzi francesi e murattiste. Quando Ricasoli e Farini conclusero la lega militare dell'Italia centrale, gli preferirono nel comando supremo, prima Garibaldi e poi il Fanti. Di ciò irritato stranamente, l'Ulloa si recò a Napoli dov'era suo fratello Pietro, amico del conte d'Aquila e mescolato con lui in quel dubbio conato di cospirazione; nè quindi è inverosimile che facesse offrire la sua spada al Re, come fu detto. Ma l'offerta non poteva essere accolta per la sfiducia, che il nome di lui destava negli ufficiali più vecchi e più zelanti, i quali ricordavano che l'Ulloa, essendo andato con Pepe a Venezia, aveva disubbidito agli ordini di Ferdinando II, e aveva poi servita la rivoluzione in Toscana. Si disse pure che Pianell, nutrendo gelosia per l'Ulloa, non volesse lasciargli l'onore di salvare la dinastia. Di ciò mancano documenti autentici, sebbene la cosa non sia, lo ripeto, inverosimile. Punto verosimile, al contrario, è quanto il Nisco afferma, che, cioè, Girolamo Ulloa appartenesse alla cospirazione promossa dal conte d'Aquila, la quale non fu mai cosa concreta, come il Nisco stesso l'afferma, esagerandone l'importanza, più di quanto non l'abbia ingrandita lo stesso Romano, interessato a gonfiarla, per accrescersi il merito di averla soffocata. Nulla, nulla prova che Girolamo Ulloa partecipasse a quel complotto, anzi è da credere l'opposto, perchè l'Ulloa era in voce di murattista e il barone Ricasoli aveva persino sospettato che egli lavorasse a Firenze nell'interesse del principe Napoleone per la creazione di un Regno di Etruria. Certo, i suoi rapporti col principe Napoleone furono molto intimi.

Ogni giorno si annunziavano nuove fughe di *fedeli*, e nuove conversioni di quelli che restavano. Si dimettevano anche il conte di Trani e il conte di Trapani: il primo, da colonnello di stato maggiore, e il secondo, da ispettore della guardia reale. Il Pianell dichiarava, che, allo stato delle cose, non gli conveniva rimanere più oltre nel ministero. Scrisse direttamente al Re la sera del 2 settembre, inviando le sue dimissioni anche da generale, spiegando i motivi che lo inducevano a questo passo, e chiedendo il permesso di allontanarsi dal Regno. Contemporaneamente il ministero, sentendosi completamente esautorato, senza ministro della guerra e senza comandante della guardia nazionale, e quasi certo di essere riuscito a scongiurare la guerra civile nelle mura di Napoli, ripresentò, la mattina del 3 settembre, le sue dimissioni. Francesco II mandò il desiderato permesso a Pianell, che lasciò Napoli la sera del 3, e in quello stesso giorno nominò comandante della guardia nazionale il vecchio generale Roberto de Sauget; ma non accettò le dimissioni del ministero, forse preoccupato dallo spavento che al primo annuncio di quelle dimissioni s'era destato in Napoli, nonchè per l'ordine, che si diceva da lui dato ai comandanti dei forti, di tirare sulla città, al primo accenno di sommossa o all'appressarsi di Garibaldi. I liberali, unitarii e autonomisti, facevano da parte loro vive premure ai ministri dimissionarii perchè rimanessero al loro posto. Il Re richiamò Spinelli la sera del 3, e gli fece intendere che aveva già in mente una risoluzione definitiva, e che forse il domani gliel'avrebbe comunicata. I ministri, pur non ritirando le dimissioni, rimasero al loro posto, ma l'agitazione a Napoli in quei giorni fu indescrivibile, anche perchè venne ad arte sparsa la voce che il Re avesse promesso alla plebaglia di far la santafede all'avvicinarsi di Garibaldi.

Il solo che sembrava incosciente di quel che avveniva, era don Liborio Romano, nuotante fra le opposte correnti, senza un fine preciso, nè la visione di quel ch'egli volesse; ma in apparenza sorridente e sicuro di sè. Fin dal 20 agosto, egli (si legge nelle sue *Memorie*) aveva presentato al Re un *memorandum*, scritto da lui: *memorandum*, che non fu letto in Consiglio di ministri, ma che i ministri conoscevano, secondo egli afferma, senza darne prova. In questo documento, il Romano rilevava l'incompatibilità, ogni giorno crescente, fra il popolo e la dinastia, e la impossibilità nei ministri costituzionali di *modificare o disprezzare il sentimento pubblico* come anche l'impossibilità di fermare Garibaldi, il quale, aiutato dal Piemonte, procedeva vittorioso, essendo la *regia marina in piena dissoluzione* ed avendo l'*esercito rotto ogni vincolo di disciplina e di obbedienza gerarchica*. Sconsigliava la resistenza e, unica via di salute, proponeva al Re di allontanarsi dalla capitale "Che la M. V., concludeva, si allontani per poco dal suolo e dalla Reggia dei suoi maggiori; che investa di una reggenza temporanea un ministero forte, fidato, onesto, a capo del quale sia preposto, non già un principe reale, la cui persona, per motivi che non vogliamo indagare, nè farebbe rinascere la fiducia pubblica, nè sarebbe garentia solida degl'interessi dinastici, ma bensì un nome cospicuo, onorato, da meritar piena la confidenza della M. V. e del paese". E naturalmente, questo nome cospicuo ed onorato non poteva essere che il suo.

Ammesso che questo *memorandum* fosse stato presentato veramente il giorno 20 agosto, secondo afferma il Romano, questi nel Consiglio del 29 approvava, insieme con gli altri ministri, la resistenza a Garibaldi fra Salerno e Napoli, e una nuova e vivace protesta, che il De Martino inviò alle potenze appena fu conosciuto lo sbarco di Garibaldi in Calabria. E poichè alle cose più serie di questo mondo si accompagna sempre una nota di comicità, il giorno 30 venne fuori un decreto del 29 che autorizzava lui stesso, Romano, ministro del-

Capitolo XVI

l'interno, a creare un debito di sessantamila ducati, per costruire e addobbare la sede provvisoria del Parlamento alle Fosse del grano! Don Liborio si apparecchiava ad aprire il Parlamento napoletano con la stessa incoscienza, con la quale lasciava credere ai cavurriani, che egli era lì per indurre il Re a lasciar Napoli e ad affrettare il compimento dell'unità nazionale; ai garibaldini e ai mazziniani del Comitato di Azione, ch'egli stava lì ad impedire che l'unità d'Italia si compisse a benefizio del Piemonte, resistendo agl'intrighi di Villamarina e di Persano e alle sollecitazioni del Comitato dell'Ordine; ed agli autonomisti, che fosse in pericolo l'autonomia e l'indipendenza del Regno!

Banderuola in balìa dei venti, Liborio Romano si dava l'aria di dominar lui i venti, compiaciuto e soddisfatto di sè; dava ragione a tutti ed era il solo dei ministri, che non sembrasse impensierito del domani. I borbonici lo bollarono per traditore, mentre i cavurriani di Napoli lo attaccarono con violenza e non sempre con giustizia, e il solo, che ne tentasse la difesa, fu quel partito di Sinistra, il quale, generato dal Comitato di Azione, reclutò nelle sue file quanti vi erano più malcontenti, più turbolenti e più retrivi; nel quale partito il Romano si schierò e militò finchè visse, detestando i moderati e il loro governo, e forse, in cuor suo, punto dal rimorso di dover passare alla storia per traditore. Egli non tradì, perchè non ebbe la coscienza esatta di quel che facesse, ma si lasciò trascinare dalla corrente: caposcuola glorioso di tutti quei voltafaccia politici e parlamentari, più in piccolo e più volgarmente egoistici, dei quali siamo testimoni ogni giorno in questo periodo di parlamentarismo degenerato. I fatti non confortano l'accusa di tradimento, nè questa si sarebbe levata contro Liborio Romano, se egli, senza interruzione, non fosse rimasto ministro di Garibaldi, e non avesse assunto, quasi dal primo giorno, un contegno di ostilità stizzosa contro tutto ciò che, sia pure inconsapevolmente, egli stesso aveva contribuito a creare. Don Liborio, dopo trentanove anni di regime parlamentare, non può giudicarsi un fenomeno morale inverosimile, nè una pianta esotica del nostro paese!

CAPITOLO XVII

SOMMARIO: Il Re si decide a lasciare Napoli – Suo colloquio con Carlo de Cesare – Garibaldi a Rogliano, a Rotonda, ad Auletta e a Salerno – Confusione e timori a Napoli – Incidente caratteristico – I capibattaglione della guardia nazionale e il sindaco dal Re – Consiglio di Stato del 5 settembre – Timori per la partenza del Re – Il proclama reale – Chi lo possiede – Il manifesto del prefetto di polizia – Preparativi per la partenza – Il notamento degli oggetti che Francesco II portò a Gaeta – Il Re al marchese Imperiale – I ministri e i direttori dal Re – Sue parole a don Liborio e a Giacchi – L'ultimo baciamano e gli ultimi addii – Dalla Reggia al porto – Il corpo diplomatico – Bermudez de Castro – La protesta alle potenze – Si parte alle ore sei – Incidenti e particolari – I teatri di Napoli la sera del 6 settembre – Il ministero, il sindaco e il comandante della guardia nazionale – La traversata dei Sovrani da Napoli a Gaeta – Le navi regie si rifiutano d'obbedire – Aneddoti – Francesco II e Vincenzo Criscuolo – Il telegramma di Garibaldi a don Liborio – La risposta di don Liborio – Gli episodii di Salerno e le irrequietezze di Garibaldi – Sua improvvisa risoluzione di partire per Napoli – I particolari di quel viaggio e i personaggi che accompagnarono il dittatore – Arrivo dei Sovrani a Gaeta la mattina del 7 settembre, e arrivo di Garibaldi a Napoli, a un'ora – Incidenti alla stazione di Napoli – La folla separa Garibaldi da Cosenz – Il sindaco D'Alessandria sparisce – A Gaeta e le parole del padre Borrelli – Particolari inediti – Fine del Regno.

In tante incertezze, inquietudini e abbandoni, il Re carezzava il suo partito: lasciar Napoli e andare a Gaeta, chiamarvi quella parte della flotta che non aveva disertato, e concentrando fra Gaeta e Capua le truppe disponibili, formar la linea di difesa tra le due fortezze e tra il Volturno e il Garigliano, con la frontiera libera sino a Roma. Le provincie, da Napoli in su, non erano insorte, nè si prevedeva la spedizione di Fanti e di Cialdini nell'Italia centrale, nè la sconfitta di Lamoricière a Castelfidardo, nè la presa di Ancona, nè, infine, la marcia di Vittorio Emmanuele per le Marche, verso il Regno: marcia compiuta tra le maraviglie dell'Europa liberale, e una specie di pauroso stupore dell'Europa reazionaria. Tra due fortezze ben agguerrite e con milizie fedeli, poteva Francesco II opporre salda e lunga resistenza: con una sola sconfitta il prestigio di Garibaldi sarebbe finito e finito con esso il prestigio della rivoluzione. Avveduto consiglio, che si disse mandato dall'Austria e dal Lamoricière, e che il Re, alla fine, decise di seguire, ma senza farlo ancora intravedere ai suoi ministri.

Nella notte dal 3 al 4 settembre, egli mandò a chiamare d'urgenza il direttore delle finanze Carlo de Cesare, il quale, dopo la partenza del Manna per Torino, funzionava da ministro, e dopo avergli detto che era deciso di abbandonare con l'esercito la capitale, per muovere contro Garibaldi, soggiunse essere assolutamente necessario provvedersi del danaro occorrente per oltre la quindicina. Il De Cesare rispose che non gli era possibile secondare tali desiderii, prima che spirasse la decade. Il Re replicò che bisognava in ogni caso provvedere, ricorrendo alle casse del Banco; ma il De Cesare replicò che, reggendo lui il ministero delle finanze, non lo avrebbe mai consentito, essendo i depositi privati una cosa sacra; ad ogni modo, ove il Re credesse diversamente, poteva bene esonerarlo dall'ufficio. Francesco II tornò a insistere, ma il direttore tenne fermo. Il Re lo licenziò dopo averlo presentato alla Regina, che conversava con alcuni uffiziali. Uscito dalla Reggia, il De Cesare si recò dal Ciccarelli, reggente del Banco e lo avvertì a trovarsi d'accordo con lui, ove il Re persistesse nel pensiero di chiedere i depositi privati. Ma il Re non vi persistette.

Capitolo XVII 423

Garibaldi passò la giornata del 31 agosto a Rogliano, in casa Morelli, e vi dettò due decreti: con uno aboliva la tassa sul macinato per tutte le granaglie, tranne per il frumento, e riduceva il prezzo del sale; e con l'altro concedeva ai poveri, gratuitamente, gli usi di pascolo e di sementa nelle terre demaniali della Sila. Passò la notte seguente a Cosenza e ne ripartì il primo settembre, accompagnato da non più di trenta persone, fra ufficiali e guide. Ricordo, tra gli altri, Enrico Cosenz che non lo lasciò più sino a Napoli; Thürr, Corte, Caldesi, Avezzana, Musolino, Nullo, Mordini, Missori, Serafini, e due giornalisti, che erano anche volontarii: Carlo Arrivabene e Antonio Gallenga, corrispondenti di giornali inglesi. Attraversando il resto della Calabria, sino al primo paese di Basilicata, che fu Rotonda, trovò la rivoluzione compiuta dappertutto. Fra i molti scrittori, i quali, più o meno confusamente, descrissero quella marcia, vanno eccettuati Giacomo Racioppi e Michele Lacava, le cui narrazioni sono precise e documentate.

Da Rotonda, dove giunse il 2 settembre, Garibaldi scese alla marina di Scalea, dove s'imbarcò. Arrivò la sera del 3 a Sapri dov'era approdata, il giorno innanzi, la divisione di Rustow e Pianciani, la quale, ultima arrivata, divenne l'avanguardia dell'esercito garibaldino. Il giorno 4, il dittatore si fermò all'osteria del Fortino, presso Casalnuovo, dove ricevè Niccola Mignogna e Pietro Lacava, che lo salutarono a nome del governo provvisorio di Basilicata e gli portarono seimila ducati, in tante piastre e colonnati: somma che riuscì gradita al Dittatore e fu spesa, quasi tutta, in sussidii ai soldati di Caldarelli, i quali, dopo la capitolazione di Cosenza, si ritiravano verso Napoli e, dopo una nuova capitolazione fatta con Garibaldi, deposero le armi. Mignogna e Lacava si unirono al dittatore, e con lui passarono la notte a Salerno ed entrarono il 7 settembre a Napoli, come si dirà. All'alba del 6 Garibaldi fu in Auletta, dove ricevè Giacinto Albini, altro proditattore di Basilicata, e lo nominò governatore della stessa provincia, con pieni poteri. Ricevè pure Salvatore Tommasi e Raffaele Piria, delegati del Comitato dell'Ordine, e Giuseppe Libertini, delegato del Comitato di Azione, i quali andarono da lui per ottenere ch'egli, arrivando a Napoli, prendesse consiglio e ispirazione dai rispettivi Comitati; ma Garibaldi, in quella guisa che a Casalnuovo, aveva nominato Bertani segretario generale della dittatura, da Auletta scrisse ai due Comitati di Napoli, come invito alla concordia, queste parole: *"Ai signori Giuseppe Libertini, Raffaele Conforti, Giuseppe Pisanelli, Filippo Agresti, Cammillo Caracciolo di Bella, Giuseppe Ricciardi e Andrea Colonna: – Per il bene della causa dell'unità italiana, vi prego di riunirvi a comporre il Comitato unitario nazionale. Attendo ogni aiuto dal vostro illuminato e ardente patriottismo"*. Libertini, Agresti e Ricciardi appartenevano al Comitato di Azione; Pisanelli, Caracciolo e Colonna, al Comitato dell'Ordine, e Raffaele Conforti a nessuno dei due, pur avendo la fiducia di entrambi. Ma l'invito di Garibaldi fu senza effetto, o meglio non valse che a lasciar credere ai sette su nominati che essi fossero investiti di suprema sovranità, non esclusa quella di proclamare, come proclamarono, il dì seguente, Garibaldi dittatore del Regno, e ciò a consiglio di Villamarina, consigliato alla sua volta da Cavour, il quale non recedeva dal proposito di mostrare alla diplomazia, che il movimento aveva qualche cosa di spontaneo per lo meno nella città di Napoli.

La mattina del 4 settembre, intanto, dopo la notizia dello sbarco della colonna di Rustow a Sapri, la quale si diceva forte di quattromila uomini, mentre in realtà era assai men numerosa, ebbe luogo un ultimo Consiglio di generali, il quale, ad unanimità, deliberò di non potersi resistere a Garibaldi, nè tra Campagna e Salerno, nè tra Salerno e Napoli, e non rimanere altra linea di difesa che tra Capua e Gaeta, tra il Volturno e il Garigliano. Non v'era più ministro della guerra, e neppure un comandante della piazza di Napoli, che aveva lasciato il posto il giorno innanzi, senza che alcun decreto lo depones-

Capitolo XVII

se. Tutto il ministero era dimissionario. I generali sottoscrissero un verbale, e lo firmò pure Ischitella, il quale, dopo aver firmato, spezzò teatralmente la penna, come si affermò. I ministri dimissionarii avevano di nuovo scongiurato il Re a smettere ogni pensiero di difesa dentro Napoli; e, pregati dal Re di dare una lista di personaggi per formare un nuovo ministero, non vi si rifiutarono, ma fecero intendere, che nè il Serracapriola, nè il Buonanno, nè il Falconi, nè il Roberti, nè il generale Filippo Colonna, dei quali si facevano i nomi, avrebbero accettato, avendo già alcuni di costoro resistito, tre giorni prima, all'invito d'Ischitella. Il Re fece allora un ultimo tentativo con Pietro Ulloa, e la notizia diffusa dai giornali accrebbe le incertezze e le paure. Un ministero preseduto dall'Ulloa sarebbe stato un ministero di resistenza ad ogni costo, specie se l'Ulloa, come si aggiungeva avrebbe preso per ministro della guerra suo fratello Girolamo. Ruggiero Bonghi, nel *Nazionale*, faceva dell'ironia a spese di quest'ultimo, dichiarando di credere la cosa impossibile, perchè *non era lecito di credere, che Francesco II volesse formare il ministero di Gioacchino Murat, nè che Gioacchino Murat si contentasse che lo si fosse formato in modo, da dover essere screditato prima di giungere*. Ma tutto l'articolo rivelava la preoccupazione e il timore di una reazione violenta e sanguinosa, e concludeva: *"Il Re vuol ancora resistere? Ebbene s'accampi coi soldati che gli restan fedeli in qualche parte, di dove Garibaldi abbia a passare, e combatta. Noi compiangeremo la sua risoluzione, ma non vilipenderemo la sua reale fierezza"*.

Girolamo Ulloa, alla sua volta, protestava con una lettera contro le insinuazioni del *Nazionale* e contro la voce, che gli fosse stata fatta direttamente o indirettamente alcuna offerta di portafoglio, e che egli l'avesse accettata nell'interesse del Murat. *Io rispondo con tutta l'indignazione di un uomo onesto*, egli diceva, *offeso gratuitamente; essi mentiscono.... nè mai il pretendente di Napoli ha trovato un nemico più pronunziato di me.*

Il tentativo dell'Ulloa non riuscì. Ebbe più rifiuti che non ne avesse avuti l'Ischitella; e tra coloro, che rifiutarono, fu Giuseppe Aurelio Lauria, consultore di Stato. Si rese ancora più manifesta l'impossibilità di formare un governo. I generali, interpolando forse il sentimento del Re, che aveva resistito ai consigli di tentar la difesa a Salerno o di farla a Napoli, dichiararono ch'era meglio farla tra Capua e Gaeta: consigli tutti, che si succedevano con vertiginosa confusione. Solo il vecchio Carrascosa disse apertamente al Re: "*Se Vostra Maestà mette il piede fuori di Napoli, non vi tornerà più*". Il futuro storico dovrà bene fermarsi su questo punto, per determinare *tutte* le responsabilità militari di quei giorni. Dico *tutte*, perchè non è giustizia chiamar capro espiatorio dello sfacelo il solo Pianell, come fecero gli scrittori legittimisti. I consigli dei militari erano anzi più inconcludenti e contraditorii di quelli dei ministri; lo spirito di corpo si era affievolito nei capi più che nei soldati; e i capi seguitavano a denigrarsi ed a diffidar l'un dell'altro, ed erano venuti quasi tutti in sospetto al Re. Si confidava nei battaglioni stranieri, ma anche questi, stranamente accozzati, risentivano il generale malessere. Oggi però, spente le ire, si può bene affermare che nè i comandanti dei forti ebbero mai ordine di bombardare Napoli, come generalmente si temeva e forse da taluni si crede ancora; nè l'idea di tentare la difesa a Napoli fu messa innanzi con precisione e coraggio. Fu davvero desolante lo spettacolo, che presentavano in quei giorni i capi dell'esercito. Tutta l'azione del ministero mirava invece ad impedire la resistenza dentro Napoli, ed era efficacemente coadiuvata dal cardinal arcivescovo Sisto Riario Sforza, il quale pregava il Re di non mutare Napoli in un campo di eccidio, e di non arrecar danno alle tante chiese e ai cent'ottanta monasteri della città.

La mattina del 5 settembre, il Re chiamò Spinelli e partecipatogli che aveva deciso di ritirarsi con l'esercito fra Capua e Gaeta, gli ordinò di scrivere un proclama di addio ai napoletani. Licenziato Spinelli, il Re uscì dalla Reggia in un legnetto scoperto, insieme con la Regina e due gentiluomini. Non appariva impensierito; mentre la Regina sembrava ilare, e discorreva con vivacità ora con lui e ora con i due gentiluomini. I passanti si levavano il cappello, e i Sovrani rispondevano cortesemente ai rispettosi saluti. Non vi furono però evviva, nè dimostrazioni, nè clamori. In via di Chiaja, proprio sul principio, dovettero fermarsi per un ingombro di vetture e di carri. In una delle prime botteghe sotto la Foresteria, oggi prefettura, stava allora la farmacia reale Ignone, la quale aveva sull'insegna i gigli borbonici, ed il cui esercente era stato un noto e furioso borbonico. Una scala, poggiata all'insegna, impediva il transito delle vetture. Il Re si fermò e vide che alcuni operai, saliti sulla scala, staccavano dalla tabella i gigli; additò con la mano a Maria Sofia la prudente operazione del farmacista, e nessuno dei due se ne mostrò commosso, anzi ne risero insieme. Molto più commosso di loro fu il duca di Sandonato, che in quel momento passava di là e vide tutto. Il duca racconta la dolorosa impressione che egli provò, assistendo a quella scena. A mezzogiorno i Sovrani tornarono alla Reggia.

Dal tocco alle due, Francesco II ricevette i dodici capibattaglione della guardia nazionale, con alla testa il nuovo comandante De Sauget e il sindaco. Comunicò loro la sua risoluzione di lasciare la capitale, perchè, egli disse: *il vostro.... e nostro don Peppino è alle porte*; li ringraziò per aver mantenuto l'ordine in Napoli; loro raccomandò di fare altrettanto nella sua assenza, la quale riteneva brevissima, e disse infine, che aveva mantenuta la promessa loro fatta il 26 agosto, di non dare mai ordini di danneggiare la città. Parlò commosso, cercando a stento le parole. Alle quattro ci fu Consiglio di Stato. Il Re annunciò ufficialmente, che si recherebbe *dove chiamavalo la difesa de' suoi legittimi diritti*. I ministri e i direttori presentarono alla firma numerosi decreti, anche di minima importanza, che Francesco II firmò, senza osservazione. Ordinò al De Martino di dirigere ancora una protesta alle potenze, e a Spinelli disse che tornasse la sera da lui. Spinelli vi tornò, e gli lesse il proclama d'addio e la protesta alle potenze. Francesco II approvò l'uno e l'altra, anzi del proclama parve così soddisfatto, che chiese allo Spinelli se lo avesse scritto lui. E avendogli Spinelli detto essere opera di don Liborio, Francesco II, secondo narra il Romano stesso a sfogo della sua inesauribile vanità, avrebbe risposto: "*Io me ne ero accorto dallo stile; Romano ha veramente espresso i sentimenti dell'animo mio*". Invece il Romano non lo scrisse, ma lo fece scrivere dal prefetto di polizia Bardari. Io ho veduta la bozza di quel proclama, di carattere del Bardari, religiosamente conservata dal figliuolo Luciano, giudice del tribunale di Napoli. La bozza rivela una circostanza curiosa: il Bardari aveva cominciato così il proclama: *Vana è la vita de' Monarchi*, ma poi mutò pensiero. Al proclama lo Spinelli e il Romano non apportarono che lievi modificazioni.

Un'altra vanità del Romano! Egli affermò nelle sue memorie, che il Re avrebbe confidato al signor Carolus, ministro del Belgio a Napoli, la intenzione di nominare lui, don Liborio, *luogotenente con pieni poteri, come il ministro più popolare*, e che ne fosse distolto dagli altri ministri, specie dal De Martino; ma ciò non risulta da nessun documento; e poichè quelle *Memorie* non sono modello di verità storica, è da ritenere che non fosse questa l'idea del Re.

Fin dalla mattina del 6 settembre si era sparsa la voce che il Re partiva. Dal palazzo reale uscivano numerosi carri di bagagli e di casse, che, scortati da militari, prendevano la via di Capua. Altra roba si caricava a bordo del *Messaggero* e del *Delfino*, che ormeggiavano nel porto militare, presso la banchina d'imbarco. Gli oggetti di uso trasportati furono molti; e di preziosi, anche molti, come si vede nel *Notamento della mobilia, quadri, oggetti di argento ed altro portato da Francesco II, allorchè lasciò Napoli nel 6 settembre 1860*: documento

Capitolo XVII

intimo procuratomi dal mio amico Giovanni Beltrani.[1] Il più prezioso degli oggetti portati a Gaeta fu quel magnifico quadro di Raffaello, che più tardi, come si è detto, il Re donò, o per meglio dire, non seppe negare all'avido Bermudez e del quale solo rimase a noi la magnifica incisione, che ne fece l'Aloysio Iuvara, pubblicata a Roma dalla *Calcografia Camerale*, nel 1873. Questo quadro fu offerto poi dal Bermudez al museo del Louvre, che gli propose lire 130 000, ma egli ne pretendeva dugentomila. E poichè la tela non era in buone condizioni, Bermudez ebbe l'infelice idea di farla restaurare. Il quadro non trovò più compratori. Egli lo depositò al Kensington Museum, dove oggi si vede nella sala dei dipinti donati, e nel suo testamento dispose di lasciarlo all'ex Re. Notevole tra gli oggetti portati via il numero dei reliquarii, che ammontarono a sessantasei, oltre ad un'urna, contenente il corpo di Santa Iasonia, figura in cera, al naturale, riccamente vestita, e senza contare altri numerosi quadri di santi e immagini sacre, a dimostrazione ancora una volta della pietà religiosa di Francesco. Bisogna tener conto che nel *Notamento* non sono segnate le casse di abiti e di oggetti personali dei Sovrani.

Di certo, non tutta questa roba, annotata nell'elenco, fu portata dal Re a Gaeta. Il documento segna la data del 31 dicembre 1862 e dà luogo a qualche riflessione. Quando fu eseguito l'inventario degli oggetti esistenti alla fine del 1862, nella Casa Reale di Napoli, tutte le mancanze furono verosimilmente comprese in quell'elenco; e poichè eran corsi più di due anni, molta roba potè essere stata sottratta, o smarrita per motivi diversi. La Reggia di Napoli fu una specie di demanio pubblico per qualche tempo. Neppur sembra verosimile che Francesco II, il quale partiva con la certezza di tornare al più presto, portasse via tutta quella roba a Gaeta, dove non vi poteva essere penu-

---

[1] L'edizione originale riportava in nota il documento con l'elenco completo dei beni. Per ragioni di brevità, in questa edizione si è preferito riportare tale testo in appendice (NdC).

ria di servizii da tavola e da letto, poichè Ferdinando II con tutta la famiglia vi aveva fatte in quegli anni lunghe dimore.

Napoli era in preda ad un sentimento misto di curiosità, di stupore e di terrore. Il Re partiva, ma non seguito da tutta la truppa. Rimaneva il nono di linea, comandato dal colonnello Girolamo de Liguoro, a Castelnuovo; il sesto, sotto il comando del colonnello Perrone, nei tre forti del Carmine, dell'Uovo e di Sant'Elmo; il tredicesimo cacciatori, col maggiore Golisani, a Pizzofalcone; un battaglione di gendarmi e un reggimento di marina, col generale Marra, all'arsenale. Questi seimila soldati, così distribuiti, dimostravano che il Re, pur lasciando Napoli e prevedendo che Garibaldi vi sarebbe entrato, si lusingava che i forti sarebbero rimasti in proprio potere. Perciò vivissime le apprensioni dei cittadini, non sapendosi come e dove si andasse a finire. E giungendo, come al solito, notizie contradittorie di Garibaldi, e incrociandosi le verità con le bugie e le iperboli, e tutti parlando a vanvera e accompagnando le parole con gesti caratteristici, giuramenti, canzonature e dimostrazioni di paura, gli animi erano invasi veramente dal timore del bombardamento della città, ovvero del saccheggio della plebaglia, appena partito il Re. Le famiglie compromesse col vecchio regime, e molte famiglie della ricca borghesia lasciarono quindi Napoli e ripararono nelle provincie vicine o all'estero. Tutte le speranze erano riposte nella guardia nazionale, che si rese veramente benemerita dell'ordine pubblico in quei giorni.

Quel giorno, 6 settembre, cadeva di giovedì, ed era una splendida giornata. Nelle ore antimeridiane, fu pubblicato il *Proclama Reale*:

> Fra i doveri prescritti ai Re, quelli dei giorni di sventura sono i più grandiosi e solenni, ed io intendo di compierli con rassegnazione scevra di debolezza, con animo sereno e fiducioso, quale si addice al discendente di tanti monarchi.

Capitolo XVII 431

A tale uopo rivolgo ancora una volta la mia voce al popolo di questa Metropoli, da cui debbo ora allontanarmi con dolore.

Una guerra ingiusta e contro la ragione delle genti ha invaso i miei Stati, nonostante ch'io fossi in pace con tutte le potenze Europee.

I mutati ordini governativi, la mia adesione ai grandi principii nazionali ed italiani non valsero ad allontanarla, che anzi la necessità di difendere la integrità dello Stato trascinò seco avvenimenti che ho sempre deplorati Onde io protesto solennemente contro queste inqualificabili ostilità, sulle quali pronunzierà il suo severo giudizio l'età presente e la futura.

Il corpo diplomatico residente presso la mia persona seppe fin dal principio di questa inaudita invasione da quali sentimenti era compreso l'animo mio per tutti i miei popoli, e per questa illustre città, cioè garentirla dalle rovine e dalla guerra, salvare i suoi abitanti e loro proprietà, i sacri templi, i monumenti, gli stabilimenti pubblici, le collezioni di arte, e tutto quello che forma il patrimonio della sua civiltà e della sua grandezza, e che appartenendo alle generazioni future è superiore alle passioni di un tempo.

Questa parola è giunta ormai l'ora di compierla. La guerra si avvicina alle mura della città, e con dolore ineffabile io mi allontano con una parte dell'esercito, trasportandomi là dove la difesa dei miei diritti mi chiama. L'altra parte di esso resta per contribuire, in concorso con l'onorevole Guardia Nazionale, alla inviolabilità ed incolumità della capitale, che come un palladio sacro raccomando allo zelo del Ministero. E chieggo all'onore ed al civismo del Sindaco di Napoli e del Comandante della stessa Guardia Cittadina risparmiare a questa Patria carissima gli orrori dei disordini interni ed i disastri della guerra civile; al quale uopo concedo a questi ultimi tutte le necessarie e più estese facoltà.

Discendente da una Dinastia che per ben 126 anni regnò in queste contrade continentali, dopo averle salvate dagli orrori di un lungo governo viceregnale, i miei affetti sono qui. Io sono napoletano, nè potrei senza grave rammarico dirigere parole di addio ai miei amatissimi popoli, ai miei compatriotti.

Qualunque sarà il mio destino, prospero od avverso, serberò sempre per essi forti ed amorevoli rimembranze. Raccomando loro la concordia, la pace, la santità dei doveri cittadini. Che uno smodato zelo per la mia Corona non diventi face di turbolenze. Sia che per le sorti della presente guerra io ritorni in breve fra voi, o in ogni altro tempo in cui piacerà alla giustizia di Dio restituirmi al Trono dei miei maggiori, fatto più splendido dalle libere istituzioni di cui l'ho irrevocabilmente circondato, quello che imploro da ora è di rivedere i miei popoli concordi, forti e felici.

firmato: FRANCESCO.

Il proclama, con la firma autografa di Francesco II, è posseduto da me. Copiato su carta imperiale, esso fu mandato alla firma del Re, che ve l'appose con molti ghirigori, com'egli soleva; e chiuso in un altro foglio, suggellato col timbro reale, fu rimandato a Spinelli, con questo indirizzo: *Signor Ministro, segretario di stato, Presidente del Consiglio dei Ministri*, e sulla sopraccarta scritto: *pressantissima*. Carlo de Cesare, che faceva parte del Consiglio dei ministri, ritenne lui questo documento storico.

Ad accrescere la profonda impressione, che destò il proclama del Re, si aggiunse il manifesto del prefetto di polizia, Bardari; manifesto rispondente anch'esso alla gravità veramente tragica di quell'ora:

Cittadini!

Il Re parte. Tra un'eccelsa sventura che si ritira, e un altro princicipio che, trionfando, si avanza, la vostra condotta non può essere dubbiosa. L'una v'impone il raccoglimento al cospetto della Maestà ecclissata, l'altro esige il senno, l'annegazione, la prudenza, il civile coraggio. Nessuno fra voi turberà lo svolgimento degli eroici destini d'Italia; nessuno penserà di lacerare la patria con mani o vindici o scellerate. Invece attenderete con calma il dì memorando, che aprirà al nostro paese la via per uscire dalle ambagi e da' pericoli senza nuove convulsioni, senza spargimento di sangue fraterno. Quel giorno è vicino; ma intanto la città resti tranquilla e non si commova, il commercio prosegua fiducioso il suo corso, ognuno rimanga nelle ordinarie occupazioni della vita; tutte le opinioni si uniscano nel sublime accordo della patria salvezza. Per vostra tutela la polizia è in permanenza; la Guardia Nazionale veglia sotto le armi.

Così, o Cittadini, non renderete inutile il longanime sacrificio di coloro che affrontando le crudeli incertezze della situazione, si sono immolati al reggimento della cosa pubblica, e deviando i pericoli che sovrastavano alla libertà vostra ed alla indipendenza della Nazione, ne furono i vigili e fermi custodi. Essi proseguiranno il sublime mandato, e sono certi che la vostra concordia, l'ordinato vostro procedere, li aiuterà ancora a vincere le difficoltà che restano; son certi che non saranno costretti ad invocare la severità della legge contro il dissennato agitarsi dei partiti estremi; ed in tal guisa le nostre sorti saranno compiute, e se la Storia terrà conto del patriottismo de' governanti, sarà generosa dispensiera di gloria alla civile sapienza di questo popolo veramente italiano.

Vincenzo Criscuolo era comandante del *Messaggero*. Chiamato dal Re la mattina del 6, di buon'ora, aveva ricevuto l'ordine di tenersi pronto col suo legno per partire alle sei del giorno. Verso le dieci, il Re lo mandò a chiamare di nuovo, perchè le navi piemontesi, ancorate nella rada di Santa Lucia, si erano collocate con rapida manovra all'uscita del porto militare; e vi si erano collocate apposta per impedire, come confessa senza mistero il Persano, che la flotta seguisse il Re. Si era detto a Francesco che il *Carlo Alberto* e la *Maria Adelaide* gli avrebbero impedita la partenza, e lo si consigliava di partire incognito, con bandiera estera: consiglio che avrebbe dato anche il Romano. Criscuolo però esortò il Re a non partire come un fuggitivo, ma su legno proprio e a bandiera spiegata; e Francesco gli riconfermò gli ordini. Il *Messaggero*, sul quale il Re doveva imbarcarsi, era un piccolo avviso della marina militare, di circa 250 tonnellate, discretamente veloce, del tutto simile alla *Saetta*, e però fu generale la opinione che il Re partisse a bordo della *Saetta*. Così ritenne anche il De Sivo. Il Persano, benchè fosse nel porto di Napoli, affermò con la consueta leggerezza che il Re partisse a bordo del *Colon*, uno dei due legni spagnuoli, ma questi legni seguirono il *Messaggero*, e a bordo del *Colon* prese imbarco il ministro di Spagna Bermudez de Castro col personale tutto della legazione.

Francesco II aveva compilato un elenco piuttosto lungo, delle persone di Corte che dovevano seguirlo; ma non tutte risposero al supremo appello. Il principe di Bisignano, maggiordomo maggiore, si era allontanato da Napoli, come si è detto, lasciando la firma e la direzione degli affari al marchese Niccola Targiani, direttore delle caccie reali. Dei quattro capi di Corte, il solo, che si trovò presente, fu il marchese Imperiale, cavallerizzo maggiore, al quale il Re disse: "*La tua fedeltà alla mia persona non la dimenticherò giammai; ma voglio che anche tu serbi una memoria di ciò*" e offrendogli il gran cordone dell'Ordine di San Ferdinando, aggiunse: "*Poche volte credo che il motto di quest'Ordine sia stato così bene applicato come alla tua persona: FIDEI ET MERITO*". Nell'elenco dei familiari fu messa donna Nina Rizzo, col titolo di *camerista,* ma Francesco II cancellò quel titolo e vi scrisse di sua mano *cameriera*.

Delle guardie del corpo solo diciassette fecero sapere al Re che lo

Capitolo XVII

avrebbero seguito a Gaeta, e lo seguirono difatti, partendo la sera stessa per Capua. Altri erano partiti la sera innanzi col conte di Caserta, il quale, promosso maggiore di artiglieria da pochi giorni, aveva il comando di due batterie. Le guardie del corpo, rimaste fedeli al Re, furono il conte Luigi Milano, esente maggiore, Giovanni Castellano, Giuseppe e Carlo Mazzara, Cesare Mayer, Giuseppe Scalese, Filippo Pironti, Luigi Natale Galiani, Luigi Siciliani, Antonio Grosso, Francesco Altieri, Antonio Ciccarelli, Giulio Pugliese, Alfredo Friozzi, Benedetto Andreassi, Francesco Laudi, Giovanni Caracciolo del Sole e Carmelo Rodinò.

Ci fu altro Consiglio di ministri alle 4; anzi si può dire che in quel giorno i ministri e i direttori sedessero in permanenza. Spinelli, annunziata la partenza del Re, dichiarò che era dovere di tutti andare a salutarlo. Andarono infatti alla Reggia e furono immediatamente ricevuti. Francesco, sorridente e quasi scherzoso, fu cortese e abbastanza espansivo. A don Liborio rivolse queste precise parole, che uno dei presenti, stretto congiunto mio, ricordava sempre: *"Don Libò, guardat'u cuollo"*, volendo forse intendere: *se torno, ti faccio la festa*; ovvero, secondo la versione data dal Romano stesso nelle sue *Memorie*: *"Ma badate al vostro capo"*; con relativa risposta di lui: *"Sire, farò di tutto per farlo rimanere sul busto il più che sia possibile"*. Il Re stava in piedi e percorreva a passi lenti l'ampia sala. A Giacchi disse: *"Don Michele Giacchi, mi congratulo ch'ella ha servito molto bene il paese"*. E il Giacchi, di risposta: *"Ed ho la coscienza di aver servito ugualmente bene Vostra Maestà; che se la Maestà Vostra mi avesse fatto l'onore di chiamarmi in altri momenti, ed avesse ascoltato i miei consigli, non si troverebbe nelle attuali condizioni"*. Ed avendo il Re replicato: *"Voi sognate l'Italia e Vittorio Emmanuele; ma pur troppo sarete infelici"*; Giacchi riprese: *"Noi abbiamo il corto vedere di una spanna. Il futuro lo sa solo Iddio. Vostra Maestà parta in pace, e sia pur sicura che questi suoi concittadini non dimenticheranno che la Maestà Vostra, col suo allontanamento da Napoli, avrà risparmiato a questa città, che le diede i natali, gli orrori della guerra civile"*. Il Re, con aria sarcastica, soggiunse: *"Grazie, grazie"*.[2] Volgendosi poscia a De Martino, gli diresse poche parole, sorridendo sull'im*potenza* della sua diplomazia e gli annunziò di averlo insignito dell'Ordine Costantiniano. Con De Cesare fu cortese, ma freddo, nè fece cenno del colloquio avuto con lui la notte dal 3 al 4 settembre, e del quale colloquio il De Cesare non aveva mancato d'informare i ministri, i quali avevano approvata la sua condotta. Con Spinelli e Torella fu affettuoso; li ringraziò e loro disse di averli nominati cavalieri di San Gennaro. A Spinelli aggiunse che, tornando a casa, vi avrebbe trovato qualche ricordo della sua sovrana benevolenza; ma questi ricordi in casa Spinelli non si videro mai. Francesco II, molto probabilmente, aveva dati ordini in proposito; ma nella grande confusione, che seguì alla partenza di lui, non vennero eseguiti, ovvero gli oggetti destinati allo Spinelli furono altrimenti usati. Tutti erano compresi della solennità del momento. Torella singhiozzava in preda alla più profonda commozione. Il solo barone Carbonelli, direttore dei lavori pubblici, non era presente, perchè sin dal giorno innanzi si trovava a Gaeta, per rendersi conto se alcuni lavori da farsi colà fossero di competenza del ministero della guerra o di quello dei lavori pubblici. Il Re mostrava indifferenza, ma era manifesto il grande sforzo che faceva per dominarsi. Non si lasciò andare a nessun atto di debolezza, nè invitò i ministri, come si disse, di seguirlo a Gaeta. Solo al De Martino disse che gli avrebbe mandato da Gaeta istruzioni per il corpo diplomatico. I ministri e i direttori, senza essere stati ricevuti dalla Regina, andarono via pochi momenti prima che i Sovrani scendessero alla darsena, in preda anch'essi ad una viva emozione; e il Giacchi, tornato al Ministero,

---

[2] Archivio Giacchi.

scrisse a sua moglie una lettera, che rivela tutta la impressione di quel momento solenne "*....Sorto sul momento da Palazzo (son le 6 pom.), dove mi son recato coi ministri e colleghi, per prendere congedo dal Re. Ah! che spettacolo sublime; oh! le grandezze di questo mondo! che il Signore ne preservi da tante insane passioni e ne informi solo alle sue sante leggi. Dopo avergli tutti baciato la mano, mi à usata la distinzione di chiamarmi in disparte a nome, mi à trattenuto per un bel pezzetto su cose, che come Iddio vorrà, ve le dirò a voce.... Una dinastia che finisce! Dimani rassegneremo i nostri poteri a Garibaldi, puri e senza macchia; così possa egli proseguirli.... Per me ò la gran ventura di aver salvato il paese e questo è il più gran titolo di nobiltà per la mia famiglia....*".[3] Questa lettera dimostra ancora una volta, che il proposito del ministero in quei giorni era di far partire il Re da Napoli, per impedire che la città diventasse il teatro di un eccidio, e la frase iperbolica del Giacchi, di aver *salvato il paese*, ne è chiara conferma. Don Liborio giustificava così la sua condotta; e certo l'aver confortato il Re alla partenza che Francesco II del resto aveva decisa sin dal giorno 2 settembre, in seguito ai consigli di Roma e di Vienna, è l'unico titolo di onore per quel ministero disgraziato. La fantasia più fervida non potrebbe immaginare che cosa sarebbe succeduto a Napoli, se il Re vi si fosse difeso, avendo i castelli in poter suo, e dalla sua la guarnigione, la plebaglia e le influenze del partito borbonico e del clero. Dall'altra parte non vi erano che i dodici battaglioni della guardia nazionale, e la polizia, cioè la camorra divenuta autorità rivoluzionaria, e l'esercito garibaldino, sparpagliato in Calabria, che faticosamente marciava per Napoli.

Un vero ricevimento del corpo diplomatico non vi fu: i ministri esteri andarono la mattina alla Reggia, per ossequiare il Re, ma non

---

[3] Archivio Giacchi.

ufficialmente. Andarono il nunzio, monsignor Giannelli; il ministro d'Austria, conte Szèchènyi; quello di Prussia, conte Perponcher-Sedlintzky; quello di Russia, il principe Wolkonsky; il ministro di Sassonia, conte Kleist Loos e Carolus, ministro del Belgio. Non risulta da alcun documento, nè da alcuna testimonianza, per quanto io abbia indagato, che il marchese di Villamarina si recasse anche lui a salutare Francesco II; anzi può affermarsi che non vi andò, come non andarono i ministri di Francia e d'Inghilterra. Il Villamarina aveva lavorato col Persano e col Comitato dell'Ordine per impedire che il grosso della flotta, che era nel porto, seguisse il Re a Gaeta. Le navi erano otto. Nel diario del Persano è riferito tutto il lavoro fatto per impedire che quelle navi seguissero il Re, quando ne ebbero l'ordine: lavoro ben riuscito, a giudicarlo dai risultati, perchè un solo legno, la *Partenope*, comandata da Roberto Pasca, eseguì l'ordine. Il Persano ne mena gran vanto e ne attribuisce a sè il maggior merito. Narra pure che verso sera, dopo la partenza del Re, il Villamarina andò a chiedergli un legno per andare a conferire con Garibaldi a Salerno, e che da lui gli fu dato l'*Authion*, sul quale Villamarina s'imbarcò. Afferma inoltre che l'*Authion* tornò in rada la mattina del 7, riconducendo il ministro. Ma di questo viaggio non vi sono altre testimonianze, nè alcuno di quelli, che erano a Salerno con Garibaldi, ricorda di avervi veduto il Villamarina, o di aver saputo ch'egli vi fosse andato. Il senatore Fasciotti mi assicurava che il Villamarina non vide Garibaldi che a Napoli, due giorni dopo l'ingresso, e solo permise a lui, console sardo, di andare, in proprio nome, a salutare il dittatore, al palazzo Angri, conducendo seco il figliuolo del Villamarina, Emmanuele, che presentò a Garibaldi, il quale fece ad entrambi molte cortesie. Ho potuto constatare più volte che non tutte le circostanze narrate dal Persano nel suo diario, circa gli avvenimenti di quei giorni, sono esatte, nè ciò deve maravigliare, conoscendosi la leggerezza dell'uomo.

Due ore prima della partenza, il De Martino aveva comunicata ai

Capitolo XVII

ministri di Napoli, accreditati presso le Corti estere, la protesta firmata dal Re e da lui: protesta più gonfia che solenne:

> Da che un ardito condottiero, con tutte le forze di che l'Europa rivoluzionaria dispone, ha attaccato i nostri dominii, invocando il nome d'un sovrano d'Italia, congiunto ed amico, Noi abbiamo, con tutti i mezzi in poter nostro combattuto durante cinque mesi, per l'indipendenza de' nostri Stati. La sorte delle armi ci è stata contraria. L'ardita impresa che quel sovrano nel modo più formale protestava sconoscere, e che non pertanto nella pendenza di trattative di un intimo accordo, riceveva ne' suoi Stati principalmente aiuto ed appoggio, quella impresa cui tutta Europa, dopo aver proclamato il principio di non intervento, assiste indifferente, lasciandoci soli lottare contro il nemico di tutti, è sul punto d'estendere i suoi tristi effetti sin sulla nostra capitale. Le forze nemiche si avanzano in queste vicinanze. D'altra parte la Sicilia e le provincie del continente, da lunga mano e in tutti i modi travagliate dalla rivoluzione, insorte sotto tanta pressione, han formato de' governi provvisorii col titolo e sotto la protezione nominale di quel sovrano, ed hanno confidato ad un preteso Dittatore l'autorità ed il pieno arbitrio de' loro destini.
>
> Forti sui nostri dritti fondati sulla storia, sui patti internazionali e sul dritto pubblico europeo, mentre Noi contiamo prolungare, sinchè ne sarà possibile, la nostra difesa, non siamo meno determinati a qualunque sacrifizio, per risparmiare gli orrori di una lotta, e dell'anarchia a questa vasta metropoli, sede gloriosa delle più vetuste memorie, e culla delle arti e della civiltà del reame. In conseguenza Noi moveremo col nostro esercito fuori delle mura, confidando nella lealtà e nell'amore dei nostri sudditi, pel mantenimento dell'ordine e del rispetto all'autorità. Nel prendere tanta determinazione, sentiamo però al tempo stesso il dovere, che ci dettano i Nostri dritti antichi ed inconcussi, il Nostro Onore, l'interesse dei Nostri Eredi e successori, e più ancora quello dei

Nostri amatissimi sudditi, ed altamente protestiamo contro tutti gli atti finora consumati e gli avvenimenti, che sonosi compiuti, o si compiranno in avvenire. Riserbiamo tutt'i nostri titoli e ragioni, sorgenti da Sacri incontrastabili diritti di successione, e dai trattati, e dichiariamo solennemente tutt'i mentovati avvenimenti e fatti nulli, irriti, e di niun valore, rassegnando per quel che Ci riguarda nelle mani dell'Onnipotente Iddio la Nostra causa e quella dei Nostri popoli, nella ferma coscienza di non aver avuto nel breve tempo del nostro Regno un sol pensiero, che non fosse stato consacrato al loro bene ed alla loro felicità. Le istituzioni che abbiamo loro irrevocabilmente garantito ne sono il pegno. Questa nostra protesta sarà da noi trasmessa a tutte le Corti; e vogliamo che, sottoscritta da Noi, munita del suggello delle nostre arme reali, e contrassegnata dal nostro ministro d'affari esteri, sia conservata ne' nostri reali ministeri di Stato degli affari esteri, della Presidenza del Consiglio dei ministri, e di grazia e giustizia, come un monumento di opporre sempre la ragione e il dritto alla violenza e all'usurpazione.[4]

Napoli, 6 settembre 1860.

firmato: FRANCESCO
firmato: GIACOMO DE MARTINO

I rappresentanti delle potenze chiesero telegraficamente istruzioni ai rispettivi governi su quel che loro convenisse di fare, se lasciar Napoli e seguire il Re a Gaeta, o raggiungerlo. Il Bermudez aveva telegrafato che, se il governo non gli permetteva di seguire Francesco II come rappresentante della Spagna, lo avrebbe seguito come privato. Ebbe risposta di accompagnarlo, anzi di scortarlo coi due legni

---

[4] Questa è la versione italiana dell'importante documento, quale venne stampata allora. Il testo ufficiale, in francese, si trova pubblicato in: Gaëte, Documents officiels, Paris, 1861, pag. 1-3; ma questa versione in italiano, è una traduzione fedele, tranne qualche piccola variante di forma, del testo ufficiale.

Capitolo XVII

spagnuoli, ancorati nel porto. Tutti, com'è noto, tranne i ministri di Francia e d'Inghilterra, ebbero risposta di andare a Gaeta, e vi andarono difatti e vi restarono durante l'assedio. Bermudez s'imbarcò sul *Colon*, come si è detto, e partì il giorno stesso.

Tanto per non venir meno alla tradizione, i Sovrani ammisero al bacio della mano i presenti; ma la cerimonia parve una malinconica parodia di quegli splendidi baciamani, i quali avevano avuto luogo, per la salita al trono e per il Capodanno del 1860. Oltre a coloro, che avrebbero accompagnati i Sovrani a Gaeta, non più di una ventina di persone erano accorse alla Reggia, tra militari e impiegati di Casa Reale. I servi c'erano quasi tutti. Le donne piangevano, e la Regina le confortava, dicendo loro: *torneremo presto*, ciò che pareva avvalorato dalla circostanza che la Regina lasciava quasi intatto il suo guardaroba. I mille beneficati e i mille cortigiani dell'ora della fortuna, non si videro nell'ora della sventura! Al sindaco D'Alessandria il Re rivolse speciali raccomandazioni, perchè fosse tutelato l'ordine nella città. E mentre quegli ultimi fedeli avevano le lacrime agli occhi, Francesco pareva tranquillo e sicuro del prossimo ritorno.

La partenza era fissata per le sei, e alle cinque e mezzo i Sovrani scesero per la scala a chiocciola, detta *caracò*. Il Re dava il braccio alla Regina. Egli vestiva, al solito, la divisa militare, e lei, un semplice abito da viaggio, con grande cappello di paglia adorno di fiori. Andavano innanzi a tutti. Seguivano dappresso il principe Niccola Brancaccio di Ruffano, maresciallo di campo e cavaliere di compagnia, del Re; i tenenti generali di Sangro, Ferrari, Statella, Caracciolo di San Vito, Latour e il viceammiraglio Del Re: tutti e sei aiutanti generali; la duchessa di San Cesario, dama d'onore della Regina; l'abate Eicholzer, suo confessore; il marchese Imperiale e qualche altro. Per vigilare gli ultimi preparativi della partenza, il cavalier Ruiz de Balesteros, segretario particolare del Re, i camerieri addetti alla persona di Francesco II, Agostino Mirante e Giuseppe Natale, e donna Nina Rizzo erano già a bordo. Non vi era però il comandante Criscuolo, il quale era sceso a terra alle cinque, e mentre tornava a bordo, sul ponte dei Cavalli fu circondato da sei sconosciuti, che minacciosamente gl'imposero di non lasciar partire il Re. Egli finse di cedere e così potè tornare a bordo, ma non prima però che vi fossero saliti i Sovrani. Fin dalle quattro il Criscuolo aveva fatto salpare per Gaeta il *Delfino*, sul quale era caricata la maggior parte del bagaglio dei Sovrani e del seguito. Il *Delfino* era comandato dal nostromo Giacomo Persico, persona fidatissima.

Prima di dare il segno della partenza, il Re ordinò al Criscuolo di segnalare ai legni della squadra l'ordine di seguirlo a Gaeta. Criscuolo ubbidì, ma le regie navi non si mossero. Affettuosi furono gli ultimi addii e molte le lacrime. La Regina pareva poco commossa, anzi non perse mai la sua presenza di spirito. Alle sei precise, il *Messaggero* salpò dal porto di Napoli, scortato, a poca distanza, dai due vapori spagnuoli.

La città era calma: i teatri quasi tutti aperti, ma non affollati. Al San Carlo si rappresentava l'opera *Il Folletto di Gressy* e il ballo *Margherita Gauthier*; ai Fiorentini *Michele Perrin*; alla Fenice e al Sebeto *La battaglia di Tolosa*, e al San Carlino, *Le finte inglesi*.

Il ministero, che non aveva più alcun carattere ufficiale, rifiutò le ripetute offerte del Villamarina, il quale, nello interesse dell'ordine pubblico, chiedeva di far occupare la città dai bersaglieri piemontesi, già pronti sulla *Maria Adelaide*. Si avvisò invece di chiamare presso di sè il sindaco e il generale della guardia nazionale, naturali rappresentanti della città, perchè ne trattassero la resa alla forza materiale di Garibaldi, cessando così i pericoli della guerra civile, o della dedizione incondizionata al Piemonte. Il principe d'Alessandria e il generale

Capitolo XVII

de Sauget furono incaricati di recarsi, a tal fine, a Salerno, la mattina seguente di buon'ora; ma prima di essi, furon fatti subito partire due ufficiali della guardia nazionale, che furono il comandante del primo battaglione Achille di Lorenzo, ed il luogotenente Luigi Rendina, con una lettera diretta a Garibaldi, con la quale il ministero gli annunciava che il Re era partito, e la dimane di buon'ora, sarebbero andati a Salerno il sindaco e il comandante della guardia nazionale, per prendere gli accordi opportuni circa l'ingresso del dittatore. Il Di Lorenzo e il Rendina partirono da Napoli con la ferrovia, alle sette. Non trovarono novità a Portici; poche bandiere tricolori a Torre del Greco e più a Torre Annunziata, dove uno sconosciuto, che viaggiava nello stesso vagone, toltosi l'abito borghese, si mostrò con la camicia rossa; e, montato sul tetto del treno, cominciò a gridare furiosamente: *Viva l'Italia e Viva Garibaldi.* A Pagani fu fatto però discendere, perchè la stazione seguente, quella di Nocera, era occupata dai cacciatori bavaresi. A Cava, dove scesero, perchè ultimo limite della ferrovia, i due ufficiali videro bandiere e lampioncini tricolori, e seppero che Garibaldi era giunto a Salerno sin dalle cinque e aveva preso alloggio all'Intendenza. Arrivarono a Salerno che erano le dieci, e facendosi largo nella folla, la quale poco tempo prima aveva fatto scempio della statua di Ferdinando II, che era nel cortile del palazzo, furono ricevuti da Cosenz, perchè Garibaldi dormiva. Consegnarono la lettera a Cosenz, il quale disse loro di tornare fra due ore, per la risposta; tornarono e seppero che Garibaldi li avrebbe ricevuti l'indomani alle sei, e che intanto telegrafassero al sindaco e al comandante della guardia nazionale che il dittatore li attendeva al più presto, e partissero perciò immediatamente. Telegrafarono a Spinelli e ne ebbero in risposta che D'Alessandria e De Sauget sarebbero arrivati la mattina, di buon'ora. Garibaldi intanto telegrafò a Liborio Romano, in questi termini:

Al signor Ministro dell'Interno e della Polizia – Napoli.

Appena qui giunge il sindaco ed il comandante la Guardia Nazionale di Napoli, che attendo, io verrò fra voi. In questo solenne momento vi raccomando l'ordine e la tranquillità, che si addicono alla dignità di un popolo, il quale rientra deciso nella padronanza dei propri diritti.

Il dittatore delle Due Sicilie
GIUSEPPE GARIBALDI.

Liborio Romano gli rispose col telegramma seguente:

All'invittissimo general Garibaldi, dittatore delle Due Sicilie, Liborio Romano, ministro dell'interno e polizia:

Con la maggior impazienza Napoli attende il suo arrivo per salutarla il Redentore d'Italia, e deporre nelle sue mani i poteri dello Stato e i proprii destini.

In questa aspettativa, io starò saldo a tutela dell'ordine e della tranquillità pubblica: la sua voce, già da me resa nota al popolo, è il più gran pegno del successo di tali assunti.

Mi attendo gli ulteriori ordini suoi, e sono con illimitato rispetto

Di Lei dittatore invittissimo
LIBORIO ROMANO.

Intanto il *Messaggero* filava verso Gaeta. Nel canale di Procida, sull'imbrunire, incontrò il resto della flotta. Erano le fregate a vapore *Fieramosca*, *Ruggiero*, *Sannita* e *Guiscardo*, sotto il comando del capitano di vascello Carlo Longo, che si trovava a bordo del *Fieramosca*. Queste navi erano partite nella notte del 4 al 5 da Napoli, dopo che il Re aveva fatto assicurare gli equipaggi, che andavano a formar crociera fra Cuma e Procida, e non sarebbero andati più oltre; il che fu necessario di assicurare, perchè gli equipaggi non volevano partire, temendo di non tornare più a Napoli.

Per mezzo del portavoce il Re fece ordinare al *Guiscardo*, più vicino al *Messaggero*, di mandare il comandante a bordo. Questi era il capitano di fregata Federico Martini, che andò dal Re e n'ebbe l'ordine di cambiar rotta per Gaeta. Nello stesso tempo il Re ordinò al Criscuolo di far scendere in mare una lancia con un ufficiale di bordo, per comunicare le stesse disposizioni agli altri bastimenti. Il Martini non tacque che, all'annunzio di cambiar rotta, si sarebbe facilmente ribellato l'equipaggio della sua nave; ma Francesco rispose che non lo credeva, e invitò l'ammiraglio Del Re di andare a bordo del *Guiscardo* a verificare le cose. Il Del Re vi andò col Martini, e appena comunicò agli ufficiali l'ordine del Sovrano di seguirlo a Gaeta, si levò un coro di proteste, alle quali fece eco una parte della ciurma. Il Del Re disse: *ho capito,* e tornò a bordo del *Messaggero*, a riferire quel che aveva visto e ascoltato. Nè maggior fortuna ebbe l'ordine mandato per mezzo della lancia alle altre tre navi, anzi il comandante di una di queste rispose, che per poco non prendeva a cannonate la lancia e quelli che vi eran dentro. Così brutale risposta non fu riferita dal Criscuolo al Re, il quale però la intuì. Le quattro navi proseguirono la rotta per Napoli, dove giunsero festeggiatissime. Il giorno seguente, per decreto di Garibaldi, furono aggregate alla squadra nazionale, sotto gli ordini dell'ammiraglio Persano. Gli ufficiali vennero confermati nei loro gradi, dopo che ebbero prestato giuramento di fedeltà a Vittorio Emanuele, a bordo della *Maria Adelaide*. Pochi giorni dopo, le navi cambiarono nome.

La *Partenone*, fregata a vela, partita quasi contemporaneamente al *Messaggero*, giunse a Gaeta la mattina del giorno 8. Persano afferma averla fatta partire per la poca sua importanza, non senza aggiungere cinicamente: *ce la prenderemo a suo tempo.*

Durante la traversata, non vi furono a bordo refezioni, nè conversazioni. Nessuno osava rompere quel triste silenzio. Verso le dieci la Regina si ritirò in un camerino di coperta, e sdraiatasi sopra un sofà, accennò ad assopirsi, vestita com'era. Il comandante non ebbe il coraggio d'invitarla a ritirarsi in luogo più adatto, nè andò molto ch'ella fu vinta dal sonno. Il Re passeggiava con la testa china, solo; e il Criscuolo, per non disturbarlo, salì sul ponte di comando a fumare. Il mare era tranquillissimo. Verso mezzanotte, non sentendo più camminare il Re, Criscuolo chiese al cameriere Mirante: "*Agostino, il Re dorme?*" – "Sì" egli rispose; ma, dopo pochi minuti, ecco riapparirlo, ed accostatosi al Criscuolo, gli disse: "*Vincenzo, io credo che l'armata navale mi abbia interamente tradito, e quindi nessuna delle navi, da noi chiamate, ci seguirà a Gaeta*". Criscuolo, per confortarlo, gli rispose di non dividere tali apprensioni, mentre sapeva bene che neppure tutto l'equipaggio del *Messaggero* era completamente fedele, tanto che egli aveva dovuto ricorrere a qualche minaccia, perchè il fuochista e altri marinari facessero il loro dovere. Il Re aggiunse: "*I napoletani non hanno voluto giudicarmi a ragion veduta; io però ho la coscienza di aver fatto sempre il mio dovere, ma però ad essi rimarranno solo gli occhi per piangere*". E ad alcune parole confortanti ripostegli da Criscuolo, soggiunse: "*Io non so come il rimorso non uccide tutti quelli che mi hanno tradito; solo Dio, caro Vincenzino, potrà compensare la tua fedeltà; io però, dal canto mio, mai ti dimenticherò*". Poi gli chiese: "*Dov'è la signora?*" e saputolo, si maravigliò che la Regina dormisse in quel camerino, dove a quell'ora doveva sentir freddo. "*Andiamo*, riprese, *e persuadiamola a ritirarsi*". Entrarono infatti nel camerino, ma visto che la moglie dormiva, Francesco II non volle svegliarla; e solo, per difenderla dalla brezza notturna, si tolse un piccolo mantello, che aveva sulle spalle e glielo stese sopra. Erano le due dopo la mezzanotte.

All'alba del 7 settembre, Di Lorenzo e Rendina furono presentati da Cosenz a Garibaldi, che loro fece cordialissima accoglienza. Si parlò del prossimo arrivo del sindaco e del comandante della guardia nazionale, che Garibaldi era impaziente di vedere. Nè tardarono a giungere, accompagnati da Emilio Civita, segretario del Romano, da Domenico Ferrante, capobattaglione della guardia nazionale e dall'ispettore di polizia Cozzolongo. Garibaldi li ricevette, circondato da Cosenz, Bertani, Missori e Nullo. Prese il primo la parola De Sauget, e disse che Napoli attendeva l'arrivo del dittatore, ma che a lui sembrava più opportuno che l'arrivo fosse rimesso al giorno dopo, per aver tempo di tornare a Napoli e occupare con la guardia nazionale i posti militari della città. Ed avendogli Garibaldi ansiosamente chiesto: "*Ma Napoli non mi attende per oggi?*" De Sauget rispose, che i napoletani ignoravano ancora la presenza di lui a Salerno; nè fu che dopo quest'assicurazione, che Garibaldi consentì di malavoglia a ritardare di un giorno il suo ingresso a Napoli. E chiedendogli il De Sauget istruzioni per il servizio di piazza, rispose il dittatore, quasi infastidito: "*Intorno a tutto ciò se la senta col generale Cosenz.... col generale Cosenz* (riscaldandosi) *ch'è uno dei migliori generali d'Italia, quantunque si ostini a portare ancora i distintivi di colonnello*". Infatti Cosenz portava una giubba di fanteria e un berretto da colonnello. De Sauget replicò: "*Non dica a me, generale, chi è Enrico Cosenz; io lo conobbi fin da quando era in collegio, e so quanto vale*". E Garibaldi: "*Se lei lo ha conosciuto in collegio, io l'ho conosciuto sul campo di battaglia*". Dopo questo dialogo, Civita narrò i dissapori scoppiati la sera innanzi fra i due Comitati, i maneggi di Villamarina per far occupare la città dai bersaglieri piemontesi, la condizione anormale del ministero, di cui solo una piccola parte era rimasta in piedi, l'assenza di ogni governo e infine gli accordi, nei quali erano venuti i due Comitati, di costituirsi in governo provvisorio sino all'arrivo del dittatore: governo provvisorio formato da quegli stessi, ai quali Garibaldi, con suo dispaccio da Auletta, si era indirizzato, invocando la concordia tra i liberali e invitandoli a formare un Comitato unico.

Informato Garibaldi di tutto questo, si levò impetuosamente e disse: *Napoli dunque corre dei pericoli: bisogna andarci oggi, anzi sul momento.* E a nulla valsero le preghiere del De Sauget e le insistenze del Bertani e del Nullo, i quali sapevano essere Nocera ancora occupata dalle truppe bavaresi, e i castelli di Napoli dai soldati borbonici. Il giovane Eugenio Assanti, tenente della guardia nazionale di Napoli, giunto anche lui da Napoli, sosteneva che si dovesse partir subito rimproverando quelli che si mostravano contrarii. Ma ciò che fece decidere Garibaldi a partire su due piedi, fu la notizia della costituzione di quel Comitato, che lo aveva proclamato dittatore delle Due Sicilie! Credeva che fosse una manovra di Cavour e dei cavurriani, benchè ne facessero parte il Libertini, il Ricciardi e l'Agresti, tutt'altro che cavurriani. E tanto se ne adirò che, appena giunto a Napoli, e sentito dal Romano che quella proclamazione era stata fatta a consiglio di Silvio Spaventa, ne ordinò l'arresto, che non fu eseguito, perchè la notizia non era vera. La partenza di Garibaldi fu telegrafata a Napoli da De Sauget, il quale ordinò pure che i battaglioni della guardia nazionale si raccogliessero presso la stazione. Nelle prime ore del 7 settembre il Romano aveva fatto affiggere quest'altro manifesto:

AL POPOLO NAPOLETANO.

Cittadini!

Chi vi raccomanda l'ordine e la tranquillità in questi solenni momenti è il liberatore d'Italia, è il generale Garibaldi. Osereste non esser docili a quella voce, cui da gran tempo s'inchinano tutte le genti Italiane? No certamente. Egli arriverà fra poche ore in mezzo a noi, ed il plauso che ne otterrà chiunque avrà concorso nel sublime intento, sarà la gloria più bella cui cittadino italiano possa aspirare.

Capitolo XVII

Io quindi, miei buoni Concittadini, aspetto da voi quel che il dittatore Garibaldi vi raccomanda ed aspetta.

Napoli, 7 settembre 1860.
        Il Ministro dell'Interno e della Poliz. Gen.
               Liborio Romano.

Si partì da Salerno alle nove e mezzo. La guardia nazionale e le squadre insurrezionali del Salernitano volevano seguire Garibaldi, ma egli non volle. Di Lorenzo e Rendina precedevano con altro legno a tutta corsa, per telegrafare al capostazione di Cava di far sgomberare dai bavaresi la stazione di Nocera, ma questi n'erano partiti la notte, avendo saputo che Garibaldi era giunto a Cava, mentre a Cava non era giunto, veramente, che l'inglese Peard, uno stravagante, il quale somigliava molto nel fisico al dittatore e faceva la campagna per conto proprio. A Cava chiesero del sindaco, che era il giovane marchese Atenolfi, ma questi, che aveva veduto Garibaldi la sera innanzi a Salerno, era partito per Napoli con la prima corsa, accompagnandovi il colonnello Ludovico Frapolli, mandato a prendere possesso degli uffici telegrafici. L'Atenolfi, che poi fu deputato ed oggi è senatore del Regno, accompagnò il Frapolli da Liborio Romano, il quale rispose che non aveva alcun potere per consegnare al Frapolli il servizio telegrafico dello Stato; ma saputosi che Garibaldi arrivava a mezzogiorno, il Frapolli, accompagnato sempre dall'Atenolfi, andò all'ufficio centrale dei telegrafi, che era a San Giacomo, e, senza tanti complimenti, ne prese possesso in nome del dittatore.

A Cava, Garibaldi giunse alle 11. Impossibile descrivere l'ultima tappa di quel viaggio. Garibaldi, D'Alessandria, De Sauget, Cosenz, Di Lorenzo, Civita, Bertani, Nullo, Missori, Rendina, Gusmaroli, Ferrante, il padre Pantaleo in abito francescano, con fascia tricolore, pistole e sciabola; Mario, Canzio, Stagnetta, gli ufficiali della guardia nazionale di Napoli, Luigi de Monte, Francesco Ferrara ed Eugenio Assanti, l'inglese Peard, Niccola Mignogna e Pietro Lacava: ecco tutto l'esercito e il seguito del dittatore. Presero posto confusamente in due saloni e in altre carrozze, e si partì con treno speciale, anzi specialissimo, che procedeva lento fra due muraglie umane, dalle quali partivano grida di febbrile commozione. A Cava seguì una scena curiosa. Tutte le donne, vecchie e giovani, vollero baciare Garibaldi sulle guance, e il generale lo permise. A Nocera quel capostazione fece passare l'ultimo treno di cacciatori bavaresi della retroguardia nei magazzini di deposito, per far passare il treno trionfale della rivoluzione. Garibaldi, richiesto dove volesse alloggiare a Napoli, rispose: "*io vado dove vogliono; solo desidero, appena arrivato, di visitar San Gennaro*". Dopo Portici, il treno si fermò bruscamente. Tutti si affacciarono agli sportelli, per vedere che cos'era, e videro un ufficiale di marina che s'avanzava, correndo e gridando: "*Dov'è Garibaldi?*" Garibaldi rispose: "*Dev'essere il capitano del "Calatafimi" lo facciano venire*". Appena giunto, il capitano, che non era quello del "Calatafimi", ansante per la corsa fatta, disse al dittatore: "*Lei dove va? È impossibile ch'entri in Napoli; vi sono i cannoni dei borbonici puntati contro la stazione*". E Garibaldi, tranquillo: "*Ma che cannoni; quando il popolo accoglie in questo modo, non vi son cannoni; avanti*". Il capitano non osò dire altro, nè si seppe chi ve l'avesse mandato, nè chi fosse. Il diario del Persano, pur così ricco di particolari insulsi, non ne fa motto. Dei superstiti nessuno sa dire di più. Quell'ufficiale intendeva forse parlare delle batterie del Carmine, ma l'incidente finì in una risata generale. Presso alla stazione di Napoli, De Sauget, vedendo molti operai ferroviarii, disse al Rendina: "*È imprudente far discendere Garibaldi in mezzo a costoro, che son tutti soldati congedati e impiegati borbonici; appena il treno si fermerà, corri fuori la stazione e fa entrare il primo battaglione di guardia nazionale, che troverai, perchè faccia cordone; io pregherò Garibaldi di attendere*".

Capitolo XVII 451

Ma, fermato appena il treno, Garibaldi disse: "*Scendo un momento per soddisfare un piccolo bisogno*"; e mentre Rendina saltava giù da uno sportello, per eseguire l'ordine di De Sauget, Garibaldi scese dallo sportello opposto;[5] ed ecclissatosi per un momento, ricomparve in mezzo a tutti, calmo e bonario. Don Liborio era alla stazione, coi direttori De Cesare e Giacchi e nessun altro ministro. Era il tocco dopo mezzogiorno. Domenico Ferrante li presentò a Garibaldi e il Romano recitò i primi periodi di un indirizzo, che poi fu stampato e diffuso. Garibaldi strinse la mano a lui e ai direttori; avrebbe voluto avere con sè don Liborio nella carrozza, ma li separò la folla, che nessuno riusciva più a contenere. Il sindaco d'Alessandria disparve. La guardia nazionale era stretta in mezzo da una moltitudine invasata. Già fin dalle 10 della mattina si raccoglievano nelle vie, che da Toledo vanno alla stazione, gruppi di popolani con bandiere d'ogni grandezza, mazze e stendardi. Si assisteva a scene esilaranti, anzi grottesche. Il conte Giuseppe Ricciardi, in piedi, dentro una carrozza, agitando una bandiera tricolore, urlava per Toledo: "*A mezzogiorno arriva il dittatore; tutti alla stazione*". Aveva persa la voce, quando, scorto il più giovane dei fratelli Cottrau, Arturo, in uniforme di guardia nazionale, gl'impose di salire in carrozza con lui, gli affidò la bandiera e dai robusti polmoni di Arturo Cottrau fece continuare a gridare: "*A mezzogiorno arriva il dittatore; tutti alla stazione*". La nota popolana Sangiovannara andava anche lei in carrozza, alla stazione, seguita da gran folla di popolani della Pignasecca con bandiere, grandi coccarde e picche. Nel momento dell'arrivo del treno fu tanta la confusione, che Cosenz, al quale Garibaldi aveva ordinato di cavalcare accanto a lui, ne fu separato, nè lo rivide sino alla sera. A Cosenz fu offerto uno

---

[5] Il particolare è riferito, con parole ancora più veristiche, da Luigi Rendina, in due sue lettere sull'entrata di Garibaldi a Napoli, pubblicate nella *Lega del Bene* (dicembre 1888 e gennaio 1889), insieme ad altri aneddoti non privi di qualche curiosità.

dei cavalli, preparati per il dittatore e i suoi ufficiali. Egli vi montò, e accompagnato dal capitano Carlo Colonna, entrò in Napoli, percorrendo la via della Marina e ricevendo dalle sentinelle del Carmine il saluto militare. Smontò ad un palazzo al Grottone, dove abitava sua madre, ch'egli era ansioso di riabbracciare dopo dodici anni.[6] Garibaldi arrivò alla Foresteria due ore dopo, perchè gli fu impedito di montare a cavallo, e invece percorse il lungo cammino in carrozza, a passo lento, non potendo i cavalli aprirsi che a stento la via. Nella carrozza del dittatore non vi era dunque nè il Cosenz, che partì prima, nè il sindaco di Napoli, e neppure il Romano, perchè la folla enorme li aveva separati da Garibaldi. Vi montò invece Demetrio Salazaro, che faceva sventolare un bandierone, quello stesso preparato per i funerali di Guglielmo Pepe, e che aveva da una parte il cavallo sfrenato, emblema di Napoli e dall'altra, il leone di San Marco: bandiera che Garibaldi baciò, dicendo: *presto saranno liberati i nostri fratelli*. E montarono altri dei quali non si ha memoria. Alcuni di questi particolari furono riferiti in una corrispondenza da Napoli al *Journal des Débats*, in data 7 settembre, pubblicata il 15 di quel mese, e da un opuscolo del Salazaro.[7] I giornali del tempo non danno alcun particolare. Garibaldi, in piedi nella carrozza, pareva dominasse quella fiumana di popolo frenetico. Pietro Lacava, uno dei pochi superstiti, oggi ministro dei lavori pubblici e che seguì Garibaldi da Casalnuovo a Napoli, confessa che quello fu lo spettacolo più grandioso, al quale abbia assistito.

Alle sei di quella stessa mattina, Francesco II e Maria Sofia, dopo

---

[6] Devo questi ultimi particolari alla grande amicizia, che mi legò al generale Enrico Cosenz, uno degli uomini più benemeriti e più modesti del Risorgimento nazionale, e così schivo a parlare della gran parte da lui avuta nell'impresa garibaldina, che, nonostante le insistenze degli amici più intimi, non si decise mai a scrivere i suoi ricordi.

[7] *Cenni sulla rivoluzione siciliana del 1860*. - Napoli, Stabilimento tipografico di R. Ghio in Santa Teresa agli Studii, 1866.

Capitolo XVII

dodici ore di navigazione, arrivarono a Gaeta. Furono ossequiati a bordo dai principi, dalle autorità e dai principali fuggiaschi. Alle nove scesero a terra e, all'ingresso del piccolo palazzo reale, trovarono la Regina madre, le principesse e il padre Borrelli. Questi, piangendo, baciò e ribaciò la mano del Re, che gli disse: "*Ricordo, padre Borrelli, ciò che mi dicesti a Portici la sera del 24 giugno*". E il padre Borrelli: "*Se Vostra Maestà non è stato un gran Re in terra, sarà un gran santo in Cielo*". Così finiva il Regno delle due Sicilie, e finiva di regnare, dopo 126 anni, la dinastia dei Borboni.

APPENDICI

LA BOZZA DI COSTITUZIONE PRESENTATA DA FILANGIERI A FRANCESCO II

(vedi cap. II nota 6)

Ricordevoli delle generose intenzioni del Nostro Augusto Genitore, che primo in Italia diede l'esempio degli ordini rappresentativi, quantunque la forza degli avvenimenti lo costringesse a sospenderne l'attuazione, e considerando che le gravi ragioni d'impedimento possono stimarsi cessate, ci siamo col Divino aiuto e nella pienezza de' Nostri poteri, determinati a richiamare i Nostri amatissimi sudditi al godimento di quelle istituzioni, con cui si governano oggi la più parte delle nazioni civili di Europa.

Nel prendere questa importante risoluzione, Noi ci siamo confidati principalmente nel senno e devozione dei Nostri popoli, i quali concorrendo con Noi nel desiderio d'iniziare una nuova era di prosperità nazionale, riceveranno certamente con gratitudine la nuova forma che ci siamo risoluti di dare al nostro Statuto; e che senza allontanarci dalle basi delle leggi organiche del Regno, ci assicura le principali condizioni dell'ordine rappresentativo.

La continua e franca discussione di un largo Consiglio di Stato manterrà in tutto il suo splendore l'iniziativa Sovrana, e conserverà il movimento e la vita governativa dove più conviene che sieno, cioè intorno a Noi ed a' Nostri Ministri.

Un Senato, composto dei più gravi e distinti personaggi del Paese, è destinato a dare alla Legislatura una base solida, ed un sicuro punto di appoggio, potendosi trovare all'occorrenza ne' suoi eccezionali poteri una riserba salutare da somministrare aiuti efficaci al Governo ed alla Camera elettiva.

Finalmente il Corpo Legislativo non mancherà dei suoi veri ed essenziali poteri, essendo da Noi chiamato a discutere e votare le leggi, a discutere e votare le imposte, e ad esaminare ed acclarare i conti dello Stato. L'importanza di queste attribuzioni non è menomata punto da certi temperamenti indispensabili a rendere tranquille e mature le discussioni, ed a crescere decoro e sicurezza al primo Corpo deliberante dello Stato.

La nostra fiducia, lo ripetiamo, e nel senno e devozione dei Nostri Popoli, di cui ricordiamo con amore le lunghe prove di fedeltà. Ma più ancora Noi fidiamo nella coscienza delle Nostre intenzioni e nel Supremo aiuto della Divina Provvidenza, nel cui Nome ci siamo risoluti a sanzionare e promulgare il presente Statuto:

CAP. I.
Disposizioni generali.

Art. 1. – La persona del Re è sacra ed inviolabile. Egli governa per mezzo de' suoi Ministri, del Consiglio di Stato, del Senato e del Corpo legislativo.

Art. 2. – Il Re comanda le forze di terra o di mare; dichiara la guerra, fa i trattati di pace e di alleanza; fa i trattati di commercio, i quali han forza di legge per le modifiche di tariffe in essi stipulate. Nomina a tutti gl'impieghi dell'Amministrazione pubblica; fa i decreti e regolamenti necessari per la esecuzione delle leggi.

Egli solo ha la iniziativa delle leggi. La giustizia si amministra in suo nome. Egli esercita il diritto di grazia e di amnistia. Egli sanziona e

Appendici 459

promulga le leggi ed i Senato-consulti.

Il Re ordina ed autorizza tutti i lavori di pubblica utilità, e tutte le imprese d'interesse generale. Laddove importino obblighi e sussidii del Tesoro, una legge sarà necessaria per approvare il credito prima di mettersi in esecuzione.

Soltanto pei lavori di conto dello Stato, non suscettivi di concessione, i crediti possono essere aperti per urgenza come straordinari, per essere sottoposti al Corpo legislativo nella prima sessione.

Il Re ha il diritto di dichiarare lo stato d'assedio in una o più Provincie del Regno, salvo a riferirne al più presto possibile al Senato, il quale può proporne la cessazione, qualora gliene parrà cessato il bisogno. Le conseguenze dello stato d'assedio debbono essere dichiarate con una legge.

Il Re presiede quando lo crede conveniente, il Senato ed il Consiglio di Stato.

Art. 3. – La difesa del Regno e della Corona è affidata allo esercito nazionale. Non potrà servire sotto le bandiere alcuna milizia estera, se non nella proporzione dei sussidi, che il Corpo legislativo credesse utile votare particolarmente a questo oggetto.

Art. 4. – Il potere legislativo è esercitato congiuntamente dal Re, dal Senato e dal Corpo legislativo.

Art. 5. – I Ministri, i membri del Consiglio di Stato, del Senato, del Corpo legislativo, gli uffiziali di terra e di mare, i magistrati ed i funzionari pubblici, prestano giuramento nei seguenti termini: Giuro fedeltà al Re ed obbedienza allo Statuto.

Art. 6. – Il Senato stabilisce l'ammontare della lista civile per la durata di ciascun Regno.

Art. 7. – Rimanendo come sono state finora comuni per la Sicilia di qua e di là dal Faro le spese della lista civile, della guerra e marina e del Corpo diplomatico, la rata a carico della Sicilia di là dal Faro rimane limitata a soli 4 milioni di ducati annuali, che saranno portati in introito dello Stato - discusso della Sicilia di qua dal Faro.

Art. 8. - Il Re nel convocare il Senato ed il Corpo legislativo per le loro ordinarie sessioni in ciascun anno, determinerà col medesimo decreto di convocazione, se le sessioni debbono aver luogo in Napoli o in Palermo.

CAP. II.
Del Senato del Regno.

Art. 9. – Il Senato è composto di membri scelti e nominati dal Re, fra gli alti funzionari dello Stato, fra grandi proprietari del Regno, e fra le maggiori notabilità del Clero, della Nobiltà, delle scienze, delle lettere e del commercio. Il numero non potrà eccedere 60 per la Sicilia di qua dal Faro, e 20 per la Sicilia al di là dal Faro. Pel primo anno il numero non sarà minore di 48 per la prima e di 16 per la seconda.

Art. 10. – La carica di Senatore è a vita ed inamovibile. Una dotazione annua di duc. 3000 è annessa alla dignità di Senatore. I soldi, pensioni ed averi di ogni specie saranno imputati nella suddetta dotazione.

Art. 11. – Il Presidente e Vicepresidenti saranno nominati dal Re fra i senatori. L'assegnamento del Presidente durante l'anno sarà di duc. 6000, imputandosi, come sopra, soldi, pensioni ed averi di ogni specie.

Art. 12. – Il Re convoca e proroga il Senato. La durata delle due sessioni ordinarie sarà la stessa di quelle annuali del Corpo legislativo.

Le sedute del Senato non sono pubbliche, ed i verbali delle sue sessioni non potranno essere pubblicati per le stampe, salvo che il Senato medesimo a maggioranza di due terzi non giudichi doversi fare eccezione a questa regola.

Appendici

Art. 13. – Il Senato è il custode delle leggi organiche e fondamentali del Regno. Nessuna legge può essere promulgata prima di essere sottoposta alla sua approvazione. Esso può rifiutarla a tutte quelle leggi che portassero offesa alla religione, alla morale, allo Statuto, alla sicurezza individuale, alla inviolabilità della proprietà, all'uguaglianza de' Cittadini innanzi alla legge, alla difesa ed integrità del territorio nazionale.

Art. 14. – Il Senato regola per via di Senato-consulti tutto ciò che non è stato preveduto dal presente Statuto, e che può essere stimato necessario alla sua attuazione, e specialmente la elezione de' Deputati al Corpo legislativo, l'esercizio della stampa, la responsabilità ministeriale, le guarentigie personali dei membri del Corpo legislativo e del Senato medesimo. Spiega e dichiara allo stesso modo il senso degli articoli del presente Statuto, che potessero dar luogo ad interpretazione.

Art. 15. – I Senato-consulti saranno sottoposti all'approvazione sovrana. Il Re approvandoli li promulga in Suo nome.

Art. 16. – Il Senato può annullare tutti gli atti, che o dal Governo, e dal Corpo legislativo o dai particolari gli saranno denunziati come lesivi alle leggi organiche e fondamentali del Regno. Il diritto di petizione si esercita solamente presso il Senato. Niuna petizione può essere presentata al Corpo legislativo. Un Consigliere di Stato, nominato dal Re, riferirà al Senato sulle posizioni che il Senato avrà rimesso allo esame de' Ministri.

Art. 17. – I Ministri non possono essere messi in stato di accusa se non che dal Senato, il quale con Senato-consulto approvato dal Re stabilirà le norme e la competenza per giudizi di tal fatta.

Art. 18. – Il Senato può con rapporto indirizzato al Re presentare le basi dei progetti di legge, che giudicherà di un grande interesse nazionale.

Art. 19. – Il Senato può proporre delle modifiche al presente

Statuto che con l'approvazione del Re potranno essere presentate alla discussione e deliberazione del Corpo legislativo.

Art. 20. – In caso di scioglimento del Corpo legislativo, e fino alla nuova convocazione, il Senato provvede sulle proposte del Governo, a tutto ciò che può occorrere all'andamento del Governo medesimo.

CAP. III.
Del Corpo legislativo.

Art. 21. – Il Corpo legislativo è composto di Deputati eletti dai collegi elettorali di ciascun distretto del Regno, nelle forme e modi, che saranno determinati con un decreto del Senato approvato dal Re. Per la convocazione del primo Corpo legislativo un decreto del Re stabilirà provvisoriamente le norme delle elezioni.

Art. 22. – Il numero dei Deputati sarà calcolato alla ragione di due per ogni distretto amministrativo del Regno salvo le eccezioni che saranno indicate per Napoli, Palermo ed altri distretti della Sicilia di qua e di là dal Faro.

Art. 23. – I Deputati sono nominati per 6 anni. La prima nomina cesserà di dritto appena approvato il Senato-consulto definitivo per le elezioni. I Deputati al Corpo legislativo riceveranno durante le sessioni ordinarie e straordinarie una indennità di duc. 5 per ciascun giorno, oltre una indennità di duc. 160 per spese di viaggio. Il doppio delle indennità per spese di viaggio sarà attribuito a quelli Deputati del Corpo legislativo che dovranno trasferirsi dal continente nell'isola o dall'isola nel continente.

Art. 24. – Il Decurionato di ciascun Comune forma e discute le liste degli elettori e degli eleggibili. Gli elettori riuniti in collegio elettorale, sul capoluogo del Distretto, procederanno a maggioranza ed a scrutinio segreto alla elezione dei Deputati del Distretto medesimo.

Appendici

Agli elettori sarà attribuita una conveniente indennità di viaggio.

Art. 25. – Sono elettori tutti i nazionali che abbiano il pieno esercizio dei dritti civili, che sieno domiciliati da 5 anni almeno in uno dei comuni del distretto, che abbiano compiuto i 25 anni di età, che non sieno in istato di fallimento, nè sottoposti a nessun giudizio criminale, e che posseggono una rendita imponibile non minore di duc. 40 annuali.

Art. 26. – Sono elettori senza bisogno della suddetta rendita tutti i Decurioni, Sindaci ed Eletti in esercizio, gli impiegati al ritiro con pensione non minore di annui duc. 100, gli uffiziali militari che godono una pensione di ritiro, gli ecclesiastici meramente secolari, i membri ordinari delle Reali Accademie e Società Economiche del Regno, i titolari cattedratici delle Regie Università, Licei e Collegi del Regno, e laureati dalle Regie Università eserciti, da 5 anni almeno, una professione liberale, ed i commercianti aventi per conto proprio uno stabilimento di manifatture e di commercio per cui si paghi almeno un fitto di duc. 50 annui nelle Comuni, di due. 100 ne' capoluoghi di Provincia, e di due. 200 in Napoli e Palermo.

Art. 27. – Sono elegibili tutti quelli che avendo i requisiti espressi nell'art. 25 abbiano compiuta l'età di anni 30, e posseggano una rendita imponibile non minore di annui duc. 240.

Art. 28. – Sono elegibili senza bisogno della suddetta rendita i membri ordinari delle tre R. Accademie, i titolari delle Regie Università, i laureati delle Università suddette, che da 10 anni almeno esercitano una professione liberale, i militari dal grado di maggiore in sopra, i componenti dell'Ordine giudiziario dal grado di Giudici di Tribunale Civile in sopra.

Art. 29. – Gl'Intendenti, i Segretari Generali, i Sottointendenti in funzione non possono essere elegibili. I Deputati che accettino un pubblico impiego, o una promozione nella carica che posseggono, durante le loro funzioni, non possono continuare senza sottoporsi allo sperimento della rielezione.

Art. 30. – Il Corpo legislativo discute e vota i progetti di legge e le imposte.

Art. 31. – Gli Stati-discussi d'introito e di esito da presentarsi in ciascun anno alle deliberazioni del Corpo legislativo, saranno stampati a cura del Ministero delle Finanze, prima dell'apertura delle sessioni. Gli Stati-discussi delle spese porteranno le loro divisioni e suddivisioni amministrative per capitoli e per articoli. Il voto del Corpo legislativo avrà luogo per ministeri. La ripartizione del credito attribuito a ciascun Ministero per capitoli, è regolata per via di Decreto del Re, inteso il Consiglio di Stato. Sono similmente autorizzate per via di decreti del Re, inteso il Consiglio di Stato, le inversioni da un capitolo all'altro.

Queste ripartizioni sono applicabili agli Stati-discussi dell'anno.

Art. 32. – A cura anche del Ministero delle Finanze saranno stampati alla chiusura di ciascun esercizio i rendiconti generali da essere presentati ed acclarati dal Corpo legislativo. Saranno stampati non più tardi del 1° ottobre di ciascun anno per l'ultimo esercizio chiuso.

Art. 33. – Ogni emendamento di progetti di legge che venisse adottato dalla commissione incaricata dell'esame di tali progetti, dovrà senza altra discussione essere rimesso per mezzo del Presidente del corpo legislativo al Consiglio di Stato. Se il Consiglio di Stato lo rigetta, l'emendamento non potrà essere sottomesso alla deliberazione del Corpo legislativo.

Art. 34. – Le sessioni ordinarie del Corpo legislativo durano tre mesi. Le sue sedute sono pubbliche, ma la domanda di cinque membri basta per costituirsi in comitato segreto.

Art. 35. – Le sedute del Corpo legislativo potranno essere pubblicate per la stampa, ma con la semplice riproduzione del verbale compilato, a cura del presidente, ed inserito nel giornale officiale del Regno. Una commissione composta dal Presidente suddetto e dai presidenti delle sezioni, esaminerà il verbale suddetto prima d'essere pubblicato. Il voto del presidente del Corpo legislativo è preponderante in caso di parità. Le operazioni e votazioni del Corpo legislativo non possono in altra guisa essere attestate, che per mezzo del verbale suddetto.

Art. 36. – Il presidente e vicepresidenti del Corpo legislativo sono nominati annualmente dal Re fra i Deputati medesimi. Il presidente del Corpo legislativo riceverà l'annuo assegnamento di duo. 6000.

Art. 37. – I Ministri non possono essere membri del Corpo legislativo.

Art. 38. – Il Re convoca, proroga e discioglie il Corpo legislativo. In caso di scioglimento il nuovo Corpo legislativo sarà convocato fra sei mesi.

CAP. IV.
Del Consiglio di Stato.

Art. 39. – Il Consiglio di Stato si compone di Consiglieri di Stato ordinarii al numero di 12 per la Sicilia di qua dal Faro, e di 8 per la Sicilia di là dal Faro, di Consiglieri di Stato straordinarii che non saranno più di 8 per la prima e di 4 per la seconda, e di Consiglieri di Stato onorari, che non saranno più di 10 per la prima, e di 5 per la seconda. Ci saranno inoltre 12 relatori con soldo e 12 uditori, dei quali 4 con soldo ed 8 senza soldo, da nominarsi per concorso si gli uni che gli altri.

Art. 40. – La qualità di Consigliere di Stato ordinario e straordinario e di relatore del Consiglio di Stato, è incompatibile con quella di Senatore o di Deputato al Corpo legislativo. I Consiglieri di Stato ordinarii non possono neppure occupare altra carica pubblica con soldo. Non di meno gli uffiziali generali di terra e di mare possono essere Consiglieri di Stato ordinarii, considerandosi in missione per tutta la durata delle loro funzioni in Consiglio di Stato, conservando la loro anzianità.

Art. 41. – I Consiglieri di Stato ordinarii sono nominati dal Re e da lui rivocabili. I Consiglieri di Stato straordinarii sono scelti dal Re fra gli alti funzionari dello Stato, per dovere senza altro soldo e indennità intervenire con voto deliberativo nelle assemblee generali del Consiglio di Stato. Finalmente il titolo di Consigliere di Stato onorario è conferito dal Re ad altri funzionarii pubblici fuori attività, e che con speciale ordine del Re potranno essere chiamati a intervenire con voto deliberativo nelle suddette assemblee generali.

Art. 42. – I Consiglieri di Stato ordinarii godranno un soldo di annui duc. 2600. I Relatori di annui duc. 600, e gli Uditori un soldo di annui duc. 300.

Art. 43. – I Ministri di Stato interverranno con voto deliberativo, e prendono grado e posto nel Consiglio di Stato.

Art. 44. – Il Re può presedere il Consiglio di Stato. Egli nomina il Presidente ordinario del Consiglio medesimo, il quale può presedere anche quando lo crede conveniente ciascuna sezione del Consiglio.

Art. 45. – Il Consiglio di Stato è incaricato di redigere dietro gli ordini del governo, i progetti di legge ed i regolamenti di amministrazione pubblica, e di risolvere le questioni che si elevano in materia di amministrazione ordinaria e contenziosa.

Art. 46. –- Il Consiglio di Stato sostiene a nome del Governo la discussione dei progetti di legge innanzi al Senato ed al Corpo legislativo. I Consiglieri che dovranno prendere la parola a nome del Governo sono designati dal Re.

Art. 47. – Uno speciale decreto del Re stabilirà la ripartizione e attribuzione delle Sezioni, ed il servizio interno del Consiglio di Stato.

Disposizioni generali.

Art. 48. – Le disposizioni dei Codici delle Due Sicilie e tutte le leggi e decreti pubblicati finora, che non sieno in contraddizione col presente Statuto, si conserveranno in vigore, fino a che non sieno legalmente aboliti o modificati.

ELENCO DEI BENI PORTATI DA NAPOLI A GAETA DA FRANCESCO II

(vedi cap. 17 nota 1)

Notamento della mobilia, quadri, oggetti di argento ed altro portato da Francesco II allorchè lasciò Napoli nel 6 settembre 1860.
DAL GRANDE APPARTAMENTO DI ETICHETTA IN NAPOLI. – Un quadro su tavola alto palmi 6 ed once 4 ½ e largo palmi 6 ed once 4 denotante l'apparizione della Beata Vergine col Bambino a San Pietro, San Paolo, San Giovanni, Santa Caterina ed altra Santa Vergine, sopra di detto quadro altra tavola centinata di palmi 6 ed once 4 ½ per palmi 3 ed once 2, ove è dipinto il Padre Eterno con due Angeli; autore Raffaele Sanzio di Urbino, con cornice intagliata e dorata contenente due quadri in uno. – Un quadro dipinto su tela, alto palmi 4 ed oncia una, denotante il ritratto di Alessandro Farnese; autore Tiziano Vecellio, con cornice intagliata e dorata. – Una statua a mezzo busto di marmo bianco, denotante Pio IX, poggiata sopra colonna di marmo portasanta con cimasa di marmo statuario e zoccolo di marmo portovenere; in fronte di detta colonna vi è il camauro, due chiavi. – Un quadro a mosaico di palmi 2 ¾ per 2 ¼ denotante San Pietro, con cornice di legno riccamente intagliato e dorato. – Un'urna col corpo di Santa Jasonia, figura grande al vero di cera riccamente vestita che trovasi piazzata sotto l'altare della Cappella privata. – Un geroglifico simbolico tutto di argento, denotante una base ove poggia un libro con sopra l'agnello simbolico, quattro angeli all'intorno, due di essi più in alto tengono sospeso un bacile con la testa di San Giovanni Battista. – Un quadro a mosaico ovale rappre-

Appendici 469

sentante una testa di Gesù spirante; copia di Guido Rena, con cornice quadrata dorata e sesti a due ordini d'intaglio; autore Giuseppe Michelacci fiorentino 1822. – Un piccolo quadretto ad olio sopra lapislazzuli alto once 4 ½ per once 3 ½ rappresentante la Beata Vergine col Bambino, cornice di legno ebano, e 16 pietrine ovali incastrate sul legno di lapislazzuli e corniola, intorno la cornice ornata di metallo dorata, sulla cimasa un corallo di lapislazzuli. – Un cassettino impellicciato di mogano, simile ad un appendi orologi, dentro del quale una corona di pietra agata bianca di cinque poste, montata in oro con grande medaglia del simile metallo massiccio. – Sessantasei reliquarii e reliquie diverse, che erano in giro alle pareti del suddetto oratorio privato. – Un quadro ovale dipinto su porcellana, denotante il ritratto di Luigi XVIII con cornice di legno intagliato e dorato. – Un quadro dipinto ad olio sopra tela, denotante il ritratto dell'Arciduca Carlo, con cornice dorata. – Il vaso di porcellana e le dodici fioriere simili coi ritratti della Famiglia Borbone tolti dalla giardiniera piazzata in mezzo all'ultima stanza dello appartamento di etichetta. – Il tavolino tondo della fabbrica di Parigi, base quadrata di bronzo dorato, piede a colonna di porcellana con lavori rilevati di rame e foglio di dattero: su di essa poggia il piano, anche di porcellana lumeggiata in oro, con numero nove vedute di Parigi. – Il tavolino tutto di bronzo dorato, tondo, con tre piedi a zampe, base triangolare, sulla quale poggiano tre figure alate ed in mezzo di essa sorge una colonna scanelata con rame all'intorno e sei gigli; il piano di detto tavolino è formato a mosaico con in mezzo una coppa, in cui si veggono bere quattro colombi di diversi colori. Della mancanza dei suddetti oggetti il Custode signor Natale non ha presentato ricevi, ma però le sue assertive sono state fatte presenti gli Aiutanti Custodi ed i frottori dei Reali appartamenti, ed i verbali sono stati firmati da Natale Pisco e dal Natale.

DALL'OFFICIO DI TAPPEZZERIA. – La cassa con la biancheria che s'inviava nella Real Casina in Ischia nei tempi di villeggiatura, fu nei primi giorni di settembre 1860 presa dal signor Ferdinando Romano, Uffiziale della R. Controlleria e fatta imbarcare per Gaeta. Essa si distingueva da trentotto lenzuola di tela di Olanda, trentotto cusciniere simili, dodici lenzuola di tela di lino, dodici cusciniere simili, dodici lenzuola ordinarie, dodici cusciniere simili, dodici tovaglie di turitto, dodici dette più fine e trenta mappine. – Sessanta tovaglie tra quelle di fiandra e di turitto, dodici dette di turitto, ventiquattro lenzuola di tela di Olanda, ventiquattro cusciniere simili e trenta panni di retret, che esistevano nell'Officio, furono egualmente inviate in Gaeta dallo stesso sig. Romano.

DALLA TAPPEZZERIA DI PORTICI. – Furono anche inviati in Gaeta sei materassi e quattro cuscini per Persone Reali, una tavola imbottita ed una coverta ricamata. – NB. Per la mancanza degli inventarii dello appartamento, che si occupava da Ferdinando II, di quello di Francesco II e dell'altro del conte di Trani, nulla può dirsi se si abbiano o no portato oggetti. Allorchè perverranno e ne sarà fatto il riscontro, non si mancherà di darne notizia all'autorità superiore.

DALL'OFFICIO DEL CREDENZIERE. – L'intiero servizio di argento di Francia per sessanta, con due scopette. – Tutto il servizio di argento da viaggio per trentasei persone. – Trentacinque zuppiere assortite. – Diciannove anime di zuppiere, ed i due coverchi di anime di zuppiere. – Centotrentasei piatti diversi, tra quelli per zuppiere, per terine, per portate e per fiammenghine. – Cinquantasei campane. – Seicentosettantotto piattini. – Settanta saline. – Otto salsiere complete. – Una molletta per asparagi. – Sessantacinque tra coppini e cucchiai da ragù, e ceppinette per zucchero. – Millecentoquattordici cucchiai. – Millecentocinque forchette. – Millecentoventitre coltelli. – Centoquaranta posatine complete. – Otto palette dorate per gelati. – Sessanta cocciole dorate per buffet. – Ventiquattro ovaroli con quattro piedistalli. – Dodici surtout –

Otto recipienti per surtout. – Dugentotto sotto bicchieri. – Centoquattro sotto bottiglie. – Cento postiglioni. – Dodici lavabicchieri. – Dodici rinfrescatoi. – Otto caffettiere. – Cinque zuccheriere. – Ventisei mollette ed altre tre di plaquet dorato. – Millequindici cucchiarini da caffè. – Nove vasi dorati. – Undici guantiere. – Nove casseruole. – Due palette. – Settantuno spiedini. – Sette dejeuner. – Una vivandiera completa. – Cinque cassettini in pelle, contenente ognuno dodici forchette per le ostriche. – Diciassette pezzi di piato che dalla Salseria di Caserta furono portati in Napoli. – NB. Il servizio di argento di Francia sopra indicato fu piazzato in ventisei casse, quelle stesse che vennero da Parigi unitamente al suddetto servizio, e gli altri argenti poi furono piazzati in altre casse e baulli, che esistevano nell'Officio del Credenziere, ed il tutto imbarcato e trasportato in Gaeta dagli Aiutanti dell'Officio Ferri, Naschet e Loffredo, i quali han rilasciato al Capo tre notamenti da essi firmati di tutti i su menzionati oggetti che dagli impiegati dello Officio del Ragioniere e Pagatore Generale si sono tenuti presenti nel riscontro eseguitosi del 25 agosto ultimo.

PORCELLANA. – Due insalatiere. – Ventiquattro piatti da zuppa con orli dorati. – Cinquanta detti da salvietta, idem. – Quattro tazze da brodo con orli dorati. – Sessantadue tazze per caffè e thè.

CRISTALLI. – Dodici fruttiere, unitamente ad altrettante di argento. – Cinquanta bicchieri verdi pel vino del Reno. – Cinquanta bicchieri per champagne. – Un cassettino con una zuccheriera di argento dorato ed anima di cristallo. – Sei bottiglie per acqua. – Sei dette per vino. – Dodici bicchieri per acqua. – Dodici detti per vino. – Due caraffine lisce per scerront. – Cinquanta bicchieri per vino e per acquette.

PLAQUET. – Una zuccheriera. – Una molletta per zucchero. – Quattro guantiere mezzane dorate. – Quattro panierini per thè.

BIANCHERIA DA TAVOLA. – Dugentottantasei tra grandi mensali, mezzani e piccoli. – Dieci fasce. – Quattromilacentotre salviette di varie dimensioni. – Oltre a trentasei tromboni di stagno con fodera di rame e due canestre. – NB. La stessa osservazione fattasi per gli argenti vale ancora pei suindicati descritti oggetti.

DALL'OFFICIO DELLA REAL CERERIA. – Centoquindici candelieri di argento. – Più altri ventisei come sopra. – Più altri dodici ritirati dal conte di Aquila (?) – Cinque casse di legno per trasporto di candelieri – Due dette per trasporto della cera.

INDICE

La fine di un regno

Parte II – Regno di Francesco II

9   Capitolo I
Francesco II sale al trono - Proclama reale e ordine del giorno all'armata di terra e di mare - Le prime nomine - Gli speranzosi nel nuovo Re - Il ministero Filangieri - Il trasporto funebre di Ferdinando - I funerali in Napoli e in Sicilia - Un epigramma - Il principe di Satriano e le sue idee politiche - Prime riforme - La rivolta del Collegio medico - L'insurrezione degli Svizzeri - Lo sgomento della famiglia reale - Gli Svizzeri a Capodimonte - Maria Sofia dà prova di coraggio - L'eccidio al campo di Marte - Le cause dell'insurrezione - Un po' di storia inedita - La famiglia reale dopo la morte di Ferdinando II - La Regina madre - Le sue gelosie e le sue irrequietezze - Aneddoti - Abitudini di Maria Teresa e suo difetto di pronunzia - Maria Sofia regina - La cospirazione per il conte di Trani - Filangieri ne parla al Re - Incidente fra Maria Teresa e Filangieri - Francesco II e Maria Sofia - Gli "strateghi" - Un aneddoto - Francesco II e il suo misticismo.

41   Capitolo II
Le prime feste per il nuovo Sovrano - Francesco II e Maria Sofia al duomo - La cerimonia religiosa - Poesie di circostanza - Il solenne baciamano alla Reggia - Un incidente comico - La gala al San Carlo - La Danza inaugurale - Altre gale e le nuove monete - Nuovi lavori in Napoli - Inaugurazione dell'anno scolastico al Gesù Vecchio - Il discorso del padre Ibello - Le nuove cattedre universitarie - Gli studii privati - L'esame di catechismo ai medici - Un epigramma - Il programma politico di Filangieri - La venuta del conte di Salmour - Salmour, Filangieri e Ferdinando Troja - Una risposta caratte-

ristica di Troja - Le intenzioni del Re - Lettera inedita di Salmour a Cavour - I versi di don Geremia Fiore - Francesco II respinge il progetto di Costituzione, presentatogli da Filangieri - Testo del progetto - Filangieri si dimette e si ritira a Pozzopiano - Una lettera di Francesco II - La venuta di Roguet - Lettere di Filangieri e di Brenier - Mutazioni del ministero - Il campo militare ai confini d'Abruzzo e la stazione navale a Giulianova - Il principe di Cassaro succede a Filangieri - Leggerezza stupefacente.

69 Capitolo III
Esposizione artistica del 1859, paragonata a quella del 1855 - Pittori e scultori che vi presero parte - Il Bozzelli critico - Morelli, Maldarelli, Celentano, Mancinelli, Vertunni e Di Bartolo - Il conte di Siracusa e Alfonso Balzico - Il pensionato di Roma e l'istituto di belle arti - I fratelli Palizzi e la scuola di Filippo - I morti e i superstiti - L'ordinamento degli scavi d'antichità e del Museo d'archeologia - Giuseppe Fiorelli e i suoi casi nel 1848 - Processato, imprigionato e destituito - Lavora in un negozio di asfaltista per campare la vita - Diviene segretario del conte di Siracusa - Quanto l'Italia gli deve! - Il prosciugamento del Fucino e il principe Torlonia - Varie vicende dell'opera - La medaglia di Vittorio Emanuele.

93 Capitolo IV
Le ferrovie nel Regno - Come si costruivano e si esercitavano - Le stazioni - L'armamento delle rotaie - L'episodio del capostazione Marriello - Il macchinista reale Coppola - Il segnale umano nei viaggi del Re e un incidente - Gl'impiegati ferroviari fedelissimi - Una grazia concessa - Le vetture reali - Uno scontro a Cancello - Parole di Maria Teresa a Coppola - Il direttore Fonseca - L'amministrazione ferroviaria - I biglietti, il loro prezzo e gli orarii - Disposizioni curiose - Le concessioni ferroviarie di Francesco II - I riordinatori delle ferrovie napoletane nel 1861 - L'ultimo Decurionato - Lettere di Romano e di Garibaldi al principe d'Alessandria - L'ultimo bilancio del Decurionato - Le entrate e le spese - Le spese di culto - I regali al Re - Le opere pubbliche - Le spese per le nozze e per la salita al trono di Francesco - I rapporti tra il nuovo Re e il Decurionato - Un incidente carat-

teristico al baciamano - Il Decurionato perde un privilegio - Gli uffici municipali a San Giacomo - Il vecchio Decurionato e il nuovo Municipio - Il Risanamento - I due sindaci più benemeriti.

112 Capitolo V
La vita nelle provincie - Galantuomini e non galantuomini - Vecchie e nuove giamberghe - Il giuoco e la beneficenza - I nobili nelle provincie - Napoletani e provinciali - La proprietà fondiaria e gli affittuari - Latifondisti e piccoli possidenti - La vita economica - Le congreghe e loro rivalità - La settimana santa - Tipi caratteristici e un reduce di Antrodoco - Le esteriorità della ricchezza - La carrozza, la mensa e la casa - Pinacoteche private - Centri di maggiore civiltà e di cospirazioni liberali - Aquila e Lecce - Le feste religiose - Epigramma per la festa di San Giustino a Chieti - Seminari e collegi - Ricordi e confronti - Il fenomeno di Daniele Nobile a Chieti - La cultura e le tendenze - Trionfavano i reazionari - Particolari sugli attendibili - L'educazione dei giovani - I viaggi in Puglia e le bettole di Ariano - L'insicurezza delle strade - I teatri - Interessi e bisogni pubblici - Le autorità nei Comuni: sindaci, primi eletti e capi urbani - L'indifferenza delle autorità superiori - Confronti.

138 Capitolo VI
La vita mondana a Napoli - Il baciamano del 1° gennaio 1860 - La stagione teatrale al San Carlo e negli altri teatri - Il Caffè d'Europa - Il Caffè della Perseveranza e della Gran Brettagna - Ricordi e aneddoti - Le notizie politiche e il Comitato dell'Ordine - Come nacque e chi gli dette il nome - Teodoro Cottrau e Giuseppe Gravina - Arresti ed esilii - Le burle alla polizia - La vita mondana a Palermo - Le nozze della Stefanina Starrabba di Budini - I "saloni" e le botteghe di moda - I Caffè d'Oreto e di Sicilia - Le villeggiature dei signori - Il giuoco del lotto - La vita sociale a Catania - Teatri, alberghi e clubs - Le signore più belle e i giovani più eleganti - L'irrigazione della piana di Catania - L'intendente Panebianco e il suo carteggio intimo con Maniscalco - La vita di Messina - Feste religiose e mon-

dane - La Madonna della Lettera - Due sindaci - Maturano i nuovi tempi - Apparenze e realtà.

172 Capitolo VII
La cospirazione liberale in Sicilia - Dimostrazione per la vittoria di Solferino - Incidente di Maniscalco al club dell'Unione - Il primo Comitato liberale - La tradizione rivoluzionaria di Palermo - Le squadre - Il tentativo insurrezionale di Giuseppe Campo nell'ottobre del 1859 - Rapporto di Castelcicala e nota del Re - I liberali e Maniscalco - Attentato di Farinella contro la sua vita - Particolari - Riorganizzazione del Comitato - Mazzini e Crispi da una parte, Giuseppe La Farina dall'altra - Enrico Benza a Palermo - Curioso rapporto di Castelcicala - I nobili entrano nella cospirazione - Il padre Ottavio Lanza - Il testamento del principe di Scordia e Butera - Si fa un Comitato unico - Il vecchio barone Pisani - Si provvedono fondi, fucili e bombe - I preparativi di Francesco Riso - L'inchiesta di Pisani juniore - L'opera della polizia - Si delibera d'insorgere il 4 aprile - Il piano dell'insurrezione - 'U zu Piddu Rantieri - Arresti e perquisizioni - Come la polizia scoprì il complotto - Un verbale dell'ispettore Catti - La verità storica - Le precauzioni del governo.

196 Capitolo VIII
L'alba del 4 aprile - Le impazienze di Salvatore La Placa - Il primo conflitto con la truppa - Francesco Riso esce dal convento - È ferito e arrestato - Si arrestano i frati - La loro innocenza - La repressione - I tredici fucilati - I nobili arrestati in casa Pignatelli - Particolari circa l'arresto del padre Lanza - Importante lettera del barone Pisani - Curiose vicende del processo Riso - Le tre deposizioni di lui nel testo originale - Testimonianza del padre Calogero Chiarenza - Riflessioni e particolari inediti - Un rapporto di Maniscalco a Napoli - Mutazioni nel Comitato liberale - Altre dimostrazioni - Lo sbarco di Rosolino Pilo a Messina - Sue audacie - S'invoca Garibaldi da Palermo e da Messina - Opera di Francesco Crispi.

219 Capitolo IX

La rivoluzione nelle provincie - A Trapani e a Marsala - I torbidi a Messina - Il proclama di uno studente e l'indirizzo del Senato al Re - Catania e il generale Clary - Provvedimenti per Messina e Catania - Rapporti fra il Re e Castelcicala - I capi militari in Sicilia - Un proclama del Luogotenente - Il lavoro delle squadre - Si attende Garibaldi - Disordini nell'Isola - L'azione dell'Inghilterra - Il generale Landi si avvia verso Calatafimi - Arriva ad Alcamo - Le istruzioni che ebbe - Rapporti del Landi - La condotta di lui - La flotta di crociera e le istruzioni del Governo - Come avvenne lo sbarco a Marsala - Le cannonate dello Stromboli e della Partenope - Incidenti della spedizione garibaldina sino a Marsala - La condotta dei legni inglesi Argus e Intrepid - La verità storica - False voci di tradimento - Si scende a Marsala - I Mille, le loro divise, le loro armi e la loro cassa - Crispi, Castiglia, Andrea Rossi e Pentasuglia - La presa di possesso del telegrafo - Particolari interessanti - I primi atti di Garibaldi - La giornata di Calatafimi - La ritirata di Landi apre a Garibaldi la via di Palermo.

244 Capitolo X

Canofari annunzia la partenza di Garibaldi - Colloquio tra Francesco II e Filangieri - Castelcicala telegrafa a Napoli lo sbarco a Marsala - Consiglio di Stato del 14 maggio - Filangieri e Ischitella rifiutano di andare in Sicilia - Filangieri propone il generale Lanza - Il Re lo accetta - Le dimissioni di Castelcicala - Particolari su Ferdinando Lanza - Un incidente comico - Rapporto di Maniscalco - La situazione che trovò Lanza a Palermo - Suo sconforto - Si manda Alessandro Nunziante - Inettitudine dei generali - Differenza fra i due eserciti combattenti nell'Isola - Confusioni e contraddizioni - Una supposta lettera di Garibaldi - Le bugie del Giornale Ufficiale e la Cronaca degli avvenimenti di Sicilia - I nobili siciliani a Napoli - Le difese di Castelcicala - Postume lettere sue al generale Bonanno - Continua il mistero - Castelcicala non rivede più il Re.

261 Capitolo XI
Le agitazioni di Palermo e la polizia - Arresti e fughe - Una notizia priva di documenti - Garibaldi entra a Palermo - Primi scontri - Il bombardamento della città - I primi successi dei garibaldini - Il governo municipale eletto da Garibaldi - Il 29 maggio - La prima tregua - L'arrivo della colonna Von-Mechel - Il maggiore Bosco - Le navi napoletane ed estere nel porto - Si conosce a Napoli l'ingresso di Garibaldi - Gli emigrati e la rivoluzione in Sicilia - Una missione in Inghilterra - Documenti interessanti - Consiglio di Stato del 30 maggio - Gravi parole del generale Filangieri - Proposte e deliberazioni - Un giudizio del Re su Garibaldi - Congresso diplomatico alla Reggia - Primo liberalismo di Nunziante - Altri Consigli di Stato - Il piano di Filangieri e il generale Nunziante - Il ministro Brenier - I consigli di De Martino - Filangieri e gli zelanti - Il principe di Satriano si ritira a Pozzopiano - Visita improvvisa del Re - La fine di Carlo Filangieri e l'opera sua - Suo monito al figlio.

285 Capitolo XII
Alla vigilia dell'Atto Sovrano - Intrighi di Corte - Rapporti di Antonini e De Martino da Parigi e parole di Napoleone III - Il liberalismo del conte d'Aquila - La sua intimità col Brenier - Una rivelazione - Il Consiglio di Stato del 21 giugno a Portici - Parole del principe di Cassaro e di Carrascosa - Il Re manda De Martino a Roma - I consigli di Pio IX - L'Atto Sovrano del 25 giugno - Il nuovo ministero - I primi disordini - L'aggressione del ministro francese - Il proclama di Liborio Romano - La guardia cittadina - I nuovi direttori e i principali ministri - Spinelli, Manna, Torella, De Martino, De Cesare e Giacchi - Si richiama in vigore lo Statuto del 1848 - Commissioni e riforme - Destituzioni e nuove nomine - L'amnistia e la serata al San Carlo - Il ritorno dei liberali esiliati - Malumori contro l'esercito - La giornata del 15 luglio - Pianell ministro della guerra - Proclami di Francesco II e strana circolare di Pianell - La Guardia Nazionale - Don Liborio Romano - Maria Teresa a Gaeta - Maria Sofia e donna Nina Rizzo.

309 Capitolo XIII
Nuovi intendenti e sottointendenti - Il patriziato legittimista - Il Re e il ministero - Le dimissioni del generale Nunziante - Il giuramento degl'impiegati e delle truppe - La libertà di stampa - I principali fogli politici - Un'ordinanza del comandante la piazza di Napoli e lo espediente dell'Omnibus - Il programma del ministero - Disordini nelle Provincie - Fatti di Taranto e di Bari - La persecuzione dei vescovi - Il vescovo di Muro e il vescovo di Castellaneta - Attentato contro quest'ultimo - Un rapporto del sottointendente di Gaeta - Documenti caratteristici - Protesta degli Acquavivesi contro monsignor Falconi - Una nota dell'intendente di Bari - Rapporto di Giacchi al ministro di polizia contro i vescovi d'Ariano, di Muro, di Bitonto, di Bovino e contro monsignor Falconi - Telegramma del maresciallo Flores contro l'arcivescovo di Bari - Il vescovo di Sessa parte dalla sua diocesi - La ribellione del seminario di Matera - I vescovi di Trani, di Molfetta e di Conversano.

Capitolo XIV
331 Il Comitato dell'Ordine e il Comitato d'Azione - Giacchi chiama Spaventa e De Filippo - Paure generali ma infondate - Particolari curiosi - Il funerale a Guglielmo Pepe - Tutti divengono liberali - La condizione del ministero - Colloquio fra D'Ayala e Pianell - Pianell rifiuta il pronunciamento dell'esercito - Maniscalco a Napoli e sua partenza per Marsiglia - Il passaporto - La guerra ai reazionarii - La Guardia Nazionale - Alcuni Consigli di Stato - La situazione nelle provincie - A Taranto - Due rapporti del sottointendente d'Isernia - La famiglia reale - Un rapporto su Murena, Palumbo, Governa e De Spagnolis - Gaeta centro di reazione - La sorveglianza su Maria Teresa - Sospetti sul conte d'Aquila - Pretesa cospirazione di lui e suo esilio dal Regno - Una lettera di Luigi Giordano - Il conte di Siracusa - La sua lettera del 24 agosto al Re - Dopo la sua morte - La contessa di Siracusa e Giuseppe Fiorelli - I rapporti di Manna e di Lagreca - In Sicilia - Depretis proditattore - Garibaldi a Messina e il manifesto di Emanuele Pancaldo - L'attentato contro il Monarca - Lo "squagliamento" della Marina - Anguissola e Vacca - I pochi fedeli - Il giudizio della storia - Sintomatica circolare di Giacchi e un proclama reazionario.

Capitolo XV

366 Ultimo numero del Giornale di Sicilia sotto i Borboni e primo numero sotto la Dittatura - Monsignor Naselli, arcivescovo di Palermo e suoi rapporti con Garibaldi - Garibaldi nella cattedrale di Palermo e Giudice della Monarchia - La liberazione dei nobili - Feste ed entusiasmi popolari - La condotta dei giovani patrizi - La guardia del palazzo dittatoriale - Graduati e militi - I siciliani a Milazzo - Il principe di Scalea ed Emanuele Notarbartolo di San Giovanni - Ricordi interessanti - Caricature ed epigrammi sull'esercito - Il colonnello Buonopane e suoi precedenti - Le accuso contro di lui - Gli altri generali borbonici in Sicilia - Confessioni di Maniscalco a Gaetano Filangieri - Il generale Clary - Particolari e sue lettere postumo - Il capitano Sciacquariello - Giudizi sull'opera militare nell'Isola - Le Memorie di Pianell - L'opera di Cavour a Napoli - Sue inquietudini - Manda Visconti, Finzi, Bibotty, Devincenzi, Nisco, Mezzacapo e Schiavoni - Particolari inediti o curiosi - Svanisce il disegno di un pronunciamento militare - Confessioni di Emilio Visconti - Una lettera di Cavour, portata da Niccola Schiavoni.

Capitolo XVI

386 L'insurrezione nello provincie - Il Comitato di Basilicata - Gl'insorti a Potenza e l'intendente Nitti - Documenti inediti e postume rivelazioni - Il Comitato di Cosenza - Discorso di Donato Morelli - Il Comitato di Terra di Bari - Strano tipo di Sottointendente - Movimenti in Abruzzo - Gl'insorti d'Avellino o la reazione di Ariano - La legione del Matese - Il Comitato di Benevento - Il decreto che dichiara decaduto il governo temporale del Papa - Aneddoti - Il clero rivoluzionario - Rapporti di intendenti e sottointendenti - Relazioni del comandante di Altamura, dell'intendente di Lecce e del sottointendente di Vallo - Garibaldi in Calabria - La presa di Reggio - Un biglietto caratteristico - La morte del colonnello Dusmet - Inazione di Vial, di Briganti e di Melendez - Vial in casa Gagliardi - Leggerezze e volgarità - Un motto di De Sauget - Giovani ufficiali che disertano e partono per il Piemonte - I capi delle bande insurrezionali - La marcia di Garibaldi - Lo sbandamento di Soveria e il telegramma d'Acrifoglio

- Il generale Flores in Puglia - Sua marcia avventurosa per Napoli e suo arresto a Grottaminarda - Disordini e confusione - Il governo perde la testa - Il Consiglio di Stato del 25 agosto - Gravi parole di Antonio Spinelli e di Carrascosa - Le incertezze del Re e dei ministri - Maria Sofia - Si respinge l'offerta di Girolamo Ulloa - Precedenti dubbii di questo generale - Le dimissioni del ministero - Tentativi per formarne un altro - Nessuno accetta - Pianell e Ischitella - Pianell lascia Napoli - Don Liborio Romano e il suo "memorandum" - L'opera sua - Fu un traditore?

Capitolo XVII

Il Re si decide a lasciare Napoli - Suo colloquio con Carlo de Cesare - Garibaldi a Rogliano, a Rotonda, ad Auletta e a Salerno - Confusione e timori a Napoli - Incidente caratteristico - I capibattaglione della guardia nazionale e il sindaco dal Re - Consiglio di Stato del 5 settembre - Timori per la partenza del Re - Il proclama reale - Chi lo possiede - Il manifesto del prefetto di polizia - Preparativi per la partenza - Il notamento degli oggetti che Francesco II portò a Gaeta - Il Re al marchese Imperiale - I ministri e i direttori dal Re - Sue parole a don Liborio e a Giacchi - L'ultimo baciamano e gli ultimi addii - Dalla Reggia al porto - Il corpo diplomatico - Bermudez de Castro - La protesta alle potenze - Si parte alle ore sei - Incidenti e particolari - I teatri di Napoli la sera del 6 settembre - Il ministero, il sindaco e il comandante della guardia nazionale - La traversata dei Sovrani da Napoli a Gaeta - Le navi regie si rifiutano d'obbedire - Aneddoti - Francesco II e Vincenzo Criscuolo - Il telegramma di Garibaldi a don Liborio - La risposta di don Liborio - Gli episodi di Salerno e le irrequietezze di Garibaldi - Sua improvvisa risoluzione di partire per Napoli - I particolari di quel viaggio e i personaggi che accompagnarono il dittatore - Arrivo dei Sovrani a Gaeta la mattina del 7 settembre, e arrivo di Garibaldi a Napoli, a un'ora - Incidenti alla stazione di Napoli - La folla separa Garibaldi da Cosenz - Il sindaco D'Alessandria sparisce - A Gaeta e le parole del padre Borrelli - Particolari inediti - Fine del Regno.

Appendici

457 La bozza di Costituzione presentata da Filangieri
     a Francesco II

468 Elenco dei beni portati da Napoli a Gaeta da Francesco II

PILLOLE PER LA MEMORIA

1	Giuseppe Buttà, *Un viaggio da Boccadifalco a Gaeta*
2	Vittorio Alfieri, *Il Misogallo*
3	Enrico Morselli, *L'umanità dell'avvenire*
4	Alberto Mario, *La camicia rossa*
5	Carmine Crocco, *Come divenni brigante*
6	Mastro Titta, *Memorie di un boia*
7	Napoleone Colajanni, *Nel regno della mafia*
8	Giacinto De Sivo, *Storia delle Due Sicilie 1847-1861*, vol. I
9	Giacinto De Sivo, *Storia delle Due Sicilie 1847-1861*, vol. II
10	Giuseppe Buttà, *Edoardo e Rosolina o le conseguenze del 1861*
11	Giuseppe Buttà, *I Borboni di Napoli al cospetto di due secoli*, vol. I
12	Giuseppe Buttà, *I Borboni di Napoli al cospetto di due secoli*, vol. II
13	Giuseppe Buttà, *I Borboni di Napoli al cospetto di due secoli*, vol. III
14	Basilide Del Zio, *Il brigante Crocco e la sua autobiografia*
15	AaVv, *Manhès - un generale contro i briganti*
16	Gaspero Barbera, *Memorie di un editore*
17	Giacinto De Sivo, *Scritti politici*
18	Eduardo Ximenes, *Sul campo di Adua*
19	Adolfo Rossi, *Un Italiano in America*
20	Louise Mack, *Una donna alla Prima Guerra Mondiale*
21	Giovanni Livi, *Napoleone all'isola d'Elba*
22	Paolo Mantegazza, *Antropologia del Parlamento Italiano*
23	Attilio Frescura, *Diario di un imboscato*
24	William E. Gladstone, *Lettere sul Regno di Napoli*

SCARICA GRATIS L'EBOOK
DI QUESTA OPERA
IN FORMATO EPUB

www.edizionitrabant.it/ba8fp2
PASSWORD: **fdr51ek4**

www.ingramcontent.com/pod-product-compliance
Lightning Source LLC
Chambersburg PA
CBHW020741100426
42735CB00037B/163